U0578859

集人文社科之思　刊专业学术之声

集 刊 名：中国经济史评论
主办单位：中国经济史学会
　　　　　河北师范大学历史文化学院
　　　　　《河北师范大学学报》编辑部

CHINA ECONOMIC HISTORY REVIEW

2024年第2辑（总第24辑）

集刊序列号：PIJ-2014-097

中国集刊网：www.jikan.com.cn/ 中国经济史评论

集刊投约稿平台：www.iedol.cn

中文社会科学引文索引（CSSCI）来源集刊

中国人文社会科学期刊综合评价（AMI）核心集刊

中国经济史学会会刊

中国经济史评论

2024年第2辑

（总第24辑）

CHINA
ECONOMIC
HISTORY
REVIEW

主　　编／魏明孔　戴建兵

执行主编／隋福民

社会科学文献出版社

SOCIAL SCIENCES ACADEMIC PRESS (CHINA)

目　录

专题研究

青年论坛

试析汉代漆器手工业的创新与发展[*]

刘　阳[**]

摘　要： 中国古代漆器手工业历经几千年的发展逐步形成了自身独特的生产与管理模式。在漫长的演化历程中，经过不同时代大量手工业匠人在生产实践过程中的智慧累积，漆器手工业的发展在汉代进入了巅峰时期。社会政治的稳定带来的生产力提升为汉代漆器手工业的高速发展提供了先决条件。同时，曾经盛极一时的青铜器此时正逐渐走向衰落，而瓷器还未正式走上历史舞台，客观上也为汉代漆器手工业的蓬勃发展创造出一枝独秀的契机。汉代的漆器手工业普遍存在着官营与私营两种生产模式，不同的生产模式共生从一个侧面反映了汉代社会对漆器巨大的需求，同时官营漆器手工业与私营漆器手工业在地理上的分布也反映了自然资源与社会经济对漆器手工业的发展影响。可以看出，多样化的漆器手工业类型、完善的手工业生产与管理模式、丰富的漆器形态与技术创新使得手工髹漆制品在汉代社会得以广泛流通。庞大的漆器手工业体系造就了漆器在汉代的辉煌，并且为中国漆器手工业的发展奠定了坚实的基础。

关键词： 汉代漆器　漆器手工业　漆器形态　髹饰技术　漆器流通

引　言

汉代漆器手工业的生产、流通、消费非常繁荣，其相关信息《汉书》

---

* 本文系 2017 年度国家社科基金艺术学重点项目"中华漆艺发展史"（项目编号：17AG005）阶段性研究成果。

** 刘阳，陕西师范大学美术学院博士生，山西财经大学文化旅游与新闻艺术学院讲师，主要从事艺术文化史研究。

《后汉书》《盐铁论》《淮南子》等古籍均有记载，学界前辈也予以了高度关注并从不同角度进行了阐释论证。有关汉代漆器手工业发展的学术成果主要有魏明孔主编、蔡锋著的《中国手工业经济通史·先秦秦汉卷》①，宋治民的《汉代手工业》② 和童书业的《中国手工业商业发展史》③ 等。这三本通史力著均涉及汉代漆器手工业。而有关汉代漆器专门论述的代表性成果有洪石的《战国秦汉漆器研究》④、沈福文的《中国漆艺美术史》⑤、陈直的《两汉经济史料论丛》⑥、傅举有的《中国历史暨文物考古研究》⑦ 等专史及史料集成。至于对涉及汉代漆器手工制作过程、存在的工种以及工序进行论述的论文主要有洪石的《战国秦汉时期漆器的生产与管理》⑧、陈振裕等的《髤与髤工探析》⑨、陈直的《两汉纺织漆器手工业》⑩、后德俊的《"洀"及"洀工"初论》⑪、孙机的《关于汉代漆器的几个问题》⑫、周世荣的《汉代漆器铭文"洀工"考》⑬ 等。

具体到官营、私营、生产地点、器物铭文、形制、工艺和装饰特点等比较有代表性的考古报告、专著及论文也都颇具真知灼见。《汉书》记载，西汉共有八个郡设工官，属地方工官。⑭ 有关于此，孙机《汉代物质文化资料图说》⑮ 对工官中的中央工官与地方工官的区分以及所属部门进行了清晰的分类及研究。至于漆器铭文记录的研究成果当属海原末治撰写、刘厚滋翻译的《汉代漆器纪年铭文集录》⑯ 颇具权威性，他对铭刻有中央工官及地方工官戳记的漆器进行了较全面的阐释，认为汉代漆器为中国历朝

---

① 蔡锋：《中国手工业经济通史·先秦秦汉卷》，福建人民出版社，2005。
② 宋治民：《汉代手工业》，巴蜀书社，1992。
③ 童书业：《中国手工业商业发展史》，中华书局，2005。
④ 洪石：《战国秦汉漆器研究》，文物出版社，2006。
⑤ 沈福文编著《中国漆艺美术史》，人民美术出版社，1992。
⑥ 陈直：《两汉经济史料论丛》，陕西人民出版社，1980。
⑦ 傅举有：《中国历史暨文物考古研究》，岳麓书社，1999。
⑧ 洪石：《战国秦汉时期漆器的生产与管理》，《考古学报》2005年第4期。
⑨ 陈振裕、李天虹：《髤与髤工探析》，载《于省吾教授百年诞辰纪念文集》，吉林大学出版社，1996。
⑩ 陈直：《两汉纺织漆器手工业》，《西北大学学报》（哲学社会科学版）1957年第2期。
⑪ 后德俊：《"洀"及"洀工"初论》，《文物》1993年第12期。
⑫ 孙机：《关于汉代漆器的几个问题》，《文物》2004年第12期。
⑬ 周世荣：《汉代漆器铭文"洀工"考》，《考古》2004年第1期。
⑭ （汉）班固：《汉书》，中华书局，1962。
⑮ 孙机：《汉代物质文化资料图说》，上海古籍出版社，2011。
⑯ 〔日〕海原末治：《汉代漆器纪年铭文集录》，刘厚滋译，《考古》1937年第1期。

历代之最。

李恒全在《试论汉代私营手工业的商品生产》中对诸多汉墓中出土的铭刻非墓主姓氏的"某氏"字样漆器鉴别后认定为私营作坊产品。① 而《江苏邗江胡场五号汉墓》②《安徽霍山县西汉木椁墓》③《海州西汉霍贺墓清理简报》④《江苏仪征烟袋山汉墓》⑤ 等诸多考古报告对记录有铭刻"某氏"戳记的漆器以及《仪征张集团山西汉墓》⑥《江苏东阳小云山一号汉墓》⑦《湖北房县松嘴战国两汉墓地第三、四次发掘报告》⑧ 中对带有"地名"戳记的漆器的分类比较论证了汉代私营漆器手工业的发达。

陈振裕的《战国汉代漆器群研究》⑨、傅举有的《中国漆器全集3·汉》⑩ 以及王世襄的《王世襄集·中国古代漆器》⑪ 均对汉代经典漆物的形制、工艺以及装饰特点进行了详细描述。其中陈振裕针对不同类型的汉代墓葬类型进行了详细的分类,并依据不同类型墓葬中出土漆器的制作工艺、器皿造型、装饰艺术等方面做出了归纳性总结。

对于境外出土之汉代漆器的相关代表性研究成果有奇斯佳科娃·阿哥尼娅的《诺音乌拉墓地出土的西汉耳杯》⑫,布尔努瓦著、耿升翻译的《丝绸之路》⑬,前岛信次著、胡德芬翻译的《丝绸之路的9个迷:埋没在流沙中的人类遗产》⑭,樋口隆康的《出土中国文物的西域遗迹》⑮ 等从不同角

---

① 李恒全:《试论汉代私营手工业的商品生产》,《江西社会科学》2002年第5期。

② 王勤金、吴炜、房宁等:《江苏邗江胡场五号汉墓》,《文物》1981年第11期。

③ 杨鸠霞:《安徽霍山县西汉木椁墓》,《文物》1991年第9期。

④ 叶万松:《海州西汉霍贺墓清理简报》,《考古》1974年第3期。

⑤ 王根富、张敏:《江苏仪征烟袋山汉墓》,《考古学报》1987年第4期。

⑥ 张敏、孙庆飞、李民昌:《仪征张集团山西汉墓》,《考古学报》1992年第4期。

⑦ 秦士芝、谢元安、朱安成:《江苏东阳小云山一号汉墓》,《文物》2004年第5期。

⑧ 梁柱、周国平、王毅等:《湖北房县松嘴战国两汉墓地第三、四次发掘报告》,《考古学报》1998年第2期。

⑨ 陈振裕:《战国秦汉漆器群研究》,文物出版社,2007。

⑩ 傅举有主编《中国漆器全集3·汉》,福建美术出版社,1998。

⑪ 王世襄:《王世襄集·中国古代漆器》,生活·读书·新知三联书店,2013。

⑫ 〔俄〕奇斯佳科娃·阿哥尼娅:《诺音乌拉墓地出土的西汉耳杯》,载中国人民大学北方民族考古研究所、中国人民大学历史学院考古文博系编《北方民族考古》(第3辑),科学出版社,2016。

⑬ 〔法〕布尔努瓦:《丝绸之路》,耿升译,新疆人民出版社,1982。

⑭ 〔日〕前岛信次:《丝绸之路的9个迷:埋没在流沙中的人类遗产》,胡德芬译,天津人民出版社,1981。

⑮ 〔日〕樋口隆康:《出土中国文物的西域遗迹》,《考古》1992年第12期。

度论述了汉代漆器的流向。

在汉代，漆器手工业制作规模、工艺技术、管理模式及流通范围是中国漆艺发展史上的巅峰。《盐铁论·本议》记载，汉代漆器乃"养生送终之具也"①。人们钟情于漆器的华美绚丽，不仅在生活中大量使用漆器，死后还要用数量庞大的漆器陪葬，以备在天国继续享用。中国有着丰富的漆树资源储备，集中分布在山东、湖南、湖北以及江浙地区一代。例如，《史记·货殖列传》曰："山东多鱼、盐、漆、丝、声色。"② 此"山"是指太行山，说太行山以东皆多漆器。《盐铁论·本议》记载："陇蜀之丹漆旄羽，荆扬之皮革骨象，江南之柟梓竹箭，燕齐之鱼盐旃裘，兖豫之漆丝绨纻，养生送终之具也。"③ 此说陇、蜀、兖、豫皆产漆。目前，汉代墓葬出土漆器的分布点多面广，而出土漆器数量众多且质量上乘的地区基本上集中在山东、湖南、湖北以及江浙地区一代。这些墓葬中动辄数百上千件精美漆器的出土，一方面说明了地理气候、汉代交通与器物流动性因素对于墓葬中漆器的保存影响，但也从另一方面反映了资源禀赋客观上决定了手工业的地理分布。漆器手工业在经历了春秋战国及秦朝的发展积累之后，汉代则将漆器手工业的发展推向了空前绝后，这其中既有历史的原因，也不乏深刻的经济社会因素。本文在前人研究成果的基础上从汉代漆器手工业的生产、流通、技术创新三个方面对其发展状况作进一步的探讨，以求教于各位方家。

一 汉代漆器手工业的生产组织与管理模式

西汉初期"与民休息"的政策促进了经济社会的发展，至汉武帝统治时期，国家政治稳定，社会经济繁荣。由于漆器作为食器轻便耐用，且外观光泽悦目，深受人们喜爱，尤其是宫廷中使用的漆器数量非常惊人。漆器作为皇家贵族满足奢靡享受中最重要的器物被大量生产。同时，由于厚葬之风的逐渐兴起，"今厚资多藏，器用如生人"④，贵族死后也用大量漆器作为陪葬品，有的甚至达上百件之多。如在长沙马王堆一、二、三号汉

---

① （汉）桓宽撰集《盐铁论校注》，王利器校注，中华书局，1992，第3页。
② （汉）司马迁：《史记》，中华书局，1982，第3253页。
③ （汉）桓宽撰集《盐铁论校注》，王利器校注，中华书局，1992，第3页。
④ （汉）桓宽撰集《盐铁论校注》，王利器校注，中华书局，1992，第392页。

墓中出土的漆器总量就多达 700 多件，充分反映了西汉时期漆器手工业的规模之宏大，同时在社会生活中占有的重要地位。汉代社会对漆器的巨大需求推动了这一时期漆器手工业生产与管理的全面进步。

（一）汉代漆器手工业的生产组织形式

"雕镂扣器，百伎千工"①，汉代工官的漆器制造工坊中汇集着数以千计的工匠，制造出了各具特色的漆器。从目前我国墓葬考古的成果来看，汉代墓葬中出土的漆物为我国各个时代的墓葬中出土漆器之最，数量庞大且蕴含着不同的地域文化，这些都反映了汉代漆器手工业发展规模之大。汉代的漆器手工业存在着官营、私营两种形式，在规模、性质和目的等方面均存在着很大差异，其地位也各不相同。

1. 官营漆器

汉代的漆器手工业发展中工官是重要的组成部分，工官又有中央工官和地方工官之分，中央工官又有考工、右工、供工之分。"这类作坊又分为两种：中央工官管理的和地方工官管理的。在中央工官中，制造漆器的有少府所属考工室、右工室，简称考工、右工。同时漆器铭文中还有供工，《汉书·百官公卿表》失载，仅于《汉书·刘辅传》中一见，可能亦属少府管辖。"② 在汉代墓葬中出土的漆器铭文中还有关于"考工"和"供工"的记载。如海原末治《汉代漆器纪年铭文集录》记载"昭和六年小泉泽二氏发掘之石岩里第二百一号坟出土居摄三年夹纻漆盘，□髹泀画纻银涂扣升盘，居摄三年，考工工虞造，守令史音，掾赏主，守右丞月，守令□省"③ 为考工生产制造。江苏邗江县宝女墩汉墓出土的漆盘铭文"乘舆髹泀画纻黄扣斗饭盘，元延三年，供工工疆造，画工政、涂功彭、泀工章、护臣纪、啬夫臣彭、掾臣承主、守右丞臣放、守令臣兴省"④ 为供工生产制造。

除了中央工官，汉代还在各地设立了地方工官。《汉书·地理志》记载，西汉共有八个郡设工官，属地方工官。这八个工官分布在河内郡怀、河南郡荥阳、颍川郡阳翟、南阳郡宛、济南郡东平陵、泰山郡奉高、广汉

① （汉）桓宽撰集《盐铁论校注》，王利器校注，中华书局，1992，第 376 页。
② 孙机：《汉代物质文化资料图说》，上海古籍出版社，2011，第 94 页。
③ 〔日〕海原末治：《汉代漆器纪年铭文集录》，刘厚滋译，《考古》1937 年第 1 期。
④ 李则斌：《江苏邗江县杨寿乡宝女墩新莽墓》，《文物》1991 年第 10 期。

郡雒、蜀郡成都。① 八个工官当中漆器手工业发展最具代表性的就是蜀郡和广汉郡。《汉书·地理志》记载："河内怀、蜀郡成都、广汉皆有工官。工官，主作漆器物者也。"② 结合汉墓葬中出土的大量铭刻有蜀郡与广汉郡字样的漆器可见，在当时众多的漆器手工业工官中，以蜀郡与广汉郡生产的漆器最为出名。此外，蜀郡、广汉郡等工官制造的漆器铭文中还有"髹工""上工"等记录。东汉时期在乐浪郡王盱墓中出土的一个漆杯上的铭文写到"建武廿一年，广汉郡工官造乘舆髹洰木夹纻杯，容二升二合。素工伯，髹工鱼，上工广，洰工合，造工隆造，护工卒史凡，长匡、丞□、掾恂、令史郎主"③。另一漆盘上的铭文写到"永平十二年，蜀郡西工夹纻行三丸，宜子孙，庐氏作"④。通过这些出土漆器上的铭文可以看出东汉时期的蜀郡、广汉郡仍是重要的漆器产地，并且这些漆器经过流通、赏赐等形式遍布各地。

2. 私营漆器

面对汉代人对于漆器的痴迷，官营漆器根本无法完全满足市场的巨大需求，遂导致私营漆器作坊应运而生。大量铭刻有私人或地区铭文漆器的出土反映了汉代社会同时存在着各种规模的漆器作坊，其所产漆器上的铭文大多简洁明了，仅铭刻"某氏作"等字样。如江苏邗江胡场五号汉墓出土的"双层漆笥及笥内小盒，均盖戳印'中氏'二字，可能为工匠之名"⑤；安徽霍山县西汉木椁墓出土的21件漆耳杯"内外髹黑漆，耳背烙印'黄氏'二字"⑥；海州西汉霍贺墓出土的"漆食奁里面底部正中有墨线绘形似长方印章，篆书'桥氏'两字，这是漆工印记"⑦；江苏仪征烟袋山汉墓出土的"漆书铭器盖，盖面髹朱漆，余均黑漆。'周氏'二字铭漆书于朱漆上"⑧。

西汉时期的私营漆器业在社会生活中发挥着重要作用。在西汉时期，漆器的生产与制作已经不再是官营机构一枝独秀，大量的私人作坊也具备

---

① （汉）班固：《汉书》，中华书局，1962，第1554~1598页。
② （汉）班固：《汉书》，中华书局，1962，第3071页。
③ 〔日〕海原末治：《汉代漆器纪年铭文集录》，刘厚滋译，《考古》1937年第1期。
④ 〔日〕海原末治：《汉代漆器纪年铭文集录》，刘厚滋译，《考古》1937年第1期。
⑤ 王勤金、吴炜、房宁等：《江苏邗江胡场五号汉墓》，《文物》1981年第11期。
⑥ 杨鸿霞：《安徽霍山县西汉木椁墓》，《文物》1991年第9期。
⑦ 叶万松：《海州西汉霍贺墓清理简报》，《考古》1974年第3期。
⑧ 王根富、张敏：《江苏仪征烟袋山汉墓》，《考古学报》1987年第4期。

了制作精美漆器的实力，并且产量很大。西汉早期的仪征张集团山四座汉墓中共出土 20 件漆耳杯，其中 14 件的杯底烙印有"东阳"① 二字，字体呈早期汉印文字风格。江苏东阳小云山一号汉墓出土的一件漆盘底部书有"东阳庐里巨田侯外家"② 等文字，也应系西汉早期东阳本地产品。目前在东阳城附近的庙塘、韦庄、南阳、落星、大云山、小云山等地所发现的从战国到东汉时期之 200 余座墓葬中，共出土漆器达千余件，说明当地应有专门的漆器作坊，且具一定规模。在广西贵县出土的西汉早期罗泊湾一号墓中也发现有大量的漆器，仅漆耳杯残片就多达 700 多件，在复原的 20 余件器物中，有 10 余件杯底烙印有"布山"二字，其他则"烙印有'市府草'、'市府□'"③ 等字样。西汉时期"布山"地处郁林郡，这些烙有"布山"戳记的漆器说明汉初在广西已有自己的漆器工业。湖北房县松嘴西汉墓 M57：4 出土的残漆耳杯，"内壁髹红漆，墨书汉隶'房陵'二字"④，"房陵"是汉时房县的名称，而当地盛产漆树，故本地制作漆器完全可能。山东莱西县岱墅西汉木椁墓⑤ 出土的大量的随葬遗物，其中漆器数量多达 158 件，且造型精美，髹漆鲜艳。临沂银雀山四座西汉墓葬出土的双层七子奁在形制上与长沙马王堆一号墓出土的双层九子奁相同：奁上纹样主要以针刻线条配以彩笔勾点技法的云气纹。画面布局讲究，技法运用成熟，尤其是带"莒市"等戳记的耳杯。而山东海曲墓地处西汉时期的琅邪郡海曲县，其西汉墓（M106）出土的漆器与南方出土的一些器物虽然相似，但在纹饰的表现上与同期的楚墓漆器纹饰有所不同，说明汉代的山东东南沿海一带也是漆器的重要产地之一。

东汉时期私营漆器生产仍然保持较高水准。东汉时期，青瓷的出现对漆器的制作与使用造成了一定的冲击，使之在社会生活中的作用下降明显，但据东汉墓葬出土漆器来看，个别地区的漆器生产仍旧保持着较高的水准。譬如，东汉时期的广陵郡（今江苏扬州）七里甸木椁墓中仍旧出土耳杯 11 件、漆勺 2 件、漆盒 6 件、圆形漆奁盖 1 件、漆面罩 1 件、漆盘 1

① 张敏、孙庆飞、李民昌：《仪征张集团山西汉墓》，《考古学报》1992 年第 4 期。
② 秦士芝、谢元安、朱安成：《江苏东阳小云山一号汉墓》，《文物》2004 年第 5 期。
③ 蒋廷瑜、邱钟崙、梁肇池等：《广西贵县罗泊湾一号汉墓发掘简报》，《文物》1978 年第 9 期。
④ 梁柱、周国平、王毅等：《湖北房县松嘴战国两汉墓地第三、四次发掘报告》，《考古学报》1998 年第 2 期。
⑤ 烟台地区文物管理组、王明芳：《山东莱西县岱墅西汉木椁墓》，《文物》1980 年第 12 期。

件；扬州东风砖瓦厂木椁墓群出土漆器70余件，其中彩绘漆枕1件、彩绘漆木梳篦2件、漆虎子2件、双层长方漆奁1件、彩绘漆耳杯4件、"大皇"漆耳杯1件、漆面罩4件、漆案等。这些精美漆器的出土都证明东汉时期广陵郡的漆器制造业仍然十分发达。

（二）汉代漆器手工业制作工艺及生产管理流程

1. 漆器手工业的制作工艺

汉代漆器制作过程无明显变化。据漆器铭文记载主要有8类髹漆工种，且由不同的工匠各司其职，按照工种的不同分为素工、髹工、上工、铜扣黄涂工、画工、清工、汩工、造工。

素工：系在各种素胎骨上进行漆灰底的工序，即髹漆前的工序。[1]

髹工："髹"可写为"髤""髹"。《说文解字·桼部》"髤，桼也，从桼，髟声"，"桼，木汁，可以髤（髹）物"[2]，可见，"髹工"是负责髹涂大漆的工匠。

上工：是对应"髹工"存在的，汉代漆器制作工序烦琐，对于漆的髹饰是反复髹涂，"上工"则为进一步髹漆的工匠。

铜扣黄涂工：是对漆器上的铜扣进行鎏金工序的工匠。

画工：则是对漆器表面进行髹饰纹绘的工匠。

清工：是对成品漆器清理黄涂造成的多余部分。

汩工：对于"汩工"，不同的学者有着不同的认知。[3]

造工：《说文解字·辵部》"造，就也"[4]，可见"造工"应为完成漆

---

[1] 沈福文主编《中国漆艺美术史》，人民美术出版社，1992，第60页。

[2] （汉）许慎：《说文解字》（点校本），陶生魁点校，中华书局，2020，第197页。

[3] 沈福文释为"'汩工'：系专门髹涂朱色漆的工序，（如《后汉书·礼仪志》记载：'诸侯王、公主、贵人皆樟棺，洞朱，云气画。公、特进樟棺，黑漆。中二千石以下坎侯漆。'）实即'彤'字，亦有称汩工为雕工的说法"。孙机释为"'丹'，如马王堆一号墓遣册中记有'髹汩幸食杯五十'，指的是出土物中外黑内红，内底书'君幸食'的50件素面耳杯……《淮南子·说山训》说：'工人下漆而上丹则可，下丹而上漆则不可。'这些'丹'字均指涂红漆，与'汩'字的用法相同"，洪石亦认同这种观点。傅举有释为"'汩'字从水，所以无论如何，'汩'这个工种应与水有些关联'。'汩工'很可能是将刚髹漆的器物放入阴室中，是负责漆膜干燥的工匠"，这一观点与后德俊的观点基本一致。陈直释为"汩"，认为是"雕"的简体。陈振裕释为"绡"，"绡工"的职责即琢磨漆面。周世荣释为"汩"，为"罩漆工序"。各种认识皆有一定道理，但要确认无误，还需更多资料进一步探究。

[4] （汉）许慎：《说文解字》（点校本），陶生魁点校，中华书局，2020，第56页。

器制作的最后一步程序的工匠。

由此可见，汉代髹漆工序在内部分工上十分精细，并且先后次序有着明确严格的操作规范。从部分漆器铭文可见有些工序还存在缺失。例如，在纻胎漆器上的铭文并无"素工"二字，由此推理，"素工"从事的应该是与制作木质胎体有关的工作。至于那些没有纹饰、素面的漆器铭文则没有"画工"。凡此种种，说明汉代漆器上的刻铭有着严格的规范，每位在漆器上留下姓名的工匠都意味着对此款漆器终生负责，足见当时漆器工官生产管理之严格。

2. 漆器手工业的生产管理流程

作为官营漆器手工业的典型代表——蜀郡和广汉郡工官产品主要为御用，因此生产管理和质量监督都十分严格。在出土的器物铭文中，均刻有各类官员名称，且按由高至低的级别排列。"蜀郡、广汉郡工官'长'下还设由佐官'丞'，除'长'、'丞'外，还有'护工卒史'、'掾'、'令史'、'啬夫'及'佐'等"①，其中在不同时期的漆器铭文中，"护工卒史"的称谓略有不同。早期的"护工卒史"也被称为"护工"，同时在官阶的排序上随着时期的不同也略有变化。这反映了在不同时期中央政府对官营漆器工官的管理与控制程度。

贵州清镇平坝汉墓 M56 出土的漆饭盘"口唇为铜胎鎏金，盘身花纹图案以黑朱两色间绘。铭文为'元始四年，广汉郡工官造乘舆髹泀画纻黄扣饭盘，容一升。髹工则、上工良、铜扣黄涂工伟、画工谊、泀工平、清工郎造。护工卒史恽，长亲、丞冯、掾忠、守令史万主'，共计 61 字"。② 大正五年秋（1916 年），在朝鲜境内大同江面石岩里第九号坟出土的居摄三年夹纻漆盘上刻铭文"居摄三年，蜀郡西工，造乘舆髹泀画纻黄扣果盘，髹工广，上工广，铜扣黄涂工充，画工广，泀工丰，清工平，造工宜造，护工卒史章、长良，守丞巨，掾亲，守令史严主"③。1992 年在湖南省永州市区东北鹞子岭二号汉墓出土的 12 件漆器中"6 件漆器上有锥刻铭文371 字。其中 M3 出土的耳杯上刻铭'元延四年，广汉郡工官造乘舆髹泀画木铜耳黄涂棓，容一升十六龠。素工宣、髹工政、上工威、铜耳黄涂工

① 洪石：《战国秦汉时期漆器的生产与管理》，《考古学报》2005 年第 4 期。
② 贵州省博物馆：《贵州清镇平坝汉至宋墓发掘简报》，《考古》1961 年第 4 期。
③ 〔日〕海原末治：《汉代漆器纪年铭文集录》，刘厚滋译，《考古》1937 年第 1 期。

忠、画工俞、泔工护、清工昌、造工忠造。护工卒史敞、守长图、丞尚、掾商、守令史谭主'"①。诸如此类的漆器铭文在汉代出土的漆器中并不鲜见。可见，从战国至汉代，官营漆器的生产制作规模不断扩大，生产管理已相当成熟，且具备完整的流程。各管理部门各司其职，漆工相互协作，工序有秩。

二　汉代漆器手工业的技术创新

汉代的漆器手工业在木胎技术基础上不断寻求突破，积极尝试全新的髹饰技术，使制作方法与技巧日臻成熟。无论是胎体的丰富度还是漆器髹饰手法，都有了明显的提升。

（一）漆器胎体种类丰富

汉代漆器手工业的技术进步首先体现在漆器胎体制作方式的改变上，且漆器胎体种类十分丰富。胎体是漆器制作构成中最基本的环节，胎体的质地与制法对于漆器的形制特征与精致程度有着至关重要的作用。汉代漆器早期多以木胎为主，主要为斫制和镟制，后期逐渐演变为桊制的薄木胎和夹纻胎。传统的木胎漆器都比较厚重，多用在大型髹漆器物的制作当中，如漆几、漆案等，而那些小型的生活饮食用具的漆器在汉代以前多使用斫制的木胎。

汉代漆器的木胎多使用桊制与镟制。以桊制方法制作的漆器胎体多用于形制较小且为圆形的器型当中，因此这种工艺制作的漆器更为轻巧、美观。而镟制这种制作胎体工艺则大大提高了工作效率，既做到了省工省料，还使胎体更加圆润美观。

桊制与镟制在汉代漆器手工业制作中的广泛应用并逐渐成熟，标志着战国时期尚处于尝试阶段的夹纻胎漆器制作工艺得到了极大的发展，并成为主流。复杂的工艺技术制作的漆器胎体较传统的木胎更加轻便、坚固。《盐铁论·散不足》云"中者野王纻器"②，"纻器"即为夹纻漆器。夹纻胎的总体数量虽不及木胎多，但占比有较大增幅，而且普遍用于杯、奁、

①　郑元日、唐青雕、邓少年：《湖南永州市鹞子岭二号西汉墓》，《考古》2001 年第 4 期。
②　（汉）桓宽撰集《盐铁论校注》，王利器校注，中华书局，1992，第 351 页。

盒制作当中。如马王堆汉墓出土的小漆奁全部为夹纻胎。在仪征市杨庄詹庄西汉墓出土的用麻布制作的漆盾所留残的破漆皮显示亦为夹纻胎。

由于汉代漆器手工业胎体工艺的进步，以及当时社会对漆制品的需求量极大，多种不同胎体材质在生产中得到了广泛的应用。"汉代漆器的胎骨，主要有木、竹、夹纻、纱、陶、皮、骨、角、芦苇、葫芦、铜、铁、银、铅、石等，总数达 15 种。"[1] 这些不同的胎质丰富了汉代漆器的造物特点，同时也为其发展提供了丰富的选择性。同时，工具的进步也为不同胎骨的漆器制作提供了可能。传统笨重的斫制木胎漆器逐渐向更加轻便耐用的桊制木胎漆器和夹纻胎漆器以及制作更加精致的镟制木胎漆器转变。

在特殊胎体的漆器类型中，漆衣陶器的出土数量、胎质类型最为丰富。1992 年湖北省云梦县大坟头一号墓出土的陶胎褐漆罐[2]为灰陶胎。罐口有塞，器表呈褐色漆。1987 年安徽省霍山县迎驾厂汉墓出土的陶胎彩绘漆壶[3]为泥质灰陶胎，底漆为黑漆，并用朱、黄漆绘三角纹、云气纹、弦纹。在陶器上髹漆可见，汉代将对大漆的迷恋演绎到了极致。至于其他胎体材质的漆器有 1976 年广西贵县罗泊湾一号汉墓出土的彩绘铜胎漆壶[4]，长沙马王堆三号墓出土的以纱编织而成，制作精细，上髹厚厚黑漆，像乌丝一样闪亮的漆缅纱帽[5]和一号汉墓的龙纹竹胎漆勺[6]，1973 年湖北省江陵凤凰山八号汉墓出土的龟盾[7]，以及其他诸如铁质漆铠甲、骨质漆环、铅质漆六博筹等都显示了汉代漆器手工业的高度发达。

（二）漆器形态繁多、应用广泛

汉代漆器不仅在胎体材质的使用上较之前更加丰富，在器皿的形态上也种类繁多，涉及时人生活的方方面面，其中不仅有饮食用器、乐器及乐器用具、明器等，还有兵器及兵器用具。这些采用特殊胎质制作的漆器形态显示出其丰富多样性。

① 湖北省博物馆编《秦汉漆器——长江中游的髹漆艺术》，文物出版社，2007，第 14 页。
② 傅举有主编《中国漆器全集 3·汉》，福建美术出版社，1998，图版说明，第 3 页。
③ 傅举有主编《中国漆器全集 3·汉》，福建美术出版社，1998，图版说明，第 15 页。
④ 傅举有主编《中国漆器全集 3·汉》，福建美术出版社，1998，图版说明，第 18 页。
⑤ 湖南省博物馆、中国科学院考古研究所：《长沙马王堆二、三号汉墓发掘简报》，《文物》1974 年第 7 期。
⑥ 傅举有主编《中国漆器全集 3·汉》，福建美术出版社，1998，图版说明，第 33 页。
⑦ 傅举有主编《中国漆器全集 3·汉》，福建美术出版社，1998，图版说明，第 47 页。

1. 汉代漆器大量用于饮食器皿

"民以食为天"，作为汉代生活中的饮食漆器是当时漆器手工业制品的最主要形态。这些饮食漆器设计巧妙，造型生动，充分体现了汉代漆器手工业者发达的制造能力、造物智慧与高超的技艺。长沙马王堆二、三号汉墓出土的 316 件（不包括髹漆的兵器和乐器）漆器中，以漆碗、漆耳杯、漆卮、漆壶、漆樽、漆勺、漆杯、漆碗、漆盘、漆钵、漆豆、漆笥、漆钫为主要形态，数量最多的是耳杯，达 174 件，其中"大多是木胎，少数是夹纻胎和竹胎"[1]。通过这些精美漆器可见墓主生前奢靡享乐，即使死后仍旧企盼继续奢华的心态，而强大的漆器手工业则是满足社会大量需求的有力保障。

2. 汉代漆器大量用于生活用器

汉代漆器品种繁多，几乎涉及人们生活的方方面面，其中漆奁也是日常生活中最常见的器型。1974 年山东临沂银雀山西汉墓出土的针划纹双层七子奁[2]颇具代表性。这套针划纹双层七子奁设计精巧，内置小奁盒虽然形态各异，但杂而不乱，充分显示了匠人制作漆器时不仅追求外在装饰上的艺术美感，而且对漆器制品的功能性上也颇为费心。其中，多子奁的设计在空间利用上堪与现代器皿设计相媲美。宫廷中的达官显贵对衣饰和梳妆分外重视，"凡冠衣诸服，旒冕、长冠、委貌、皮弁、爵弁、建华、方山、巧士，衣裳文绣，赤舄，服绚履，大佩，皆为祭服，其余悉为常用朝服"[3]。至于诸多漆奁形态设计中，化妆用的漆奁已十分常见，不仅显现了汉时女子对于化妆器皿多样性的需求，同时也显现了她们出行携带化妆用具的便利性追求。

从不断出土的漆奁、漆簪、漆梳、漆篦等梳妆用品可以看出，汉代漆器兼具生活性和艺术性。另外，值得重点关注的是，四川绵阳市永兴双包山汉墓针灸经脉漆木人俑（残高28.1厘米）[4] 的出土也从一个侧面反映了漆器手工业是从生活出发的，其髹漆制品已经与汉代人的生活完全融于一体，生活中的任何器物皆可用髹涂大漆的方式来满足人们的喜爱。正是这

---

① 湖南省博物馆、中国科学院考古研究所：《长沙马王堆二、三号汉墓发掘简报》，《文物》1974 年第 7 期。
② 王世襄：《王世襄集·中国古代漆器》，生活·读书·新知三联书店，2013，第 54 页。
③ （宋）范晔：《后汉书》，中华书局，1965，第 3678 页。
④ 傅举有主编《中国漆器全集 3·汉》，福建美术出版社，1998，图版说明，第 53 页。

样的社会风气才造就了漆器手工业的发展、发达。

就生活用器而言汉代漆器种类极其丰富，仅器皿形态就有漆盒、漆奁、漆案、漆杖、漆笾、漆箱、漆六博盘、漆六博筹、漆盂、漆匣、漆匜、漆几、漆枕、漆砚、漆毛笔、漆碟、漆罐、漆盆、漆洗、漆印、漆虎子、漆经脉木人、漆棍、漆筷、漆木棋子、漆纱、漆缅纱冠、漆布袋、漆眉笔、漆楬、漆纺锭、漆梳、漆量、漆笄、漆钗、漆枻、漆升、漆璏、漆鉢、漆拂、漆鼎、漆屏风、漆箕、漆床、漆木凳、漆杙盘木尺、漆葫芦、漆瑟、漆琴、漆槌、漆编磬、漆竽等，足见形制多样的生活髹漆制品已深入广泛的社会生活。

3. 汉代漆器已大量用于兵器

"国之大事，在祀与戎"[1]，而汉代漆艺在兵器制作中占有重要位置。汉代是中国封建历史中武力强盛的一个朝代。尤其是汉武帝时期不畏强敌，抵抗侵略并积极开疆拓土，最终奠定了辽阔的疆域。《汉书·李广传》记载，李广率领5000步兵与匈奴作战，"前行持戟盾，后行持弓弩""矢如雨下""一日五十万矢皆尽"[2]。如此巨大的髹漆兵器消耗量直接导致其在国家漆器手工业中占有重要的位置，这一点通过在众多汉代墓葬出土的大量髹漆兵器可见一斑。

汉代诸多墓葬中都出土了多种髹漆兵器。其主要的形态包括弓、龟盾、盾牌、木箭、匕、漆鞘铁剑、漆鞘铁刀、弩、长矛、箭箙、漆铁铠甲等。其中，山西省朔县赵十八庄一号汉墓出土的5枚铅箭最具有代表性。[3]这些铅箭中心铁质，外裹铅皮，上有髹漆。从铅箭的制作材料就可以看出其应是实战用具，而髹漆则更多的是从功能的角度来考虑的。金属箭身经过髹漆可以有效地防止生锈，从而使这些箭矢在实战中能够发挥最大的效用。

4. 汉代漆器被广泛用于墓葬明器

在汉代，尤其是皇室贵族对于漆器十分钟爱，不仅在现实生活中选择漆制用具以彰显其身份之高贵，即使死后也将大量漆器陪葬，以备在天国继续他们奢靡的生活。无论是生活用具还是出行车马以及兵器等，均会以

---

① （汉）郑玄注、（唐）贾公彦疏《十三经注疏·周礼注疏》卷2《大宰》上，上海古籍出版社，2020，第67页。

② （汉）班固：《汉书》，中华书局，1962，第2452、2454页。

③ 宁立新：《山西省朔县赵十八庄一号汉墓》，《考古》1988年第5期。

漆物明器作为陪葬。因此，丧葬明器也是汉代漆器手工业的一个重要组成部分。富裕人家无论贵贱，死后都要必备一副漆棺安葬。但是汉代葬具同样具有严格的等级区分，这在漆制棺上体现得尤为明显。《后汉书·礼仪志》记载："诸侯王、公主、贵人皆樟棺，洞朱，云气画。公、特进樟棺，黑漆。中二千石以下坎侯漆。"①说明西汉中后期，帝王、列侯、贵族在棺樟用漆方面等级分明。如长沙马王堆一号汉墓出土的四层套棺中的第二层，棺内涂朱漆，外表以黑漆作地，彩绘旋转多变云气纹，并以种种神怪禽兽穿插其间，形成神秘而生动的画面。云纹轮廓、线条明显凸出，极似后代壁画上的沥粉堆金，和马王堆三号墓出土的云气纹识文描漆长方奁技法有相似之处。这种充满浪漫色彩的髹漆明器客观上反映了当时发达的漆器手工业状况。出土的大量漆棺、漆车、单辕彩绘漆车、漆温明、漆木俑侍卫俑、漆木冠、漆木马、漆面罩、素漆牛、漆马俑、漆织工俑、漆侍立俑、漆镇墓兽等种类繁多的汉代漆器形态，几乎涵盖了人们生前死后的方方面面。它以前代漆器手工业为基础，在制作和造物形态上有了前所未有的发展。

（三）汉代漆器髹饰的技术创新

漆器制作所需要的物质材料很多，但最重要的是"漆"。汉代的漆器手工业制造在使用大漆的基础上不断采用新的材料来丰富漆器的装饰手段，尤其是社会对于漆器的巨大需求促使着漆器手工业技术的不断发展与创新。

1. 油与漆的结合为漆艺发展提供了更多选择性

漆器手工业中对于桐油的使用可以看作是对于大漆的必要补充。其中长沙马王堆出土的"M2：西4漆木残片，漆液中添加了油类物质以改善漆性能，形成'油漆'"②。将油与漆结合使用是漆艺制作史上里程碑式的技术创举。桐油与大漆调和后可以给原本容易灰暗沉闷的大漆带来鲜明、艳丽之感，同时亦为在漆器上髹涂作画提供了便利，"调色油料，以桐油较好，色泽透明艳丽"③，充分显示了汉代漆器手工业在继承的基础上取得了

---

① （宋）范晔：《后汉书》，中华书局，1965，第3152页。
② 王荣、陈建明、聂菲：《长沙地区战国中期至西汉中期漆工艺中的矿物材料使用初探》附表，载陈建明主编《湖南省博物馆馆刊》（第十辑），岳麓书社，2014，第252页。
③ 沈福文编著《中国漆艺美术史》，人民美术出版社，1992，第60页。

长足的发展——从单一材料向复合材料的过渡。同时，汉代漆器手工业在装饰上也力求绚烂夺目的效果，所大量制作的漆器都绘制了充满吉祥或教化寓意的装饰语言，丰富了漆器的装饰艺术效果，这都说明汉代漆器手工业在继承战国时期盛行的描绘与锥刻髹饰技术的基础上，发展出了多种具有汉代特色的装饰形式。

2. 金属的普遍应用显示了功能与装饰的统一性

对于金属的使用是汉代漆器制造的一大特色。金属的珍贵性、坚固性及固有的天然光泽性使之成为这一时期漆器制作中从功能到外部装饰不可或缺的材料之一，其中主要包括金、银、铜、铝、铅、锡等，而漆器中的扣器最具代表性。它在漆器的制作过程中是对其口沿或器身进行金属镶嵌的一种工艺。该工艺最初的功能以实用为主，主要是为了让器盖和器身能够更好地契合。在此基础上，随着漆器工艺的不断演变，金属装饰则更多的是为了追求美观而存在的，这从汉代出土的大量的扣器如金扣、铜扣、银扣等可见一斑。

历史上以"多金王朝"而著称的汉代，在漆器的制作过程中金属被大量以纹样装饰材料的形式而应用在胎体上，其中以金银箔、金银粉绘画以及金属扣装饰的器具最为广泛，而金银贴花髹饰技法最具特色。该技法是将金、银锤成箔片剪成飞禽走兽、羽人升仙等各种形象，以漆或漆灰将其粘合于漆器表面进而打磨至平整光滑状态。例如，江苏泗阳陈墩汉墓出土的金箔贴花漆器最为华丽且最具代表性。该墓葬出土"漆奁1套。薄木胎，由盒盖与盒身构成。盒盖顶部隆起，正中贴饰柿蒂纹银箔，其上镶嵌圆形玛瑙5颗，间隙内用金银箔贴饰飞禽一周。盖的侧面亦贴有金银箔走兽、飞禽，间以漆绘的云纹。盖身亦贴饰金银箔，图案为持弩人物、骑射、象、野猪、各类飞禽"[①]。这些施以金银扣且表面装饰有精美形态金银箔片的漆奁是中国漆器手工业史上的经典之作，这种装饰形式是唐代"金银平脱"装饰技法的前身。

3. 堆漆髹饰技法增强了立体视觉的装饰性

堆漆髹饰技法作为汉代漆器艺术表现形式在马王堆漆棺上有充分的体现。这种汉代漆器手工业中经常使用的装饰方法是通过特制的工具将漆料

---

① 陆建芳、杭涛、韩建立等：《江苏泗阳陈墩汉墓》，《文物》2007 年第 7 期。

进行调和形成漆灰在胎体上塑造出一种浅浮雕效果。"堆髹源于商周时期，兴起于汉代。堆髹工艺的兴起与油漆的发明、漆灰的使用以及夹纻胎的出现有直接的关系。"[①] 其中，在马王堆一号墓中出土的第二层彩绘漆棺上能够明显地看到利用凸起的线条技法来描绘形态各异的神人以及怪兽，尤其是以这种方式描绘出的云气更显灵动，此为"沥粉"堆砌的方法。这种方法在中国此后的壁画中较为常见，学界将其称为"沥粉贴金"法。

4. 百宝嵌髹饰技法赋予了漆器的华贵性

汉代漆器手工业高度发达情况下的漆器髹饰技法有两种不同的装饰风格。一种是注重髹饰技法平面化展示的彩绘漆饰，另一种则是以着重体现金银、玛瑙、玉石、螺钿等材料质感为代表的镶嵌工艺。镶嵌有各式各样宝石俗称"百宝嵌"的漆器，以安徽省巢湖汉墓出土的"百宝嵌漆罐"最佳。该罐"木胎残朽过甚……外髹黑漆，内髹红漆。口径与圈足部以铜铸成后安装在木胎上，铜扣的表面均以细线刻琢四组正反相对的八只凤鸟，鸟首相对，鸟尾相接，并填金箔，外套水晶环。上肩部和近底部各镶嵌银带状饰一周，其上等距离点缀八只半球形蓝色料珠，肩部对置玉质辅首环耳，耳两边和下腹部分别镶嵌有覆、仰式六只和八只桃形玉片饰，桃形片上饰十数颗浅浮雕圆点纹。在腹部最大径处嵌金质带状箍一道，金箍上亦等距离填入八只料珠。在金箍的上下与料珠位置相对应处嵌入八只桃形玉片，每只玉片上均刻有一只凤鸟，凤作曲身卷尾。另在露胎处的黑漆地上用赭色勾绘变形鸟兽纹。此件漆罐集金、银、铜、玉、水晶、料器装饰于一身，制作精良，尤为华丽，前所未见，具有较高的工艺美术价值"[②]。

在中国漆器手工业发展的历史中，汉代无疑是巅峰的存在，这一时期是有史以来髹饰技艺系统最完备、各项手工艺趋于成熟的黄金期。

三 汉代漆器手工业产品的流通

《史记·货殖列传》记载："木器髹者千枚。"[③] 由于人们对于漆器制

---

① 张飞龙：《中国髹漆工艺与漆器保护》，科学出版社，2010，第14页。
② 安徽省文物考古研究所、巢湖市文物管理局：《巢湖汉墓》，文物出版社，2007，第117页。
③ （汉）司马迁：《史记》，中华书局，1982，第3274页。

品非常喜爱，在生活中广泛应用，北至蒙古国的诺音乌拉①，南至云南②、广州③，西至新疆④、甘肃地区⑤，东至朝鲜乐浪⑥的墓葬中均有汉代漆物出土。由此表明漆器在当时的社会生活中所占比例大，地位十分重要，且流通辐射面非常广泛。

（一）汉代漆器流通遍及域内

迄今为止发掘的汉代墓葬中出土的大量漆器随葬品，以蜀郡、广汉郡工官制品最为精美丰富，其形制工整，在器形、尺寸以及装饰手法等方面保持了高度的统一规范。在江苏邗江县杨寿乡宝女墩新莽墓⑦ M104 出土的形制规整、纹饰简练对称的漆盘，既有典型的广汉郡漆器，也有供工生产的漆器。江苏泗阳陈墩汉墓⑧ M1 出土的以银扣贴金箔装饰的各类漆器，安徽天长三角圩 M1⑨ 出土的银扣贴金箔装饰的各类漆器，均反映了西汉中晚期泗水国及广陵国地区的漆器工艺十分发达，而且在汉朝境内的流通也非常广泛。

在山东地区出土的汉代墓葬主要集中于鲁东南沿海一带，如日照海曲西汉墓（M106）⑩，临沂金雀山九座汉代墓葬⑪，临沂金雀山周氏墓群⑫，临沂银雀山四座西汉墓葬⑬，青岛市土山屯墓地 M6、M8⑭，尤其是土山屯墓地出土的漆器器形、胎质、装饰风格等均与扬州、连云港一带西汉中晚

---

① 〔俄〕奇斯佳科娃·阿哥尼娅：《诺音乌拉墓地出土的西汉耳杯》，载中国人民大学北方民族考古研究所、中国人民大学历史学院考古文博系编《北方民族考古》（第 3 辑），科学出版社，2016，第 27 页。

② 杨帆：《云南昆明羊甫头墓地发掘简报》，《文物》2001 年第 4 期。

③ 麦英豪：《广州皇帝冈西汉木椁墓发掘简报》，《考古》1957 年第 4 期。

④ 林梅村：《汉代精绝国与尼雅遗址》，《文物》1996 年第 10 期。

⑤ 甘肃省博物馆：《武威磨咀子三座汉墓发掘简报》，《文物》1972 年第 12 期。

⑥ 〔日〕海原末治：《汉代漆器纪年铭文集录》，刘厚滋译，《考古》1937 年第 1 期。

⑦ 李则斌：《江苏邗江县杨寿乡宝女墩新莽墓》，《文物》1991 年第 10 期。

⑧ 陆建芳、杭涛、韩建立等：《江苏泗阳陈墩汉墓》，《文物》2007 年第 7 期。

⑨ 杨德标、贾庆元、杨鸠霞：《安徽天长县三角圩战国西汉墓出土文物》，《文物》1993 年第 7 期。

⑩ 冀介良、许姗、王站琴：《山东日照海曲西汉墓（M106）发掘简报》，《文物》2010 年第 1 期。

⑪ 冯沂：《山东临沂金雀山九座汉代墓葬》，《文物》1989 年第 1 期。

⑫ 沈毅：《山东临沂金雀山周氏墓群发掘简报》，《文物》1984 年第 11 期。

⑬ 蒋英炬、吴文棋：《临沂银雀山四座西汉墓葬》，《考古》1975 年第 6 期。

⑭ 郑禄红、翁建红：《山东青岛市土山屯墓地的两座汉墓》，《考古》2017 年第 10 期。

期木椁墓出土的漆器非常相似，甚至有些完全相同，笔者推测可能是同一作坊产品。

通过对墓葬出土文物的比较研究还可以看出汉代漆器产地之丰富，以及这些隶属于政府或者私人漆器作坊的产品的广泛流通性。譬如，新莽至东汉初的广州市龙生冈43号汉木椁墓[1]中出土的铜扣漆耳杯残耳与乐浪汉墓中出土的相同。西汉早期的广州黄花冈003号西汉木椁墓[2]中出土的圆形漆盘，从其器形、纹样来看，与以往曾多次出现于湖南长沙楚墓漆器形制相近，有的甚至如出一辙，这反映了毗邻两地彼此之间有着密切的文化关系。广西合浦西汉木椁墓[3]出土的鎏金铜扣金平脱漆器，和江苏连云港市海州网疃庄汉木椁墓[4]出土的银平脱漆器形制一样，同为西汉金银平脱髹漆工艺的代表佳作。长沙咸家湖西汉曹嬽墓[5]中出土的漆器在造型、纹饰和风格上大都与马王堆汉墓和江陵凤凰山汉墓出土的漆器相同或相近。河南南阳市麒麟岗8号西汉木椁墓[6]出土的漆盘、漆圆盒、漆耳杯与邻近的湖北云梦大坟头所出土的以点纹、波折纹、涡卷纹、云气纹、变形鸟纹、鸟头纹及"B"形等图案装饰的部分漆盘、漆圆盒、漆耳杯在形制上、纹饰上一致。东日照海曲西汉墓（M106）[7]、临沂银雀山四座西汉墓葬[8]4号墓等汉代墓葬中发现的保存完整的漆衣陶器与湖北云梦西汉墓[9]出土的一件漆衣陶镡在胎质与髹漆方式上基本一致。凡此种种，不胜枚举。由此足见汉代漆器是不同地区经济、文化频繁交流的重要载体，流通范围十分广泛。

（二）汉代漆器手工业产品通过三线流向域外

文化的交流总是伴随着贸易的发生。从目前的文献来看未见古代西方有漆艺的记载。法国学者布尔努瓦（L. Boulnois）在其《丝绸之路》中指

---

①　麦英豪：《广州市龙生冈43号汉木椁墓》，《考古学报》1957年第1期。

②　麦英豪：《广州黄花冈003号西汉木椁墓发掘简报》，《考古通讯》1958年第4期。

③　广西壮族自治区文物考古写作小组：《广西合浦西汉木椁墓》，《考古》1972年第5期。

④　尤振尧、黎忠义：《江苏连云港市海州网疃庄汉木椁墓》，《考古》1963年第6期。

⑤　肖湘、黄纲正：《长沙咸家湖西汉曹嬽墓》，《文物》1979年第3期。

⑥　包明军、王伟：《河南南阳市麒麟岗8号西汉木椁墓》，《考古》1996年第3期。

⑦　冀介良、许姗、王站琴等：《山东日照海曲西汉墓（M106）发掘简报》，《文物》2010年第1期。

⑧　蒋英炬、吴文棋：《临沂银雀山四座西汉墓葬》，《考古》1975年第6期。

⑨　陈振裕：《湖北云梦西汉墓发掘简报》，《文物》1973年第9期。

出："一般来说，当时中国北方出售茶叶而购入马匹，中国南方出口瓷器、漆器和丝绸，特别是向东南亚国家出口……'丝绸之路'完全是一个近代提法，在上古时代和中世纪中的游记故事中根本没有这样的称呼。"① 尽管如此，古代中国漆艺对外输出的历史及贸易路线至少可以追溯到汉代。无论是南部海上通路还是西域陆路的打通都为漆器作为贸易载体的输出提供了必要的条件。汉代漆器手工业制品与世界联通的外溢通道主要分为东、西、南三条贸易路线。

1. 西线，汉代漆器沿丝绸之路大量流入西域

汉代的漆器随着丝绸之路传入西域进而抵达中亚或更远的西方。《史记·大宛列传》记载："自大宛以西至安息，国虽颇异言，然大同俗，相知言。其人皆深眼，多须髯，善市贾，争分铢。俗贵女子，女子所言而丈夫乃决正。其地皆无丝漆，不知铸钱器。"② 由于西部漆器手工业资源匮乏，漆器在当地应该属于贵重的奢侈品。从楼兰古城孤台墓地出土的漆器来看，"墓内出土漆器 7 件……出土的彩绘漆器盖（MB1：3）……顶面绘四组变体流云纹，中间绘四叶蒂形纹"③，在河北满城汉墓一号墓Ⅰ、Ⅱ型彩绘陶盘中也已出现；在楼兰古城孤台墓地 MB1：5 出土的棕色作地的彩绘漆杯上满绘云纹和草叶纹，也大量出现于中原地区，充分说明了汉代中原与西域商品流通器物中漆器的向西流动状态。

在汉代丝绸之路上占有极其重要历史地理位置之营盘遗址出土的"木器以素面为主，少量绘彩木器中常见的是通体黑彩，即通称的'漆器'，主要使用在小巧玲珑的奁、粉盒、纺杆上，纹样有彩带、三角、叶瓣、圆点纹等"④。《后汉书·西域传》记述西汉河西驿置"列邮置于要害之路。驰命走驿，不绝于时月；商胡贩客，日款于塞下。其后甘英乃抵条支而历安息，临西海以望大秦，拒玉门、阳关者四万余里，靡不周尽焉"⑤，说明驿置在汉代是一个专门系统。"置"作为一个传递信件的单位，出土的遗物中有"竹木漆器、草编器、皮革和丝绸制品、毛麻织品等，共 6000 余

---

① 〔法〕布尔努瓦：《丝绸之路》，耿升译，新疆人民出版社，1982，第 240 页。
② （汉）司马迁：《史记》，中华书局，1982，第 3174 页。
③ 侯灿：《楼兰城郊古墓群发掘简报》，《文物》1988 年第 7 期。
④ 周金玲：《新疆尉犁县营盘古墓群考古述论》，《西域研究》1999 年第 3 期。
⑤ （宋）范晔：《后汉书》，中华书局，1965，第 2931 页。

件。漆木器主要有耳杯、盘、筷子、匕、勺等"①。在尼雅遗址，"斯坦因和他的同伴们到处作了细致的调查。房屋全是木结构的，房梁上雕刻着使人一望而知其受希腊文化影响的浮雕。从住宅的垃圾堆里还发现能让人追索古代居住者生活情况的漆器破片、毛毡制品、绢、小麦等等"②。1938年法国调查队发现了大夏、贵霜王朝时代的都城，并且在王宫一间密封的房间中发现了"希腊的石膏雕像、叙利亚的青铜器、罗马的玻璃器、印度的象牙雕刻，还有中国的漆器，是汉代的漆器……由于漆器的清理非常难，又没有经验，只清理出漆器的残片……根据残片上观察到的花纹分析，器物是汉代的漆盘"③。

上述文物的出土显现了汉代漆器在西域及中亚等地的广泛应用，且有力证明了汉王朝的制漆技艺和髹漆文化沿着丝绸之路远播中亚等地。可以说，两汉时期流行的漆器作为流通的商品不仅满足了西域及中亚地区人们的生活需求，甚至影响了他们的审美风尚。

2. 东线，汉代漆器大量销往朝鲜及日本等地

汉代漆器不仅在域内诸多郡县都有发现，而且蜀郡与广汉郡工官的漆器在汉属古乐浪郡（今朝鲜境内）也有大量出土。1924年王盱墓出土的建武二十一年的铭文漆杯以及永平十二年的铭文神仙龙虎画像盘等，以神仙龙虎漆画装饰的漆盘做工最为精美，图案描绘极为细腻，同时在该器物的背面共铭刻有25个汉隶文字："永平十二年，蜀郡西工夹纻行三丸，治千二百，卢氏作，宜子孙，牢。"④ 1933年朝鲜发掘出土的王光墓和彩箧冢中有57件漆器上的铭文明确显示其产地为蜀郡或广汉郡并详细记录了漆工的姓名与工种。这都有力地证明了，即使远在乐浪郡也有蜀郡生产的漆器在使用。胡玉康先生《汉唐丝路漆器文化外溢：契机、途径与效应》认为："东线漆器文化外溢通道主要由中国输入高丽，然后经朝鲜半岛再传入日本。"⑤

---

① 何双全：《甘肃敦煌汉代悬泉置遗址发掘简报》，《文物》2000 年第 5 期。
② 〔日〕前岛信次：《丝绸之路的 9 个迷：埋没在流沙中的人类遗产》，胡德芬译，天津人民出版社，1981，第 56 页。
③ 〔日〕樋口隆康：《出土中国文物的西域遗迹》，《考古》1992 年第 12 期。
④ 〔日〕海原末治：《汉代漆器纪年铭文集录》，刘厚滋译，《考古》1937 年第 1 期。
⑤ 胡玉康：《汉唐丝路漆器文化外溢：契机、途径与效应》，《深圳大学学报》（人文社会科学版）2016 年第 1 期。

3. 南线，汉代漆器可能销往南海及东南亚国家

据《史记·西南夷列传》记载："秦时常頞（頞）略通五尺道。"①《汉书·食货志》又说，唐蒙、司马相如"始开西南夷，凿山通道千余里，以广巴蜀"②。由此可见，在公元前三世纪左右由川入滇的通道就已打通，西汉时期有了进一步的发展，尤其是汉武帝元鼎六年（公元前111年）在西南夷地区正式设立郡县后与中原内地的联系就更加密切了。蜀郡的铁器、漆器、丝织品源源不断地运往云南。

汉代的中国与南海以及东南亚国家之间也有着密切的贸易往来。《汉书·地理志》记载："自日南障塞、徐闻、合浦船行可五月，有都元国；又船行可四月，有邑卢没国；又船行可二十余日，有谌离国；步行可十余日，有夫甘都卢国。自夫甘都卢国船行可二月余，有黄支国，民俗略与珠崖相类。其州广大，户口多，多异物，自武帝以来皆献见。有译长，属黄门，与应募者俱入海市明珠、璧流离、奇石异物，赍黄金杂缯而往。所至国皆禀食为耦，蛮夷贾船，转送致之。亦利交易，剽杀人。又苦逢风波溺死，不者数年来还。大珠至围二寸以下。平帝元始中，王莽辅政，欲耀威德，厚遗黄支王，令遣使献生犀牛。自黄支船行可八月，到皮宗；船行可二月，到日南、象林界云。黄支之南，有已程不国，汉之译使自此还矣。"③ 这说明汉代时期的中国与南海及东南亚诸国之间商品贸易十分频繁。而此时形制丰富、装饰精美、体量极其庞大且与人们生活密切相关的漆器产品，无论在技术还是在审美上都到了同时并重的理性发展阶段。处于成熟期尤其颇具实用价值的汉代漆器也当通过南线走出了国门，并成为文化外溢的重要载体之一，并开启了世界对于漆器手工业文化的全新理解。侯至明清时期漆器制品的大规模出口达到封建时代的鼎盛，这种极其深远的影响毫无疑问源于汉代。

结　语

汉代是中国封建早期历史上强盛的王朝之一，由于政治的稳定，生产

---

① （汉）司马迁：《史记》，中华书局，1982，第2993页。
② （汉）班固：《汉书》，中华书局，1962，第1157页。
③ （汉）班固：《汉书》，中华书局，1962，第1671页。

力的提升以及社会的需求，手工业得到了极大的发展。其中漆器手工业又因为汉代人对于漆器制品的偏爱而取得了不可忽视的成就。规模庞大且系统化的漆器手工业体系的生产，在满足本国统治阶级及广大人民需求的同时，也曾通过陆路、水陆等不同方式远销国外，甚至对整个世界的漆器制造都产生了影响，并成为中华民族手工业发展过程中不可忽视的瑰宝之一。这些卓越的成就离不开多元化的漆器手工业生产组织模式、完善的漆器手工业生产管理流程、丰富的漆器形态与髹饰技术的发展与创新，以及汉代数以万计漆器工匠的智慧与创造力。汉代漆器手工业产品的流通过程中，中国深厚的文化思想、造物美学思想以及手工业价值观也得以传承，并通过其精美的产品和独特的工艺技术得到各类消费者的普遍认可与青睐。漆器作为一种商品所承载的不仅仅是华夏文明造物之美的技艺，同时使汉代社会先进的手工业造物语汇扩散到全世界。庞大的漆器手工业体系造就了漆器在汉代的辉煌，并为历经千年发展的中国漆器手工业奠定了坚实的基础。

Analysis on the Innovation and Development of Lacquer Handicraft Industry in Han Dynasty

Liu Yang

Abstract：After thousands of years of development, China's ancient lacquer handicraft industry has gradually formed its own unique production and management mode. In the long course of evolution, through the accumulation of wisdom of a large number of craftsmen in different times in the process of production practice, the development of lacquer handicraft industry entered the peak period in the Han Dynasty. The improvement of productivity was brought about by social and political stability provided a prerequisite for the rapid development of lacquer handicraft industry in the Han Dynasty. At the same time, the once flourishing bronze ware is gradually declining at this time, and porcelain has not formally entered the historical stage, which also objectively created a unique opportunity for the vigorous development of lacquer handicraft industry in the Han Dynasty. The lacquerware handicraft industry in the Han Dynasty generally had two production modes: official and private, which reflected the huge demand for lacquerware in the Han Dynasty. Meanwhile, the geographical distribution of official and private lacquerware handicraft industry also reflected the influence of natural resources and social economy on the development of lacquerware handicraft industry. It can be seen that the hand-painted lacquer products widely circulated in the Han Dynasty society was made by the diversified types of lacquer handicrafts, the well-developed production and management mode in handicraft industry, the rich forms of lacquer and technological innovation. The huge lacquerware handicraft system created the brilliance of lacquerware in the Han Dynasty and also laid a solid foundation for the future development of China's lacquerware handicraft industry.

Keywords: Lacquerware of the Han Dynasty; Lacquer Handicraft; Lacquerware Form; Painting Technology; Lacquer Circulation

魏晋南北朝丝绸之路历史地位述论[*]

方高峰　徐　可　胡诗琪[**]

摘　要： 魏晋南北朝时期国家长期分裂割据，战乱频繁，丝绸之路因战乱有过明显的三次衰退，但整体上仍在曲折中艰难发展，到南北朝时期，其水平已超迈汉代，表现在四个方面：一是与中国政府建立官方关系的丝路沿线国家数量大增，二是定居中国的外国侨民人数增多，三是输入中国的国际货币罗马金币与波斯银币增加，四是海上丝绸之路显著拓展。魏晋南北朝时期丝绸之路的发展是多种因素合力的结果：汉代丝绸之路的开拓为魏晋南北朝丝绸之路的发展奠定了历史基础，魏晋南北朝的经济发展为丝绸之路的发展奠定了物质基础，维护与开拓华夏朝贡体系是丝绸之路发展的政治因素，军事上的合纵连横是丝绸之路发展的直接动因，佛教文化传播是丝绸之路发展的重要推动力，沿线各国的共同努力是丝绸之路发展的国际助力。魏晋南北朝丝绸之路的发展为隋唐丝绸之路的繁荣奠定了坚实的基础。

关键词： 魏晋南北朝　丝绸之路　文化交流

　　魏晋南北朝时期国家长期战乱，学术界一般认为丝绸之路处于低谷，代表性说法如中西交通史研究的开拓者之一方豪先生所言，"魏晋南北朝时，西域交通大衰""北朝曾将西域交通完全隔断"，[①] 因此，长期以来，魏晋南北朝时期的丝绸之路研究得不到应有重视，这种局面直到近年才有所改观。石云涛先生撰写了研究魏晋南北朝时期中西交通演变的系列论文，并

---

*　本文系国家社科基金后期资助项目"魏晋南北朝丝路贸易研究"（ZSB029）的阶段性成果。

**　方高峰，湘潭大学商学院教授；徐可、胡诗琪，湘潭大学商学院硕士研究生。

①　方豪：《中西交通史》（上册），上海人民出版社，2008，第131页。

在 2007 年出版了专著《三至六世纪丝绸之路的变迁》，这是迄今为止研究魏晋南北朝时期中西交通演变最全面的学术专著。该书的核心观点是，魏晋南北朝时期的中西交通，比之两汉时期，在规模、范围和影响上"都大大地发展了"。① 荣新江先生近年相继出版了《中古中国与外来文明》②《中古中国与粟特文明》③《丝绸之路与东西文化交流》④ 三本研究汉唐时期中外关系的论文集，其中《中古中国与外来文明》和《中古中国与粟特文明》主要论述这一时期粟特人东迁入华轨迹，粟特人聚落的分布及其演变，粟特人的宗教信仰，粟特商队的构成，粟特商队首领名称、职能等的演变等；《丝绸之路与东西文化交流》主要研究汉唐时期丝绸之路路线的演变、丝绸之路上某些城镇或地区的特殊作用、丝绸之路上的东西文化交流，其中不少内容涉及魏晋南北朝时期。张绪山先生近年出版的《中国与拜占庭帝国关系研究》⑤ 是一部系统研究四世纪至十五世纪中国与拜占庭帝国交流史的学术专著，又以六世纪初至七世纪中叶为重点，自然有不少内容涉及魏晋南北朝时期的丝路交通与丝路贸易。在前人研究的基础上，我们试图对魏晋南北朝时期丝绸之路的历史地位作一粗略探析，以求正于大家。

一 魏晋南北朝时期丝绸之路的曲折发展

魏晋南北朝时期除西晋短暂统一外，长期处于分裂割据状态，战争之频繁、祸害之惨烈，堪称中国古代社会之最。魏晋南北朝时期战乱影响最大的有三次，第一次是东汉末年的军阀混战，始于 189 年（东汉灵帝中平六年）董卓之乱，持续到 207 年（建安十二年）曹操基本统一北方，长达 19 年。第二次是西晋末年，肇始于惠帝元康元年（291 年）的"八王之乱"，继之以永嘉之乱，中国北方进入最为混乱的"五胡十六国"时期。西晋末年的这场动乱持续近 150 年，直到 439 年北魏统一北方。第三次是北魏末年，始于孝明帝正光四年（523 年）的北方边镇农民起义，继之以尔朱荣之乱，然后北魏分裂为东魏、西魏，后相继被北齐、北周取代，东

---

①　石云涛：《三至六世纪丝绸之路的变迁》，文化艺术出版社，2007，第 1~2 页。
②　荣新江：《中古中国与外来文明》，生活·读书·新知三联书店，2001。
③　荣新江：《中古中国与粟特文明》，生活·读书·新知三联书店，2014。
④　荣新江：《丝绸之路与东西文化交流》，北京大学出版社，2015。
⑤　张绪山：《中国与拜占庭帝国关系研究》，中华书局，2012。

西对峙，连年交战。但这次战乱在 548 年南方爆发侯景之乱后大为和缓，因为双方都以主力南下掠梁，因此第三次战乱主要在 523 年到 548 年，共计 26 年。三次战乱都严重影响了整个社会经济，对外交通与对外贸易显得萧条，因此整个魏晋南北朝时期丝绸之路出现过三次衰退。三次战乱中又以第二次破坏性最大，对此，当时的史学家虞预说道："自元康（291～299年）以来，王德始阙，戎翟及于中国，宗庙焚为灰烬，千里无烟爨之气，华夏无冠带之人，自天地开辟，书籍所载，大乱之极，未有若兹者也。"[1] 可见这次衰退之严重。十六国时期，西域客商一般只能以河西走廊为贸易大本营，与中原的交通基本停顿。但就整个魏晋南北朝时期来说，丝绸之路并不是衰退的，更不是停顿的，只能说是波动的，并且从整体上说还有一定程度的发展。

东汉末年，战乱使对外交通与对外贸易大为衰退，但随着曹魏统一北方与三国鼎立局面的形成，局势渐趋稳定，经济逐渐复苏，对外交通与对外贸易随之恢复，其中曹魏与孙吴成绩显著。曹魏在西域沿袭汉制设置戊己校尉与西域长史，实施对西域的实质管理，西域"大国龟兹、于阗、康居、乌孙、疏勒、月氏、鄯善、车师之属，无岁不奉朝贡，略如汉氏故事"[2]，特别是车师后部"王治于赖城，魏赐其王壹多杂守魏侍中，号大都尉，受魏王印"[3]，影响最大。天山以北西域诸国都是车师后部的属国，其王都于赖城在天山以北，是北新道的枢纽，车师后部接受曹魏册封，从而使东汉时期时通时绝的北新道正式开通。[4] 从此以后，直到隋唐，今新疆境内的丝绸之路就由原来的两条固定为三条，天山以北的北新道成为丝绸之路重要的一环。与此同时，曹魏还积极发展与朝鲜半岛和日本各国的交

---

① 《晋书》卷 82《虞预传》，中华书局，1974，第 2144 页。
② 《三国志》卷 30《魏书·乌丸鲜卑东夷传》，中华书局，1959，第 840 页。
③ 《三国志》卷 30 注引《魏略西戎传》，中华书局，1959，第 862 页。
④ 新道从敦煌玉门关向西北方向行，过横坑，沿五船北，经大沙海（今噶顺戈壁），直达戊己校尉所治柳中，由此到达高昌。新道避开了三陇沙、白龙堆两段险道，又直接穿过大沙海，缩短了从敦煌到高昌的路程。北新道是新道的延伸，从柳中北上，过天山，到达车师后部，然后沿天山北麓一路向西，进入乌孙、康居，与丝绸之路西线相连。西汉末年，戊己校尉徐普想开辟这条新道为官道，但因遭到车师后王的反对，加上匈奴的直接威胁，未能成功。东汉虽开通了新道和北新道，但因匈奴与西域强国的阻挠，时通时绝，无法成为官道。这种情况到曹魏时发生了根本变化，一是西域的匈奴经过与东汉的多年缠斗，大部已向中亚西迁；二是曹魏对交通要冲伊吾地区控制的强化；三是车师后部接受曹魏册封，而天山以北西域诸国都是车师后部的属国，从而使北新道正式成为官道。参见王素《高昌史稿：交通编》，文物出版社，2000，第 161～166 页。

往。南方的孙吴具有较高的造船与航海技术，积极拓展海外交通，向北，开通了从我国江南到达朝鲜半岛的海上新航线，① 此后一直为东晋南朝政府所承袭；向东，孙吴登上夷洲（今我国台湾）；向南，孙吴派遣宣化从事朱应、中郎康泰出使扶南（今柬埔寨等地），并积极拓展与南亚的天竺乃至欧洲大秦的交往。② 西晋代魏特别是统一全国后，实力有所增强，丝绸之路更有所发展，向西，西域戊己校尉马循曾多次出兵大败鲜卑，确保了对西域的实质控制，从而使绿洲丝绸之路得以通畅；向东，强化了与朝鲜半岛和日本诸国的联系；向南，继承孙吴遗产，加强了与扶南、林邑等东南亚国家的联系。经过曹魏与西晋的数代经营，洛阳再次成为国际性大都市，曹魏齐王芳时，洛阳已是"其民异方杂居""商贾胡貊，天下四会"；③ 司马炎登基代魏之际，"四夷会者数万人"；④ 而据斯坦因在敦煌发现的粟特文第二号信札，当时在洛阳既有庞大的粟特商团，还有印度等地的商队。⑤ 但应该说，魏晋时期，丝绸之路特别是绿洲丝绸之路还只是一定程度的恢复，远没有达到汉代的规模。

西晋末年到十六国时期是丝绸之路的大衰退期，当然这个时期丝绸之路也并非完全中断。当时河西走廊丝路贸易就比较发达，特别在前凉与北凉时更为明显。即便在中原，后赵与前秦都对北方有过短暂统一，它们都采取过一些稳定社会、发展经济的措施。随着经济恢复，丝绸之路也有所复苏，如后赵石勒时期，"时高句丽、肃慎致其楛矢，宇文屋孤并献名马

---

① 这条新航线的具体走向，胡三省在《资治通鉴》卷95"咸和九年（公元334年）"条关于"马石津"注云："自建康出大江至于海，转料角至登州大洋；东北行，过大谢岛、龟歆岛、淤岛、乌湖岛三百里，北渡乌湖海，至马石山东之都里镇；马石津，即此地也。"即从建康顺长江而下，从长江出海口北的料角向北沿大陆沿岸线航行，到达山东半岛，然后进入登州大洋，即威海附近海域，然后向东北方向航行，经大谢岛、龟歆岛、淤岛、乌湖岛，渡过渤海到达辽东半岛南端的都里镇，都里镇就是马石津，在今辽宁旅顺附近，然后从这里南下进入朝鲜半岛。参见黎虎《孙权对辽东的经略》，《北京师范大学学报》（社会科学版）1994年第5期。
② 据《梁书·海南诸国传》，孙权见到大秦商人秦论时，询问大秦的风土人情，并派人专程护送其回国；康泰等在扶南见到天竺使者时，向其了解天竺国情及前往天竺的航道，康泰所著《扶南传》记录了从扶南前往天竺与大秦的航线，这足以说明孙吴一直在积极探寻前往天竺乃至大秦的途径。
③ 《三国志》卷21《傅嘏传》注引《傅子》，中华书局，1959，第624页。
④ 《晋书》卷3《武帝纪》，中华书局，1974，第50页。
⑤ 〔美〕安妮特·L.朱丽安娜、朱迪思·A.莱莉：《古粟特文信札（Ⅱ号）》，苏银梅译，《考古与文物》2003年第5期。

于勒。凉州牧张骏遣长史马诜奉图送高昌、于阗、鄯善、大宛使，献其方物"[1]。前秦苻坚时"鄯善王、车师前部王来朝，大宛献汗血马，……天竺献火浣布，康居、于阗及海东诸国，凡六十有二王，皆遣使贡其方物"[2]。车频《秦书》道："苻坚时，四夷宾服，凑集关中四方种人，皆奇貌异色，晋人为之题目，谓胡人为侧鼻，东夷为广面阔额，北狄为匡脚面，南蛮为肿蹄方，方以类名也。"[3]但这种局面往往只不过是昙花一现。

南北朝时期丝绸之路出现了一个新的发展高潮，其规模与水平不仅远超魏晋，而且也超过了两汉。在北方，北魏统一北方后，声势如日中天，曾大败柔然，灭鄯善，破焉耆、龟兹，并一度在焉耆置镇，北魏对西域的控制一度远超前代，这大大促进了丝绸之路的发展。据石云涛先生统计，与北魏有官方来往的葱岭以西国家多达 97 个，[4] 数量远超两汉，很多国家都是第一次与中国政府建立关系的。北魏开通了与东罗马帝国的陆上交通，历史上罗马帝国前往中国一直走的是海路，而据《魏书》本纪，译为"普岚"的东罗马帝国至少有三次通过陆路来到中国。北魏与中亚强国嚈哒、西亚的波斯和南亚的天竺联系都相当紧密，据《魏书》本纪与《北史》卷 5《魏本纪第五》记载，嚈哒至少有十四次派遣使者出使北魏，波斯至少有十次，天竺至少有六次。北魏派往西域各国的使者也很多，《魏书》卷 102《西域传》便说"国使亦数十辈"，著名的有王恩生、许纲使团，董琬、高明使团，宋云、惠生使团，另有韩羊皮出使波斯等。北魏除了向西与西域各国强化联系外，向东也加强了与朝鲜半岛高丽等国的联系，据韩昇先生统计，高丽向北魏遣使多达 79 次，[5] 有时甚至一年数次，北魏派遣的使者数量也是基本对等的。北魏时期丝路交通的发展，从而使丝路贸易达到了一个新的水平，邢峦在宣武帝时奏道："蕃贡继路，商贾交入，诸所献贸，倍多于常。"[6]

在南方，东晋南朝社会相对安定，北方流民大批南下，经济文化得到较快发展；南方政府又以承袭晋室王朝正统自处，具有一定的政治优势，

---

① 《晋书》卷 105《石勒载记下》，中华书局，1974，第 2747 页。
② 《晋书》卷 113《苻坚载记上》，中华书局，1974，第 2904 页。
③ 《太平御览》卷 363《人事部四》引车频《秦书》，中华书局，1960，第 1672 页。
④ 石云涛：《三至六世纪丝绸之路的变迁》，文化艺术出版社，2007，第 156 页。
⑤ 韩昇：《"魏伐百济"与南北朝时期东亚国际关系》，《历史研究》1995 年第 3 期。
⑥ 《魏书》卷 65《邢峦传》，中华书局，1974，第 1438 页。

对周边国家具有较强的吸引力，因此，丝绸之路得到较大发展，特别在刘宋与萧梁出现两个高潮。向东，南朝强化了与朝鲜半岛各国的联系，据韩昇先生统计，高丽共向南朝政府遣使44次，其中刘宋22次、萧齐5次、萧梁11次、南陈6次；百济向南朝遣使27次，其中刘宋12次、南齐4次、萧梁7次、陈朝4次。[1] 日本与刘宋关系也很紧密，《宋书》卷97《倭国传》云，倭国"世修贡职"，据《宋书》本纪，倭国至少遣使7次。刘宋之后，倭国虽与中国政府关系冷淡，但却通过百济与南朝政府间接发展经济文化交流。[2] 向南，南朝政府与海上丝绸之路沿线国家交往达到了历史新高，其数量与规模都远超汉代。据我们对《宋书·夷蛮传》与《宋书》本纪的统计，与刘宋朝廷有正式交往的南亚与东南亚国家包括林邑国、扶南国、诃罗驼国、呵罗单国、媻皇国、媻达国、阇婆婆达国、师子国、天竺迦毗黎国、苏摩黎国、斤驼利国、盘盘国、婆利国、干璁利国，共计14国；而萧梁则是"自梁革运，其奉正朔、修贡职，航海岁至，逾于前代矣"[3]，数量更超刘宋，丹丹国和狼牙修国都是在萧梁时期第一次到访中国。随着海上丝路交通的发展，丝路贸易规模也随之扩大，正如《宋书》卷97《夷蛮传》所说："若夫大秦、天竺，……而商货所资，或出交部，泛海陵波，因风远至。……山琛水宝，由兹自出，通犀翠羽之珍，蛇珠火布之异，千名万品，并世主之所虚心，故舟舶继路，商使交属。"

北魏末年开始的战乱和萧梁末年的侯景之乱，使南、北经济都遭受重创，丝绸之路也大为衰退。当然，这次衰退比前两次要小，因为这次战乱的破坏性比前两次要小。

二 魏晋南北朝丝路贸易规模

丝路贸易规模是丝绸之路发展的标志，与丝绸之路的曲折发展一样，魏晋南北朝丝路贸易也起起伏伏。整体上看，丝路贸易在三国西晋时期逐渐恢复，东晋十六国时期陷入低迷，南北朝时期得到了较快发展。到南北朝时期，丝路贸易规模可能已超迈汉代，其表现在多个方面。

---

① 韩昇：《"魏伐百济"与南北朝时期东亚国际关系》，《历史研究》1995年第3期。
② 王仲殊：《东晋南北朝时代中国与海东诸国的关系》，《考古》1989年第11期。
③ 《梁书》卷54《诸夷·海南诸国传》，中华书局，1973，第783页。

（一）定居中国的外国侨民人数增加

侨民成分复杂，有使节、降附、质子、僧侣，但更多的当是商人。早在汉代就有外国侨民前来中国定居，西汉的长安、东汉的洛阳最为集中，魏晋南北朝时期前来定居的外国侨民人数更多。侨民增加，既是中外交流特别是贸易发展的结果，反过来又会促进贸易发展。

侨民往往集中于各朝都城，以北魏洛阳与东晋南朝的建康最为明显。洛阳，东汉、曹魏、西晋皆为都城，那时就聚集了一批侨民，西晋时就有所谓"其民异方杂居""商贾胡貊，天下四会"之说，[①] 但晋末"永嘉之乱"后当消散殆尽。北魏孝文帝迁都洛阳后，洛阳有过多次扩建，规模远大于魏晋；[②] 随着全面汉化，社会经济文化快速发展，吸引了大批外国侨民前来定居，时人杨衒之在《洛阳伽蓝记》卷3《城南》道："自葱岭已西，至于大秦，百国千城，莫不欢附，商胡贩客，日奔塞下，所谓尽天地之区已。乐中国土风，因而宅者，不可胜数。是以附化之民，万有余家。"说明外国侨民至少达一万多家。此外，寺庙中还有大量外国僧侣，如《洛阳伽蓝记》提到永明寺有"百国沙门，三千余人"。

北方以北魏都城洛阳侨民人数最多，而南方则以建康侨民最为集中。建康是魏晋南北朝时期南方政治、经济、文化中心，东晋南朝时期，吸引了不少侨民前来定居。早在东晋时期，就已"贡使商旅，方舟万计"[③]，南朝时期更多。陈寅恪先生在《四声三问》中指出，南朝时期"盖建康京邑，其地既为政治之中心，而扬州又属滨海区域，故本多胡人居住"[④]。正是定居建康的外国侨民众多，以致陈亡之际，还能临时组建一支侨民军队

---

① 《三国志》卷21《傅嘏传》注引《傅子》，中华书局，1959，第624页。

② 北魏对洛阳多次营建，早在迁都前的太和十七年，孝文帝便令"司空穆亮与尚书李冲、将作大匠董爵经始洛京"（《魏书》卷7下《高祖纪下》，中华书局，1974，第173页），开始重建洛阳城。此后洛阳城多次扩建，特别是宣武帝景明二年（501年），接受司州牧广阳王嘉建议，在原洛阳城外"筑洛阳三百二十三坊，各方三百步""诏发畿内夫五万人筑之，四旬而罢"[《资治通鉴》卷144《齐纪十》"中兴元年（501）"条，中华书局，1965，第4498页]，时人杨衒之提到洛阳"京师东西二十里、南北十五里，户十万九千余""方三百步为一里，里开四门；门置里正二人、吏四人、门士八人，合有二百二十里"（杨衒之撰、范祥雍校注《洛阳伽蓝记》卷5《城北》，上海古籍出版社，1978，第349页），其规模已远超魏晋。

③ 《宋书》卷33《五行志》，中华书局，1974，第956页。

④ 《金明馆丛稿初编》，上海古籍出版社，1980，第333页。

抵御隋军。① 据《南史》卷 77《恩幸·孔范传》记载，隋军兵临建康城下，"后主多出金帛，募人立功，（孔）范素于武士不接，莫有至者，唯负贩轻薄多从之。高丽、百济、昆仑诸夷并受督"。能临时招募一支由"高丽、百济、昆仑诸夷"组建的军队来抵御隋军，可见建康城外国侨民之多。

  魏晋南北朝时期外国侨民的增加还表现在粟特聚落的大量出现，对此，荣新江先生做过系列研究。② 据荣先生研究，粟特人迁移主要是经济原因，三国西晋时期，粟特商胡始见于记载，他们沿着丝绸之路由西向东进入塔里木盆地、河西走廊、北方中原、蒙古高原等地区。粟特商胡随处而居，形成聚落，一部分人再继续东行，形成新的聚落。十六国到北朝，大量粟特商胡聚居在河西走廊；北朝后期开始，大量粟特人进入漠北和中原地区。河西地区的胡商聚落早在三国时期就已出现，蜀汉建兴五年（227年），后主刘禅给北伐的诸葛亮诏书有云："凉州诸国王各遣月支、康居胡侯支富、康植等二十余人诣受节度，大军北出，便欲率将兵马，奋戈先驱。"③ 这里的"月支、康居胡侯支富、康植"应该就是居住在凉州附近的粟特胡商集团头领，④ 说明三国时期粟特胡商在凉州地区实力就不容小觑。据粟特文古信札，粟特商人在河西走廊建立了商业大本营，派出的粟特商人已到达洛阳、邺城等中原地区，而粟特文古信札书写于西晋末年的 313年左右。⑤ 十六国北朝时期，到达中国的粟特商人更多，《魏书》卷 102《西域传》"粟特国"条云："其国商人先多诣凉土贩货，及克姑臧，悉见虏。高宗初，粟特王遣使请赎之，诏听焉。"从此可见姑臧粟特商人之多。洛阳出土的唐《康续墓志》追述其先祖道："东晋失图，康国跨全凉之地。控弦飞镝，屯万骑于金城；月满尘惊，辟千营于沙塞。"虽为夸大之词，但在一定程度上也反映了十六国时期凉州粟特势力之盛。⑥ 东魏、北齐时期的邺城，粟特胡人也不少，很多人经商致富，有的甚至位高权重，开府封

---

① 王仲荦：《魏晋南北朝史》，上海人民出版社，1979，第 503~504 页。
② 代表性成果有荣新江《北朝隋唐粟特人之迁徙及其聚落》，载《中古中国与外来文明》，生活·读书·新知三联书店，2001；荣新江《欧亚大陆视野下的汉唐丝绸之路》，载李肖主编《丝绸之路研究》第一辑，生活·读书·新知三联书店，2017。
③ 《三国志》卷 33《蜀书·后主传》注引《诸葛亮集》，中华书局，1959，第 895 页。
④ 荣新江：《中古中国与外来文明》，生活·读书·新知三联书店，2001，第 69 页。
⑤ 荣新江：《波斯与中国：两种文化在唐朝的交融》，《中国学术》2002 年第 4 期。
⑥ 刘波：《敦煌所出粟特语古信札与两晋之际敦煌姑臧的粟特人》，《敦煌研究》1995 年第 3 期。

王。《北齐书》卷14《上洛王思宗传附思好传》云："商胡丑类，擅权帷幄，剥削生灵，劫掠朝市。"《北史》卷92《恩幸传》道："武平（570~576年）时有胡小儿，俱是康阿驮、穆叔儿等富家子弟，简选黠慧者数十人以为左右，恩眄出处，殆与阉官相埒。亦有至开府仪同者。"还有的胡商子弟因善乐而受宠，如《北史·恩幸传》道："其曹僧奴、僧奴子妙达，以能弹胡琵琶，甚被宠遇，俱开府封王。"为了管理全国特别是邺城的胡人聚落，北齐还设置有九州摩诃大萨宝一职。[①] 不仅在北方，而且在南方的成都、襄阳等地，粟特胡商也形成了聚落。在成都，《北史》卷82《何妥传》云："何妥，字栖风，西城（域）人也。父细脚胡，通商入蜀，遂家郫县，事梁武陵王纪，主知金帛，因致巨富，号为西州大贾。"陈寅恪先生、唐长孺先生都以此为中心论证了成都平原粟特胡商聚落的存在。[②] 在襄阳，康绚家族形成了一个典型的粟特聚落，《梁书》卷18《康绚传》云：

> 康绚，字长明，华山蓝田人也。其先出自康居。初，汉置都护，尽臣西域。康居亦遣侍子待诏于河西，因留为黔首，其后即以康为姓。晋时陇右乱，康氏迁于蓝田。……宋永初中，穆举乡族三千余家，入襄阳之岘南。宋为置华山郡蓝田县，寄居于襄阳，……绚世父元隆，父元抚，并为流人所推，相继为华山太守。

荣新江先生对襄阳粟特聚落进行了详细论证，指出粟特人早在曹魏就已定居襄阳；东晋时，襄阳有粟特胡商充当互市人于前秦长安从事贸易。因襄阳位处交通枢纽，北通长安，南达江陵，因此粟特商人、僧侣多经停此地，加之康绚家族迁居于此，从而使襄阳成为粟特人聚居地。[③]

（二）输入中国的国际货币罗马金币与波斯银币增多

随着丝路贸易的发展，魏晋南北朝时期，具有国际货币功能的罗马金

---

① 荣新江：《北朝隋唐粟特人之迁徙及其聚落》，载《中古中国与外来文明》，生活·读书·新知三联书店，2001，第100页。

② 陈寅恪：《隋唐制度渊源略论稿》，中华书局，1963，第78~80页；唐长孺：《南北朝期间西域与南朝的陆道交通》，载《魏晋南北朝史论拾遗》，中华书局，1983，第194~195页。

③ 荣新江：《魏晋南北朝隋唐时期流寓南方的粟特人》，载韩昇主编《古代中国：社会转型与多元文化》，上海人民出版社，2007，第138~152页。

币与波斯银币大量流入中国。到目前为止，在我国境内共发现罗马（东罗马）金币百枚左右，[1] 从铸造时间来看，最早的是格拉蒂安努斯（378~383 年在位）金币，集中在五世纪到七世纪中叶，又以六世纪上半叶最多，[2] 这一时期既是东罗马帝国的鼎盛期，也是北魏王朝的鼎盛期，双方贸易增加，导致金币输入中国。波斯银币至今共发现 43 起 1900 多枚，波斯银币上都铸有国王名字，最早的是沙普尔二世（309~379 年在位），最晚是末代国王伊斯提泽德三世（632~651 年在位），时间跨度很长，分属十二个国王，以卑路斯一世（459~484 年在位）和库思老二世（590~628 年在位）时期最多，[3] 说明从两晋南北朝到唐初，波斯银币一直在源源不断地流入中国。大批国际货币的输入导致贸易门户河西走廊与交、广地区的流通货币发生了一定程度的改变，据《隋书》卷 24《食货志》，南北朝后期，内地多以铜钱交易，而"河西诸郡，或用西域金银之钱"；"交、广之域，全以金银为货"，这些充当交换媒介的"金银之钱"或"金银"自然包括罗马金币与波斯银币。[4]

（三）海上丝路贸易规模有了一定程度的拓展

魏晋南北朝时期海上丝路贸易规模较汉代有了一定程度的拓展，主要表现在以下三个方面。

首先，贸易路线有所扩展。向东，孙吴开通了从建康（今江苏南京）出发直达朝鲜半岛的海上新航线，并沿朝鲜半岛西海岸可达日本，这条新航线在东晋南朝时期相当活跃；向南，广州取代合浦、徐闻成为始发港，不再绕道北部湾而开通了从广州经南海直通东南亚的新航道，并经马六甲海峡到达印度、斯里兰卡后，再向西延伸到波斯湾。

其次，海上贸易繁盛。东晋南朝时期，海上贸易相当繁盛。英国学者裕尔在《东域纪程录丛》中指出，伊斯法罕人哈姆萨与马苏第的文章中都提到，五世纪上半叶，经常看见有中国与印度商船沿幼发拉底河上溯到巴

---

[1] 　张绪山：《中国与拜占庭帝国关系研究》，中华书局，2012，第 19 页。

[2] 　金德平、于放：《考说在中国发现的罗马金币——兼谈中国钱币博物馆 17 枚馆藏罗马金币》，《中国钱币》2005 年第 1 期；张绪山：《中国与拜占庭帝国关系研究》，中华书局，2012，第 20 页。

[3] 　夏鼐：《近年中国出土的萨珊朝文物》，《考古》1978 年第 2 期；孙莉：《萨珊银币在中国的分布及其功能》，《考古学报》2004 年第 1 期。

[4] 　夏鼐：《咸阳底张湾隋墓出土的东罗马金币》，《考古学报》1959 年第 3 期。

比伦古城西南方的希拉城，并在此停泊。① 拉库伯里提出："5 世纪初中国船只尚未到达爪哇，此后不久中国航海事业迅速展开，中国船大约在 450 年航行至锡兰，并远至波斯湾头的希拉。"② 李约瑟也说道："中国船只大约在公元 350 年航至马来亚的槟榔屿，4 世纪末到达锡兰，大约在 5 世纪到达幼发拉底河口并访问亚丁湾。"③ 饶信梅先生《广州贸易发达分析观》云："南北朝广东海洋交通益盛，简文帝时（550 年），粤人移居新加坡者极多。"④

魏晋南北朝海上贸易发达，还表现在海上贸易两大枢纽——东南亚的顿逊与南亚锡兰岛贸易的繁盛。顿逊贸易的繁盛，《梁书》卷 54《诸夷·海南诸国传》"扶南国"条有云："顿逊之东界通交州，其西界接天竺、安息徼外诸国，往还交市。……其市，东西交会，日有万余人。珍物宝货，无所不有。"每日交易人数多达万余人，可见交易之繁盛。顿逊是扶南属国，而扶南与中国、印度关系都十分密切。扶南早在孙吴时就与中国建立了官方关系，⑤ 两晋南朝时期与中国来往频繁，萧梁时达到高潮，据我们对《梁书》本纪与同书《扶南国传》统计，扶南对萧梁遣使贡献多达 11 次；扶南与印度关系也很密切，据《梁书·海南诸国传》"中天竺国"条，早在孙吴时，"扶南王范旃遣亲人苏物"出使印度，印度"差陈、宋等二人以月支马四匹报旃，遣物等还"，说明最迟此时已建立了官方关系。以后更为紧密，扶南甚至一定程度天竺化，所谓"复改制度，用天竺法"。正是因为与中国、印度关系密切，扶南属地顿逊成为中国与印度的海上贸易中转站。

锡兰岛的贸易繁盛，科斯马斯在六世纪中期所著《基督教风土志》道：

> 塔普罗巴奈岛（锡兰岛）……有良港，乃商贸中心。此岛是这一地域的重要商业中心。……该岛地处中心位置，从印度、波斯和埃塞俄比亚各地很多船只经常访问该岛，同样它自己的很多船只也远航他方。从遥远的地区——我指的是秦尼斯达和其他输出地——输入塔普

---

① 〔英〕裕尔撰、〔法〕考迪埃修订《东域纪程录丛》，张绪山译，中华书局，2008，第 65~66 页。
② T. Lacouperie, *Western Origin of the Early Chinese Civilization*, London, 1894, p. 261, 转引自张绪山《中国与拜占庭帝国关系研究》，中华书局，2012，第 283 页。
③ J. Needham, *Science and Civilization in China*, Vol. I, p. 179, 转引自张绪山《中国与拜占庭帝国关系研究》，中华书局，2012，第 283 页。
④ 转引自梁嘉彬《广东十三行考》，广东人民出版社，1999，第 28 页。
⑤ 《三国志》卷 60《吴书·吕岱传》，中华书局，1959，第 1385 页。

罗巴奈岛的是丝绸、沉香、丁香、檀香木和其他产品。这些产品又从该岛运往这一边的其他市场。①

锡兰岛作为贸易中心大概兴起于魏晋南北朝时期，锡兰岛的师子国与中国的第一次官方来往是东晋义熙（405~418年）初年，② 此后，双方有过多次来往；锡兰岛与萨珊波斯关系也很密切，波斯国王曾求婚于锡兰岛上的斯调国，后还在锡兰建立了定居点。③ 锡兰岛与中国、波斯关系的密切，从而使其成为中国与波斯的重要贸易中转站。

最后，广州港的繁盛。广州港是魏晋南北朝时期最大的贸易港口，每年有不少海外商船前来贸易，《南史》卷51《梁宗室上·吴平侯景传附萧励传》道："广州边海，旧饶，外国舶至，多为刺史所侵，每年舶至不过三数。及励至，纤毫不犯，岁十余至。"说明萧梁时期，每年前来广州的外国商船多时达到十余批次。当时每艘海船规模都较大，据前引《佛国记》，法显无论是从师子国到耶婆提国，还是从耶婆提国回广州，搭乘的商船都有两百多商人。交、广地区正是由于外贸发达非常富有，所谓"商舶远届，委输南州，故交、广富实，牣积王府"④，也有所谓"广州刺史但经城门一过，便得三千万"之说。⑤ 当时广州已有国外商人前来定居，张星烺先生国立清华大学讲义《南洋史地》指出："西历第三世纪时（三国晋初）阿拉伯商人在广州已有居留地，颇为繁盛。"⑥ 正是由于海外贸易发达，"交、广之域，全以金银为货"，交易媒介都发生了改变。

三　魏晋南北朝时期丝绸之路发展的原因

为什么战乱频繁的魏晋南北朝时期丝绸之路整体上仍然是发展的，特别是在南北朝时期还超越了汉代呢？其中原因，值得探究，我们认为至少应该包括下面几点。

① 〔英〕裕尔撰、〔法〕考迪埃修订《东域纪程录丛》，张绪山译，中华书局，2008，第195~196页。
② 《梁书》卷54《诸夷·海南诸国传》"师子国"条，中华书局，1973，第800页。
③ 张绪山：《中国与拜占庭帝国关系研究》，中华书局，2012，第277页。
④ 《南齐书》卷58《东南夷传》"史臣曰"，中华书局，1972，第1018页。
⑤ 《南齐书》卷32《王琨传》，中华书局，1972，第578页。
⑥ 转引自梁嘉彬《广东十三行考》，广东人民出版社，1999，第27~28页。

（一）汉代丝绸之路的开拓为魏晋南北朝丝绸之路奠定了历史基础

首先，汉代丝绸之路的开拓为后世确定了丝绸之路的基本走向，魏晋南北朝时期的丝绸之路基本沿袭汉代。其次，汉代丝绸之路的发展为中国与丝绸之路沿线国家带来了实实在在的经济效益。对中国而言，《汉书》卷96下《西域传》"总论"道："自是之后，明珠、文甲、通犀、翠羽之珍盈于后宫，薄梢、龙文、鱼目、汗血之马充于黄门，巨象、师子、猛犬、大雀之群食于外囿。殊方异物，四面而至。"《史记》卷123《大宛列传》也说道："宛左右以蒲陶为酒，富人藏酒至万余石，久者数十岁不败。俗嗜酒，马嗜苜蓿。汉使取其实来，于是天子始种苜蓿、蒲陶肥饶地。及天马多，外国使来众，则离宫别观旁尽种蒲陶、苜蓿极望。"如此众多的国外商品流入中国，必将丰富中国人民的生活，促进中国社会经济的发展，特别是良种马的输入，对改良中国的马种，提升中国军队的战斗力意义重大，同时也能为农业生产与交通运输提供重要畜力。对丝绸之路沿线国家而言，中国出口的商品主要是丝织品、漆器与铁器，《史记·大宛列传》道："自大宛以西至安息，……其地皆无丝漆，不知铸铁器。及汉使亡卒降，教铸作他兵器。""丝漆"，特别是丝织品更是受到各国人民的追捧，而铁器与冶炼技术通过"汉使亡卒"传播到各国，必将促进各国经济的发展。丝绸之路给中国与沿线各国带来了巨大的社会经济效益，特别是奢侈品对中国与沿线各国统治者具有巨大的诱惑力，甚至形成一种消费依赖，这为魏晋南北朝丝绸之路的发展提供了内在的动力。

（二）魏晋南北朝的经济发展为丝绸之路奠定了物质基础

魏晋南北朝的经济有过三次大的衰退，但整体上仍在曲折中艰难发展。其表现在两个方面，一是经济区域较汉代大为拓展。南方特别是江南经济得到长足发展，形成新的经济重心；北方的河北地区、缘边的河西走廊与辽西地区经济得到了一定发展。[1] 南方新的经济重心的形成为海上丝绸之路的发展提供了新的动能，这也是魏晋南北朝时期海上丝绸之路发展水平远超汉代的根本原因；河西走廊的经济发展为开拓绿洲丝绸之路提供

---

[1] 蒋福亚：《魏晋南北朝社会经济史》，天津古籍出版社，2004，第176~202页。

了物质保障；辽西地区的经济开发为发展与朝鲜半岛的交往提供了战略基地。二是生产技术水平较汉代有所提升，特别是冶铁技术进步显著，冶炼基地大为增加；丝织技术有所进步，丝织中心有所拓展，南北朝时期的丝织品无论是数量还是质量都较汉代有所发展；瓷器的质量、产量都有较大提高，瓷器已逐渐取代陶器，成为人们必不可少的日用品；① 造纸业在原料、技术、产量方面都上了一个新台阶，纸张已取代简牍成为主要的书写材料。魏晋南北朝时期中国虽处于动乱之中，但无论是制度还是物质和文化仍然领先于世界，这是丝绸之路沿线各国与中国交往的内在动力。

（三）维护与拓展华夏朝贡体系是丝绸之路发展的政治因素

魏晋南北朝时期国家虽然分裂，但割据政权都以中华正统自居，以"声训所渐，戎夏同风"② "四夷来朝"③ 为己任，积极维护和开拓传统的华夏朝贡体系，拉拢周边各国，对入朝各国封赐甚厚。而秦汉以来，中国文明位处世界前列，一直是东亚文化中心，对周边小国具有较强的吸引力，他们也愿意"奉正朔"。中国境内政权实力越强，对外吸引力就越强，政治交往就越频繁。总体上来说，曹魏西晋时期基本能维持汉代以来的朝贡体系，孙吴则开拓了东南亚地区的朝贡体系，东晋十六国时期华夏朝贡体系处于衰退甚至停顿，南北朝时期朝贡体系则发展为高潮。

（四）军事上的合纵连横是丝绸之路发展的直接动因

汉武帝派张骞出使西域，直接目的就是要断匈奴右臂，联合大月氏共击匈奴，而魏晋南北朝时期国家长期分裂，每个政权为了与敌对政权相抗衡，尽可能地与周边政权合纵连横，共组联合阵线。如鲜卑南下建立政权后，柔然汗国称雄北方草原，南朝政权一直希望联合柔然以夹击北魏，双方使节来往频繁。据唐长孺先生统计，从宋元嘉五年（428 年）至昇明三年（479 年）宋亡，柔然遣使刘宋达十次之多；④ 南朝也多次遣使柔然，

---

① 王仲荦：《魏晋南北朝史》，上海人民出版社，2016，第 456 页；蒋福亚：《魏晋南北朝社会经济史》，天津古籍出版社，2004，第 98 页。

② 《梁书》卷 2《武帝纪中》天监七年春正月乙酉朔武帝诏，中华书局，1973，第 46 页。

③ 《周书》卷 49《异域传》序，中华书局，1971，第 884 页。

④ 唐长孺：《南北朝期间西域与南朝的陆路交通》，载《魏晋南北朝史论拾遗》，中华书局，1983，第 168~169 页。

"克期共伐魏虏"。① 而北魏太武帝开通丝绸之路的首要目的也是针对当时北魏最大的敌国柔然汗国。② 北魏建国之际，柔然势力强大，"其西则焉耆之地，东则朝鲜之地，北则渡沙漠、穷瀚海，南则临大碛"，西域许多"小国皆苦其寇抄，羁縻附之"。③ 北魏政府控制西域，一方面要断柔然右臂，同时也是要切断柔然与南朝政权的联系，因为柔然与南朝的交往都是经过西域入青海道，然后南下巴蜀，顺长江而至建康。军事上的合纵连横在一定程度上也促进了彼此交往。

（五） 佛教文化传播是丝绸之路发展的重要推动力

佛教虽在东汉就已传入中国，但当时多被视为一种方术而存在，影响甚小，而到魏晋南北朝时期，佛教在中国广为传播，在南北朝时期达到鼎盛。这一时期既有大批异域高僧东来布道，也有不少中土高僧西去求法，佛教的传播路线与丝绸之路几乎是重叠的，这必将大大促进丝绸之路的拓展。

（六） 中国与丝绸之路沿线各国共同努力的结果

就中国而言，魏晋南北朝时期国家长期分裂，各个政权为了扩大自身政治影响，增加政府财政收入，都有发展对外交往的动力；特别是魏晋南北朝属于典型的门阀社会，门阀大族占有巨额财富，具有特殊的政治社会地位，他们"平流进取，坐致公卿"，不思进取，彼此炫富、斗富，而海外奢侈品正是他们斗富的重要工具。④ 因此，海外奢侈品的需求激增，从而促进了丝路贸易发展。

---

① 《南齐书》卷59《芮芮虏传》，中华书局，1972，第1023页。
② 王银田：《丝绸之路与北魏平城》，《暨南学报》（哲学社会科学版）2014年第1期。
③ 《魏书》卷103《蠕蠕传》，中华书局，1974，第2291页。
④ 《晋书》卷33《石苞附石崇传》（中华书局，1974，第1007页）载有西晋权贵石崇与王恺斗富："武帝每助恺，尝以珊瑚树赐之，高二尺许，枝柯扶疏，世所罕比。恺以示崇，崇便以铁如意击之，应手而碎。恺既惋惜，又以为嫉己之宝，声色方厉。崇曰：'不足多恨，今还卿。'乃命左右悉取珊瑚树，有高三四尺者六七株，条干绝俗，光彩曜日，如恺比者甚众。恺怅然自失矣。"《洛阳伽蓝记》卷4《城西》（杨衒之撰、范祥雍校注《洛阳伽蓝记》，上海古籍出版社，1978，第207~208页）载有北魏河间王琛炫富："琛常会宗室，陈诸宝器，金瓶银瓮百余口，瓯檠盘盒称是。自余酒器，有水晶钵、玛瑙杯、琉璃碗、赤玉卮数十枚，作工奇妙，中土所无，皆从西域而来。"章武王融见河间王琛如此富有，"见之惋叹，不觉生疾，还家卧三日不起"，还对人道："常谓高阳一人宝货多于融，谁知河间，瞻之在前。"

　　魏晋南北朝时期丝绸之路特别是丝路贸易发展与丝绸之路沿线各国具有发展与中国贸易的内在动力密切相关。从丝绸之路沿线各国来看，各国上层对中国商品特别是丝绸十分痴迷，丝绸成为各国社会上层等级与身份的象征。《魏书》卷 102《西域传》"波斯国"条云"其王……衣锦袍、织成帔，饰以真珠宝物"，"康国"条云"其王……衣绫、罗、锦、绣、白叠；其妻有髻，幪以皂巾。丈夫剪发，锦袍"。《洛阳伽蓝记》卷 5 附录宋云行记载道，北魏神龟二年（519 年）十月初，宋云一行到达嚈哒，见其"王著锦衣，坐金床，……嚈哒国王妃亦著锦衣，垂地三尺，使人擎之"。《南齐书》卷 58《南夷·扶南国传》云"大家男子截锦为横幅，女为贯头，贫者以布自蔽"。罗马（东罗马）帝国更是中国丝绸的最大消费者，随着帝国重心的东移与东罗马帝国的强盛，与东方更为接近，社会上层对东方的丝绸、香料等奢侈品就更为渴望，生丝与丝织品价格的浮动已成为影响政府决策的重要因素。[1] 正因为中国丝绸特殊的社会地位，经营丝绸贸易成为一种暴利行业，丝绸之路沿线各国对境内的丝绸往往进行垄断，这一点在波斯和东罗马帝国最为明显，[2] 因此各国对发展与中国的贸易具有极大的热情，从而推动了丝绸之路的发展。

　　南北朝时期，丝绸之路的发展与丝绸之路沿线的大国形势也有关。东罗马帝国经过几代帝王的苦心经营，到阿纳斯塔修斯一世（491～518 年在位）、查士丁一世（518～527 年在位）和查士丁尼一世（527～565 年在位）时期，又成为兴盛一时的强大帝国，对中国丝绸需求大为增加。萨珊波斯（226～642 年）立国之初，西方的罗马帝国与东方的贵霜帝国都陷入衰弱之中，萨珊波斯趁机东征西讨，建立了强大的萨珊帝国。萨珊波斯一直垄断对罗马（东罗马）帝国的丝绸供应。南北朝时期，萨珊波斯积极发展与中国南、北政府的关系，其中至少有十次遣使北魏、三次遣使萧梁；同时从四世纪后期开始，萨珊波斯着力经营与印度的海上航线，五世纪在印度、六世纪初在锡兰建立了自己的立足点，[3] 从陆、海两路发展与中国的贸易。嚈哒在五世纪中叶基本控制了整个中亚地区，结束了贵霜帝国崩溃以来中亚的混乱局面，有利于丝绸之路的畅通。嚈哒积极发展与中国南、

① 〔法〕L. 布尔努瓦：《丝绸之路》，耿昇译，新疆人民出版社，1982，第 130～131 页。

② 张绪山：《中国与拜占庭帝国关系研究》，中华书局，2012，第 19 页。

③ 张绪山：《中国与拜占庭帝国关系研究》，中华书局，2012，第 277 页。

北政府的交往，据统计，嚈哒至少有十四次派遣使者出使北魏，至少五次遣使萧梁。嚈哒不仅自己与中国贸易，而且利用其控制区内的小国特别是粟特人与中国贸易，还允许波斯与拜占庭帝国多次与中国交往，从而促进了丝绸之路的发展。南亚的笈多王朝一度势力强大，经济文化发达，被称为印度历史上的"黄金时代"，中国南北朝时期，笈多王朝与中国南、北政府交往密切；同时，与西亚的波斯和东南亚各国积极交往，从而成为中国与波斯、东罗马帝国贸易的重要中转枢纽。东南亚兴起海洋大国扶南，扶南与中国、印度关系都很密切，从而成为中国与印度、锡兰的贸易中介，促进了丝路贸易发展。东亚朝鲜半岛与日本列岛的文化长期受中国影响，魏晋南北朝时期朝鲜半岛的高句丽、百济、新罗和日本的"倭"国都是在中国文化影响下发展起来的，它们的发展水平远低于中国，因而积极发展与中国的政治、经济、文化交往。

结　语

丝绸之路的本质是联结中国与域外世界政治、经济、文化交流的通道，早在先秦时期，中国的丝织品等就已外传，而新疆地区的玉石与海外的珍稀物品也开始输入内地。因此，从广义上说，先秦时期丝绸之路就已出现。但先秦时期，中国缺乏一个强有力的中央政府，那时的丝路贸易都是民间的、偶发的，丝绸之路处于初始状态，这种局面到秦汉时期发生了根本改变。秦灭六国，一统天下，构建了强大的中央集权政府，推行郡县制，修筑全国交通网，"一法度衡石丈尺""车同轨""书同文"，为大一统局面奠定了制度基础，也有利于交通与贸易。汉承秦制，建立起更为强大且历时弥久的强大帝国，社会经济全面发展，代表汉帝国先进制造工艺水平的丝绸、漆器、铁器等产品对周边民族与丝路沿线国家具有强大的吸引力。汉朝国力到武帝时达到极盛，为了"重九译，致殊俗"①，汉王朝从西北、东北、东南、西南全方位、多角度开展对外政治、军事、经济、文化交往，可以说，正规的丝绸之路发轫于秦，到汉代全面展开。②

魏晋南北朝时期国家长期分裂割据，战乱频繁，社会经济有过几次明

---

① 《史记》卷123《大宛列传》，中华书局，1959，第3166页。
② 沈光耀：《中国古代对外贸易史》，广东人民出版社，1985，第3~4页。

显衰退，但整体上仍在曲折中艰难发展，到南北朝时期，南、北经济都达到顶峰。在北方，北魏统一北方后，社会相对安定；北魏政府又采取了发展经济的系列措施，特别是均田制，将政府控制的荒地授予农民，社会经济快速恢复。文化方面，孝文帝迁都洛阳后，大行汉化，儒家文化迅速复兴；同时，又大兴佛教，佛教文化兴起，洛阳又成为北方最大的政治、经济、文化中心与国际大都市。在南方，东晋南朝时期，经济得到较快发展，江南地区逐渐形成一个新的经济中心，萧梁时期的建康人口超过一百万。① 文化方面，随着北方汉族精英之南下，东晋南朝继承华夏文化传统，到梁武帝时臻至极盛；南朝诸帝又多佞佛，尤以梁武帝为甚，到梁武帝时，建康不仅是儒教中心，而且成为欧亚大陆上一个新的佛教中心。南北朝时期，华夏文化中融入了佛教新基因，而佛教文化交流是当时欧亚大陆文化交流的主题之一；② 与此同时，虽然国家分裂，但南、北政府均以中华正统自居，极力维系秦汉开拓的以"中国"为中心的"世界秩序"及"朝贡制度"，③ 丝绸之路有了新的发展。

陆路方面，自从张骞"凿空西域"，西域丝绸之路从此成为丝绸之路的主通道，汉代丝绸之路的大体走向为，从长安（东汉东延至洛阳）出发，一路向西，过陇山，渡黄河，经河西走廊，然后自玉门关、阳关进入今新疆境内，沿塔里木盆地南、北缘形成南北两条主要通道，过葱岭进入中亚；然后从中亚到南亚、西亚，最西到达欧洲的罗马帝国。学术界一般将丝绸之路分为东、中、西三段，从长安（洛阳）到玉门关、阳关为东段，新疆为中段，葱岭以西为西段。魏晋南北朝时期，丝绸之路中段与东段都有明显的变化。在中段，中原政府对西域的控制有所强化，早在曹魏时期，在伊吾置县，西晋升格为伊吾郡，郡治在敦煌，由敦煌太守兼理，④这是西域地区郡县体制的首次出现；前凉在高昌设郡，加大了对高昌地区的控制；北魏拓跋焘时期，灭鄯善，派韩牧镇守，"赋役其人，比之郡

---

① 《资治通鉴》卷162"梁纪十八"（中华书局，1965，第5029页）胡三省注引《金陵记》云"梁都之时，城中二十八万户"，如以口计，当过百万。

② 吕博：《〈梁四公记〉与梁武帝时代的文化交流图景》，《历史研究》2021年第1期。

③ 霍巍：《梁元帝〈职贡图〉与"西戎"诸国》，《民族研究》2022年第4期。

④ 杨建新、卢苇：《历史上的欧亚大陆桥——丝绸之路》，甘肃人民出版社，1992，第170页。

县"①，这是鄯善历史上第一次以郡县的地位隶属于中原王朝，② 对西域控制的强化有利于丝绸之路的开拓。魏晋南北朝时期西域丝绸之路中段的最大变化是汉代的"新道"被正式辟为官道，今新疆境内的丝绸之路由两道演变为三道，后为隋唐所承袭。丝绸之路东段在曹魏与西晋时期基本与汉代无异，但西晋解体后，由于南北长期对峙与北方多个政权割据，河西道常被阻隔，河西道南边的青海道与北边的草原路在这一时期得到了较大发展。青海道最早由居住在此的羌族开通，汉魏时期称之为"羌中道"，西晋灭亡，特别是吐谷浑控制青海道后，青海道得到了显著拓展。如原来从青海入西域，往往从青海北上越过祁连山口到达张掖或敦煌，再通过河西走廊西段进入西域，而从青海通过柴达木盆地直接进入西域，则是由吐谷浑开拓的。③ 吐谷浑对青海道十分重视，修整道路，架设桥梁，④ 此后，从西域直接进入吐谷浑，通过青海道北上河西、南下益州的西域使者、商旅日益频繁。草原路是漠北游牧民族开通的，张骞"凿空西域"后，草原路相对沉寂下来，但西晋解体后，因河西道的阻隔，中原政权又开始重新通过草原路与西部世界开展贸易，草原路得以复兴，其中以北魏前期与东魏、北齐最为明显。徐苹芳先生根据对出土文物的考古研究指出，"公元四世纪北朝时期，北方草原上的东西国际交通日益重要，迨至北魏前期（约公元五世纪），以平城（山西大同）为中心，西接伊吾（新疆哈密），东至辽东（辽宁辽阳），逐渐形成一条贯通中国北方的东西国际交通路线"；其具体走向为"从新疆伊犁、吉木萨尔、哈密，经额尔济纳、河套、呼和浩特、大同、张北、赤城、宁城、赤峰、朝阳、义县、辽阳，东经朝鲜而至日本"⑤。

海路方面，秦汉时期，东海与南海两条海上丝绸之路均已开辟。一般认为，秦时的徐福东渡传说标志着东海航线的出现，⑥ 这条航线从山东半岛横渡渤海到达辽东半岛，然后顺朝鲜半岛西海岸南下到达日本。南海丝绸之路的正式开通始于汉武帝，据《汉书》卷28下《地理志下》，该航线

---

① 《魏书》卷4下《世祖纪下》，中华书局，1974，第102~103页。
② 余太山：《西域通史》，中州古籍出版社，1996，第97页。
③ 周伟洲：《吐谷浑史》，宁夏人民出版社，1985，第135页。
④ 杨建新、卢苇：《历史上的欧亚大陆桥：丝绸之路》，甘肃人民出版社，1992，第127页。
⑤ 徐苹芳：《考古学上所见中国境内的丝绸之路》，载徐苹芳《丝绸之路考古论集》，上海古籍出版社，2017，第74、59、76~77页。
⑥ 王子今：《秦汉交通史稿》（增订本），中国人民大学出版社，2012，第203页。

从日南障塞、徐闻、合浦出港，先沿印度支那半岛海岸线南下，后进暹罗湾，再南下至马来半岛东岸某港登陆，"步行可十余日"，过克拉地峡，到达西岸再乘船向西航行，沿孟加拉湾海岸，直抵印度半岛东南海岸，后再南下斯里兰卡返航。① 魏晋南北朝时期，海上丝绸之路有了明显发展，首先表现在广州港成为中国最大的外贸始发港。广州本是一天然良港，其对外贸易早在先秦就有一定的基础，但直到汉代，由于海船容量较小，抗风险能力较差，一般不敢深海航行，同时，船体容量小，能装载的淡水、食物等生活必需品有限，需要沿途港口实时补给，往往只能沿北部湾及印度支那半岛沿岸航行，因此汉代徐闻、合浦、日南成为主要港口，而广州只是充当来自海上丝绸之路商品的转运功能，还不是丝绸之路的始发港。② 这种情况到魏晋南北朝时期发生了根本变化，一方面，魏晋南北朝时期南北长期分裂，南方政治中心一直在长江下游的建康，这就要求海外财富向建康转移，而广州与长江下游的沿岸贸易一直很发达；另一方面，孙吴建国，"吴人以舟楫为舆马，以巨海为夷庚也"③，造船与航海技术明显提升，海船抗风险能力大为增强，可以不必沿岸而行而直奔大海，这样孙吴就开通了从广州启航，经海南岛以东大海，直插西沙群岛洋面而抵达东南亚各国的航线。这条航线不再绕道北部湾，航程大为缩短。这条航线开辟后，"自当摈弃沿岸航行、水陆接驳而通往印度的传统航道，改为穿过马六甲海峡，直驶波斯湾和红海地区"④，更无须"蛮夷贾船，转送致之"了。魏晋南北朝时期海上丝绸之路的发展还表现在以江南为始发地的海上丝绸之路的兴起。魏晋以前，江南地区的海外贸易具有民间性与偶发性，魏晋南北朝时期江南地区成为中国的政治、经济、文化中心，江南地区的海上丝绸之路随之兴起，向东，开通了前往朝鲜半岛与日本的新航线，向南加大了与最大贸易港口城市广州及南洋诸国的联系，从而使江南地区成为中国重要的外贸基地。

魏晋南北朝时期的丝绸之路发展虽多波折，但仍在汉代基础上艰难前

① 白寿彝、高敏、安作璋：《中国通史》第 4 卷《中古时代秦汉时期》（上），上海人民出版社，2013，第 405 页。
② 张难生、叶显恩：《海上丝绸之路与广州》，载广东省人民政府外事办公室、广东省社会科学院编《广州与海上丝绸之路》，广东省社会科学院，1991，第 1~20 页。
③ 《太平御览》卷 768《舟部一》引《吴志》，中华书局，1960，第 3407 页。
④ 张难生、叶显恩：《海上丝绸之路与广州》，载广东省人民政府外事办公室、广东省社会科学院编《广州与海上丝绸之路》，广东省社会科学院，1991，第 1~20 页。

行，从而为隋唐丝绸之路的辉煌奠定了坚实的基础。

A Study on the Historical Status of the Silk Road in the Wei-Jin Southern and Northern Dynasties

Fang Gaofeng, *Xu Ke and Hu Shiqi*

Abstract：During the Wei-Jin Southern and Northern Dynasties, the country was divided for a long time, and wars were frequent, and the Silk Road had obvious three declines due to wars, but on the whole, it was still developing hard in twists and turns. By the time of the Southern and Northern Dynasties, its level had surpassed that of the Han Dynasty, which was manifested in four aspects：First, the number of countries along the Silk Road that established official relations with the Chinese government increased greatly；Second, the number of foreign nationals living in China has increased；Third, the import of China's international currency, Roman gold coins and Persian silver coins, increased；Fourth, the Maritime Silk Road has been significantly expanded. The development of the Silk Road during the Wei-Jin Southern and Northern Dynasties was the result of a combination of factors：the development of the Silk Road in the Han Dynasty laid the historical foundation for the Silk Road of the Wei-Jin Dynasty；The economic development of the Wei-Jin dynasties laid the material foundation for the Silk Road；Maintaining and developing the Chinese tributary system was a political factor in the development of the Silk Road；Alliances vertically and horizontally in military was the direct driving force for the development of the Silk Road；The spread of Buddhist culture was an important driving force for the development of the Silk Roads；The joint efforts of countries along the Belt and Road are an international boost to the development of the Silk Road. The development of the Silk Road in the Wei-Jin Southern and Northern Dynasties laid a solid foundation for the prosperity of the Sui and Tang Silk Roads.

Keywords：Wei-Jin Southern and Northern Dynasties；the Silk Road；Cultural Exchange

宋金纸币发行和流通的地域性述论[*]

何　姣　王文成^{**}

摘　要：北宋淳化、天圣年间川蜀地区首创的纸币——交子，长期限于在川蜀地区流通。不仅如此，在此后长达 200 多年的早期纸币发行史上，宋金两朝发行的钱引、会子、交钞等各种纸币，也限定在特定区域内发行使用，具有十分突出的地域性特点。其中，交子和钱引主要依托铁钱行用，在城乡交相生养的四川区域市场体系里流通；临安会子以铜钱为价值基准，主要流通于临安府一带，后来的东南会子兼以白银或都茶场榷货，在东南区域市场体系里流通；金朝交钞则先后与铜钱、白银相权而行，在广阔复杂的中原区域市场体系里流通。纸币发行和流通的地域性，是纸币所依托的价值基准——金属货币分区铸行的直接结果，是宋金时期市场发展区域性特点的体现。纸币发行和流通的地域性，本质上是由不同区域市场体系及其信用关系的发育程度决定的。

关键词：纸币　地域性　价值基准　区域市场体系　宋金时期

北宋淳化年间（990~994 年）成都府路富商发行使用最早的纸币——民间交子，天圣元年（1023 年）宋廷从富商手中接过发行权，设置益州交子务，发行交子，揭开了中国古代官方发行纸币的第一章。此后，宋金时期先后在不同地区发行使用了钱引、会子、交钞等多种纸币。值得注意的是，这几种纸币都限定在特定区域内发行使用，呈现鲜明的地域性特点。探明宋金时期不同纸币的地域性特点，纠明支撑其发行和流通的价值基准，

＊　本文为国家社会科学基金中国历史研究院重大历史问题研究专项重大招标项目"古代边疆市场发展与中华民族交往交流交融研究"（23VLS018）阶段性研究成果。

＊＊　何姣，昆明学院副教授，主要从事宋代经济史和货币史研究；王文成，昆明学院研究员，主要从事中国古代经济史和货币史研究。

从而厘清其依托的市场基础，对进一步把握该时期纸币演变规律，有着十分重要的意义。

一 地域性是宋金纸币行用的共同特征

以北宋天圣间四川发行官办交子为起点，两宋时期的纸币种类繁多、流通情况各异。无论是四川地区的交子、钱引，还是东南地区的会子、荆湖地区的湖会、淮南地区的淮交，抑或是川陕结合部的银会子，都呈现突出的地域性特征。金朝的交钞亦是如此。下面仅以主要的几种纸币为例进行阐述。

四川地区最初的民间交子起于当地商业发展及周转支付的需要，但"奸弊百出，讼狱滋多"①，天圣元年起便收归官营了。其行使区域最初仅限于四川地区。北宋政府也曾试图在四川以外的地区单设交子系统，发行交子。熙宁二年（1069年），"乃诏置交子务于潞州"，但"转运司以其法行则盐、矾不售，有害入中粮草，遂奏罢之"。熙宁四年（1071年），"复行于陕西"，亦是"可行于蜀不可行于陕西，未几竟罢"。②无疑，北宋政府的这两次尝试均以失败告终。往后，绍圣元年（1094年）"成都漕司言'商人以交子通行陕西，而本路乏用'"③，却是在四川发行的交子，以行政的手段流通到陕西，导致四川地区不足用。即便大观年间（1107～1110年）"改四川交子为钱引"④，并推行于四川以外各路，其主要流通区域依然限于四川地区，这种情况一直持续到宝祐四年（1256年），钱引退出流通。

东南会子由北宋末南宋初民间的便钱会子发展而来。⑤绍兴三十年（1160年），临安府始发行官会子。次年（1161年）二月宋廷设立行在会

---

① 李焘：《续资治通鉴长编》卷59"景德二年二月庚辰条"，影印文渊阁四库全书第314册，（台北）商务印书馆，1986，第805页下栏。
② 脱脱：《宋史》卷181《食货下三》"会子"，中华书局，1986，第4403页。
③ 马端临：《文献通考》卷9《钱币考二》，影印文渊阁四库全书第610册，（台北）商务印书馆，1986，第222页下栏。
④ 马端临：《文献通考》卷9《钱币考二》，影印文渊阁四库全书第610册，（台北）商务印书馆，1986，第222页下栏。
⑤ 李埏先生在《论南宋东南会子的起源》（《思想战线》1994年第1期）中对南宋史籍中东南会子起源的几种说法作了严格、细致的辨析。

子务主管会子的发行。"会子初行，止于两浙，后通行于淮、浙、湖北、京西。"① 可知在这一过程中，会子由地方性纸币发展成几遍南宋境域的全国性纸币。会子通行之初，并未有地域之分，只是随着军事形势的演变和军饷供应的需要，才又演化出两淮地区的"淮交"和京西、湖广地区的"湖会"两条支线。

金朝交钞发行于贞元二年（1154 年），"户部尚书蔡松年复钞引法，遂制交钞，与钱并用"②。此交钞并不是金朝经济发展的产物，而是金廷效仿交子、钱引之法发行的纸币。最初仅流通于黄河以南与宋交界的地区，"过河即用见钱，不用钞"③。交钞艰于流转，金朝政府以强制手段在赋税缴纳等财政活动中推行交钞，交钞发行和流通区域扩及河北、山西等地，最终普及全国。④

二 宋金纸币价值基准的区域差异

显然，就宋金时期而言，无论是最早在四川发行流通的交子、钱引，还是东南地区发行流通的会子、淮交、湖会，抑或是金朝取得黄河流域后发行的交钞，都限定在一定区域内发行和流通，具有十分突出的地域性特点。而这种共通的地域性，实则源自不同纸币在价值基准上的区域差异。回溯五代十国时期，币制混乱，币材芜杂。五代铸钱较少，多沿用唐代旧钱。十国有九国在南方，地广人多，币制复杂，且竞相使用铁、铅、锡等贱金属铸钱，以弥补铜钱的不足。后蜀多用铁钱，"铸工精好，殆与铜相乱"，并与铜钱形成稳定的兑换关系，"每铁钱一千兼以铜钱四百"。⑤ 南唐、楚、闽、南汉等国都曾铸行各种铁钱或铜钱。吴越存续时间最长，达86 年，前 60 年一直沿用或铸行铜钱，货币秩序相对稳定。五代十国以国为界，形成多个货币区，各区行用的钱不一，且以行政命令禁止跨区流通，当然，体大值小的铁钱携带不便，也难以流通。这也造就了宋金时期

---

① 脱脱：《宋史》卷 181《食货下三》"会子"，中华书局，1986，第 4406 页。
② 脱脱：《金史》卷 48《食货志三》"钱币"，中华书局，1975，第 1069 页。
③ 范成大：《揽辔录》，载《宋代日记丛编》，上海书店出版社，2013，第 797 页。
④ 参见脱脱《金史》卷 48《食货志三》"钱币"。
⑤ 李焘：《续资治通鉴长编》卷 23 "太平兴国七年八月戊寅条"，影印文渊阁四库全书第 314 册，（台北）商务印书馆，1986，第 338 页下栏。

不同区域发行和流通纸币在价值基准方面的差异性。下文试以交子、钱引、会子、交钞为例进行论述。

（一）四川交子的价值基准：铁钱

北宋淳化间（990～994年），四川地区由于铁钱的单位价值低，不便于大额交易的矛盾激化，人们以由来已久的"质剂之法"为基础，发明了最早的纸币——交子。天圣元年（1023年）宋廷设置交子务，发行官交子，"交子取得了法定货币的地位，和铁钱相权而一同流通"①。

细绎交子与铁钱的关系我们看到，交子作为全新的信用货币，其自身几乎没有价值，制造、印刷、发行成本——"工墨费"在30文左右。但它却能够成功发行并按1贯至10贯的面额流通。其之所以如此，关键在于交子通过信用关系与铁钱相联系，其价值依据是铁钱。四川民间创制交子，"收入人户见钱，便给交子"，"如将交子要取见钱，每贯割落三十文为利"；宋廷官方发行交子，同样须"候有人户将到见钱，不拘大小铁钱，依例准折交纳，置库收锁"完毕，方才将交子"据合同字号给付人户，取便行使"。② 离开铁钱，交子的价值将无据可凭。相应的，交子的价值标准与铁钱一致，其面额采用铁钱"千文为贯"的货币单位，以"贯文"计算价值。交子务建立后，还逐步形成了"界以百二十五万六千三百四十缗为额""备本钱三十六万缗，新旧相因"③ 的信用制度，以维护纸币价值，维持正常流通。

（二）陕西交子的价值基准：铁钱和铜钱

四川交子的价值基准一直是铁钱。熙宁间二年（1069年）宋廷为解决"公私共苦运铁钱劳费"④ 的问题尝试发行河东交子，其价值基准也是铁钱。但熙宁四年（1071年）、熙宁七年（1074年）宋廷两次尝试发行陕西

① 李埏：《从钱帛兼行到钱楮并用》，载《不自小斋文存》，云南人民出版社，2001，第307页。
② 李攸：《宋朝事实》卷15《财用》，影印文渊阁四库全书第608册，（台北）商务印书馆，1986，第172、173页。
③ 马端临：《文献通考》卷9《钱币考二》，影印文渊阁四库全书第610册，（台北）商务印书馆，1986，第222页上栏、第223页上栏。
④ 马端临：《文献通考》卷9《钱币考二》，影印文渊阁四库全书第610册，（台北）商务印书馆，1986，第222页上栏。

交子，其初始价值却不仅取决于铁钱，而且与铜钱有关。

关于熙宁四年（1071 年）的陕西交子，《续资治通鉴长编》载：

> 先是，陕西军兴，转运司患钱不足。沈起请限以半岁令民尽纳铜铁钱于官，而易以交子。候三五岁边事即息，复还民钱。①

显然，沈起奏行陕西交子，一开始就基于陕西铜、铁钱并行流通的现状，计划在发行交子时既收铜钱也收铁钱。交子的价值基准既有铁钱，也包含铜钱。

熙宁七年（1074）宋廷又在陕西"复行交子"，并在"商、虢、郿、耀、红崖、清远铁冶"之地，"即冶更铸折二钱"百万缗"为交子本"。②陕西交子的价值基准似乎仍是铁钱。但结合宋廷此时强制规定铁钱、铜钱"相兼一等行用，更无轻重之别"③的情况来看，陕西交子实际上通过铜铁钱比价，与铜钱的价值发生了联系。

宋廷第一次发行陕西交子前后仅历时三个多月，第二次也仅维持不到两年。与铁钱、铜钱两种金属货币相联系的陕西交子并未发行成功。可是，熙宁七年（1074 年）前，宋廷曾规定"成都府转运司每年应副熙河路交子十万贯，客人于熙河入纳钱四百五十或五百，支得交子一纸，却将回川中交子务，请铁钱一贯文足见钱"④。四川交子移用于陕西，变成了可以收纳铜钱，然后按铜铁钱 1：2 的比价⑤兑换铁钱的纸币。

（三）四川钱引的价值基准：铁钱和铜钱

大观元年（1107 年）宋廷又将四川交子改名"钱引"，以"钱引"作

---

① 李焘：《续资治通鉴长编》卷 222 "熙宁四年四月癸亥条"，影印文渊阁四库全书第 317册，（台北）商务印书馆，1986，第 667 页上栏。

② 李焘：《续资治通鉴长编》卷 259 "熙宁八年正月丁巳条"，影印文渊阁四库全书第 318册，（台北）商务印书馆，1986，第 391 页下栏。

③ 刘安世：《尽言集》卷 8《论陕西盐钞铁钱之弊》，影印文渊阁四库全书第 427 册，（台北）商务印书馆，1986，第 268 页。

④ 李焘：《续资治通鉴长编》卷 258 "熙宁七年十二月壬辰条"，影印文渊阁四库全书第318 册，（台北）商务印书馆，1986，第 382 页上栏。

⑤ 李焘：《续资治通鉴长编》卷 261 "熙宁八年三月戊戌条"，影印文渊阁四库全书第 318册，（台北）商务印书馆，1986，第 409 页下栏。参见该书"川峡计赃，以铁钱二当铜钱一"。

为新纸币统一的名称，其流通范围则超出了四川铁钱区。在四川以外的铜铁钱并行区，钱引再次遇到了同时对铁钱、铜钱两种金属货币作价的问题。对此，《文献通考》载：

> 大观元年，改四川交子为钱引。……民贸易十千以上，令钱与引半用。言者谓钱引杂以铜、铁钱，难较其直增损。诏令以铜、铁钱随所用分数比计，作铜钱闻奏。①

钱引在同时面对铁钱、铜钱的情况下，宋廷明确按铜铁钱在当地行用的比例分别计值，最终折价合并计为铜钱。铜钱既是直接计算铜钱区钱引的价值基准，也是确定钱引价值的最终基准。事实上宋廷官方已将钱引认定为铜钱之"引"。

宋廷行小钞收兑铜钱、确定钱引以铜钱计值的时间也不长。大观元年（1107年）宋廷已宣布停止以小钞收兑铜钱。大观三年（1109年）废四十一至四十三界钱引后，新发行的第四十四界钱引也"止如天圣额书放，铜钱地内勿用"，且随即"假四川提举诸司封桩钱五十万缗为成都务本，侵移者准常平法"②，钱引恢复了单一以铁钱为价值基准的旧制。

（四）东南会子的价值基准：铜钱、白银及都茶场榷货

南宋在绍兴三十年（1160年）中，相继发行了临安官会和行在会子两种新纸币。其中，绍兴三十年二月至六月间，临安知府钱端礼将民间便钱会子"夺其利以归于官"③，改造为以铜钱为价值基准的临安官会，"储见钱，于城内外流转，其合发官钱，并许兑会子输左藏库"④。而临安官会成功发行后，当年六月宋廷又采纳钱端礼的建议，发行"行在会子"。《建炎以来系年要录》载绍兴三十年六月庚戌（三日）：

---

① 马端临：《文献通考》卷9《钱币考二》，影印文渊阁四库全书第610册，（台北）商务印书馆，1986，第222页下栏。
② 脱脱：《宋史》卷181《食货下三》"会子"，中华书局，1986，第4405页。
③ 李心传：《建炎以来朝野杂记》甲集卷16《东南会子》，影印文渊阁四库全书第608册，（台北）商务印书馆，1986，第361页上栏。
④ 脱脱：《宋史》卷181《食货下三》"会子"，中华书局，1986，第4406页。

用右文殿修撰、知临安府钱端礼议，复令榷货务给降诸军见钱公据关子三百万缗，为楮币张本。淮东总领所四十万缗，淮西、湖广总领所各百二十万缗，平江府、宣州各十万缗。听商人以钱银中半请买。①

显然，宋廷此举并非简单地增发临安官会，而是发出公据、关子，以"钱银中半"收兑总价值计 300 万缗的银两和铜钱（各 150 万），并以此为价值基准，发行与临安官会不同的新纸币——行在会子。3 个月后，宋廷任命钱端礼权户部侍郎兼临安知府，统筹主持榷货务出纳与纸币发行事宜。十二月乙巳（一日），高宗从钱端礼之议，令"左藏库应支见钱，并以会子分数品搭应副"，与此前"临安府印造会子，许于城内外与铜钱并行"有明显区别的"行在会子"正式行用，"东南会子自此始"②。显然，新发行的行在会子（即东南会子）的价值基准包含铜钱，但与银两已不无关系。③

值得注意的是，《文献通考》在记述绍兴三十一年（1161 年）"二月，诏会子务隶都茶场"后，还对为何将会子务设于都茶场做出了这样的说明："正以客旅算请茶、盐、香、矾等，岁以一千万贯，可以阴助称提，不独恃见钱以为本，又非全仰会子以佐国用也。"④ 都茶场每年一千万贯禁榷商品的价值，也发挥了确定会子发行量、维持会价、"阴助称提"的作用。会子在铜钱、银两以及都茶场榷货价值的支撑下，发展成为南宋行用范围最广的纸币。而乾道、淳熙间宋廷先后两次尝试以金银收兑甚至设法取代会子的努力，还进一步强化了银两与会子的价值联系。乾道三年（1167 年）初，宋廷"降内藏、南库银各百万两"收兑会子，出现了"银

① 李心传：《建炎以来系年要录》卷 185 "绍兴三十年六月庚戌条"，影印文渊阁四库全书第 327 册，（台北）商务印书馆，1986，第 636~637 页。
② 李心传：《建炎以来系年要录》卷 187 "绍兴三十年十二月乙巳条"，影印文渊阁四库全书第 327 册，（台北）商务印书馆，1986，第 670 页。
③ 万志英认为，事实上 1160 年开始实行的货币制度是铜钱币制向纸币和银锭混合币制转变的开端。Richard Von Glahn, *Fountain of Fortune: Money and Monetary Policy in China*, 1000-1700, Berkeley: California University Press, 1996, pp. 54-55.
④ 马端临：《文献通考》卷 9《钱币考二》，影印文渊阁四库全书第 610 册，（台北）商务印书馆，1986，第 226 页上栏。

直既低，军士患其折阅”的问题；① 淳熙元年（1174年）底，孝宗再次尝试收回全部会子，却“缘朝廷以金银收换会子桩管不用，金银价低，军人支请折阅，所以思用会子”② 而作罢。银两与会子之间的比价，开始成为判断会子币值甚至决定会子存废的重要依据。

（五）金朝交钞的价值基准：铜钱到白银

与南宋发行临安官会类似，金朝贞元二年（1154年）发行交钞，“拟见钱行使”“许人纳钱给钞，河南路官私作见钱流转。若赴库支取，即时给付，每贯输工墨钱十五文”③。显然，交钞的价值通过“纳钱给钞”与铜钱相联系，是铜钱的价值符号。可承安二年（1197年）交钞出现较大幅度贬值时，金朝铸行承安宝货，“与钱兼用，以代钞本”④。明确承安宝货以“每两折钱二贯”⑤ 的比价收兑交钞。虽然承安宝货因“恐民用银而不用钞”以及盗铸烽起，于承安五年（1200年）十二月停铸，但发以银两收兑纸币、提升交钞价值的效果，却比南宋乾道淳熙收兑会子、嘉定称提钱引更为明显。以至泰和元年（1201年）“六月，通州刺史卢构言，民间钞固已流行，独银价未平：官之所定每铤以十万为准，而市肆才直八万，盖出多入少故也”⑥。大规模以银两收兑交钞后，金朝也出现了钞贵银贱现象，银钞比价也由此成为判断交钞币值的重要指标。

不仅如此，金廷随后实行的一系列货币政策，更直接促成了纸币价值基准的转换。其一是泰和四年（1204年）“铸大钱一直十，篆文曰泰和重宝，与钞参行”⑦。以虚价大钱提高货币标准，进一步加剧铜钱藏而不出，退出流通。其二是贞祐二年（1214年）发行面额达“二十贯至百贯”以及“二百贯至千贯”⑧ 的交钞，全面加剧了纸币急剧贬值。其三是贞祐三

---

① 李心传：《建炎以来朝野杂记》甲集卷16《东南会子》，影印文渊阁四库全书第608册，（台北）商务印书馆，1986，第397页上栏。
② 《皇宋中兴两朝圣政》卷54“淳熙二年四月壬子条”。
③ 范成大：《揽辔录》，载《丛书集成初编》，商务印书馆，1936，第2页。
④ 脱脱：《金史》卷48《食货三》“钱币”，中华书局，1975，第1077页。
⑤ 脱脱：《金史》卷48《食货三》“钱币”，中华书局，1975，第1076页。
⑥ 脱脱：《金史》卷48《食货三》“钱币”，中华书局，1975，第1078页。
⑦ 脱脱：《金史》卷48《食货三》“钱币”，中华书局，1975，第1079页。
⑧ 脱脱：《金史》卷48《食货三》“钱币”，中华书局，1975，第1083页。

年（1215 年）四月，在"钞每贯仅直一钱，曾不及工墨之费"① 的情况下，宣布"罢铜钱，专用交钞银货"②。铜钱失去了法定货币的资格。于是，金廷随即于同年七月"改交钞名为'贞祐宝券'"③，发行以银两为价值基准的新纸币。显然，"宝券"已非交纳铜钱取得的钞据——交钞，而是与银两——"宝货"为价值基准的纸币。银"宝券"取代了铜"交钞"。

此后，金廷发行的"贞祐通宝"（自百至三千等之为十）、"兴定宝泉"，尽管仍以"贯文"为单位，但却明确规定与银两等值：贞祐通宝"四贯为银一两"，兴定宝泉"每贯当通宝四百贯，以二贯为银一两"。天兴二年十月，金廷撤出南京，在蔡州发行新纸币"天兴宝会"，其价值标准干脆明确采用银两的重量单位，"自一钱至四钱四等，同见银流转"④。金末纸币的价值基准已不是铜钱，而是银两。

三　宋金纸币区域性的市场基础

显然，钱引、会子、交钞作为宋金对峙时期最重要的 3 种纸币，不仅分别以铁钱、铜钱作为价值基准，而且与银两、绢帛乃至禁榷商品的价值相关联。四川交子或钱引、东南会子、金朝交钞都限定在特定区域内与铁钱、铜钱等相权而行，这是由各种纸币的不同价值基准决定的。那么，北宋四川、南宋东南、金朝的长城以南何以在同一时期形成相对封闭、各有特色的价值兑换体系呢？原因恐怕还得回到与货币流通格局密切相关的市场中寻找。从该时期市场发展情况来看，北宋四川与南宋东南、金朝的长城以南，恰好是这一时期本区域内市场体系发育最完善的地区。如发育程度较高的四川市场中，小生产者更多地被卷入市场，细碎、零散的交易增加，对铜钱的需求随之增加。但铜钱供给未能跟上贸易发展，铁钱逐渐成为当地的主要货币。又由于铁钱沉重无法便捷地支撑大宗贸易，人们创造性地借助信用手段发行交子，并以铁钱作为其价值基准。东南会子、金朝交钞概莫如此，都依托区域市场发行和流通。正是四川等部分地区的区域市场体系率先形成，从根本上导致了宋金时期的货币流通中，出现了龙登

---

① 脱脱：《金史》卷 48《食货三》"钱币"，中华书局，1975，第 1083 页。
② 脱脱：《金史》卷 46《食货三》"钱币"，中华书局，1975，第 1029 页。
③ 脱脱：《金史》卷 48《食货三》"钱币"，中华书局，1975，第 1084 页。
④ 脱脱：《金史》卷 48《食货三》"钱币"，中华书局，1975，第 1086、1089、1090 页。

高所说的"币制的复杂性和割据性"①、高聪明所说的"宋代货币的不统一"② 问题。

（一）交子、钱引与城乡交相生养的四川区域市场

由唐入宋，以成都平原为区域核心带，商品经济扩及偏远山区。星星点点出现的草市镇，在四川城乡各地建立了紧密的经济联系，越来越多的农业小生产者、手工业小生产者被卷入市场，参与市场小额交易。如四川泸州处于四川盆地南缘，在唐代尚属蛮荒山区，李商隐在《请留泸州刺史状》中是这样形容的："地连戎僰，境接巴黔，作业多仰于苦茶，务本不闻于秀麦，遂给嘉种，喻以深耕，始令蛮貊之邦粗识困仓之积。"③ 两宋时期，随着泸州的开发程度渐深，商贸不兴的炎荒景象已不复存在，境内草市镇的数量大增。到得嘉定末年，泸州已有镇 8 处、草市 59 处，合计 67 处，其中泸川县 37 处、合江县 18 处、江安县 12 处。④ 商品经济的力量把更多泸州这样蕃汉杂居的山区卷入市场活动中，也在一些毗邻边境的山区形成市。这些边缘地带的市给农村的小生产者提供了相互交易、互通有无的场所。据郭正忠先生将《宋会要辑稿》与《宋会要辑稿补编》所载四川四路铁钱"旧额"统计，北宋时川峡四路已经开征商税并确定过"旧额"的场务总数已达 246 个。⑤ 在四川的城市中，也开办有不同的市供小生产者贸易。如成都药市，"四远皆集，其药物多品甚众，风三日而罢，好事者多市取之"⑥。又如成都的蚕市，"齐民聚百货，贸鬻贵及时"⑦，这是一种兼售百货的商业定期市场。镇是比草市、虚市更高一级的市场建制。宋代四川已形成了以 264 个场务为基础，以市镇、县镇为中继，以成都府、蜀州、汉州、彭州、绵州、遂州、梓州 7 个府州城市为依托，以成都为中心，层次分明、相互交织、紧密联系的"城乡交相生养"的区域性市场体系。

后蜀本多用铁钱，并与铜钱形成稳定的兑换关系。北宋平蜀后，政府出

---

① 龙登高：《中国传统市场发展史》，人民出版社，1997，第 244 页。
② 高聪明：《宋代货币与货币流通研究》，河北大学出版社，2000，第 104 页。
③ 王象之：《舆地纪胜》卷 153《泸州》，江苏广陵古籍刻印社，1991，第 1095 页。
④ 解缙：《永乐大典》卷 2217《泸州》，中华书局，1986，第 632~634 页。
⑤ 郭正忠：《两宋城乡商品货币经济考略》，经济管理出版社，1997，第 188~191 页。
⑥ 杨亿：《杨文公谈苑》之《百药枕》，上海古籍出版社，1993，第 138 页。
⑦ 杨慎：《全蜀艺文志》。

于军事和经济考虑，"诏雅州百丈县置监，铸铁钱"，并"禁铜钱入川"，①以铁钱取代铜钱，使之成为铁钱流通区。在四川这一小额商品交易、城乡交相生养的区域市场，决定了所使用的货币主要是铁钱。如"嘉州渔人黄甲"，"每日与妻子棹小舟，往来数里间，网罟所得，仅足以给食"，一家人"从父祖以来，渔钓为活，极不过日得百钱"。② 铁钱满足了零碎交易、大额交易中的找零需要，且同时履行着货币价值尺度、流通手段及贮藏手段的职能。只是铁钱价小体重，"小钱每十贯重六十五斤，折大钱一贯，重十二斤，街市买卖，至三五贯文，即难以携持"③。在积少成多的市镇、县镇、府州以上的市场上，以及宋廷的财政收支中，又面临着搬运困难、交易不便的问题。"商业资本和高利贷资本要聚集运转大量货币，而小商品生产者又限定市场上只能流通如此笨重的货币"④ 形成的尖锐矛盾，专用铁钱又激化了货币贮藏与流通的矛盾，益州16户富民转而依托乡土社会信用关系与商业信用，顺理成章地发明了交子。宋廷将其收归官营，加盖朝廷印章，给铁钱的价值保证赋予朝廷信誉，世界上最早的纸币便诞生了。往后，宋廷试图在陕西等地发行交子，均以失败告终。即便绍圣元年（1094年）以后四川交子、钱引在陕西河东行用，也"只能起支付手段的作用，没有流通手段的职能"⑤，二者依然要回流入川，到成都换易。本质上是因为陕西等地市场与四川"城乡交相生养"区域市场在发展程度和发展特点上尚存在较大差距，并不具备纸币与铁钱相权而行的市场基础。

（二）会子与开放多元的东南区域市场

北宋时期，东南地区的市镇经济已有了长足发展。在《宋代草市镇研究》中，傅宗文先生将淮南东西、江南东西和两浙路这一区域各州军依地理特点分片，计算了熙宁十年商税的几种关系。在太湖平原、丘陵地海滨平原、内陆丘陵地、海滨丘陵地四个地理片区中，其草市镇税额占州军总

---

① 李焘：《续资治通鉴长编》卷11"开宝三年十二月癸巳条"，影印文渊阁四库全书第314册，（台北）商务印书馆，1986，第187页下栏。

② 洪迈：《夷坚支志戊》卷9《嘉州江中镜》，中华书局，1981，第1124页。

③ 李攸：《宋朝事实》卷15《财用》，影印文渊阁四库全书第608册，（台北）商务印书馆，1986，第173页上栏。

④ 李埏：《从钱帛兼行到钱楮并用》，载《不自小斋文存》，云南人民出版社，2001，第281~282页。

⑤ 李埏：《北宋楮币史述论（续）》，《思想战线》1983年第6期。

税额的比例分别为 18.06%、23.86%、2.73%、13.42%。① 到南宋，政治中心南移，东南一域的市镇经济获得新的发展契机。在东南这一片广袤的地区，草市镇由点及线，再形成面。

商人在东南各地各级市场穿梭活动，以经营城乡之间的贩运贸易为生。在江西，"上饶人王三客，平生贩鬻于庐寿之地，每岁或再往来"②；还有"赣州宁客商贩往荆南，回经汉川，路到鄂渚"③。在浙江，"丽水商人王七六，每以布帛贩货于衢婺间"④。在福建，建州"浦城永丰境上村民作旅店，有严州客人赍丝绢一担来僦房安泊"⑤。在广东，"广州人潘成，贩香药如成都，弛担村邸"⑥。市场活动有力地推动着草市镇等农村初级市场的形成，原本孤立、闭塞的乡村与城市的交流和互动日益频繁。正是这些商人群体，成了东南地区草市、镇市、城市之间的有形纽带，将东南区域市场网络编织得更加严密、更加细致。在这个严密、细致的网络中，崇山峻岭并未能阻隔各地之间的经济联系，水运的便利和造船业的发达使得该区域内部及该区域与外部的联系得到加强，"自衢、睦、处、婺、宜、歙、饶、信及福建路八州往来者皆出入龙山沿溯此江"⑦。由此，以商业都会杭州为首位城市，通过江南水网与周边卫星城市、府州城市及市镇市场连为一体，在各府州市场体系的基础上，进一步整合形成了东南区域市场。

在这一层次分明、规模宏大的区域市场，杭州及其周边地区是核心地带。在纷乱的十国局面中，吴越于此立国86年，货币流通格局保持长时间稳定，沿用或铸行铜钱，直到宋朝建立。进入南宋，东南区域的商品经济持续发展、市场发育更趋完善，"钱荒"与"钱重"的矛盾日益尖锐，便催生了以铜钱为价值基准的会子。这一点与四川区域市场产生和行用交子有共通性，也自有其差异性。相同的是，两地纸币的产生都是基于区域市场体系形成与金属货币不便交换的矛盾。不同的是，四川区域市场更具封闭性，因而交子的发行和流通也被限制在四川地区，以当地通行的铁钱为

---

① 傅宗文：《宋代草市镇研究》，福建人民出版社，1989，第 123 页。

② 洪迈：《夷坚支志乙》卷 1《翟八姐》，中华书局，1981，第 802 页。

③ 洪迈：《夷坚三志辛》卷 10《宁客陆青》，中华书局，1981，第 1461 页。

④ 洪迈：《夷坚支志丁》卷 8《王七六僧伽》，中华书局，1981，第 1030 页。

⑤ 洪迈：《夷坚乙志》卷 3《浦城道店蝇》，中华书局，1981，第 204 页。

⑥ 洪迈：《夷坚志补》卷 20《潘成击鸟》，中华书局，1981，第 1734 页。

⑦ 苏轼：《乞相度开石门河状》，载《东坡全集》卷 59，影印文渊阁四库全书第 1107 册，（台北）商务印书馆，1986，第 830 页下栏。

价值基准。熙宁年间在陕西新发行纸币，以及四川交子移用陕西，已触及了纸币价值基准的变动问题。因此即便往外流通，交子也只是发挥支付手段的职能。东南区域市场则更具开放性，东南会子诞生之初以两浙通行的金属货币铜钱为价值基准，而随着市场体系的多层化和市场活动的多元化，东南会子的价值基准也呈现多样化特点，在铜钱的基础上，增加了银两和都茶场榷货。东南会子"由流通于两浙一隅的地方性纸币发展成了流通于南宋大部分地区的全国性纸币"①，并逐步突破区域限制，逆长江而上，甚至向四川渗透、扩展。

（三）交钞与广阔复杂的中原区域市场

金朝灭辽继而南下灭北宋，在此过程以汴梁为中心的华北市场一度被摧残。但海陵王执政后，大力修复汴京等都会，并积极营建各路府州首善之地。据韩光辉根据《金史·地理志》分析，金朝将城市按行政建制与等级规模划分为 3 个等级共 184 个建置城市：警巡院城市 6 个、录事司城市 66 个、司候司城市 112 个。② 在这三级城市市场之外，又有建制镇数百个。以三级城市为中心，以建制镇为辐射，周边以贸易交换为目的的草市也陆续恢复。如此一来，巡警院城市、录事司城市、司候司城市、建制镇、草市，形成了层次分明、结构复杂、空间广阔的五级市场体系。这一市场体系把长城内外、农牧与城市都整合到一起，并在北宋和辽的基础上恢复、发展、扩散。与四川市场、东南市场复杂、精细、多样化特点相较，金朝所占据的中原市场以广阔的市场空间布局为依托，远距离长途贩运贸易特点更为突出。对此，有学者曾做过专门的研究，"随着商品流通量的增加，流通区域的扩大，对货币的需求也就随之增加。尤其是金代的转运商业特别是长途贩运相当兴盛"，对货币量的需求更大。但"恰恰在这个问题上，金国发生了一个极为尖锐的矛盾，这就是货币流通需要量大而货币短绌，造成通货的异常不足，即所谓'钱荒'"③。所谓"异常不足"，原因在于金朝政府与两宋政府不同，极少铸钱，境内主要流通辽宋旧钱。

---

① 李埏：《论南宋东南会子的起源》，载《不自小斋文存》，云南人民出版社，2001，第387 页。

② 韩光辉、何峰：《宋辽金元城市行政建制与区域行政区划体系的演变》，《北京大学学报》（哲学社会科学版）2008 年第 2 期。

③ 漆侠、乔幼梅：《辽夏金经济史》，河北大学出版社，1994，第 18 章、19 章、357 页。

金朝政府发行交钞，最初只行用于黄河以南，其目的主要是吸收宋代的铜钱。此时的交钞以铜钱为价值基准。到世宗时期（1161~1189年），交钞才越过黄河，到河北及辽东流通。在此过程中，铜钱窖藏、外流严重。面对严重的"钱荒"，金朝政府并没有增加市场上的铜钱供给，而是反其道而行之。贞祐三年（1215年）四月"遂罢铜钱，专用交钞、银货"①。贞祐四年（1216年）"十二月，镇南军节度使温迪罕思敬上书言：钱之为泉也，贵流通而不可塞，积于官而不散则病民，散于民而不敛则阙用，必多寡轻重与物相权而后可。大定之世，民间钱多而钞少，故贵而易行。军兴以来，在官殊少，民亦无几，军旅调度悉仰于钞，日之所出动以万计，至于填委市肆，能无轻乎？"②可见，金朝政府行政手段废罢铜钱、推行交钞，加之农牧区市场的整合与重组，铜钱便失去了存在的依托，至此已基本消失，交钞逐渐成为当地最重要和最主要的货币。铜钱与交钞的市场联系被截断后，轻便易携、价值更高、更适应远距离贸易的白银代替铜钱，成为交钞赖以流通的价值基准。这一钱退银进的过程，本质上依然是与市场结构重组相适应的货币流通格局的结构性调整。

四　小结

宋金时期先后发行的几种纸币都限定在特定区域内发行使用，必须依赖市场上有金属价值保证的铜铁钱，因为各个区域市场发育、发展的根基依然是各级市场中小生产商品的聚散。各种纸币的行用主要解决的是各级市场中批量交易钱荒与钱重的问题。而不同的纸币依赖的是铁钱、铜钱、白银，还是几者兼有，背后的支撑却是不同区域市场体系及其信用关系的发育程度。交子和钱引主要依托铁钱行用，在城乡交相生养的四川区域市场体系里流通；东南会子以铜钱为主要基准，兼以白银或都茶场榷货，在开放多元的东南区域市场体系里流通；金朝交钞则先后与铜钱、白银相权而行，在广阔复杂的中原区域市场体系里流通。

在市场发育程度不够完善、相对滞后、未成体系的地区，无法形成纸币与金属货币相权而行的货币流通格局。例如，南宋时东南区域市场里行

---

① 脱脱：《金史》卷46《食货一》"户口、通检推排"，中华书局，1975，第1029页。
② 脱脱：《金史》卷48《食货三》"钱币"，中华书局，1975，第1089页。

用的淮交和湖会，也与当地区域市场体系及信用关系的发育程度相适应，便得到了市场的认可和接受。而熙宁时期的陕西交子，超越了陕西、京西等地的市场发育程度，缺乏必要的市场基础，则不可避免地遭遇了市场的冷遇。市场发展始终是货币流通格局演进的直接推动者，从根本上决定着货币流通格局的形成、发展、演变。即使是在同一时期，处在不同的区域市场体系中，货币的发行和流通依然会呈现差异化面貌。因此，市场发展状况及由此产生的货币需求，应始终是制定货币政策、发行货币、调整货币流通的基本前提。

Review on Regional Characteristics of Paper Currency Issuance and Circulation in Song and Jin Dynasty

He Jiao, *Wang Wencheng*

Abstract: Jiaozi, originated in Chuanshu region between Chunhua and Tiansheng, was confined in Chuanshu region for a long time. Various paper currencies confined to certain areas, such as Qianyin, Huizi and Jiaochao, demonstrated distinctive regional characteristics. With the backing of iron coinage, Jiaozi and Qianyin circulated within Sichuan regional market system that sprung from urban and rural areas. Huizi, relied on copper coinage, circulated within regional market system of southeast China. Jiaochao, relied successively on copper coinage and silver, circulated within Central Plains regional market system. Regional characteristics of paper currency issuance and circulation were caused by partition of metal currency. That embodied regional market development in Song and Jin Dynasty. Essentially, regional characteristics of paper currency depended on the development degree of regional market systems and their credit relationship.

Keywords: Paper Currency; Regional Characteristics; Value Benchmark; Regional Market System; Song and Jin Dynasty

宋代制砚业与砚工生计：以歙州为中心的历史考察[*]

高　洁[**]

摘　要： 歙砚的制造起源于唐代，到宋朝发展到新的高度，成为宋代三大名砚之一。制砚业的发展深刻影响了歙州农户的日常生产、生活。歙州山区人均耕地面积较少，民户为满足生存需要大量投身其他行业，兼业现象突出。靠近山区的农户就近伐石制砚，农闲时以家庭手工业模式进行生产。制砚收入成为其维持家庭生计的重要组成部分，占家庭总收入的60%左右，甚至出现了以雇佣劳动力为主的手工工场。伐石制砚属于重体力劳动，过度挖掘又会导致山体坍塌，加之沉重的赋税负担，致使砚工始终维持在温饱线上甚至遭受死亡的威胁。

关键词： 宋代制砚业　砚工　砚台　生计　歙州

宋代歙州制砚业进一步发展，歙砚成为三大名砚之一。学界以往的研究多集中于探讨宋代制砚业生产重心的南移、砚台形制、制砚区域及技术、砚铭等方面[①]，聚焦小区域制砚业及砚工生计的研究成果相对匮乏。制砚业受自然环境影响极大，一般产区均为山区。歙州作为全国最大的制

---

[*] 本文为国家社科基金重大项目"中国古代基层治理方式的变迁及其近代化转型研究"（批准号：20&ZD216）阶段性成果。

[**] 高洁，河北师范大学历史文化学院博士研究生。

[①] 漆侠：《宋代经济史》，南开大学出版社，2019；陈涛：《宋代的制砚业》，《宋史研究论丛》第16辑，河北大学出版社，2015；罗扬：《宋代洮河石砚考》，《文物》2010年第8期；梁善：《宋代砚台蕴含的人文情怀》，《艺术百家》2010年第4期；梁善：《以方为贵：宋代抄手砚造型与装饰特征探析》，《装饰》2014年第10期；钱建状：《几案尤物与文字之祥：宋代文人与砚》，《中山大学学报》（社会科学版）2020年第5期。

砚业生产重镇之一，乡村制砚业的发展情况有待进一步关注。此外，制砚作为农户兼业的一种生计活动，其在砚工家庭经济中所占比重也有待研究。本文着眼于家庭手工业劳作方式，围绕上述两大问题进行探讨，以期更为全面地了解歙州制砚业的发展对民户生计的意义。

一 歙州制砚业的发展与农户生计选择

歙州，下设六县：歙、休宁、绩溪、黟、祁门、婺源。① 所辖地域为今安徽省黄山市、绩溪县和江西省婺源县以及今浙江省淳安县。宋徽宗宣和三年，改歙州为徽州。歙州位于安徽省南部、新安江上游，处于今浙江、安徽、江西三省交界。宋代以后，此地同江苏平原及赣水平原的联系得到加强，通过山村经济的开发及其商业化，经济关系的范围有扩大的倾向。② 山区山多田少，产粮有限，茶叶、杉木、漆、竹等经济作物广为种植。工商业较发达。造纸、墨砚制造、丝织为主要手工业部门。

歙州制砚业历史悠久，早在唐代就已经闻名天下，"猎人叶氏逐兽至长城里，见叠石如城垒状，莹洁可爱，因携以归，刊粗成砚，温润大过端溪"③。到南唐时期李后主命李少微为墨官，并在歙州设置砚务，至此迎来了歙州制砚业的繁荣发展期，从业者甚众，"尔后匠者增益颇多"④。宋代，歙州制砚区域随之扩展，以婺源与歙县交界处的龙尾山（罗纹山）下溪涧为优，"石坑最多，延蔓百余里，取之不绝"⑤，歙县、休宁县、祁门县亦产歙砚，达到了靠近砚坑附近的农户几乎家家制砚的程度，史载"岩岭处处有其匠者"⑥。

人多地少和沉重的赋税所带来的生存困境成为导致农户兼营制砚业的主要原因。一方面，歙州山区的乡村地区土地分布不均衡，加之土地分散

---

① 乐史：《太平寰宇记》卷104《江南西道二》，中华书局，2013，第1059页。
② 〔日〕斯波义信：《宋代江南经济史研究》，方健、何忠礼译，江苏人民出版社，2011，第404页。
③ 唐积：《歙州砚谱》，载朱学博整理校点《文房四谱·外十七种》，上海书店出版社，2015，第175页。
④ 唐积：《歙州砚谱》，第175页。
⑤ 佚名：《歙砚说》，载朱学博整理校点《文房四谱·外十七种》，上海书店出版社，2015，第192页。
⑥ 唐积：《歙州砚谱》，第177页。

化，民户人均耕地面积较少。宋代土地兼并的加剧导致人均面积进一步减少。宋代歙州民户为解决温饱问题大力垦田，达到"江东西无旷土"[1] 的程度。另一方面，据斯波义信研究，从唐到宋歙州人户增加 3 倍[2]，宋代歙州户口最多时达到 161147 户。对比唐宋时期的户口数据，可以想见宋代人地矛盾更加突出。歙州地处山区，在农田耕种上不利于使用耕牛及大型农具。山区土地贫瘠进一步降低了粮食产量，"新安易水旱，地狭而收薄"。因此，农户为满足温饱及其他家庭开支的需要，兼业成为其迫不得已的选择，"盖此地狭则无田以自食，而人众则射利之途愈广故也"[3]。

人均耕地面积不足造成了劳动人口过剩，给农户兼营制砚业创造了条件。加之宋代歙州地区赋税繁重，要求民户以货币缴纳赋税的倾向越发明显，致使农户与市场关系日益紧密。歙州属于丘陵山地地貌，下属各县群山围绕，石料资源丰富，使农户兼营制砚业成为可能。靠近山区的乡村农户纷纷投入砚台制造行业以获利。2019 年发掘的婺源砚山北宋歙砚作坊遗址出土残砚和砚坯 420 件，古凿痕砚料 5045 件，其他古砚料 4462 件，共计 9927 件。其中有 1/3 是古人加工制作过程中遗留的半成品和残缺品，还有一些制砚工具的磨刀石和学徒练习雕刻的习作。[4] 如此大规模的手工制砚作坊，表明当时甚至出现了专门雇工进行生产扩大化的行为。随着生产区域和规模的扩大，制砚逐渐取代农田耕种成为家庭经济来源的主要构成部分。砚工仍将农业生产与砚台制作相结合，利用农闲时期生产。"歙之大姓汪氏，一夕山居，涨水暴至，迁寓庄户之庐。庄户，砚工也"[5]，正是农户兼营制砚的典型代表。

总体来看，乡村制砚业生产砚台在宋代砚台总产量中占比更大，原因在于制砚业受自然资源的影响较大。一方砚台是否精良的基础在于制砚石料的优劣，石料的选择有严格的质量标准，一般以深水之下砚坑所出石料为佳，所谓"黟歙之珍，擢于深谷"[6] 是也。砚工多为兼业农民，为了不影响农业劳作，往往就近上山寻找砚坑伐石以备生产。宋代随着经济及文

---

① 陆九渊：《陆九渊集》卷 16《与章德茂》，中华书局，2010，第 205 页。
② 〔日〕斯波义信：《宋代江南经济史研究》，第 408 页。
③ 谢肇淛：《五杂组》，上海书店出版社，2009，第 76 页。
④ 江进民：《婺源砚山北宋歙砚作坊遗存》，《黄山日报》2020 年 5 月 27 日。
⑤ 何薳撰、张明华点校《春渚纪闻》卷 9《记砚》，中华书局，1983，第 132 页。
⑥ 高似孙：《砚笺》，载朱学博整理校点《文房四谱：外十七种》，上海书店出版社，2015，第 233 页。

教事业的繁荣发展，市场上对砚台的需求增多，致使歙州制砚人口急速增长，呈现"岩岭处处有其匠者"的乡村景象。制砚业往往以家庭手工业为主，这种生产方式可以最大限度地利用家庭人手及农闲时间，制砚销售所得成为家庭经济收入的重要组成部分。

二 砚工劳动时间分配与生产安排

歙州乡村制砚业到南宋时期逐渐普及，下属歙县、休宁、祁门、婺源、绩溪、黟县各县皆有砚坑出现。制砚业成为当地农户的重要经济支柱，以制砚为中心的各类活动深刻影响了农户的日常生产、生活。通过探讨他们如何协调农耕进行砚台生产的过程，我们可以借此更为立体地了解此一群体的生活状况。

（一）农耕与制砚的协调发展

古代以家庭为单位的农业生产往往以男耕女织为典型，农田劳作与家庭纺织成为构成家庭经济来源的基础。宋代歙州农户的耕地构成也往往土田、水田兼有，复种制得到普及。随着农业耕种技术的发展，歙州地区已普遍施行一年两熟制，兼业农民从事农田生产时就需要兼顾两种生产方式，一则需要交纳应纳秋粮，二则可以保障自身家庭口粮的需要。因此，农户在兼营制砚时普遍将农耕放在首要位置。

歙州耕地类型多样，《淳熙新安志》记载包含田、园二种。大概是由于歙州山多地少，户均耕地面积较少，农户逐渐由耕种田亩转向从事园林经济。而在统计征收赋税时则将农户所经营的茶园、果园等园林亩数计算在内。加之农户大力垦田，"徽民凿山而田，高耕入云者十半"①，总体耕地面积获得了极大提升。以宋天禧年间数据为例，歙州总田亩数为2919553亩，主户121105户，客户6098户，② 户均耕地面积为22.95亩。户均耕地面积具体到各个县域差距甚大，歙县户均耕地面积为15.4亩，休宁户均耕地面积为13.5亩，祁门户均耕地面积为33.7亩，婺源户均耕地面积为44.0

---

① 方岳：《徽州平籴仓记》，载《全宋文》卷7908，上海辞书出版社，2006，第356页。
② 赵不悔修、罗愿纂《淳熙新安志》卷2《贡赋》，载《宋元方志丛刊》第八册，中华书局，1990，第7626、7609页。

亩，绩溪户均耕地面积为 12.7 亩，黟县户均耕地面积为 13.9 亩。① 其中耕地较多的祁门县、婺源县农户主要经营茶园，"（祁门）山多而田少，水清而地沃，山且植茗，高下无遗土"②。宋真宗时曾在"饶州置场买纳浮梁、婺源、祁门县茶"③，足见三地茶园经济之盛。另外，农户大面积从事园林经济这一现象，反映在户均耕地面积数字中则对应着粮食作物耕种面积的进一步减少。加之歙州耕地面积数额中无法确定的官田、学田数量，农户实际户均耕地面积只会更少。因此，探讨歙州山区农户耕地情况时仍需将园林亩数考虑在内，才能获得较为准确的户均田地数额及家庭粮食收入。宋代祁门县茶户众多，"千里之内，业于茶者七八矣"④，而茶叶生产需要耗费大量的时间和人手，茶农很难再兼营制砚业。因此，为了保证歙州砚工生计数据计算的可靠性，本文不将祁门、婺源等县茶农兼营制砚情况计算在内。

农户要根据耕地类型来安排农业生产，所谓"农桑之节……四时各有务，十二月各有其宜"⑤ 即是此理。一般南方稻作区从二月开始一年的农业生产。首先是早稻的情况：二月犁地、育苗，为春种做准备；三月插秧，此后两个多月农户要进行拔草、灌溉、耘田、放水烤田、灌水等中耕活动；直到六七月间收获，八月前即可完成冬耕工作。晚稻则在小满、芒种之间育苗，时间大约在四五月；中间属于中耕劳作时间，八九月之间收获，立冬后开始冬耕活动，时间大约在十月、十一月。⑥ 因此，农户农耕时间主要集中在二月至八月，所谓"农功有时，多则半年"⑦。需要指出的是，歙州山区乡村耕种农田受地形影响极大，无法使用耕牛和大规模农具，农户劳作更加艰难。所谓"大山之所落，深谷之所穷，民之田其间

① 歙县主户 16428 户、客户 46 户，田园地亩 252984 亩；休宁主户 13825 户、客户 46 户，田园地亩 186950 亩；祁门主户 5617 户、客户 304 户，田园地亩 199563 亩；婺源主户 13523 户、客户 1910 户，田园地亩 679707 亩；绩溪主户 7787 户、客户 448 户，田园地亩 104538 亩；黟县主户 6216 户、客户 433 户，田园地亩 92135 亩。详见赵不悔修、罗愿纂《淳熙新安志》，第 7634、7646、7653、7659、7667、7673 页。
② 张途：《祁门县新修阊门溪记》，载《全唐文》卷 802，中华书局，1983，第 8430~8431 页。
③ 李焘：《续资治通鉴长编》卷 47《真宗咸平三年》，中华书局，2004，第 1021 页。
④ 张途：《祁门县新修阊门溪记》，载《全唐文》卷 802，第 8430~8431 页。
⑤ 王祯：《农书译注》卷 1《授时篇第一》，齐鲁书社，2009，第 10 页。
⑥ 详见王祯《农书译注》卷 2《垦耕篇第四》，第 34~55 页。
⑦ 张履祥：《补农书校释》卷下《总论》，农业出版社，1983，第 154 页。

者，层累而上，指十数级不能为一亩，快牛刹耙不得旋其间"①。因此，为了更好地协调农业生产，农户所兼副业在时间上的安排就显得尤为重要。

制砚时间不会占用农时，因此农户可以做到在兼顾农业生产的同时进行砚台生产。先是挖掘制砚石料。石料分为两类，一类在高山悬崖之上，一类则埋藏在深谷水下。砚工制砚工作并没有过多的季节、气候要求，但挖掘石料却有时间限制。歙州砚料大多出于水中，"徽州婺源石，产水中者，皆为砚材"②。歙州地处山区，河流湍急，河流之下的砚料只有等到冬季枯水期才能开采，有"冬水涸时方可取，春夏不可得"③ 之说。因此，优质砚料开采时间一般集中在冬季十二月前后。开采砚料在冬天河流进入枯水期之后，号召几十人排水后进行。但排水后不数日就会迎来降雨，雨水会再次将河流填满而淹没砚料，"每打发一坑不三数日必雨，雨即坑垄皆湮塞"④。因此，冬季伐石工作会反复持续进行至少一个月。此时正值冬季农闲时期，砚料集中开采后就可以运回家庭中利用农闲时间制砚了。

（二）砚台的生产与销售

乡村手工业一般以户为单位的家庭作坊展开生产。歙州制砚业也以家庭手工业为主，带有小农经济的分散性、封闭性的特质。从农户角度出发来看，制砚仍作为农耕外的副业进行经营。制砚作为家庭经济的重要支撑，防止技术外传是砚工们普遍要遵守的重要原则。因此，砚台生产的扩大化与技术的传承也带有封闭性的特点，一方面家庭制砚业可以灵活控制生产规模及生产时间，另一方面又起到严格保密制砚技术的作用。⑤ 下文就歙砚的生产环境、采石方式、雕刻、产量、售价、经营与流通方面逐一介绍。

砚料的选取受自然环境影响极大，砚料的开采时间一般局限在十二月前后。开采地点则靠近河流，一般从事制砚的农户为了方便获取原料，都

---

① 赵不悔修、罗愿纂《淳熙新安志》卷 2《叙贡赋》，第 7624 页。
② 杜绾：《云林石谱：外七种》，上海书店出版社，2015，第 27 页。
③ 唐积：《歙州砚谱》，第 176 页。
④ 佚名：《歙砚说》，第 193 页。
⑤ 据对现存宋代歙州砚工资料进行分析，砚工均以家族为单位出现，可见歙州制砚业的主流生产方式是家庭手工业生产。在技术传承上一般也遵循直系血缘继承的原则，以家内传承为主。需要注意的是，砚料的开采属于重体力劳动，现有宋代歙州制砚业资料显示，砚台制作与技术传承仅存在于男性当中，尚未发现女性砚工。

居住在靠近砚坑的地方，"君家歙溪边，自采歙溪石"①。砚料的选择需要关照到砚料的外观、质地等方面。砚工形成了一套判断石料是否适合制砚的标准。一是看其纹理，"以细罗纹无星"② 为上。二是敲击石料，一方面敲击石料产生的声音可以使砚工判断其质地，"每得石，以铁击之，候其音清圆乃攻治"③；另一方面则可以靠敲击石料看其是否会出现裂纹、断裂等情况。在制砚技术把控上，如在石料辨别、雕刻样式、技法上都有着严格的标准，操作细节往往需要手把手教学才能保证技术的传承，"凡看砚瓦石性有多般，逢人眼传心记认杀"④。因此，砚工的制砚技术的传承一般也以家庭为中心，由其直系血缘的男性后代继承。据现存宋代歙州砚工资料分析，21 人中出现"三姓四家""一姓三家"字眼⑤，明确指出这些砚工出自一个制砚家族。这种传承方式一则可以保密制作技术及配方，二则可以通过繁衍扩大砚台的生产规模，有效地推动乡村制砚业的发展。

砚料的开采属于重体力劳动，费时费力。一般开采砚料属于家庭劳作，砚工在靠近住所的河边伐石即可。但随着中唐以来歙州制砚业的不断发展，砚工人数增多，砚料挖掘程度加重，"采人日增，石亦渐少"⑥，甚至很多老坑已经到了无石可伐的程度。砚工们为开采新坑或取深谷石料，往往几家联合起来进行劳作。一则在于河底砚坑的开采所需劳动人手往往在二三十人以上，非一家之力可以完成。在具体分工上需要一部分人负责排水，另一部分人下河伐石，"坑往往在溪涧中，至冬水涸，合三二十人方可兴工"⑦。二则在于老坑的伐石工作虽然艰辛，但好料难得，利润高昂，好的砚坑很难做到一家独占，史载歙州罗纹坑"砚户戴义八人共请之，岁输山税三十金"⑧。另外，伐石属于高危作业，采石活动常常会导致山体塌陷。加之宣歙之间的山区常有毒蜂、毒蛇出没，这些安全隐患时常会造成人员伤亡，"前后被啮死者十余人"⑨。因此，歙县砚工在开山伐石

---

① 高似孙：《砚笺》，第 231 页。
② 米芾：《砚史》，第 184 页。
③ 高似孙：《砚笺》，第 228 页。
④ 佚名：《百宝总珍集：外四种》，载朱学博整理校点《文房四谱：外十七种》，第 41 页。
⑤ 唐积：《歙州砚谱》，第 179~180 页。
⑥ 佚名：《歙砚说》，第 193 页。
⑦ 佚名：《歙砚说》，第 193 页。
⑧ 唐积：《歙州砚谱》，第 175 页。
⑨ 唐积：《歙州砚谱》，第 177 页。

之前形成了祭拜山神的传统习俗，"凡取石先具牲醴祝版，择日斋戒，至山下设神位十余于坛埠之上，祝讫发之"①。

歙砚雕刻的首要工作是判断石料价值，宋代认为砚料缺陷较大者有十种，包括鸡脚、鸟肫、浪痕、赘子、搭线、黄烂、硬线高起隐手、微尘孔、锻炼及石上有纹如蚯蚓爬行痕迹等②，均需要砚工一一辨别。一方面石料的优劣是决定一方砚台制作精良与否的基础，石料有病者"虽良工不能砺平也"③；另一方面也决定着砚台的价格，砚料选取失败将会导致消耗大量人工后仍只能贱价出售的后果，"少有病，不直数十金"④。其次是制砚工具繁多，包括"箕畚、铳铁、大小锤、长短凿、钢屑、镦头、鸦嘴锄、木锹"⑤。要掌握这些工具并应用于砚台生产，需要靠耐心地教导和长时间地训练，所需练习的时间成本极高。

砚台的产量受砚台雕刻的精细程度影响极大。歙砚以砚样繁多著称，一般来讲越是复杂的样式雕刻所需时间也就越多，价格也就越贵。因此，砚工在一方砚台上倾注的劳动时间和精力与生产速度成反比。为了进一步了解歙州砚工生计情况，现对一人一年生产砚台的数量做一估算。我们以同时期端州制砚情况进行推测，"端州崔生之才居端岩侧，家蓄石工百人，岁入砚千"⑥，即雇佣百人进行砚台生产的话年产量可达一千左右。那么，平均一人一年生产砚台 10 方左右，平均下来则是 1 个月 1 方。再去除农户经营农田劳作和冬季采石的时间，剩余制砚时间为五六个月，即砚工一人一年平均生产高端佳砚 6 方。此外，还需考虑脱离农业生产的专业户的砚台年产量。除去开采砚料 1 个月的时间外，剩余制砚时间在 11 个月左右，一人一年可产 11 方左右。

砚台的价格与砚料及砚工雕刻技术直接相关，"大抵攻琢贵精，治之不尽工，虽有佳石，亦常砚而已"⑦。商品的价值是由生产该商品的社会必要劳动时间决定的，一般越是雕工精细、设计巧妙的砚台，制作所需时间就越长，价格也越是昂贵。因此，宋代歙砚的价格也有高下之分，价格最

---

① 唐积：《歙州砚谱》，第 177 页。
② 佚名：《歙砚说》，第 194~195 页。
③ 佚名：《歙砚说》，第 194~195 页。
④ 米芾：《砚史》，第 184 页。
⑤ 唐积：《歙州砚谱》，第 180 页。
⑥ 蔡襄：《砚记》，载《全宋文》卷 1018，上海辞书出版社，2006，第 202 页。
⑦ 佚名：《歙砚说》，第 193 页。

为便宜的瑕疵砚台仅售价数文，佳砚则在 7 贯甚至更高。"土人以为生，终日成一砚，少有病，不直数十金；幸完仍好，直五七千已上无估。"① 歙州所产砚料制砚极佳，一般砚料也要售价 3 贯，"尝出捐三千钱售眉子石一，随轺予人莫惜"②。我们取中间值计算，一方歙砚价格在 6 贯左右应较为合理。

歙砚的经营与销售一般以前店后厂式的家庭作坊、长途贩运两种方式为主。从宋代歙州砚工资料来看，多为家庭手工业作坊。但需要指出的是，歙州制砚业的家庭作坊除了一般意义上的以一家一户所构成的生产单位外，兄弟几人合伙经营的现象更为突出。以歙县县城砚工为例：

> 县城，三姓四家一十一人。
> 刘大名福诚，第三，第四，第五，第六。
> 周四名全，年七十；周二名进诚；周小四；周三名进昌。
> 刘二，无官名。
> 朱三名明。③

可以看到，刘大、刘二、第三、第四、第五、第六属于一个制砚家族，其中刘二单独经营，其余五人合伙经营；以周四为代表的制砚家族也是合伙式经营，周二、周三、周小四看名字应为兄弟关系，周四年已七十仍从事制砚，应该是家庭中的父亲。歙县砚工 11 人中只有朱三一人属于传统的一家一户家庭手工业生产模式，其余大多为家族合伙经营。这种合伙经营的规模恰好与 2019 年发掘的婺源砚山北宋歙砚作坊遗址的规模相似。此种现象出现的原因一方面是因为制砚技术在选料、雕刻等方面的保密性原则所致；另一方面则在于制砚业属于重体力劳动，冬季下河伐石非一人之力所能完成。

歙州地处今浙江、安徽、江西三省交界，水网密集，河运便利。龙尾砚的出产地婺源县处于"三吴百粤商旅之所必经"④ 之地，每年四月八日

---

① 米芾：《砚史》，第 184 页。
② 洪迈：《辨歙石说跋》，载《全宋文》卷 4917，上海辞书出版社，2006，第 58 页。
③ 唐积：《歙州砚谱》，第 179~180 页。
④ 戴表元：《剡源集》卷 6《婺源羊斗岭施水庵记》，载《丛书集成初编》第 2055 册，商务印书馆，1935，第 86 页。

举办五通神法事，天下商贾云集。加之歙州山区粮食产量低，县民为了满足所需粮食需求，不断地拉近自身与市场之间的距离。通过市场，浙江、江西的米及浙江的鱼鲞、鄱阳湖的鱼苗、江西的牛、宣城的猪等则贩入徽州。通过这种商品交换方式，徽州的黄山松墨、婺源砚、楮纸、蜡、歙梨之类在全国市场流通的名特产品应运而生。① 此外，还有专程到歙州求砚定制者，砚工云"凡临县者，孰不欲得佳研"②。需要注意的是，宋代在歙州为官者也多大量采购砚台，"今但曾官歙者，必收百余枚"③。我们结合歙砚出售情况与砚工年生产量来看，宋代歙州从事制砚业的砚工当不在少数。

三 砚工家庭经济构成与收支情况

了解过歙州制砚业及砚工的基本情况后，仍需进一步了解歙州每户农户家庭经济的基本收入和开支，才能进一步厘清制砚作为农户兼业在其家庭经济中所占的比例，及其对于砚工生计的意义。

（一）家庭收入

在宋代，凡是向政府承担赋税、税钱即使只有一文的，就可划为主户。在主户当中，又根据税钱贯佰、地之顷亩、家之积财或田之受种的多少，定为五等。其中第三等户与第一、第二等户并列，称为"上三等户"；也可以和第二等户并列，称为"中户"。这类人户除一部分为小地主外，大多数是占田五七十亩或更多一些的自耕农民，他们构成为富裕农民阶层或自耕农民上层，后面还要详细叙述。第四、第五等户，则是所谓的"下户"。④ 一般认为下户户均耕地面积在三五十亩。根据上文中歙州农户户均耕地面积来看大多属于下户，其中小地主和自耕农占主体地位。本文研究的砚工家庭也主要集中在这一阶层。宋代江南户均土地一般认为在 38 亩左右⑤，人地矛盾突出的歙州地区则更少。根据《淳熙新安志》中关于歙州

---

① 〔日〕斯波义信：《宋代江南经济史研究》，第 414 页。
② 何薳撰、张明华点校《春渚纪闻》卷 9《记砚》，第 132 页。
③ 米芾：《砚史》，第 184 页。
④ 漆侠：《宋代经济史》上，南开大学出版社，2019，第 56 页。
⑤ 程民生：《宋代地域经济》，河南大学出版社，1992，第 68 页。

各县户口与耕地面积估算，该地户均耕地面积应在 22.95 亩左右。其中祁门、婺源二县园林经济发达，户均田、园耕地面积分别为 33.7 亩、44.0亩。当中应有大部分耕地面积属于无法从事粮食生产的土地，"其地十，为山七八，田仅一二"①，实际户均用于粮食耕种的土地面积应该更少。考虑到从事园林经济需要大量的人力和时间，因此不太可能在兼营园林经济的同时再兼营制砚业。而歙县、休宁、黟县、绩溪的户均土地面积则在13.57 亩。为方便计算取以歙州地区民户户均耕地面积为 14 亩较为合理。宋代江南地区就普遍实行稻麦复种制，② 以一年两熟推算，宋代歙州地区米粮年产量在每亩 1.5~2 石，"大率为田一亩，岁收一石五斗"③，其中上田稻作亩产约为 2 石④。因此，歙州民户一年可收获米粮量为 21~28 石。制砚收入以一户一个成年砚工计算，一人一年可生产佳砚 6 方，一方砚台价格 6 贯，年制砚收入为 36 贯。加上未从事制砚活动的妇女所营桑蚕业外，应该另有其他少量收入。

此外，还有客户砚工生计情况需要讨论。客户自身没有土地，若要从事农田耕种则需要租种他人土地，歙州租额为亩产量的 60%~70%，"大率上田产米二石者，田主之收十六七"⑤。同样耕种 14 亩田地的情况下，客户一年最多收入米粮仅为 11.2 石、制砚收入 36 贯。还有一部分脱离农业生产专门从事制砚的专业户，他们一人一年约生产砚台 11 方，收入为66 贯。

（二）家庭支出

宋代歙州地区农户赋税沉重，有"比邻境诸县之税独重数倍，而杂钱之税科折尤重"⑥ 之说。五代时期又进一步加重了此一地区的民户杂税负担，宋朝沿袭不变。具体来说，歙州民户需要交纳的赋税主要包括夏税

---

① 程珌：《徽州平籴仓记》，载《全宋文》卷 6793，第 116 页。
② 详见李伯重《我国稻麦复种制产生于唐代长江流域考》，《农业考古》1982 年第 2 期；李根蟠《长江下游稻麦复种制的形成和发展——以唐宋时代为中心的讨论》，《历史研究》2002 年第 5 期；曾雄生《析宋代"稻麦二熟"说》，《历史研究》2005 年第 1 期；等等。
③ 程珌：《休宁县减折帛军布钱记》，载《全宋文》卷 6792，上海辞书出版社，2006，第114~115 页。
④ 赵不悔修、罗愿纂《淳熙新安志》卷 2《税则》，第 7624 页。
⑤ 赵不悔修、罗愿纂《淳熙新安志》卷 2《税则》，第 7624 页。
⑥ 脱脱：《宋史》卷 175《食货上三》，中华书局，1985，第 4238 页。

（有时折麦交纳）、秋粮、杂钱等项，凡十四项之多。[①] 此外还有家庭生活所需口粮、种子、农具、食盐、作衣及婚丧嫁娶等杂项开支。

赋税部分。《淳熙新安志》记载歙州赋税情况，上等田园每亩税钱二百文，秋苗则米二斗二升；中等田园每亩税钱百五十，秋苗则米一斗七升七合；下田园税钱每亩百文，秋苗则米一斗三升三合。[②] 歙州下田居多，平均每亩纳钱110多文。[③] 为方便计算取中间值估算，则亩税110文，秋苗米亩缴0.15石。入宋后夏税交纳绸、绢、绵，每匹折钱1.8贯。[④] 杂钱也是按钱额配定的，具体的每亩为上等田税钱200文，杂钱79文；中等田税钱150文，杂钱60.75文；下等田税钱100文，杂钱39.75文。[⑤] 仍按下等田居多取值，以田每亩需要交纳杂钱50文计，总体计算可知农户一年需交纳夏税1540文、秋粮2.1石、杂钱700文。需要指出的是，夏税折变为布匹后，价格翻几倍不止，进一步加重了民户负担。此外，还有身丁税、丁盐钱等"身丁之赋"以及名目繁多的"杂变之赋"。有宋一代，闽、歙地区赋税尤其沉重，包伟民指出福州等地农户的赋税支出占田亩总收入的三到四成。[⑥] 因此，我们将赋税支出按农户田亩收入的30%计算应较为合理，则歙州农户每户每年需缴纳赋税6.3~8.4石。

家庭生活开支。口粮每人日食米为1.5升，以每户5口人计算，则每年每户消费口粮约为27石。[⑦] 种子以江南地区常规比率"每亩三升"[⑧] 来看的话，每户则需要0.42石。食盐也是必需品，宋代一个家庭每年食盐需36斤，每斤盐的价格大约是80文，年食盐消费约为2880文。[⑨] 杂项，作衣一人需要"岁用绢一匹"[⑩]，算上儿童作衣用量较少，则一户一年最低需

---

① "曰盐博绸绢、加耗丝绵、户口盐钱、耗脚斗面、盐博斛斗、酝酒曲钱、率分纸笔钱、析生望户钱、甲料丝、盐博绵、公用钱米、铺衬、芦萨、米面脚钱等，凡一十四件，悉与诸路不同……因仍旧贯以至于今。"详见钱若水《宋太宗皇帝实录校注》卷34《起雍熙二年九月尽十二月》，中华书局，2012，第365页。

② 赵不悔修、罗愿纂《淳熙新安志》卷2《税则》，第7624页。

③ 吴树国：《唐宋之际田税制度变迁研究》，黑龙江大学出版社，2007，第152页。

④ 赵不悔修、罗愿纂《淳熙新安志》卷2《夏税物帛》，第7628页。

⑤ 吴树国：《唐宋之际田税制度变迁研究》，第152页。

⑥ 包伟民：《宋代地方财政史研究》，中国人民大学出版社，2011，第266页。

⑦ 方健：《宋代江南经济史研究之农业篇》，载《宋史研究论丛》第8辑，河北大学出版社，2007，第137页。

⑧ 贾思勰：《齐民要术校释》卷2《水稻》，农业出版社，1982，第138页。

⑨ 王昊：《宋代的蚕桑纺织与农家生计》，《中国经济史研究》2020年第2期。

⑩ 王辟之：《渑水燕谈录》卷4《忠孝》，中华书局，1981，第35~36页。

3.5匹。普通农户可选择以价格较为便宜的材料作衣，或者选择让不从事制砚的妇女生产自用，则可减少部分开支。歙州土地分散、贫瘠，农具是农户从事生产不可或缺的必要劳动工具，根据学者研究，购买全套农具需花费30贯左右。① 房屋修建"每间破钱三贯"②。但农具、制砚工具、房屋修葺及婚丧嫁娶等杂项很难以年作详细钱粮统计，暂时统一按一户一年保守估计需预留20石米粮计算。

综上，为更直观地呈现歙州砚工家庭经济构成与收支情况，将上文所述列表如表1所示。

表1　宋代歙州兼营制砚农户家庭收支概况

家庭收入	农耕收入	14 亩×1.5~2 石 = 21~28 石
	制砚收入	6 方×6 贯 = 36 贯
家庭支出	口粮及种子	（口粮）27 石 （种子）0.42 石 共计 27.42 石
	赋税	21~28 石×30% = 6.3~8.4 石
	盐	36 斤×80 文 = 2880 文
	婚丧嫁娶及日用等杂项	20 石/贯

总体来看，宋代歙州砚工家庭总收入为米粮21~28石，制砚收入为36贯。"以上等粳米每石为钱一千"计算，则每户每年最高收入也仅为64石/贯③，取中间值计算则为60.5石/贯。其中，农耕米粮收入约占总收入的40%，制砚收入占比60%。家庭支出包括赋税6.3~8.4石（平均7.35石）、口粮及种子27.42石、食盐2880文、杂项20石，总计约57.65石/贯。具体来看，米粮收入约为24.5石，还不能满足家庭全年必要粮食支出，结余为−2.92石。其他开支我们以砚工制砚收入36贯进行结算，还可余2.85石/贯。因此，歙州农户若仅靠耕种土地生活的话，已不能解决温饱问题。家庭经济中加上制砚收入则略有结余，勉强维持家庭经营。而在砚工家庭整体收入中，制砚收入占比60%，可见制砚业在农户家庭经济中

---

① 程民生：《宋代物价研究》，人民出版社，2008，第535页。
② 徐松辑、刘琳等点校《宋会要辑稿》食货2《营田杂录》，上海古籍出版社，2014，第5998页。
③ 李焘：《续资治通鉴长编》卷252《神宗熙宁七年》，第6156页。

的重要性。另外，我们以农户制砚收入的最低额估算的话，则一般砚工单纯从事砚台生产无法满足全年家庭所需支出的钱粮数额。需要指出的是，一般砚工家庭还会有部分妇女从事纺织、蔬菜种植等活动，在家庭年支出结余后应会有更多结余。

此外，还需进一步考察客户和专业户情况。客户要满足家庭一年开支所需钱米 57.65 石/贯的话，以制砚收入 36 贯计算，还需钱米 22 石左右。宋代歙州客户租种地主土地，以地租为 60% ~ 70%、亩产 1.5 ~ 2 石计算，则需租种 37 亩土地才可维持生计。专业户的情况应该更好一些，普通的砚户以一家一个砚工计算，一年可生产砚台 11 方左右，值钱 66 贯，完全可以满足一年家庭所需开支。若出现上文兄弟合伙制甚至雇工制砚，作坊收入则更加可观。因此，宋代歙州地区农户多营他业，甚至脱离农业生产，形成"宣歙土狭谷少，所仰四方之来者"① 的现象。

结　论

宋代歙州制砚业的发展促使歙砚成为三大名砚之一，深刻影响了当地民户的生计。这一变化使民户从传统的男耕女织模式中走出来，生业方式更加灵活多样，并靠制砚摸索出了新的致富道路。我们通过农户兼营农耕与制砚在时间上的分配可以进一步了解歙州砚工的生计安排与生活方式。有宋一代，歙州砚工户均耕地面积较少，若仅依靠种植稻米收入则不能满足家庭日常开支，制砚收入成为家庭收入的重要组成部分。可以说，歙州山区民户从事制砚活动是其积极探索致富道路的生存智慧。根据上文推测砚工制砚收入占其家庭年收入的 60% 左右，足见制砚对民户生计的重要影响。需要指出的是，虽然有部分砚户依靠制砚发家致富，但大部分的砚工仍然为满足温饱而辛勤劳作。宋代江南存在溺婴风俗，歙州尤甚，导致此种现象出现的最大原因还是因为家庭收入不足以养活更多人口。以歙州地区为窗口，我们可以更加深刻地认识到宋代农户兼营制砚与其家庭经济之间的关系。

另外，歙砚作为三大名砚之一，常作为上贡、送礼的佳品出现。因此，歙州砚工在平时生产外，也常被贪官恶吏驱使被迫生产。歙州砚坑一

---

① 司马光：《资治通鉴》卷 237《宪宗元和二年》，中华书局，1995，第 7653 页。

般均靠近河流，甚至在深谷之下，一些老坑因河流变道而淹没。因此，伐石活动本身就是一项充满危险的重体力劳动。地方官为了寻求更好的砚料，仅在宋代就多次发生因伐石取砚而大兴民众变更河道之事，元代更是出现因伐石过量导致山体塌陷压死砚工的例子。在这种情况下，砚工的生命安全也受到极大的威胁，生计情况不容乐观。

Inkstone Making and Inkstone Workers' Livelihood in Song Dynasty: A Historical Investigation with Shezhou as the Center

Gao Jie

Abstract: The manufacture of Shexian inkstones originated in the Tang Dynasty and developed to a new height in the Song Dynasty, becoming one of the three famous inkstones in the Song Dynasty. Farmers near the mountainous areas cut stones and make inkstones nearby, and produce them in the cottage industry mode in leisure time. Income from making inkstones became a necessary supplement to support the family livelihood, and there were even handcraft factories which mainly employed labor. However, cutting stones to make inkstones is a heavy manual labor, and excessive excavation will lead to the collapse of the mountain, coupled with heavy tax burden, so that the painters always maintain the subsistence line and even suffer the threat of death. By studying the living activities of inkslab workers in rural areas and the proportion of making inkslab in their family economy, the paper can find out the influence of the development of making inkslab industry on farmers' livelihood in a more dimensional way.

Keywords: Song Dynasty Inkstone Industry; Inkstone Maker; Inkstone Platform; Livelihood; Shezhou

实业兴边与挽回利权：清末民初新疆蚕桑业的"振兴"路径[*]

陈永生^{**}

摘　要： 清末民初，新疆蚕事渐兴，成为南疆一大利源。由于近代中国社会的急剧变迁，一些受资产阶级改良思想影响的封疆大吏逐步转变思想，主张恤农商、兴实业，通过开发本省土货，以挽回利权。在国家权力驱动下，采取了一系列振兴蚕桑业举措。最终虽无力拯救近代新疆经济困局，但客观上使蚕桑业经营从自给性生产向商品性生产转变，从不同方面给新疆农业经济注入了新的因素和活力，对新疆近代经济因素的产生起到了一定的催生作用。

关键词： 清末民初　蚕桑业　振兴实业　新疆

　　清统一新疆后，清王朝在西北边疆实行了"以边养边"的系统治理。屯田、聚民、兴水利，恢复农业生产，新疆农业生产进入多元化经营模式。进入近代，新疆经历同治回乱与列强侵凌，在左宗棠收复新疆后，设行省，于天山南路设立蚕桑局，兴办蚕务。后因经营不善，致蚕桑局事隳废。甲午战争后，为挽回利权、振兴实业，时任新疆布政使王树枏决心振兴新疆蚕务，蚕桑业再度恢复。民国初年，新疆都督杨增新实行革除蚕桑业痹政之举，新疆蚕桑业得到进一步发展。对新疆蚕桑业研究，前辈们已

---

　　*　本文系 2020 年国家社会科学基金项目"乾隆朝新疆治理制度研究"（20BZS140）阶段性成果。

**　陈永生，山东曲阜师范大学历史文化学院博士研究生，研究方向为中国文化史。

有少数相关论述。① 本文试图利用清代新疆地方档案资料并结合其他文献，立足清末民初"振兴实业"背景，窥探这一时期新疆蚕桑业发展的经济动因及其商品化趋向。

一　清末民初新疆蚕桑业发展之动机

光绪二十七年（1901 年），清政府面对日益恶化的国内外政治经济环境，为应对危机，实行"新政"，进行全方位改革，其中经济领域的改革以振兴实业为要旨。时年九月，刘坤一、张之洞等大臣提出"变法三疏"，成为清末新政的纲领。其中涉及农林经济领域，曰："夫富民足国之道，以多出土货为要义，无农以为之本，则工无所施，商无可运。近年工商皆间有进益，惟农事最疲，有退无进。……今日欲图本富首在修农政。"② 并提出要考究物产，另悟新理新法，在这一认识推动下新疆和全国其他地区一道实行了一系列具有近代农业色彩的措施。振兴实业思潮在新疆推行要晚于内地各省，全面推行于光绪三十二年（1906 年），时任伊犁将军的长庚奏称："豫筹新疆应办事宜：一练兵，二蕃牧，三商务，四工艺，五兴学；亟应次第举行。"③ 朝廷同意了其奏请，要求其认真筹办，务收实效。布政使王树楠认为要振兴新疆实业，就要充分利用新疆的资源，因地制宜，实现（农、蚕、林、牧、渔）五业并举，于光绪三十三年（1907 年）遣成员浙江绍兴人赵贵华到南疆考察，以振兴南疆蚕桑业。光绪三十四年（1908 年），甘肃新疆巡抚联魁奏称："新省创办工艺局厂，酌定章程大纲十二款，子目五十九条，以冀挽回权利，开导民智。"④ 清末，振兴实业思潮在新疆兴起，既有时局之下国内实业救国大环境的影响，也是受英俄帝

---

① 魏长洪：《新疆丝绸蚕桑的传入与发展》，《新疆大学学报》（哲学社会科学版）1979 年第 Z1 期；纪大椿：《清末南疆的蚕桑业》，《新疆师范大学学报》（哲学社会科学版）1980 年第 3 期；罗绍文：《新疆蚕业史概述》，《蚕业科学》1982 年第 1 期；《蚕丝业由何时何地传入新疆考》，《浙江丝绸工学院学报》1993 年第 3 期；马啸：《左宗棠与近代西北蚕桑业》，《新疆师范大学学报》（哲学社会科学版）2003 年第 4 期；魏兆和、程嘉翱：《清末新疆蚕业的发展》，《中国蚕业》2004 年第 1 期；赵毅：《清末吐鲁番蚕桑业》，《西北民族论丛》2016 年第 2 期。

② （清）朱寿鹏编、张静庐等校《光绪朝东华录》，中华书局，1958，第 4758 页。

③ 《清德宗实录》（八）卷 563，中华书局影印，2012，第 62385 页。

④ 《清德宗实录》（八）卷 588，中华书局影印，2012，第 62716 页。

国主义对新疆长期经济侵略与掠夺而刺激的必然反应。这一时期，新疆在推进蚕、林、牧、渔各业所做的努力中，蚕桑业最富成效，其发展动因有以下几个方面。

（一）"土沃泉甘，宜兴蚕事"——具备发展蚕桑业优越的自然条件

新疆热量充足，土地平坦，灌溉便利，自然灾害远少于内地，凡耕种可获丰收，这种得天独厚的农业生产自然条件有利于蚕桑业的发展，而且新疆自古有植桑饲蚕的传统。据史料载，至少在南北朝时期桑蚕技术已传入西域。如《后汉书》卷88《西域传》记载"伊吾地宜五谷、桑麻、蒲萄"。《魏书》卷101《高昌传》谈到高昌"气候温暖，厥土良沃，谷麦一岁再熟，宜蚕，多五果，又饶漆"。《北史·西域传》云："于阗宜桑麻。"在玄奘的《大唐西域记》中记载的一个"东国（即指中国）公主传蚕种"[1]的传说故事。斯坦因在新疆丹丹乌里克发掘了一绘制木板，描绘了于阗"东国公主传蚕种"的传说故事，目前该木板藏于大英博物馆。此故事在《新唐书》有相关记载："自汉武帝以来，中国诏书符节，其王传以相授。初无桑蚕，丐邻国，不肯出，其王即求婚，许之。将迎，乃告曰：'国无帛，可持蚕自为衣。'女闻，置蚕帽絮中，关守不敢验，自是始有蚕。女刻石约无杀蚕，蛾飞尽得治茧。"[2]据考，该故事基本确定为东晋或南北朝的事。《明史》亦言："于阗桑麻、禾黍，宛然中土。"然西域言蚕桑者，多归和阗。《钦定皇舆西域图志》有载乾隆朝平定回部时，南疆各地遍植桑树。乾隆年间"新疆各城惟和阗回人知养蚕、缫丝、织绢。他处桑树虽多，食葚而已"[3]。曾遍览新疆萧雄在《蚕桑》一诗注文言："新疆到处多桑，而养蚕治丝，仅有和阗水土相宜，由来已久。能织绢素大绸、回回锦绸，运往各处售卖。"[4]光绪初年，左宗棠考察新疆时看到新疆无蚕桑之利而产桑多，且佳，认为有桑必适宜发展蚕桑业。新疆末任巡抚袁大化在《实业志序》言："然新疆固有振兴实业之资者也。土脉腴厚，土脉未经发泄，热力深藏，较内地腴厚，滋长谷麦，极为壮盛。则宜农，景物

---

① （唐）玄奘、辩机著，季羡林等校注《大唐西域记》卷20，中华书局，1985，第1021页。
② （宋）欧阳修、宋祁撰，陈焕良点校《新唐书》卷221，岳麓书社，1997，第3916页。
③ （清）苏尔德：《回疆志》卷3，成文出版社影印本，1968，第86页。
④ （清）萧雄：《听园西疆杂述诗》卷3，商务印书馆，1935，第87页。

和煦则宜蚕。"① 新疆这种具有发展蚕桑业的土壤和气候条件，为清末新疆蚕桑业的发展提供了基本条件。

（二）"实业兴边，广辟利源"——国家促进蚕桑经营的经济动机

据古圣"富而后教"之训，治理边疆，当先开发其富源。清末，随着实业治国、富民思潮兴起，清廷士大夫在经营西北过程中逐步认识到发展实业的重要性，谓："财之富厚莫盛于西北，朝廷乃眷焉西顾，重视新疆，思所以经营而扩张之。此诚实业振兴之机而国家富强之局镉也。"② 虽然新疆土地广袤，膏腴之田遍天山南北，物产甲于天下，但是赋税收入却不抵东南省一大郡，各项费用皆仰仗国家母财。为扭转新疆财政危机，新疆当局寻求发展实业的富强之策，认为"固有之物产，次第兴办，以便民用，以裕国储。此虽论治之常谈，而实救时之要务"③。自古丝绸在生活中皆为稀品。在清末的 20 余年间，对外商贸日益频繁，蚕丝价值持续走高，生丝售价甚至要比传统稻麦等农作物高出数倍。国内外两个巨大的生丝市场对蚕丝的需求量呈现逐年增加的态势，蚕桑业成为新疆地方官员挽救新疆经济，实现"实业富民"的重要举措之一。早在左宗棠收复新疆后，在其给清廷的《办理新疆善后事宜折》中言："新疆南北产桑，土人但取葚代粮，或称药材，蚕织之利未广。"④ 左宗棠看到在新疆发展蚕桑业的前景，并亲自规划发展之策。和田自古饲蚕，当时所产蚕丝分两种，一种叫塔赫费利，另一种叫卡利亚瓦，但所产蚕茧质地松软，质量较差，两种丝除少量满足本地需要外，皆向印度和费尔干纳出口，在该地区早在明代就有了一批缫丝厂。左公认为南疆植桑较多，一经移接，便可饲蚕，于是制定了先南路而后北路的蚕桑发展思路，并派员由浙购运桑秧蚕子，并雇织工来新试办蚕务。认为"耕织相资，民可使富，我亦得施其控制之术，从此氛祲潜消，亦未可知，非仅厘税有增，稍纾军储之急已也"⑤。袁大化亦有云，实业之兴衰，其系地方之文昧；开荒、办矿、工艺、牧养为新疆之最大

---

① （清）袁大化、王树楠：《新疆图志》卷 28，东方学会铅印本，1923，实业志序（一）。
② （清）袁大化、王树楠：《新疆图志》卷 28，东方学会铅印本，1923，实业志序（一）。
③ （清）王树楠：《陶庐老人随年录·南屋述闻》，中华书局，2007，第 56 页。
④ 《左宗棠全集·奏稿七》，岳麓书社，1996，第 520 页。
⑤ 《左宗棠全集·奏稿七》，岳麓书社，1996，第 521 页。

利。于是，发展蚕桑业以广开利源而达"富民、强国"之策便成为晚清新疆地方主政官吏的首要任务。

（三）"大兴丝贸，售获善价"——以抵制外货挽救利权的政治考量

清末，面对列强瓜分中国的狂潮，分省补用道刘垣提出"国之富强、视乎利权；欲保利权，端在抵制；抵制之术安在？舍兴工无他道也。"① 为挽救利权，抵制"俄英外来之利"，新疆饬令各属"振兴实业，广辟利源"寻求抵制之法。设立工艺局、劝工所进行纺纱、制革外还强调农商结合，以农业生产商品化的发展振兴商务。当时新疆民间土货销场不足抵外货输入，金银流出日多。王树楠观清末新疆之经济困境担忧道："窃谓新疆地方二万余里，农田、水利、桑棉、瓜果之盛，牧畜之繁，五金之矿，富甲海内。而岁岁观人朵颐不谋自立，将来必至坐困。"② 于是拟开财之源，通过丝绸贸易以挽救利权。

早在乾隆二十三年，清廷与中亚哈萨克部开展"丝绸易马"贸易。据《钦定新疆识略》载："哈萨克部落每年夏秋，其台吉头目等各率所属，分运牛羊马匹并由安集延所贩毡片牛皮等物至伊犁贸易，以丝绸布匹偿之，塔尔巴哈台亦然。"③ 晚清生丝出口贸易始终影响着各地蚕桑业的发展。据《洛浦县乡土志·商务》载："茧丝为大宗，棉花次之，清油更次之，亦无庄口，余均常产。本地向无大贾，各物产随地销售，唯茧子棉花近年销由洋商运出者三分之二。"④ 蚕丝成为南疆地区贸易主要商品之一。由于陆上丝路运输艰难，加之新疆地理位置靠近俄境，在与俄对外贸易中可免江浙蜀地丝绸运输之耗资，"即西北诸行国取携亦便，毋庸度陇趋蜀以买新丝。远商拜惠，怀我好音，彼获其赢"⑤。在与俄边境贸易中，蚕丝贸易额逐年增高。随着新疆蚕桑业发展，蚕丝产量大增，其在外贸中获利剧增，"英俄商贾贩茧出境者，岁一百五十余万斤，数年后必擅西方大利，可券

---

① 《振兴东省工业议（分省补用道刘垣上本部书）》，《商务官报》1907 年第 27 期。

② （清）王树楠：《陶庐老人随年录·南屋述闻》，中华书局，2007，第 56 页。

③ （清）松筠纂修《钦定新疆识略》卷 12，清道光元年（1821）武英殿修书处刻本，第 4 页。

④ 马大正：《新疆乡土志稿·洛浦县乡土志》，新疆人民出版社，2010，第 413 页。

⑤ 《左宗棠全集·奏稿七》，岳麓书社，1996，第 521 页。

也"①。进入民国后，新疆财政困难已达极点，为改变新疆的经济困境，杨增新认为新疆必须发展实业才能兴民富国，面对当时商战竞争时代，虽然在重工业方面无法与帝国主义争胜，但应振兴企业精神，改良本国土货，以图抵制，既可以充实财政，又可以改善人民生活，并积极主导在农业领域优先发展棉麻、蚕桑业。

（四）"生齿滋繁，实业养民"——振兴蚕桑以工导民的社会驱动

清统一新疆后，为发展屯田，广纳屯民，使无业穷民各安生计，不致流而为匪。持续的移民及社会经济的发展，使新疆人口迅速增加。至清晚时期，据 1887 年（光绪十三年）统计，当时全疆在册总户数为 266959 户，男女大小 1238583 口。② 经过 23 年的休养生息，到 1909 年（宣统元年），总户数已上升至 428629 户、2029230 口，较前分别增加了 161670 户、790647 口。关内之民联袂接轸，新疆人口结构发生了重大变化。从农者，南疆农民尽土著，北疆农民多客籍。"客民则转徙无常，其俗剽轻，仰机利而食，饥则集，饱则飏。其所耕地，时赢时缩，不可为常额。客民之善治生者，津人善莳蔬，多治园圃。湘人善艺稻。鄂人工植棉。秦、陇之人，则多种罂粟为生。"③ 广种棉桑可以作为代替罂粟种植，是禁绝烟祸的重要手段。

办实业为安民之策，"民为邦本，食为民天，兴利所以安民，既富然后可教"④。维新之后，清廷多次颁布劝工之令，设立习艺所，通过发展实业吸纳社会闲散人员，以工导民；使有罪之人通过学艺做工减轻罪罚，以工代罪，这也是清代遣犯由传统农业领域向工业领域的转变。光绪三十二年，"农工商部会各省兴办实业，会法部定轻罪作工之律，檄各省设立习艺所。新疆限于财力，不克并举，乃于北疆、南疆先设习艺所各一区，聚教罪民，导以工事"⑤。光绪三十四年，联魁奏："拟将温宿府城另设习艺

---

① （清）王树楠：《新疆小正》，1918 年铅印本，第 33 页。
② （清）刘锦堂撰、杜宏春校证《刘锦棠奏稿校证》，中华书局，2019，第 880 页。
③ 钟广生：《新疆志稿》卷 2，成文出版社，1930 年铅印本，第 21 页。
④ （清）王树楠纂、朱玉麒整理《新疆图志》卷 117，上海古籍出版社，2015，第 2156 页。
⑤ （清）王树楠纂、朱玉麒整理《新疆图志》卷 29，上海古籍出版社，2015，第 576 页。

所一处，专备本属罪犯习艺。"① 开办之初因所发罪犯过少，别招平民入所学习，俾广治生之路。凡向之游手无赖者入所研习，颇能占一技自赡。自从工艺局（厂）、农林试验场所等设立后，全疆工艺，尤其蚕桑业发展成效显著，和田、疏勒、皮山等地还分别设立了蚕桑和农林业学堂及讲习所，务蚕民户大增。

辛亥革命后，由于协饷断绝，新疆财政面临重大困难，新疆当局寻求挽救之法。当时游民甚多，漂流各地，无业可就，人穷思盗，乱所生也。若用游民以开渠垦荒，兴办实业，以工导民，可以辟石田为良地，化游惰为善良，兴办蚕桑，发展富源，安定社会，莫善于此。② 杨增新言"欲富国当先使一国无游民，欲富家当先使一家无闲人。实业不兴，破国亡家必由于此"③。自土地私有化之后，大量土地被地主占有，致贫者无以自给，"致斯民无谋生之术"，这是国家日益贫弱的原因。若能振兴实业，每人都有一技之长，即可"养生"，即"食足礼义兴"。杨增新认为，新疆最要地方之事为兴实业，而纺织、蚕桑为尤急。这样使利权不至外溢，贫民各有生业，国家社会也将得到安定。

二　清末民初新疆蚕桑业振兴的举措

（一）广植桑株，引进育蚕及丝织技术

新疆规复之初，左宗棠见新疆具备发展蚕桑业的良好条件，决心在新疆推广植桑养蚕技术。光绪四年，"通檄南北两路局员检校属境桑株，陆续禀报，统计桑树八十万六千余株"④。为改良南疆桑树品种，特地运东南桑秧数十万株给民领种，又招募浙江湖州的蚕工织工 60 余人前来新疆，教民"栽桑、接枝、压条、种葚、浴蚕、饲蚕、煮茧、缫丝、织造诸法"。为提高丝织业技艺，曾饬沪局采运委员胡光墉延访德国学习丝织技术，购办机器，入制造局教习西方丝织法。经过两年试行，始有微效，所呈验的新丝样品也色泽俱佳，品质不亚于四川蚕丝。刘锦棠主政新疆后，亦积极倡导

---

① 《清德宗实录》（八）卷 588，中华书局影印本，2012，第 62716 页。
② 曾问吾：《中国经营西域史》，新疆人民出版社，2013，第 444 页。
③ 杨增新：《补过斋日记》卷 5，1921 年杨氏刻本，第 64 页。
④ 《左宗棠全集·奏稿七》，岳麓书社，1996，第 521 页。

蚕桑业，并提出"植桑之法"。又下发40本《育蚕说》作为植桑养蚕的指导手册，大兴植桑之风。仅光绪七年，吐鲁番东西两路就植桑11852株。

光绪三十三年，布政使王树楠决定重新振兴新疆蚕桑业，并派成员浙江绍兴赵贵华奉旨前往南疆八城考察，以兴复蚕桑之利。身为浙江绍兴人的赵贵华，熟知养蚕缫丝。考察南疆各城后，利用集会之日，陈列蚕具，为民众讲解饲蚕之法，民众深受感动，饲蚕风向纵然改变。赵贵华经考察找到了当地丝品不佳症结，"乃教民插秧试种，并接构、修剪、捕虫、焙叶，一如江浙成法"①。依照新法所育蚕茧，濡白厚密异于常产。濯以清泉缫为丝后，其丝柔韧光洁，售价翻倍。常丝每两售银一钱四五分不等，按照此育蚕及缫丝成法操作，虽然耗工力，但此丝每两能售银二钱五分。吐鲁番同知杨大年令吐鲁番汉回缠各民学习采桑、饲蚕、缫丝之法，并向属地下发《蚕桑简易法》《牧令刍言》等书籍以供学习。皮山县因养蚕得法，布政使令其将种桑养蚕诸法编订成《蚕桑摘要》分发各地进行推广，皮山蚕桑业渐兴，"饲蚕造纸，近渐推广办法"②。萧雄诗云"彩帕蒙头手挈筐，河源两岸采柔桑。此中应有支机石，织出天孙锦衣裳"③，正是对当时新疆蚕桑盛景的真实写照。

（二）矫正蚕务之失，规范育蚕治丝成式

光绪初年，左宗棠于南疆创设蚕桑局，后期由于蚕务经营急于求成，昔日于江浙采运的桑苗移栽后尽枯。加之新疆土性不同于江南，所长桑叶无法与湖杭相比。蚕桑经营试办数年，虽无大效，然风气已开。"和田、叶城、洛浦、皮山诸地多有以此为业者。但缠民树桑饲蚕不得其法，故无厚利。"④ 前期蚕务之失，究其缘由，首先，是当局者急功近利所致，为了苟求速效，以多织绸帛为能，导致"有司以为糜财弹力，劳而少功，行之期年，上下交怠。于是委蛇者奉行故事，贪黠者因而利之，归于中饱"⑤。而民间蚕桑业无任何举措，使本末倒置，民众无所受益。其次，官方制定的章程，禁止茧丝在民间自由买卖，所有茧丝必须由蚕桑局收取以官价出

① （清）王树楠纂、朱玉麒整理《新疆图志》卷29，上海古籍出版社，2015，第544页。
② 马大正：《新疆乡土志稿·皮山县乡土志》，新疆人民出版社，2010，第383页。
③ （清）萧雄：《听园西疆杂述诗》卷3，商务印书馆，1935，第87页。
④ （清）王树楠：《新疆小正》，1918年铅印本，第33页。
⑤ （清）王树楠纂、朱玉麒整理《新疆图志》卷29，上海古籍出版社，2015，第544页。

售，导致丝户无利可图，不愿育蚕。最后，旧日育蚕不得其法，原桑不适合饲蚕，饲蚕过程中致蚕多僵死，加之南疆等地土性潟卤，桑不菀而枯。所产蚕丝脆涩，所织丝绸淡无色泽。以上种种，致蚕桑局事乃益隳废。

赵贵华针对蚕事之现状，提出振兴蚕桑业"条陈八事"，即设局、度地、考工、栽桑、择种、制器、选丝、程功八项建议。以莎车为适中之地设局董劝，并访求当年流落未归吴越工匠和当地学艺精能者各四人。[1] 由于当地蚕种不佳，蚕民又不知自制蚕连（缠纸曰连），连纸皆购诸西人，即沙俄商人，后期甚至就地取材制蚕连，高价出售，致使我国大量白银外流。为了提高蚕种质量拟遣人赴杭州西湖蚕学馆购取蚕纸，益精剔蚕种，善饲养之法。旧日蚕桑局器具残缺过半，又采购并仿制江浙饲蚕器具，并教蚕民选剔之法，使育蚕治丝方法得以规范并在民间试行，蚕业发展"日有进益"。为配合外洋销路，调整丝绸规格，翻新花样，并听民自立牌号，设庄销售。宣统元年（1909），"檄南疆官吏一切张施，皆如贵华法"[2]。育蚕制丝成式得到进一步规范，并引进西方丝织工艺，使蚕丝生产流程趋于近代科学化路径。

（三）设蚕桑局开办丝行，推行商营模式

蚕桑局是地方劝课蚕桑的重要机构，晚清新疆蚕桑局的经营与受到英俄贸易中海外市场的刺激有很大关系。天山以南，民富而多贾。"俄英商贾皆汇集于喀城。以故交通繁盛，商廛栉比。"[3] 左公时，初兴蚕事，精选员吏，于哈密、吐鲁番、库车以至阿克苏，各设蚕桑局。光绪六年，吐鲁番于"葡萄沟、托克逊、雅尔湖、二堡、鲁克沁、辟展等处设立分局"[4]。光绪八年，刘锦棠令"各城蚕桑分局由各善后局就近监管，每年出丝若干斤缴归善后局，转送蚕织总局"[5]。光绪十年，阿克苏蚕桑总局要求各地可设丝行。后因外地丝商购买力不稳定，吐鲁番同知提出于本地开设丝行，招本地商民承办。后经吐鲁番厅批准，开设高昌丝行。后因经营不善而停

---

① 制丝工匠：散居南路工人有工头韩庭秀、提花匠毛金芳、蚕工徐永高三人；寄居省城者，织宁绸匠蒋光贤一人；旧在蚕桑局习艺缠民：曰夏木西、曰司奈木、曰阿和毛拉、巴海，皆精蚕织，技与吴越工匠相埒。
② （清）王树楠纂、朱玉麒整理《新疆图志》卷29，上海古籍出版社，2015，第545页。
③ （民国）钟广生：《新疆志稿卷二·商务》，成文出版社，1930年铅印本，第62页。
④ 《清代新疆档案选辑》（第77册），广西师范大学出版社，2012，第440页。
⑤ 《清代新疆档案选辑》（第9册），广西师范大学出版社，2012，第18页。

办。光绪十四年，"蚕桑局由商民任永升承办"①。自此，蚕桑局变为官督商办。后将机行改归郡王及台吉等承办，并拟作 8 股均摊，每股各出银 40 两，用于购买蚕丝，俟绸料织成变卖后，按股摊还。② 这种摊股方式促进了当地蚕桑业的商业运营模式革新。

光绪三十四年，阿克苏道复请增设习艺所于温宿。宣统初年，新疆巡抚联魁主持开办了一批试验场、讲学所和研究所，皮山、和阗有蚕桑局和蚕桑实业学堂。③ 洛浦县杨绍文于农事试验场附设蚕桑讲习所，并筹款购蚕丝织机。在振兴实业推动下，出现了新的经济实体，创办莎车"麦富苏提霞夷绸织造公司"，其拥有织机 7 架，所织绸"宽不盈尺，缠民用以缝袷祥"。他们"煮茧缫丝，效仿江浙土法，每岁产货颇多"④。到过南疆的普尔热瓦尔斯基在提到和田的丝织业时说："和田只有丝绸纺织业和采矿业有较大规模，有的丝绸作坊有二十多个工人。"⑤ 随着蚕桑贸易日渐繁荣，丝绸作坊规模也逐步扩大，通过引进技术，逐步具备现代工业雏形。公司这种新经济实体的出现，通过使蚕桑业的商品化趋势逐步加强，带动新疆蚕桑业由经验农业向技术农业转变。

（四）倡导实业，革除蚕桑业弊政

杨增新主政新疆后，于民国四年（1915）前后开启了在经济领域的改革措施，提出以"振兴实业以养民"的治理思想，鼓励民众继续发展蚕业，认为实业之振兴尤以注重农桑为根本。针对当时地方官吏往往假兴利之名、行罔利之实，部分地方官员利用蚕种从中牟利而影响新疆蚕业的弊政，导致百姓无利可图，视养蚕为畏途，杨增新诉言："若辈牟利之门，绝小民资生之计，此等弊窦若不通行禁革，不第将来之实业万不能兴，即已成之实业立将坐废。"⑥ 于是提出一系列改革措施。首先，禁止地方官购发蚕种。发布了《呈明禁止南疆地方官购发蚕种文》。文告载"查喀什道属和阗、于阗、洛浦、皮山等县知事每于春间购买蚕种子发给蚕户，俟茧

① 《清代新疆档案选辑》（第 11 册），广西师范大学出版社，2012，第 241 页。
② 赵毅：《清末吐鲁番蚕桑业》，《西北民族论丛》2016 年第 2 期。
③ 刘锦藻：《清续文献通考》卷 382，浙江古籍出版社，1988。
④ 谢彬：《新疆游记》，新疆人民出版社，1990，第 149 页。
⑤ 〔俄〕普尔热瓦尔斯基：《走向罗布泊》，新疆人民出版社，1999，第 225 页。
⑥ 杨增新：《补过斋文牍》（甲集上），海文出版社，1965，第 125 页。

成时收取子价，历为地万官之私利。每子一盒成本不过数钱或一两左右，取之蚕户则每盒收至二三四五两不等。剥削累民，莫此为甚"①。他对浮收民财的官吏予以严惩。其次，取缔官办蚕桑局。蚕户所需蚕种，听民间自行购买，毋庸由官购转发民间，致勒收重价，以贻民害业。最后，指定专人用维汉两种文字编写蚕种制造法，并拟就汉缠合璧告示，分贴属城乡市镇通衢俾众周知，通过广张布告进行普及。在杨增新对新疆蚕桑业弊政改革下，民国初年新疆蚕桑业得到迅猛发展，新疆对俄输出丝之数量持续增加。

以上种种振兴蚕桑业措施，在一定程度上顺应了学习西方发展民族资本主义以强国富民的时代要求。蚕桑业经营上从自给性生产向商品性生产转变，从不同方面给新疆的农业经济注入了新的因素和活力，也标志着新疆农业经济结构向近代方向迈出了新的一步。但在当时的国内外社会条件之下，这些因素只是刚刚萌发，商品化进程还很不成熟。

三 清末民初新疆蚕桑业振兴的成效和局限

经过一系列蚕桑业振兴之法，新疆蚕业渐兴，成为南疆一大利源。清末诗词中很形象地描绘了当地蚕桑业盛况，光绪年间主簿杨丕灼曾在《洛浦乡土志》"玉河八景词序"中载："蚕事正忙忙，匝地柔桑，家家供奉乌头娘。"② 1915 年，对南疆各地蚕桑业发展描述"和阗附近，桑园绵绵，蔚然成林，蚕丝业素称发达。其次如喀什噶尔，蚕业亦盛，年产生丝百万斤。阿克苏桑林栉比，产丝亦多"③。蚕丝出口量也大幅上涨，英、俄商人颇有运我茧丝出口者。植桑养蚕亦为南疆农民之主要副业，蚕桑业呈现"盖利之所在，如水之赴壑，不待董劝督课而民争趋之"局面。如和阗州辖境内，据宣统三年调查，有桑树 200 万株；丝约 8 万斤，值银 12250 两。和阗、洛浦、于阗及莎车属之皮山共有织户 1200 家。所织夏夷绸④岁 3 万余匹；莎车岁产茧 3 万斤，叶城岁产茧 10 余万斤，每觔约值银二三钱不

---

① 杨增新：《补过斋文牍》（甲集上），海文出版社，1965，第 91 页。
② 马大正：《新疆乡土志稿·洛浦县乡土志》，新疆人民出版社，2010，第 411 页。
③ 许崇灏：《新疆志略》，正中书局铅印本，1936，第 92 页。
④ 夏夷绸，就是一种棉经丝纬的丝绸织品。由于"柔韧似江浙绵绸"，图案疏而不凋，色彩艳丽，富有质感，深受当地人民喜爱。《西疆备乘》载："其棉经丝纬者杂五色线成之，名曰霞衣，缠女以为肩帔，跳歌时服之。"

等，丝 13000 余斤。丝值一两，计每两约值银一钱四五分；皮山蚕桑产额尤盛，"光绪三十二年，皮山岁产茧额不足七万觔，其明年，增至三倍，又明年，复增至五倍以上。三十四年，皮山土茧出口销数共三十二万三千觔"①。受兴蚕桑之风影响，其他县邑如温宿、沙雅、轮台、焉耆等地共植桑近万株，岁产茧四五百觔不等。吐鲁番近种桑约 4000 株。鄯善、新出茧五六十觔。哈密近试种桑二三百株。在天山北路不宜饲蚕地区，也大兴蚕务。统计南疆茧丝旧额 30 万斤，至清末增至 70 万斤。

民国建立后，南疆蚕桑事业持续发展。据民国三年（1914）的统计，和田地区四县共有养蚕户 32440 户，全年产茧 421650 斤，产丝 71560 斤。和田、洛浦、皮山三县合计有植桑 219580 亩。② 民国四年（1915 年）据《中外经济周刊》统计，和田全区共产茧 1104421 斤，产丝 613944 斤，产量较前一年增幅较大。喀什全年共产茧 101050 斤，产丝 25680 斤；阿克苏年产茧 19634 斤，产丝 4100 斤；鄯善县年产茧 3500 斤，产丝 818 斤等。如许崇灏在《新疆志略》所述："和阗、皮山、洛浦一带，民间多工织绸，俨如江南、苏、浙气象。所织名夏夷绸，可与江浙出产比拟，惟光泽稍逊耳。江南育蚕治丝，多半妇女从事。为农家主要副业，而南疆之蚕桑丝织，均由男子操作，视为正业。"③ 新疆蚕桑业似乎得到恢复。

外贸收益持续增加。对外贸易中，蚕丝是位居棉花之后的重要商品。蚕丝是俄国工业和对外贸易的重要物资。据光绪年间在新疆担任过俄国领事的尼·维·鲍戈亚夫连斯基说，因出售生丝更为有利，只有一小部分丝织成了绸子和丝毯，其余大部分都输出到国外和内地。"织有特别丝绸二种：其一曰'霞衣'，缠民争购取焉，然亦只销本处；其一曰'白角珊'，则销路更畅，且能输及外部，外商且争相定购。"④ 据宣统三年调查，和田一地岁销英俄二国茧 27 万斤，约值银 7 万余两；茧价每觔由一钱五分涨至二钱二三分。是年，皮山一邑共售银 61300 两有奇。据俄国科列斯尼科夫的统计，和田每年向印度、费尔干纳等地区共出口 4000 普特（合 65640 公

---

① （清）王树楠纂、朱玉麒整理《新疆图志》卷 28，上海古籍出版社，2015，第 445 页。

② 李吟屏：《和田蚕桑史述略》，《新疆地方志通讯》1987 年第 2 期。

③ 许崇灏：《新疆志略》，正中书局铅印本，1936，第 92 页。

④ （清）王树楠纂、朱玉麒整理《新疆图志》卷 117 补编一，上海古籍出版社，2015，第 2160 页。

斤）蚕丝。① 由此可见，蚕丝贸易在清末民初新疆农村经济中所占的比重之大。

桑皮纸产业的复兴。桑皮纸是新疆当地自产古老的纸张，清代新疆蚕桑业的发展带动了桑皮纸产业的兴盛。据文献记载，南疆常出土古浮屠经卷，皆六朝以来诸物。纸理坚致，入地千余年不腐不变。《西域图志》云，桑皮纸色微带碧，其精致绵密与高丽纸相埒。桑皮纸技艺以和田为甚，在萧雄《听园西疆杂述诗》中详细描述了和田桑皮纸技艺"南八城出纸，以桑皮棉絮麻缕之类捣烂为之，厚薄大小不一，质柔而牢，精者磨以石，尚光泽，即茧丝鱼网之遗制也"②。乾隆时期，南疆地区的桑皮纸已有相当的规模，供给全省使用，不但为本省唯一纸张来源，且行销至陇南一带。自建省以来，新疆蚕桑业发展致桑皮纸产品大增，《新疆志略》中记载"举凡本省之公文印刷，均以和阗纸为大宗，据南疆视委会之调查，和阗全区桑皮纸之产量，每月平均在一万五千合以上"③。造纸业生产最发达地区是于阗县，岁产桑皮纸"七千万张"④。其次是和阗，年产"桑皮纸二千数十万张"。⑤ 洛浦和皮山两地，每年所产约千余万张。辛亥革命后，由于地方财政困难，新疆主政官吏以和阗所产桑皮纸加以磨光，用于缮写公文、稿件。民国时，出现过用桑皮纸印刷的钞票。1917 年，蚕桑税正式被纳入政府税收之列，每斤课税银一分。⑥ 此后，蚕桑税成为新疆地方政府财政重要的税种。

综上所述，清末民初，在"振兴实业"的驱动下，新疆蚕桑业逐步恢复，日益兴盛，为后期新疆蚕桑业的发展打下了坚实基础。但是在时局之下，此举并未真正改变新疆财政困难的窘境，究其原因，首先是来自帝国主义的政治侵略和经济掠夺。在经济领域，通过一系列不平等条约，沙俄攫取了在新疆贸易"暂免纳税"的特权（后英国援引"利益均沾"，亦享受这一特权），变本加厉地进行商品倾销和原料掠夺。俄英商人遍布天山南北。新俄交易品之种类，出口以原料品为主，入口以制造品为大宗，

① 李吟屏：《和田蚕桑史述略》，《新疆地方志通讯》1987 年第 2 期。
② （清）苏尔德：《回疆志》卷 3，成文出版社影印本，1968，第 84 页。
③ 许崇灏：《新疆志略》，正中书局铅印本，1936，第 106 页。
④ 马大正：《新疆乡土志稿·于阗县乡土志》，新疆人民出版社，2010，第 436 页。
⑤ 马大正：《新疆乡土志稿·和阗直隶州乡土志》，新疆人民出版社，2010，第 388 页。
⑥ 郭友俊、郝振宇：《新疆蚕桑丝绸产业研究》，新疆人民出版社，1992，第 18 页。

"贱取于我，归而贵鬻之，垄断以罔市利"。凡出口土货如生丝，为初级原料，英俄将生丝原料运回加工，再以成品返销，"以重价售我，市利十倍"。民国初年，和田蚕农连纸全部从俄国人手中购买。沙俄在收购蚕丝的同时，通过喀什华俄银行向南疆居民出售从国外购进的蚕种。新疆企业因俄英倾销政策之侵略而破产，其幸存数家。其次，由于财政上入不敷出，在经济遭到严重破坏、亟待恢复的情况下，新疆每年仅10余万两用于农业生产，占总数 0.5% 的实业费用在各项支出中所占比重最小，农业开发得不到应有财政支持而难有进步。最后，甲午战争后，新疆分摊帝国主义的"庚子赔款"40万两。为了弥补财政亏空，当地政府多方搜刮，滥加名目，农民的赋税负担增至数倍。① 税之外，随意加征。新疆吏治之贪污、民生之凋敝，达到极致，面对如此境遇，新疆蚕桑业发展步履维艰，而且这种土丝生产经营以分散式家庭手工作坊为主，无论规模和产量都无法与后来崛起的机器缫丝及丝织工业相比，逐步在对外贸易中败退下来，这也是清末民初这一历史阶段新疆农业经济发展的一个缩影。

结　语

清末民初，新疆蚕桑业之振兴以挽回利权的举措，是受资产阶级改良思想影响，一些具有爱国主义思想的封疆大吏逐步转变思想，主张"恤农商、兴实业"的经济思想在农林领域的重要体现。这一转变反映了近代中国社会的急剧变迁，迫使中国近代的传统官僚知识分子在传统与近代因子的交融与离合中作出阐释与选择，充分体现了中央王朝权力新的历史时期在边疆地方经济社会领域的构建过程，在这一过程中国家政权力量和民众自发群体力量对蚕桑业的发展都起着重要作用。

这一时期新疆蚕桑业之发展趋向呈现了一个发展速度快、覆盖面广、规模大等特点，甚至一度成为部分地方主要收入来源。尽管是在国家权力驱动下为摆脱经济困境而被迫采取的挽救措施，有的实行了，但不久又遭受失败，其主要源于俄英帝国主义在新疆进行经济掠夺和经济垄断，将新疆的蚕桑业纳入了其市场范围，变成了这些国家市场原料的供应地，阻碍了新疆丝织业的发展。它客观上促进了新疆地区农林作物的商品化，带动

---

① 华立：《清代新疆农业开发史》（修订版），黑龙江教育出版社，1998，第28页。

了新疆蚕桑业由经验农业向技术农业转变，促进了生产结构的调整与耕作方法的改进，对新疆近代经济因素的产生实际上起到了催生的作用。同时，手工业的发展促进了民族资产阶级和无产阶级的诞生，使新疆的社会经济从此又有了新的历史转机。新中国成立后，新疆蚕桑业迎来全新发展，产量跃居全国前五，从而使蚕桑业成为新疆农业经济重要组成部分。

Industrial Development for Frontiers Resurgence and Retrieval of Economic Rights: The "Revitalization" Path of Xinjiang's Sericulture Industry in the Late Qing Dynasty and Early Republic of China

Chen Yongsheng

Abstract: In the Late Qing Dynasty and Early Republic of China, silkworms in Xinjiang became prosperous and became a source of great prosperity in southern Xinjiang. Due to the rapid changes of modern Chinese society, some of the feudal officials influenced by the bourgeois reform thought gradually changed their thoughts, advocated favoring peasants and merchants, promoting industry, and restoring their rights and interests by developing local goods. Driven by the state power, a series of measures have been taken to revitalize sericulture. In the end, although it could not save the economic predicament of modern Xinjiang, it objectively transformed the sericulture industry from self-sufficiency production to commercial production, injected new factors and vitality into Xinjiang's agricultural economy from different aspects, and played a certain role in promoting the production of modern economic factors in Xinjiang.

Keywords: Late Qing Dynasty; Sericulture Industry; Revitalize Industry; Xinjiang

华北"治安战"中的日伪"合作社"[*]

许永峰　岳谦厚[**]

摘　要： 日本于全面侵华时期在华北开展的"治安战"是一场"总力战"。经济战是其中的一个重要组成部分，特别是太平洋战争爆发以后。其间，日伪在占领区大力普及所谓的"合作社"及其附属交易场（所）、仓库。"合作社"通过开展业务执行农业增产、经济封锁、平抑物价、物资配给等政策，对敌占区农村经济进行强力统制与残酷掠夺，在经济战中扮演重要角色。此外，其一定程度上亦充当了武力战、政治战、思想战的工具。然而，华北"治安战"并没有使敌占区实现所谓的"治安"，也没有达到扼杀抗日根据地的目的。对该问题进行系统研究，将进一步加深我们对日本在华北所犯侵略罪行的认识。

关键词： "合作社" "治安战" 经济封锁 平抑物价 物资配给

全面抗战时期，日伪在华北开展了主要针对中共及敌后抗日根据地的"治安战"——综合武力、政治、经济、思想、文化等方面的"军、政、会、民一体"的"总力战"。相对于敌后抗日根据地研究的丰硕成果，对日伪"治安战"的研究甚是薄弱。其中，黄博文从军事作战方面，[①] 江沛、

---

[*] 本文为山西省第一批太行精神专项研究课题"'组织起来'视角下太行抗日根据地救灾渡荒运动研究"（编号：THJS2023Z09）的成果之一。

[**] 许永峰，历史学博士，长治学院历史与旅游管理系副教授，研究方向为中国近现代社会经济史、华北区域史；岳谦厚，南京大学中华民国史研究中心教授、博士生导师，研究方向为中国近现代社会经济史、中共革命史。

[①] 黄博文：《1938~1941年日本华北方面军的"治安战"》，《抗日战争研究》2020年第4期。

刘峰从日本侵华策略方面分别进行了探讨。[①] 就日伪经济战而言，陈建智、齐春风主要关注国民党政府和日伪之间的货币战或物资战。[②] 戴建兵和申玉山的著作《抗日战争时期华北经济研究》对日伪在华北各经济领域的掠夺进行了系统考察。[③] 但总的来看，从不同视角对日伪华北"治安战"中的经济战进行研究仍存在较大空间。作为华北敌占区农村基本经济组织的"合作社"[④]，其虽然被冠以"合作社"之名，但并非真正意义上的农民自有、自营、自享的组织，而是日伪实施"治安战"尤其是经济战的重要工具。因此，本文主要着眼于"合作社"与华北"治安战"之关系，通过对华北"治安战"之经济战政策，"合作社"及其交易场（所）和仓库的设立，"合作社"与农业增产、经济封锁、平抑物价、物资配给政策的实施等问题进行梳理与研究，以期对日伪在华北地区的罪恶行径有进一步的揭示。

一 "贯穿始终"：华北"治安战"之经济战政策

日伪华北"治安战"萌芽于七七事变后不久，一直持续到抗战结束前。按照日本侵华策略和政策重心之变化，其演进过程可分为五个时期，即萌芽期（1937 年 7 月至 1938 年 12 月）、初期（1939 年 1 月至 1940 年 12 月）、强化期（1941 年 1 月至 10 月）、高潮期（1941 年 11 月至 1942 年 12 月）及继续和衰落期（1943 年 1 月至 1945 年 8 月）。以下将分时期梳理日伪经济战政策的主要内容。

---

① 江沛：《1937～1941 年间日本统治华北策略调整述论》，《江海学刊》2004 年第 1 期；刘峰：《1937～1939 年日军的华北治安战：以华北方面军的侵略政策为中心》，《江海学刊》2019 年第 6 期。
② 陈建智：《抗日战争时期国民政府对日伪的货币金融战》，《近代史研究》1987 年第 2 期；齐春风：《抗战时期大后方与沦陷区间的经济关系》，《中国经济史研究》2008 年第 4 期。
③ 戴建兵、申玉山：《抗日战争时期华北经济研究》，团结出版社，2015。
④ 本文中日伪"合作社"所在之华北区域，指的是伪中华民国临时政府和伪华北政务委员会的管辖区域。1940 年 11 月之前为 388 县（河北 130 县、山东 105 县、山西 92 县、河南 44 县、苏北 17 县）和北京、天津、青岛 3 个特别市。到 1940 年末，又增加安徽北部 10 县。《中华民国临时政府成立》《华北政务委员会的成立》，载日本防卫厅战史室编、天津市政协编译组译《华北治安战》（上），天津人民出版社，1982，第 54、260～261 页。

（一）华北"治安战"萌芽期：占领区"善后"、扶植伪政权与"治安维持"

这一时期，日军侵华重点为集中兵力在中国南北战场发动大规模军事进攻。在华北，其"治安"工作主要是对占领区的"治安维持"。1937年7月29日、30日，北平、天津相继沦陷。7月30日、8月1日，伪北平治安维持会和伪天津治安维持会①先后成立，两者实际上均是由日军操控汉奸组织的临时性伪政权，负责对日军占领区的"善后"。8月20日，冀察政务委员会解散；9月23日，伪平津治安维持联合会成立（12月15日解散）；②之后，正式伪政权的建立被提上日程。12月14日，伪中华民国临时政府在北平成立。其行政委员会下设治安部，由汉奸齐燮元任部长。22日，日本华北方面军司令部出台《军占领区治安维持实施要领》，指出"治安维持"旨在"促进军占领地区的全面安定"，并"帮助奠定新政权的基础"；规定由日军担任警备讨伐，同时指导整顿当地警备机关，并由特务机关、宣抚班等负责"扶植地方行政机关和民众团体"。其试图扶植伪政权实行"以华治华"的恶劣用心昭然若揭。该"要领"还提出"物资对策"，内容包括打通水路运输从而保证食品供应、由宣抚班及伪军与特务机关联系协助日用品运输、公定食品和日用品价格、收购棉花等。③该对策可能是全面抗战时期日伪华北经济战政策的雏形。

（二）华北"治安战"初期：建立"东亚新秩序"与"治安肃正""肃正建设"

1938年10月武汉会战结束后，日军已陷入困境：兵力不足，财政窘迫，国际上孤立无援，所谓"治安恢复区"仅局促于重要城市周围和交通线两侧。为此，日本政府于11月初发表第二次《近卫声明》，提出"日满华合作"建立"东亚新秩序"的国策。与之相适应，对华方针转向"确保占领区"，军事打击重点指向敌后战场。于是，1939年至1940年，以"治

---

① 《日传平市组治安维持会》，《申报》1937年7月31日；《津市地方治安维持会成立》，《申报》1937年8月2日。

② 《华北政权建立工作》，载日本防卫厅战史室编、天津市政协编译组译《华北治安战》（上），第48、53页。

③ 《军占领区治安维持实施要领》（1937年12月22日），载日本防卫厅战史室编、天津市政协编译组译《华北治安战》（上），第66~72页。

安肃正"和"肃正建设"正式拉开了华北"治安战"的帷幕。

1938 年末，日本华北方面军制定《1939 年度治安肃正计划》，决定对华北保持面的占领，使其政治、经济均能独立经营，尤应"承担开发和获得日本国内扩大生产所需重要资源的重任"。[①] 1939 年 1 月，《治安肃正纲要》发布，"治安战"正式开始。此次"肃正作战"分 1 月至 5 月、6 月至 9 月、10 月至次年 3 月共三期。[②] 同时进行多方面"治安建设"。据中共有关调查，其经济工作包括，金融方面，扩大伪联银券流通，与法币、边币展开货币战；开发资源方面，由各警备队调查资源，加强农村开发，实行物资供养就地取给，鼓励和强制种棉；利用"合作社"、交易所、公益市场倾销日货、收买农产；发放春耕贷款，分配优良种子；对沦陷区民众进行租税、罚款、派款、派物等榨取；对边区经济进行封锁、破坏、掠夺。[③]

1940 年，日寇为"促进华北特区建设"，以奠定"东亚新秩序"基础，并示范全国，遂进一步明确当年"肃正建设"的方针。其一，讨伐重点全面指向中共。其二，扩大"治安区"并全力建设"模范治安区"，即要求政治经济处于重要地位的"模范区"与铁路、水路等"延长治安区"联结贯通；在"模范区"，加强自卫组织，扩充"合作社"，标榜做到"食用充足，稳定生活必需品的价格，努力促使民众生活的安定"。此次"肃正建设"分 4 月至 9 月、9 月底至年底两期进行。[④] 3 月 19 日，日本华北方面军传达《第一期肃正建设纲要》及《实施要领》，就经济建设重点指出，重点地区为治安较好的河北、山东；施策重点为调整粮食供应，增加对日供应煤、盐、棉等重要资源，实行金融通货对策以维持伪币价值，杜绝物资流入边区和设法从边区吸收物资。[⑤] 同时在《华北地区思想战指导纲要》中指出，

---

① 《华北方面军的治安肃正计划》，载日本防卫厅战史室编、天津市政协编译组译《华北治安战》（上），第 107~108 页。

② 《肃正作战与治安工作概要》，载日本防卫厅战史室编、天津市政协编译组译《华北治安战》（上），第 111 页。

③ 漆克昌：《日寇在华北的治安工作》，载中央档案馆、中国第二历史档案馆、吉林省社会科学院合编《日本帝国主义侵华档案资料选编：华北治安强化运动》，中华书局，1997，第 97~98 页。

④ 《1940 年度肃正工作的根本方针》，载日本防卫厅战史室编、天津市政协编译组译《华北治安战》（上），第 223 页。

⑤ 《（1940 年）第一期肃正建设计划》，载日本防卫厅战史室编、天津市政协编译组译《华北治安战》（上），第 241~243 页。

以"合作社"为骨干，"使之与生活必需品和土特产品的交易、配给机构连结起来"，确立"一系列经济体系"；强调"合作社"是"构成东亚新秩序经济结构中的基层组织"，对其组织、业务和普及做了规定。①

（三）华北"治安战"强化期："迅速解决中国事变"与"肃正建设""治安强化"

自1940年下半年起，日本开始重新考虑扩张方向。究其原因，一是在中国战场一筹莫展，二是于张鼓峰、诺门坎进攻苏联均告惨败，三是德国在欧洲连连得手使其觉得"良机可乘"。因此，7月下旬，日本政府出台《基本国策纲要》和《伴随世界形势进展对时局处理纲要》，计划"迅速解决中国事变问题，并抓住有利时机解决南方问题"②。1941年1月，日本大本营陆军部制定《对华长期作战指导计划》，进而明确，秋季前"毫不松懈地继续对华施加压力"，"谋求中国事变定局"，秋后"转入长期持久态势"。作战目的仍"以维持治安、肃正占领区为主"。③ 在此背景下，从年初到秋季，华北"治安战"进一步强化。

2月，日本华北方面军传达《1941年度肃正建设计划》，要求工作"更加积极"，尤其强调"重点集中""力量统一"，即以共产党、以"示范区"特别是华北北部及重要国防资源所在地为施策重点，统一发挥"日、华、军、官、民的总体力量"。其中在经济方面，宣称经济建设应"力求稳定民生"与"充分开发利用重要国防资源"并重，"以达到增加生产、流通物资为重点的施策方针"；强调经济封锁应采取"更高度的统制措施"以求实效；要求日军部分军需物资应就地自给并逐年提高。④

接着，日伪开始发动"治安强化运动"。此项运动共5次，其中当年秋季前有2次。3月30日至4月3日的第一次"治强运动"以"乡村自卫"为主要目标。其实施计划包括扩大和加强自治自卫组织、民众组织，

---

① 《华北地区思想战指导纲要》，载日本防卫厅战史室编、天津市政协编译组译《华北治安战》（上），第250~251页。
② 《伴随世界形势进展对时局处理纲要》，载日本防卫厅战史室编、天津市政协编译组译《华北治安战》（上），第206页。
③ 《对华长期作战指导计划（要点）》，载日本防卫厅战史室编、天津市政协编译组译《华北治安战》（上），第360页。
④ 《1941年度肃正建设计划》，载日本防卫厅战史室编、天津市政协编译组译《华北治安战》（上），第362、364、368页。

治安军和警备队协助上述工作并单独或协同日军讨伐及示威行军，普及"东亚新秩序"观念及"日满华"条约内容等。① 其中的"民众组织"最主要的就是指"合作社"。此次"治运"时间很短，据汉奸王揖唐自白，民众"态度冷淡"，伪官吏"敷衍了事"，似乎"只停留在纸面"，② 实际上运动刚刚开始。就经济战而言，4月10日日本华北方面军确定的《一九四一年度"治安肃正建设"要点》，强调经济建设要"重点放在生产的增加和物资的流通上"；同时指出此前经济封锁效果不大，日后"如果希望实行封锁，必须有高度的统制政策"。③ 据中共方面调查，日伪的实际举措有：①对民众征收苛捐杂税、强行勒索；②实行经济统制和封锁，将民众的粮食搬进敌伪仓库，将集市集中于日伪据点，在据点内成立"合作社"，商号买卖均须经"合作社"；③提倡民众发展养殖业、种树、种棉、种大烟等。④ 7月7日至9月的第二次"治强运动"以"剿共自卫"为主要目标。其实施计划包括组织"剿共实践工作班"和"反共视察班"；"采取对共长期攻势"；实行对共经济封锁，阻止物资流入边区，同时依据连坐制，强制施行证明书或居住证制；吸收边区物资，破坏中共经济建设。⑤ 日伪"剿共"力度较之前明显强化，包括实行严厉的经济封锁。各省亦多注意经济战。如伪山东省《实施要纲》提出，经济统制配给机构须达目标为，"模范县应完成合作社及互助社之组织，其他各县应完竣既设合作社之整理及呈请登记，以期完成全省合作社之组织"⑥。伪河南省亦制订了详

---

① 《日本华北方面军参谋部关于"治安强化运动"的实施计划》（1941年2月15日），载中国抗日战争军事史料丛书编审委员会编《中国抗日战争军事史料丛书——八路军参考资料》（7），解放军出版社，2015，第208页。

② 刘子超：《怎样粉碎敌伪"强化治安运动"的阴谋》，《大众日报》1941年8月19日。

③ 《日本华北方面军一九四一年度"治安肃正建设"要点》（1941年4月10日），载中央档案馆、中国第二历史档案馆、吉林省社会科学院合编《日本帝国主义侵华档案资料选编：华北治安强化运动》，第42页。

④ 漆克昌：《日寇在华北的治安工作》，载中央档案馆、中国第二历史档案馆、吉林省社会科学院合编《日本帝国主义侵华档案资料选编：华北治安强化运动》，第100页；王磊：《日寇的"治安强化运动"及其实施》，《抗战日报》1941年5月23日。

⑤ 伪华北政务委员会：《第二次治安强化运动实施及宣传计划》（1941年7月8日），北京市档案馆藏，档号：J181—14—184。

⑥ 《山东省第二次强化治安运动实施要纲》（1941年6月30日），载中央档案馆、中国第二历史档案馆、吉林省社会科学院合编《日本帝国主义侵华档案资料选编：华北治安强化运动》，第150页。

细的《对蒋、共经济封锁实施计划》。①

（四）华北"治安战"高潮期："建设大东亚战争兵站基地"与"治安强化"

太平洋战争爆发前后，华北敌占区形势非常严峻。其一，苏德战争爆发后，美英中荷共筑对日封锁圈，使华北敌占区物资供应非常困难。其二，边区扩大且连年对敌封锁农产，使华北敌占区发生粮荒，面粉、杂粮、军用大米自给率分别为53%、98%、20%，② 甚至更低。其三，进行太平洋战争迫切需要大批物资。因此，日军更加强烈地意识到"非实行高度的统制经济不可"。③ 从1941年11月至次年12月，接连发动第三、第四、第五次"治强运动"，使华北"治安战"达到高潮，经济战地位迅速上升。

1941年11月1日至12月25日的第三次"治强运动"将"经济封锁"确立为主要目标。日伪在其计划中指出，要"彻底实施经济封锁"，"防范利敌物资走漏"，使边区经济危机"益形增大"乃至"放弃抗战"；要"促进重要物资之生产流通"，争取"脱离依赖英美苏经济，在东亚共荣圈内确立自给自足经济"。强调经营"合作社"以"促进经济封锁、协助物资流通"，并"须与保甲组织、交易场所、农业仓库等处取得密切联系"。④ 各省市伪机关亦制定了详细办法，如伪新民会河南省总会《经济封锁促进工作实施要领》、伪山东省治安强化运动本部《防止物资流入匪区要领》及其《事务处理办法》等。据晋察冀边区北岳区公安局总结，日伪经济封锁措施有，其一，确定"以县为单位、综合的有效的、积极的攻击的，把握农村实体、必赏必罚"的封锁原则。其二，列出兵器弹药、农副产品、日用品、机器等封锁物资清单。其三，划定太行山脉、黄河及涡河一带为

---

① 《（河南省）对蒋、共经济封锁实施计划》（1941年8月17日），载中央档案馆、中国第二历史档案馆、吉林省社会科学院合编《日本帝国主义侵华档案资料选编：华北治安强化运动》，第191~193页。

② 日本防卫厅战史室编、天津市政协编译组译《华北治安战》（下），第58页。

③ 雪峰：《研究与粉碎敌人第三次治安强化运动》（1941年11月23日），载中央档案馆、中国第二历史档案馆、吉林省社会科学院合编《日本帝国主义侵华档案资料选编：华北治安强化运动》，第216页。

④ 伪华北政务委员会：《日伪第三次"治安强化运动"计划》（1941年10月23日），北京市档案馆藏，档号：J25—1—63。

封锁圈，重点为平汉线两侧。其四，设立物资统制及封锁机关。省设经济封锁委员会、物资对策委员会。县以下设物资对策委员会及下设检查所（检查行人和搬运物资），物资统制配给本部（实行物资配给），棉业工会、棉业市场及棉业交易所，粮业工会、粮食保管委员会和资物保管积粮仓库，公盐店，还统制"合作社"、大商店、大公司，组织对边区的经济封锁和物资吸收。①

为解决粮荒，12月1日，华北食粮平衡仓开业。8日，兴亚院联络部出台"紧急粮食对策""小麦征购促进对策纲要""主要粮食配给统制纲要""非常物价及物资对策纲要"等一系列政策。1942年1月15日，华北日军在政务关系军官集会上，指示打井20万眼、促进粮食上市、加强对日华人的重点配给；并要求"合作社"、华北交通公司、华北产业科学研究院、建设总署、小麦协会、粮食平衡仓库、华北交通公司资源局及满铁调查所等殖民机构或伪机构加强联系，"必须考虑到全管辖区的整体"，而非仅仅"根据局部要求而陷入经济封锁"。② 同年初，伪华北政务委员会制定增产计划，预计当年完成小麦100万石、杂粮150万石，次年完成小麦300万石、杂粮230万石。③

1942年3月30至6月15日的第四次"治强运动"提出"东亚解放""剿共自卫""勤俭增产"三大目标。④ "剿共自卫"仍含强化经济封锁的内容，"勤俭增产"为此次经济战之重点。日伪在其《补充实施要领》中强调此策用意，一是"期民生之安定，应以粮食自给自足为最大对策"；二是华北为"大东亚战争"之"兵站基地"，应协力满足日本军需。实际上，谋"民生安定"是借口和谎言，满足军需才是真正目的。其制定的增产措施有强化助成及指导春耕、充实合作社、举办生产物比赛、奖励生产等。重申为促进物资搬出及配给合理化，尤须注重"合作社"与保甲、交

---

① 《晋察冀边区北岳区公安局关于敌寇三次治运材料总结》（1942年2月23日），载中央档案馆、中国第二历史档案馆、吉林省社会科学院合编《日本帝国主义侵华档案资料选编：华北治安强化运动》，第227~231页。

② 日本防卫厅战史室编、天津市政协编译组译《华北治安战》（下），第59页。

③ 张苏：《整理合作事业加强经济阵营开展对敌经济斗争》（1942年4月），载魏宏运主编《抗日战争时期晋察冀边区财政经济史资料选编》（工商合作编），南开大学出版社，1984，第808页。

④ 伪华北政务委员会：《第四次治安强化运动实施要领》（1942年3月3日），北京市档案馆藏，档号：J25—1—63。

易场、农仓密切结合，并应扩充制度机构，取缔暴利、严罚囤积等。① 各伪省府亦制定了实施要点。河北省的分三类：经济封锁要点有扩充整顿机构，以防止向边区流出物资并努力获取物资；在"治安区"实施物资配给，以统制日用必需品并谋求用伪联银券压制旧法币。勤俭要点有节约冗费、义务贮蓄、爱护资源、回收废品、改善生活。增产要点有种子消毒改良和驱除害虫、指导肥料使用、增加水田、凿井、为增产棉花派出技术员和工作人员、开发水利、普及改良农具、革新合作社、增设防水堤。另外，山西、河南实施要点分别有 8 项、14 项之多。② "勤俭增产"及其各项措施，其名虽不乏美辞，实则无不为搜刮民脂之直接或间接手段。

与粮荒伴随的是物价暴涨。6 月 9 日，伪华北政务委员会公布《华北紧急物价对策纲要》，决定整编确立物资配给机构、规定官价、确立综合性供需计划、制定金融对策、降低生产费用和中间费用等。③ 之后，"平抑物价"即超低价掠夺成为经济战的又一重点。

10 月 8 日至 12 月 10 日，日伪实施第五次"治强运动"，提出"建设华北，完成大东亚战争""剿灭共匪，肃清思想""确保农业生产，降低物价""革新生活，安定民生"四大目标。其《实施纲要》对经济战政策作如下解释："确保农产"，即要在秋收后"激发民众反共意识"，"彻底实行对共之食粮封锁"；"降低物价"，即要竭力推行华北紧急物价对策，"彻底扫除奸商乘机操纵，尽力维护良善商民，信赏必罚"，并在农村利用"合作社"务使物价保持低廉；"安定民生"，即要以"生产消费之合理化"为"当前要务"，除继续奖励勤俭增产外，还应促进物资圆滑周转，

---

① 伪华北政务委员会：《第四次强化治安运动补充实施要领》（1942 年 3 月 16 日），北京市档案馆藏，档号：J25—1—63。

② 山西有贯彻新生活运动、增产主要粮食和地下资源、强化合作社的社员指导力、禁烟禁毒、勤劳奉仕、回收废铁铜、奖励贮蓄、强化封锁，河南省有凿井、普及推进合作社、增产甘薯和棉花、畜类增产、设置种圃、派遣农业技术员、斡旋发放优良种子、种植蓖麻、技术改良、确定增产日、开发水田、利用空地和栽培葡萄、奖励贮蓄、回收和利用废品。参见日军甲 1800 部队《第四次治安强化运动综合成果》（1942 年 9 月 10 日），载中央档案馆、中国第二历史档案馆、吉林省社会科学院合编《日本帝国主义侵华档案资料选编：华北治安强化运动》，第 457～458、469～470、477～478 页。

③ 日本防卫厅战史室编、天津市政协编译组译《华北治安战》（下），第 252 页。

以完成食粮对策。① 此次经济战政策具有"集大成"的特点，其核心是抢夺秋收，当年秋在华北的抢粮计划是 7000 万石，包括从抗日根据地抢夺和从敌占区强收。② 与此同时，在敌占区农村普遍实施食粮配给制。"合作社"和伪组织还以远低于市价的官价以摊派形式强行收买粮食，结果粮食市价不降反涨，且"有行无市""有市无粮"。③

（五）华北"治安战"继续和衰落期：指使参战与"物资确保"

1942 年 6 月至 1943 年初，日军在中途岛、瓜岛两役中惨败，此后太平洋战局对其愈发不利。日军军需愈来愈大，而华北敌占区已是民不聊生。于是，日本作出还政于中国人的姿态，大批缩减在华日人，同时要求汪伪政府对英美宣战，"中国参战"便成为其掠夺中国物资的噱头。日本华北方面军提出"必须考虑要贯彻中国参战的意义"，"对于要求中国供应物资，为了完成大东亚战争，必须绝对予以确保"。规定对自给物资中的大米、大麦、小麦、杂粮、棉花、蓖麻、皮毛、牛、烟叶等，"由大东亚省的当地机关，或通过该机关从中国方面的收购物资中取得"，对粮棉收购，由军队"经常给以强有力的妥善的支援"。④

粮食问题仍最为急要，日伪除制定《农业增产方策实施要领》外，还采取了以下措施。一为强化机构。1943 年 3 月，伪华北政务委员会成立华北物资物价处理委员会及下设食粮管理局⑤，各省市设地方物资物价处理委员会及食粮管理分局，再由食粮管理分局指导监督粮栈及日系粮商设食粮采运社，由采运社和"合作社"经办粮食采运和配给。8 月，成立天津米谷统制会，分区设米谷事务管理所，建农场，强制农民种植水稻并强行征购。二为强行平抑粮价。伪华北政务委员会于 5 月 20 日下令彻底实行

---

① 《华北政务委员会第五次治安强化运动实施纲要》（1942 年 8 月），载中央档案馆、中国第二历史档案馆、吉林省社会科学院合编《日本帝国主义侵华档案资料选编：华北治安强化运动》，第 618 页。

② 《敌寇"五次治强运动"》（社论），《解放日报》1942 年 11 月 23 日。

③ 《敌寇对华北占领区粮食、人力、耕地的掠夺与破坏》（1943 年 3 月 9 日），载居之芬主编，中国抗日战争史学会、中国人民抗日战争纪念馆编《日本对华北经济的掠夺和统制——华北沦陷区资料选编》，北京出版社，1995，第 786 页。

④ 《华北、蒙疆的经济政策》，载日本防卫厅战史室编、天津市政协编译组译《华北治安战》（下），第 329~330 页。

⑤ 1943 年 12 月，物资物价处理委员会撤销，食粮管理局改隶伪农务总署，次年 5 月，华北食粮公社成立，6 月，食粮管理局撤销，业务由华北食粮公社接管。

"申报现存余粮和以公正价格收买余粮"政策，6月下旬，汪伪政府公布"扰乱华北经济统制紧急惩治条例"，华北日军展开行动，对隐瞒余粮或以高于官价售粮者予以严厉处罚。

1944年，中共开始局部反攻，太平洋战场日本战局急剧恶化。华北日军继续制订农业增产计划，成立华北食粮公社，但敌占区经济形势日趋险恶，其不得不承认"就连付出最大努力支援日满物资的运输和军用自给物资的增产，也逐渐难以确保"。1945年初，日本最高战争指导会议通过《确立中国战时经济的对策》及《在中国统一筹措物资要领》，确定"以军的战时自给及支援日满为首要任务"，强调筹办及运送物资要统一领导、提高效率、制止竞争。到3月下旬，最终建成一套华"满"朝军事运输体制。[1] 但此时经济战已是日暮途穷。

纵观日伪华北"治安战"政策之演进过程，从"占领区善后"和"扶植伪政权"到"建立东亚新秩序"，再到"迅速解决中国事变"及"建设大东亚战争兵站基地"，乃至所谓"中国参战"，不论其出于何种目的、打着何种旗号，经济战可谓贯穿始终。特别是太平洋战争爆发后，自第三次至第五次"治强运动"，从"经济封锁"到"增产节约"，再到"确保农产，降低物价""生产消费合理化"，经济战内容越来越系统，力度越来越强。总体来看，日伪经济战政策内容繁复，而与"合作社"业务密切相关的主要有农业增产、经济封锁、平抑物价、物资配给等。

二 "布点织网"："合作社"、交易场（所）、仓库的设立

"合作社"是日伪在农村实施经济战政策的基本组织，交易场（所）、仓库是"合作社"开展业务的必要设施，它们相互结合形成日伪经济战的"据点"。从1937年底开始，日伪就在占领区开始了经济战的"布点"工作。

（一）普及"合作社"

1937年12月至1939年2月是日伪"合作社"的起步时期，大约相当

---

[1] 《确保经济和运输的对策》，载日本防卫厅战史室编、天津市政协编译组译《华北治安战》（下），第446~450页。

于"治安战"萌芽期而略晚。此时的"合作社"主要来自接收旧社，其次是由伪新民会新建。1937年12月，原华北农业合作事业委员会被伪中华民国临时政府接管，不久又移归刚刚成立的伪新民会。伪新民会接收合委会指导下的这批"合作社"共1975个。[①] 次年初，伪新民会首先在望都、定兴等县酝酿设立新的农事"合作社"。3月，该会厚生部增设辅导、业务二科专掌合作，同时良乡实验县指导部及北京四郊实验区亦开始组建新社。4月，该会冀东道指导部又接收了原冀东伪政府管理下的"合作社"。6月，伪新民合作社中央会由原华北合委会改组成立。迄至当年冬，日伪指导的"合作社"主要分布于冀东、北京周围、京汉铁路沿线（大方保定路）一带。[②]

1939年3月至1941年3月是日伪基层社、县联社迅速增设时期，大约相当于日伪"治安战"初期而略晚。1939年3月，伪新民会中央指导部厚生部将中央会与业务科、辅导科的职员合并，共组合作科。此后，首先开始大力组建基层社。当年底，已有"合作社"4105社，社员153576人，每人1股，共出资307152元。河北省还成立了10个伪县联社。[③] 1940年，伪新民会、棉产改进会、华北交通公司等机关合组伪华北合作事业研究委员会，确定了"合作社"一元化的运营方针。随后，一面对基层社进行整理，一面加快建立"合作社"联合会。至当年底，共成立县（市）联46个，单位社因整合降至3591社，但社员增至538044人，出资股数、出资金额分别增至577474股、756969.16元，增幅巨大。[④] 至1941年3月，河北、山东、山西、河南、淮北5省区350县共成立伪县联79个、单位社4700个，社员685033人，出资797342股。[⑤]

1941年4月至12月中旬，是日伪基层社、县联社加速增长和首批省联建立时期，大致相当于"治安战"之强化期而略晚。当年4月到7月，即第一次"治强运动"结束后到第二次"治强运动"初期，河北、山东、河南、山西4个伪省联相继成立。到伪华北合作事业总会成立前，华北已

① 日本防卫厅战史室编、天津市政协编译组译《华北治安战》（上），第193页。
② 陈祖舟译《新民合作社》（1944年7月18日），载中国供销合作社史料丛书编辑室编《中国供销合作社史料选编》（第3辑），中国财政经济出版社，1991，第854~855页。
③ 《河北省公署四周年施政纪要》（1942年），河北省档案馆藏，档号：654—1—124。
④ 青田：《中国合作运动年表（续）》，《华北合作》第9卷第2期，1943年3月，第26页。
⑤ 《北支合作社调查》，（日本兴亚院）《调查月报》第3卷第3号，1942年3月，第142~159页。

有伪省联 4 个、伪县联 221 个，单位"合作社"8556 个、社员 1153079 人。① 至此，各级"合作社"已具相当规模。

1941 年 12 月中旬至 1942 年 12 月为日伪合作系统形成及扩充时期，大致相当于"治安战"高潮期。太平洋战争爆发后，各级"合作社"数量增长尤其是各伪省联的成立，使伪华北合作社总机关成立的条件已基本具备。1941 年 12 月 16 日，伪华北合作事业总会在北平成立。该会总资金 500 万元，分 10 万股。伪华北政务委员会和伪中国联合准备银行为特别会员，各出资 4.5 万股、225 万元。伪合联会为普通会员，有省联 4 个、县联 239 个，共计 1 万股、50 万元。② 伪总会成立后，"合作社"系统脱离伪新民会，由总会直接领导，③ 自此，由乡村社、县联、省联、总会构成的华北"合作社"组织系统正式建立。1942 年 6 月，青岛"合作社"联合会和苏淮特区"合作社"联合会成立并加入总会为会员。到年底，河北、山东、山西、河南、青岛的乡村"合作社"已达 21323 社。④

1943 年初到抗战结束为"合作社"系统继续强化及最终走向结束时期，相当于"治安战"的继续和衰落期。1943 年至 1944 年，"合作社"仍在增设。1943 年 12 月底，仅河北一省就扩展到 18717 个。⑤ 1944 年又增设 3 个直辖"合作社"联合会，即第一直辖区办事处、北京特别市"合作社"联合会和冀东特别区"合作社"联合会。是年 8 月，河北省、河南省、山东省、山西省、青岛区、冀东区、北京市等 7 个总会直辖合联会和第一直辖区办事处共有办事处 17 个⑥，县联 304 个（均为总会会员，若加上未入会的 53 个，共 357 个），"合作社"28313 个，社员 6531365 人，出资 2879590 股、19057137 元。⑦ 这是笔者所见其规模的最高峰。到抗战结束前后，这些"合作社"或解散，或被接管。

---

① 《华北合作事业总会之业务报告》（1942 年 10 月 21 日），载居之芬主编，中国抗日战争史学会、中国人民抗日战争纪念馆编《日本对华北经济的掠夺和统制——华北沦陷区资料选编》，第 746 页。

② 青田：《中国合作运动年表（续）》，《华北合作》第 9 卷第 3 期，1943 年 5 月，第 27 页。

③ 1943 年下半年以后，"合作社"行政上由同级伪公署领导，业务上由伪总会领导。

④ 青田：《中国合作运动年表（续）》，《华北合作》第 9 卷第 3 期，1943 年 5 月，第 32 页。

⑤ 河北省地方志编纂委员会编《河北省志第 45 卷·供销合作社志》，河北人民出版社，1994，第 21 页。

⑥ 伪苏淮特区于当年初撤销，设伪淮海省，属汪伪政府直辖。

⑦ 《三十三年度华北经济年史》，《中联银行月刊》第 9 卷第 1~6 期，1945 年 6 月，第 357、359 页。

下面主要以 1944 年 8 月的统计为例，来讨论“合作社”的普及程度。其一，省联和县联。在伪华北政务委员会辖区内，除天津仅设隶属于河北省联的办事处外，在其余省（河北、山西、山东、河南）市（北京）区（冀东、青岛）均已设立省级联合会。加入总会的会员县联 304 个，占县市区总数（382 个）的 79.58%；若连同未入会的，则占县市区总数的 93.46%。伪省联、县联设立情况如表 1 所示。其二，乡村社及农户入社情况。对于乡村社的普及程度，亦即平均每个乡村的“合作社”数和每家农户的社员数的评估，因缺乏对村数和农户数完全而实时的统计，故仅以河北、山西两省不同年份的数据来估算。1944 年 8 月，河北、山西的“合作社”数和社员数分别为 15833 社、2920481 人和 5061 社、1038680 人；[①] 若以 1941 年两省的村数和农户数即河北 9850 村、805607 户和山西 7580 村、459449 户为基数，[②] 则河北省社数为村数的 1.61 倍，社员数为农户数的 3.63 倍，山西省分别为 0.67 倍、2.26 倍。由此可见，河北已基本实现“村村有社，户户入社”，山西也达到较高的普及程度。特别是从每家农户的社员数来看，河北平均 3 至 4 人，山西平均 2 人以上。实际上，根据山西“合作社”的普及率可知，在有社的乡村，每户的社员数亦当为 3 至 4 人。由于当时普通农户多为 5 口之家，农民的入社情况可能是成年人“应入尽入”。

表 1　1944 年华北日伪省（市、区）联、县（市、区）联组织状况

单位：个，%

省（市、区）别	行政区划（县、市、特区）	会员县市联数及占总县市数之比例		未加入会员的县市联数	县市联合计数及占总县市数之比例		未设置的县市数
伪河北省联	118	112	94.92	4	116	98.31	2
伪山西省联	93	65	69.89	11	76	81.72	17
伪山东省联	107	65	60.75	38	103	96.26	4
伪河南省联	44	42	95.45	0	42	95.45	2
伪冀东特别区联	12	12	100	0	12	100	0
伪青岛特别区联	1 市 3 区						

---

① 《三十三年度华北经济年史》，《中联银行月刊》第 9 卷第 1~6 期，1945 年 6 月，第 357~359 页。

② 《华北全区合作社现势统计》，《华北合作》第 7 卷第 8 期，1941 年 12 月，第 72 页。

续表

省（市、区）别	行政区划（县、市、特区）	会员县市联数及占总县市数之比例		未加入会员的县市联数	县市联合计数及占总县市数之比例		未设置的县市数
伪北京特别市联	1 市 4 郊	4 郊	100	0	4 郊	100	0
伪第一直辖区办	4	4	100	0	4	100	0
总计	382	304	79.58	53	357	93.46	25

资料来源：《三十三年度华北经济年史》，《中联银行月刊》第 9 卷第 1～6 期，1945 年 6 月，第 357～359 页。

（二）广建交易场（所）、仓库

交易场（所）由集市改组而来，受"合作社"领导。存在时间主要为 1938 年至 1942 年。其间，日伪收买农产品、销售日货主要在此进行。1943 年日伪实行行政收买后，被弃用。

1938 年 8 月，良乡县成立交易场。1940 年 3 月，伪新民会合作社中央会下达关于交易场办法及新民合作社交易事务暂行规定之训令。到年底，河北有 13 处，山东有 2 处。[1] 1941 年至 1942 年，日伪强化经济封锁，一再强调"合作社"应与交易场（所）、仓库密切配合，使交易场（所）数量迅速增加。据《华北合作》载，1941 年，华北 4 省共有总场 42 所，分场及出张所 37 所。计河北省总场 33 所，分场 35 所；河南省总场 2 所；山东省总场 5 所，分场 1 所，出张所 1 所；山西省总场 2 所。各省交易种类一般为麦、粟、高粱、玉蜀黍、落花生、棉花、豆类、马、豚、牛、鸭、鸡等，特殊种类的有山东之烟叶交易场和河北省丰润之豚毛交易场。[2] 另据河北省特务机关 1941 年调查，全省 19 县共设交易所 78 处，全年交易总额 31508578 元，其中，沧县交易额最大，达 4700296 元。交易品主要为粮食，还有其他农林畜手工产品乃至能源等。如昌黎县交易品有苞米、高粱、大豆、稻米、小米、杂粮等，武清县有骡马牛、食粮、棉花、落花生、鲜果、柴草、木炭、麻绳、皮革、席片、木料等，宝坻县有大麦、小麦、玉米、大米、面粉、土布、石炭、丝类、石油等。[3] 上述两种资料，

---

[1] 青田：《中国合作运动年表》，《华北合作》第 9 卷第 2 期，1943 年 3 月，第 25～26 页。

[2] 青田：《中国合作运动年表》，《华北合作》第 9 卷第 3 期，1943 年 5 月，第 25～27 页。

[3] 《北支合作社调查》，（日本兴亚院）《调查月报》第 3 卷第 3 号，1942 年 3 月，第 160～163 页。

对河北省的场（所）数统计相差 10 处，因后者有详细分县统计，统计应更加完全。故可以推知，当时华北敌占区的交易场（所）至少有 89 处。同时亦可看出，交易场（所）的地区分布极不均衡。就省份而言，河北占了绝大多数；就河北省内而言，多则 1 县 10 余处，少则 1 县仅 1 处。1942年，又成立了山东益都县联鸡蛋交易所，河北高阳县联食粮家畜交易场、行唐县交易场、容城县联交易场、故城县物资交易场等。[①] 5 处中有 4 处在河北。此时华北敌占区的交易场（所）至少有 94 处。

仓库是日伪进行收买、配给业务及保管农产品之处所，起步晚，但增设快，且数量持续增加。最初，农仓设在交易场（所）附近，用以储存交易物。据伪新民会调查，1940 年底，河北有 5 处，山西有 2 处。[②] 1941 年开展"治强运动"后，在交易场（所）迅速增设的同时，仓库数量增长更快。当年华北共有仓库 113 处，占地 7765 顷，[③] 数量已超交易场（所）。1942 年 12 月，增至 192 处，计河北 103 处、山西 16 处、山东 32 处、河南39 处、青岛 2 处。[④] 数量约相当于同期交易场（所）的 2 倍多。1943 年实行行政收买而放弃交易场（所）后，仓库作用更为突出。截至 1943 年 6月底，新增 96 处。1944 年又增 25 处，占地 9468 平方米，其中河北 4 处2646 平方米，河南 2 处 537 平方米，山西 19 处 6285 平方米。[⑤] 粗略估算，本年总数至少有 313 处。如果按照同年度华北"合作社"统计数据来看，仓库数与伪县联数 304 个（伪总会会员）或 357 个（所有伪县联）较为接近，即大约平均 1 县 1 仓。

综上所述，大约从 1937 年底至 1944 年下半年，日伪通过设立 2.8 万多个"合作社"、90 余处交易场（所）、300 余处仓库，逐步罗织成一张华北经济战的"巨网"，为其实施各项经济战政策提供了必要条件。

三 "统制与掠夺"："合作社"与华北经济战政策的实施

农业增产、经济封锁、平抑物价、物资配给是一条"政策链"。"合作

---

① 青田：《中国合作运动年表》，《华北合作》第 9 卷第 3 期，1943 年 5 月，第 28~29 页。
② 青田：《中国合作运动年表》，《华北合作》第 9 卷第 2 期，1943 年 3 月，第 26 页。
③ 李华：《敌伪的合作政策与伪华北合作社现状》（1943 年），载中国供销合作社史料丛书编辑室编《中国供销合作社史料选编》（第 3 辑），第 852 页。
④ 青田：《中国合作运动年表》，《华北合作》第 9 卷第 3 期，1943 年 5 月，第 33 页。
⑤ 《三十三年度华北经济年史》，《中联银行月刊》第 9 卷第 1~6 期，1945 年 6 月，第 368 页。

社"通过开展各项业务执行上述经济战政策，以实现日军在华北敌占区农村的经济统制与残酷掠夺。

（一）"合作社"与农业增产

为攫取粮棉等战略物资，日本特别注重对华北占领区农村的"开发"。农业增产政策在"治安战"初期是"开发资源"政策的重要组成部分，最初，在农村的施策重点为植棉。太平洋战争爆发前后，因发生严重粮荒，日伪大力强化农业增产政策，棉粮并重，而以粮食最为急要。从1941年底出台"紧急粮食对策"，到1942年上半年第四次"治强运动"提出"勤俭增产"口号，这一政策达到高峰，并在1943年、1944年持续实施。

日伪"合作社"自成立之初到1941年底之前，已开始办理与增产有关的业务，但种类有限，规模较小。其中重要的一项即在所谓的"模范区"发放春耕贷款。贷款方式为，由伪联银筹款，通过伪新民会、伪华北棉产改进会、伪省县公署等机关贷予"合作社"，再由"合作社"转贷给农民。1938年、1939年，经伪新民会—"合作社"分别贷出38万元、170万元。[①] 1940年、1941年，经各机关—"合作社"分别贷出389.4万元、600万元。[②] 此外，山东省的伪县联和村社分别开始经营原种圃、采种圃，推广良种，河北省开凿了少量水井。

伪华北合作事业总会成立后，促进农业增产成为其主要业务之一。1942年1月，制定"急速实施增产之方策"，内容包括凿井、配给肥料、配给防病虫害药品和普及改良品种等。[③] 地方"合作社"联合会亦纷纷制定增产计划。伪总会和省县联还陆续增设专门机构。伪总会于1942年11月设生产指导科，又于1943年5月设增产对策局，下设增产指导科、生产资材科、采种科；同年，各伪省联增设生产指导科，下设增产指导系和生产资材系，各伪县联增设生产指导系。[④] 自1942年起，"合作社"促进增产的业务或措施主要包括以下五个方面。

---

① 《新民会年余以来的厚生工作》，《侨声》第1卷第8期，1939年8月1日，第134~135页。
② 《华北合作事业总会之业务报告》（1942年10月21日），载居之芬主编，中国抗日战争史学会、中国人民抗日战争纪念馆编《日本对华北经济的掠夺和统制——华北沦陷区资料选编》，第748页。
③ 青田：《中国合作运动年表》，《华北合作》第9卷第3期，1943年5月，第27页。
④ 谢培杰：《日伪控制下的合作社》，《新河北月刊》第1卷第2期，1945年4月，第31~32页。

其一，农事指导。1942 年，伪山西省联开始为各县联培训农业技术员，山东省伪峄山县联、伪藤县县联均举办农事训练，青岛地区即墨区和胶州区均举办农业技术讲习会。另外，伪总会生产指导科长波多腰武及会务员开田、渡部亦前往济南、历城、滋阳、济宁、青岛、高密等县联"视察指导"。① 截至 1944 年，伪总会及华北各省（市、区）联共配备农业技术人员 1405 人，其中，正职日人 29 人、华人 1 人，技士日人 71 人、华人 22 人，技佐员日人 41 人、华人 201 人，雇员 1040 人。②

其二，生产资材斡旋。自 1942 年春，伪总会开始向各县配给消毒农药、消毒种子。此次共配给硒雷散、麻硒罗和三保卢托 3 种消毒农药，分别为 970 磅、1270 磅、13460 磅，另有消毒种子 314.9 万公斤。③ 1944 年 8 月，向各省配给春季杂谷种子消毒药剂酸博尔多 7643 公斤、水稻用除虫药剂 14354 公斤、秋季小麦种子消毒药剂 75467 公斤，另有农药乌斯浦伦 3000 公斤（棉花种子消毒用）、砒酸铅 3000 公斤（驱除稻包虫用）、砒酸石灰 85000 公斤（驱除小麦蝼蛄用）、王铜 22590 公斤（杂谷消毒用）、可罗皮克林 22000 公斤（熏蒸用）、化肥硫铵若干。同年，斡旋扬水机 2018台，切薯器、辘轳、唐箕等农具若干。④

其三，采种圃经营。在太平洋战争爆发前，伪华北政务委员会利用日系华北农事试验场进行良种培育，并在一些地方设原种圃或试验区。自1942 年起，为实现"华北粮食自给自足计划"，进一步要求各省设大规模农事试验场，各县设县农场。⑤ 伪华北合作事业总会成立后，负责将"华北农事试验场"培育的原种委托"合作社"经营采种圃增殖，进而普及良种于华北农村。1942 年 3 月，伪总会首先在山东历城、滋阳和河北良乡设3 处粟采种圃，同年秋设 3 处小麦采种圃。采种面积分别为 9000 亩、17600 亩，预定推广面积分别为 592020 亩、492400 亩。⑥ 到 1944 年，粟采

---

① 青田：《中国合作运动年表》，《华北合作》第 9 卷第 3 期，1943 年 5 月，第 29~32 页。
② 《三十三年度华北经济年史》，《中联银行月刊》第 9 卷第 1~6 期，1945 年 6 月，第 369页。
③ 青田：《中国合作运动年表》，《华北合作》第 9 卷第 3 期，1943 年 5 月，第 28 页。
④ 《三十三年度华北经济年史》，《中联银行月刊》第 9 卷第 1~6 期，1945 年 6 月，第 370~374 页。
⑤ （伪）北京新闻协会：《现阶段的华北建设》，该会 1942 年，第 44 页。
⑥ 《总会规定本年度粟新品种采种圃设置计划》，《华北合作》第 9 卷第 3 期，1943 年 5 月，第 14 页。

种圃增至 19 处，小麦采种圃增至 29 处，新增玉蜀黍采种圃 2 处。其中，小麦采种圃，品种包括华农 1 号、2 号、3 号、5 号、6 号和铭贤 169 号，计划经营 58400 亩，使用种子 241480 公斤，计划推广良种 17916650 亩。粟采种圃，品种有华农 1 号、2 号、4 号，其中华农 1 号种子实际播种 38013 亩，预计收获 6011600 公斤，总计计划推广良种 7654000 亩。玉蜀黍采种圃，品种为华农 1 号，实际播种 965 亩，预计收获 146200 公斤。①

其四，办理贷款。伪华北合作事业总会成立后，日伪的农业资金完全由该会一元化地经会员合联会贷出，最终由县联贷给乡村"合作社"或社员个人。截至 1942 年 6 月底，共放款 3009 万元。其中，春耕、凿井两项分别为 1200 万元、600 万元。② 1943 年上半年，共贷出 14826 万元，其中，春耕 1200 万元、凿井 4000 万元、农具 500 万元、苇席 500 万元、农家小额贷款 1800 万元、长期贷款 26 万元、短期贷款 6800 万元。③ 至 1944 年 9 月底，共贷出 28245.9 万元，其中设备贷款 5245.3 万元、信用贷款 3871.7 万元（代替春耕贷款），贩卖贷款 14265.7 万元、购买贷款 4863.2 万元。④ 贷款区域仍限于"模范区"。

其五，凿井。1942 年，伪华北合作事业总会承担了华北敌占区凿井 20 万眼的全部任务，截至 12 月 10 日，河北、山东、河南、山西 4 省及苏淮特区共完成 163559 眼。⑤ 1943 年，又计划凿井 30 万眼。⑥

日伪实施上述农业增产措施的根本目的是便于掠夺。如对于乡村"合作社"或社员向伪县联贷款，要求以"合作社"呈交之出卖誓约书为证据，⑦ 而出卖农产物的价格则由日伪官定。因此，农民一旦借款，就如同立下"卖身契"。以官价收购农产只是其中的一种掠夺方式，这在下文将

---

① 《三十三年度华北经济年史》，《中联银行月刊》第 9 卷第 1~6 期，1945 年 6 月，第 375~385 页。

② 《华北合作事业总会之业务报告》（1942 年 10 月 21 日），载居之芬主编，中国抗日战争史学会、中国人民抗日战争纪念馆编《日本对华北经济的掠夺和统制——华北沦陷区资料选编》，第 747~748 页。

③ 谢培杰：《敌伪控制下的华北合作社》，《新河北月刊》第 1 卷第 2 期，1945 年 4 月，第 33 页。

④ 《三十三年度华北经济年史》，《中联银行月刊》第 9 卷第 1~6 期，1945 年 6 月，第 363~364 页。

⑤ 青田：《中国合作运动年表》，《华北合作》第 9 卷第 3 期，1943 年 5 月，第 30、32 页。

⑥ 李华：《敌伪的合作政策与伪华北合作社现状》（1943 年），载中国供销合作社史料丛书编辑室编《中国供销合作社史料选编》（第 3 辑），第 853 页。

⑦ （伪）华北合作事业总会指导局指导科编《乡村合作社须知》，该会 1943 年，第 28 页。

专门论述。实际上，日伪的掠夺方式可谓五花八门：无偿征收、代替保管、直接抢劫、形形色色的勒索，等等。如 1942 年 10 月上旬，太南、晋中、晋东、冀西各地日伪，以"合作社"名义诈骗勒索强行摊派，在潞城50 多个村庄，摊派小米 8 万石；又经常以 30 人至 50 人，到据点外 10 多里地的村子或割或抢，随抢随运。9 月下旬，壶关据点东长井的日军竟然假借开会名义，把全村男女老少骗到庙里，然后秘派"抢粮队"将该村家家户户的粮食抢了个精光。① 冀鲁豫交界清丰县山柳砦村的据点仅有 7 个日本兵，1942 年 4 月 19 日到 5 月初半个月内，从周围 36 个村以各种名目搜刮来的吃喝用度竟达 48628 元，平均每人消费 6949 元。② 日伪还强迫敌占区民众将粮食交给"合作社"仓库保管，说什么"八路要来抢粮食，你们有没有保管的能力？你们不想饿死，就把粮食交到据点，由'皇军'保管！"但是仓库里的粮食大都被运往平津或其他地方供应军需或出卖了。襄垣县敌占区的百姓将日伪仓库称为"填不满的坑""坑人吃洞"，因为1942 年夏日伪强征麦子，9 月份到游击区大抢 15 次，可是"夏店那个占了十亩地的粮仓里，却连一粒米也找不到"，老百姓看到的是"白晋线的火车，每天却载满谷物往北开去"。③

至于增产措施的效果，由于日伪所配给的生产资材和发放的农业贷款，在实际中几乎难以到达农民手里，④ 自然也就发挥不了多大作用。加以日伪收购农产品作价太低，上述增产措施对农民并无吸引力。故而日伪费尽心机的"增产"不过是一场自以为是的美梦。

（二）"合作贩卖"与经济封锁、平抑物价

日伪实行经济封锁始于"治安战"之初。在第二次"治强运动"中被作为配合武力"剿共"的手段，在第三次"治强运动"中成为中心目标而普遍实施，在第四、第五次"治强运动"和之后的经济战中进一步得到强化。日伪经济封锁政策的主要内容为严禁日占区物资流入边区，同时也包括设法吸收边区物资、破坏边区经济建设。这里主要探讨与日伪"合作社"业务关系最为密切的第一点。"合作社"参与的主要方式为开展贩卖

---

① 《华北敌伪吃人计划》，《新华日报》（华北版）1942 年 10 月 19 日。
② 李克简：《敌占区人民负担拾零》，《新华日报》（华北版）1942 年 10 月 17 日。
③ 华山："治安区"不"治安"了！》，《新华日报》（华北版）1942 年 11 月 23 日。
④ 〔日〕《战斗的合作社》，《华北合作》第 10 卷第 1 期，1944 年 2 月，第 76 页。

业务，即统制农产品收购。

收购农产是日伪"合作社"在成立之初就有的一项业务。在太平洋战争爆发前，在乡村直接面向农民收购粮食的是"合作社"和粮栈粮行；棉花由"合作社"优先办理，在无伪县联的县份由棉商办理。"合作社"收购主要借助交易所进行。

1941年底，伪华北合作事业总会成立后，该业务进而成为华北整个日伪"合作社"系统"协力"从事的重点业务之一。各级"合作社"的具体分工为：①伪总会把为会员合作社联合会进行贩卖斡旋作为其主要业务之一，[①] 负责把伪中央各统制机构收买农产品的任务分饬各级"合作社"完成；②伪省联从伪中央统制机构下设之省机构接收预付金转发各伪市县联社照价收购；③由伪县联与乡村"合作社"发生直接关系。

自1943年起，日军将重要农产品统制权"移交"汪伪政府，由伪政府实行"行政收买"。其一个重要特点就是将规定由农民负责供应的农产品数量，责成各级行政机关自上而下摊派。当年10月颁布的《华北粮食收买要纲（修正案）》规定，计划当年在华北收买小麦20万吨，杂粮（包括小米、谷子、玉米、高粱米、秫子米、秫子、大豆、绿豆、黑豆、豇豆）38万吨。除京津两特别市酌情供出外，各省市均须承担责任供出量。其中，小麦：河北省27839吨、山东省139540吨、河南省26825吨、青岛市1000吨，共计195204吨；杂粮：河北省12万吨、山东省16万吨、河南省8万吨、青岛市2万吨，共计38万吨。[②] 各省市再将任务摊派到各道县。如山东省将约30万吨的收购任务分配到10个道103县，其中登州道10县23529吨、莱潍道8县30946吨、青州道11县32441吨、泰安道6县18171吨、沂州道6县28086吨、武定道13县20663吨、东临道17县11521吨、济南道7县14643吨、兖济道12县60000吨、曹州道13县

---

① 《华北合作事业总会之业务报告》（1942年10月21日），载居之芬主编，中国抗日战争史学会、中国人民抗日战争纪念馆《日本对华北经济的掠夺和统制——华北沦陷区资料选编》，第745页。

② 《民国三十二年度华北粮食收买要纲（修正案）》（1943年10月），载中央档案馆、中国第二历史档案馆、河北省社会科学院编《日本侵略华北罪行档案：损失调查》，河北人民出版社，2005，第355~357页。注：所有数据均出自原材料。其中，小麦各省市应承担数量合计195204吨，而华北计划收买小麦总量为20万吨，二者有一定差额，笔者推断可能与京津特别市酌情供出有关。

60000 吨。① 棉花和其他农产物收购亦与此类似（见表 2）。

表 2　1943 年日伪在华北计划搜集的主要农产物数量及各省责任量

省	棉花（担）	麻（万斤）		苇席（万张）	植物性油脂及其原料（万吨）		备注
		线麻	青麻		落花生仁	芝麻	
河北省	1007186	95	350	1090	3.5	0.5	油脂原料可用油代替，换算率为：落花生油 38 吨—落花生仁 100 吨，芝麻油 40 吨—芝麻 100 吨
山东省	444384	200	220	295	6	0.5	
河南省	292337	200	30	70	1.5	1	
合计	1743907	495	600	1455	11	2	

资料来源：《华北关于重要土产物资等之搜集对策要纲》（1943 年 12 月 13 日），载中央档案馆、中国第二历史档案馆、河北省社会科学院编《日本侵略华北罪行档案：损失调查》，第 372~379 页（根据相关内容整理）。

　　在这种情况下，"合作社"演变为伪政府进行行政收买的基层机构。伪华北合作事业总会规定：社员贩卖"合作社"办理项目内之贩卖品必须委托"合作社"，乡村"合作社"贩卖物品必须与伪县联交易。具体流程为：伪县联动员乡村"合作社"理监事或直接派员实地调查社员的农产品产量和可能贩卖量；据调查结果签订书面出卖契约，数量以社员个人为单位，"合作社"全体负其全责，一旦签约，须严格履行；收获前，依社员大会决议，将"合作社"之出卖契约书呈交伪县联；随后，按契约"指导""合作社"共同收货；在伪县联或办事处间，贩卖品的少量搬运及保护，尽可能由社员担任。② 在实际中，与"合作社"同时担任基层收购任务的还有采运社。为避免冲突，或规定"合作社"和采运社的收购比例，或划分职能，由"合作社"负责收购，由采运社负责从产地到铁路沿线的运输。

　　关于"合作社"收购农产情况，据局部调查，河北正定伪县联 1942 年收买的农产物总价为 1206267.17 元。其中，小麦 6152245 斤，作价

---

① 《民国三十二年度山东省（兖济道、曹州道除外）杂粮收买要纲》（1943 年 10 月）、《民国三十二年度鲁西地区（兖济道、曹州道）杂粮收买要纲》（1943 年 10 月），载中央档案馆、中国第二历史档案馆、河北省社会科学院编《日本侵略华北罪行档案：损失调查》，第 368~371、362 页。

② （伪）华北合作事业总会指导局指导科编《乡村合作社须知》，第 23、15~16、28 页。

111

44359.18 元；细实棉 1967170 斤，作价 1043349.43 元；棉实 1230054 斤，作价 110703.06 元；粟秆 522612 斤，作价 5700.33 元；木柴 10802 斤，作价 212.07 元；蜂蜜 1447 斤，作价 1943.10 元。[①] 山西永济伪县联贩卖股承办粮食、棉花、油料、土特产等的收购，1942～1944 年每年收账（不付款）与收购上缴的粮食约 2000 万斤（主要为小麦）、棉花皮棉约 300 余万斤。[②] 山西绛县 1940 年至 1945 年 8 月由"合作社"收缴小麦 2000 多万斤，收购棉花 400 万至 500 万斤。[③] 山西阳城县"合作社"1942 年设东关贩卖所，收买药材（菖蒲、连壳）、生漆、花椒、黄丝、干柿、蚕茧、石炭等。[④]

那么，整个华北敌占区农产品收购情况如何？"合作社"在其中发挥了多大作用呢？据相关统计，从 1940 年至 1943 年，日伪在华北共收买稻谷 12.3 万吨、小麦 99.7 万吨、棉花 565.2 万担。占生产数量的比例，稻谷历年均在 16%以下，小麦更低，每年不足 4%，棉花在 51.1%至 63.8%之间（见表 3）。若与计划收购数量相比，以 1943 年为例，则华北稻子完成 68.2%，小麦完成 55.8%，杂粮完成 78.9%，棉花在河北省完成 20.7%。小麦收购中，各省完成计划比例分别为，河北 40.7%、河南 43.8%、山东 32.7%、苏淮地区 76.7%，总计三省一区完成 54.1%。至于"合作社"收买数量占收买总量的比例，同年度情况为，河北 75.5%、河南 81.7%、山东 26.5%，其余均由采运社完成。[⑤] 由上可知，日伪收购农产的结果总体是失败的，不仅占生产量的比例不高，也没有完成收购计划。但亦可看出，"合作社"在河北、河南等部分省份发挥了主要作用。

---

① （伪）华北合作事业总会调查科编《河北省正定县合作社联合会经营概况》，该科 1944 年，第 52 页。

② 张青晋：《我在日伪永济县合作社之见闻》，载中国人民政治协商会议山西省委员会文史资料研究委员会编《山西文史资料》（第 56 辑），山西文史资料编辑部，1988，第 135～136 页。

③ 《日伪绛县合作社》，载董寿安主编《日军侵华河东罪行纪实》（下），中共中央党校出版社，2006，第 547 页。

④ 中共山西省委党史办公室、中共晋城市委党史研究室编《抗日战争时期山西人口伤亡和财产损失课题调研成果丛书·晋城卷》，山西人民出版社，2010，第 206 页。

⑤ 〔日〕浅田乔二等：《1937～1945 日本在中国沦陷区的经济掠夺》，袁愈佺译，复旦大学出版社，1997，第 31、38、42、43 页。

表3 1940~1943年华北敌占区主要农产品生产数量及日伪实际收买数量

品种	年度	生产数量（A）	收买数量（B）	收买率（B/A）（%）
稻谷（千吨）	1940			
	1941	251	40	15.9
	1942	284	39	13.7
	1943	299	44	14.7
小麦（千吨）	1940	7142	273	3.8
	1941	6873	271	3.9
	1942	6941	205	3.0
	1943	7184	248	3.5
棉花（千担）	1940	1797	918	51.1
	1941	3036	1929	63.5
	1942	3006	1918	63.8
	1943	1493	887	59.4

资料来源：〔日〕浅田乔二等《1937~1945日本在中国沦陷区的经济掠夺》，袁愈佺译，第31页。

从1942年起，"合作社"收买农产，同时担负着实现日军华北物价对策的职能。农产收购价完全由伪华北物价处理委员会或伪华北物资物价处理委员会议定，不仅远远低于市价，亦低于生产成本。1942年，河北省6种粮食作物的伪官方价格仅及市场价的17.5%至44.0%（见表4）。1943年，华北9种农作物的伪官方价格仅及市场价的27.5%至52.69%（见表5）。据局部调查，则有作价更低的。如1942年秋长治敌人强迫人民每亩交谷子5斗，每斗8毛。[1] 1943年敌伪在山东蓬莱强征苞谷30万斤，每斤2毛5分，而当时城市居民买豆饼的市场价高达每斤1.45元。[2]

表4 1942年河北省敌占区农产品统制收买价与市场价对照

单位：伪币元/100公斤，%

名称	小麦	小米	玉米	红粮（黍）	黑豆	绿豆
统制价格（A）	165	139	129	85	115	137
市场价格（B）	438	375	293	257	307	333
市场价格（C）	625	625	493	486	533	560

[1] 《华北敌伪吃人计划》，《新华日报》（华北版）1942年10月19日。

[2] 《在敌伪的掠夺下敌占区粮荒愈重》，《新华日报》（华北版）1943年4月17日。

续表

名称	小麦	小米	玉米	红粮（黍）	黑豆	绿豆
A／B	37.7	37.1	44.0	33.1	37.5	41.1
A／C	26.4	22.2	26.2	17.5	21.6	24.5

注：市场价格（B）为 1943 年 10 月 17 日市价，市场价格（C）为 1944 年 2 月 9 日市价。

资料来源：天津市档案馆等编《天津商会档案汇编》（1937～1945 年），天津人民出版社，1997，第 1261 页。

表5　1943 年华北敌占区农产品统制收买价与市场价对照

单位：伪币元/100 公斤，%

名称	小麦	小米	玉米	高粱米	高粱	秾子	花生米	棉花	豆类
统制价格（A）	165	139	129	109	85	125	185	300～400	129～137
时价（B）	600	320	300	270	200	300	400	800	260～300
A／B	27.5	43.44	43	40.37	42.5	41.67	46.25	37.5～50	43～52.69

资料来源：谢培杰《敌伪控制下的"合作社"》，《新河北月刊》第 1 卷第 2 期，1945 年 4月，第 34 页。

由于农产品官价远低于市价，因此，名为"收购"，实为强制性征购。每到收获季节，由"合作社"与伪政府机关、伪新民会共同组织"收买班"，携带敌伪军下乡，强行向农民摊派，以官价收购。时人描述其收购时之实况："行踪所至，十室九空，人畜沸腾，甚者坐以勾串共匪、囤积物资之罪名，横加杀戮。"①

（三）"合作购买"与物资配给

日伪"合作社"在成立之初，就向农民销售日货，但承办农民必需品购买并对农民普遍实行物资配给制，则始于 1941 年底第三次"治强运动"及伪华北合作事业总会成立。伪总会成立后，把为会员合联会进行购买斡旋作为其主要业务之一；② 伪省联根据生产部门或各组合分配的数量计划各市县的分配数量，再通知各部门按计划直接发运各地；结算手续为伪省联对供货部门，伪市县联对伪省联，伪省联抽取手续费；与贩卖业务类

① 谢培杰：《敌伪控制下的华北合作社》，《新河北月刊》第 1 卷第 2 期，1945 年 4 月，第 34 页。

② 《华北合作事业总会之业务报告》（1942 年 10 月 21 日），载居之芬主编，中国抗日战争史学会、中国人民抗日战争纪念馆编《日本对华北经济的掠夺和统制——华北沦陷区资料选编》，第 745 页。

似，经营购买业务时，与乡村"合作社"直接发生关系的亦为伪县联。1942 年以前主要通过交易所进行。

自 1943 年，"合作社"成为伪政府向农民实施物资配给的行政机关。伪总会进而规定，乡村"合作社"社员购买"合作社"办理项目内之购买品必须向"合作社"购买，"合作社"购买物品必须与伪县联交易。具体流程为，由"合作社"调查社员的生产资料和生活必需品需求量，依照社员—组长—"合作社"—伪县联之顺序提出购买申请。伪县联根据出资契约和履行情形，对照前项申请和既有调查，予以严格审核，然后集货于"合作社"，由"合作社"对社员进行配给，必要时，伪县联派员协助。配给依照伪县联—"合作社"—社员的顺序进行。交易以现款为原则，亦可实行通账或票制。价格一般按照伪省联规定，货物由社员自己到仓库搬运。要求"合作社"严防购买品流入边区，并根据治安及社员动向，随时限制及停止配给物品。①

据各地调查来看，伪山西省永济县联购买股，承办布匹、食盐、煤油、火柴、糖类、纸烟、石炭等民需物资的配给。以户按人发给物资配给证，各户按月凭证到各所在地区的购买股门市部照数购买。但实际购买情况往往是"有则买之，缺则待货，逾期不补"，所有物资（如布匹、煤油等）"皆赝品、次品"。② 山西省绛县"合作社"规定，每股 2 元，每户至少 1 股。交钱入股者，由"合作社"发给购买证。证件上填写户主、人口和住址，与警察所配合，同户口一样，一月登记一次。各户也是凭证按月购买，食盐配给量为大人 4 两 8 钱、小孩 3 两 6 钱，火柴为每户 5 盒。购买时，各村依次排队，逐户购买，不准顶替代购。若是婚丧嫁娶，须填户口迁移表，由村长和"合作社"理事出具证明，经指导官批准方可增供一点食盐。一些穷困户入不了股，就吃不到盐。即使入股领到购买证的人，也很难满足需要。购物之难，从"合作社"购买部门前可见一斑："时常拥挤许多人，争先购买，合作社又迟迟不予发放。日本兵、警备队及合作社人员都来维持秩序，不是骂就是打，有时还乘机抓人。人心惶惶，终日不安。"不仅如此，甚至"有的人几天都买不到东西，就是买到一点，也

---

① （伪）华北合作事业总会指导局指导科编《乡村合作社须知》，第 23~24、15~16、29 页。

② 张青晋：《我在日伪永济县合作社之见闻》，载中国人民政治协商会议山西省委员会文史资料研究委员会编《山西文史资料》（第 56 辑），第 135~136 页。

用不了几天。有时，一个冬天，一个人只配给一斤咸菜……"[1] 伪河北省正定县联配给的物品包括石炭（煤）、食盐、火柴、石油、杂谷、水车、农具、砖、石灰、洋灰、硫铵、杂货、芦席等。1942 年配给物品合计2052997.90 元（具体情况见表6）。配给办法为，食盐每口每月 1 斤，遇团体或婚丧等事时，依申请额勘定；火柴每月每社员以 1 包为原则，来源不畅时酌减；石炭依社员家族人口数分配，1 至 4 人每月 100 斤，5 至 8 人每月 150斤，9 至 12 人每月 200 斤，13 至 20 人每月 300 斤，20 人以上 350 斤。[2]

表 6 1942 年伪正定县联配给情况

品目	数量	金额（元）	品目	数量	金额（元）
石炭	94358888 斤	961564.09	砖	1997530 块	54418.01
食盐	4704214 斤	835729.66	石灰	940395 斤	9065.24
火柴	276789 包	55021.25	洋灰	38 袋	627.00
石油	16982.5 斤	14047.57	硫铵	69500 斤	28072.65
杂谷	63547 斤	16522.22	杂货	—	50064.11
水车	62 台	16665.70	芦席	6000 张	6600.00
农具 7	3090 件	4600.40	合计	—	2052997.90

资料来源：（伪）华北合作事业总会调查科编《河北省正定县合作社联合会经营概况》，第63 页。

不仅日用必需品实行配给，即便是农民自产的粮食也实行配给。敌占区农村普遍的配给量为每日每人 6 至 12 两，3 岁或 6 岁以下、50 岁或 60岁以上，均不予配给。[3]

对农民进行生活必需品配给与向农民低价征购农产品这两项业务是密切相关的。其一，用于办理地方配给的粮食仅为"合作社"收购粮食的一小部分。如河北省 1942 年、1943 年由"合作社"收购的粮食，4/5 用于供给日军，只留存 1/5 办理地方配给。再加上一些汉奸于办理配给时"营私舞弊，掺糠使假"，实际配给量更少。[4] 其二，日用必需品配给与农产品

---

[1] 《日伪绛县合作社》，载董寿安主编《日军侵华河东罪行纪实》（下），第 549 页。

[2] （伪）华北合作事业总会调查科编《河北省正定县合作社联合会经营概况》，第 64 页。

[3] 彭德怀：《开展全面对敌经济斗争》（1942 年 3 月），载魏宏运主编《抗日战争时期晋察冀边区财政经济史资料选编》（总论编），南开大学出版社，1984，第 458 页。

[4] 谢培杰：《敌伪控制下的华北合作社》，《新河北月刊》第 1 卷第 2 期，1945 年 4 月，第34 页。

收购在量上挂钩。如山西省各县"合作社"按收购粮食的成数配给社员日用品，所占份额 1942 年为 60%、1943 年为 40%、1944 年为 30%。[①] 可见收购多而配给少，且配给量逐年减少。再加上农产品作价低而工业品作价高，实际又多一重剥削。其三，不论是物资配给还是征购农产，主要业务均由伪县联操控。乡村"合作社"名义上被日伪赋予"农家必需物资的统制配给和农产品统制收买的末梢细胞组织"的机能[②]，但实则并不具有真正意义的单位社属性。乃至伪新民会中央总会教化部亦承认，乡村"合作社"为"县联合会之资金借受团体、贩卖品装卸团体、购买品配给团体"，更类似于后者的"下部组织"；而伪县联"在实质上盖带有单位合作社之性格"。[③] 这一特点与"合作社"为日本侵华之国策机关而非真正意义的农民组织有直接关系。其四，农产收购"多"与物资配给"少"本质相同，都是为了竭力压榨民众，尽力为日军提供更多的物资。

结 语

综上所述，华北"治安战"持续 8 年之久，经济战始终为其中的重要一环。其间，敌占区的"合作社"及其交易场（所）、仓库被大力普及，并通过开展各种业务参与农业增产、经济封锁、平抑物价、物资配给等政策的实施，充当了日军统制与掠夺华北敌占区农村经济的重要工具。此外，"合作社"亦一定程度上参与了武力战、政治战、思想战，如在第五次"治强运动"中就被视作运动的"中枢体"[④]。因此，"合作社"实质上也是日伪对占领区民众进行直接控制并使之全面服务于日本侵略政策的工具。这些作为其罪恶计划的重要内容，还需要我们进一步揭发与清算。

事实上，华北"治安战"并没有使敌占区实现所谓的"治安"。据《解放日报》载，在第五次"治强运动"期间，"敌占区的人民，不管农民地主或商人，都痛切感到'活不下去了'！全村逃亡、全家自杀的事件，

① 侯亮亭：《伪山西省合作社联合会前后》，载中国供销合作社史料丛书编辑室编《中国供销合作社史料选编》（第 3 辑），第 862 页。
② 国立北京大学附设农村经济研究所：《日中事变爆发后华北农产物流通过程的动向》，该所 1943 年，第 161 页。
③ （伪）新民会：《华北合作社之性格》，伪新民会中央总会教化部编辑室 1941 年，第 3 页。
④ 少力：《第五次治安强化运动与华北合作运动》，《华北合作》第 8 卷第 6 期，1942 年 10 月，第 6 页。

近来不断发生"，以致于"自动不'维持'，自动破路和帮助我军（八路军）的出击等，更比过去踊跃"，甚至"伪组织人员中'暗抗日'者也在逐渐增加"。① 可见，在敌人的压榨下，敌占区民生不安，各阶层中国人被逼向了绝路甚至"反路"。

华北"治安战"更没能使根据地屈服。1941年至1942年华北抗日根据地出现严重的困难局面，面积缩小，人口减少，兵力下降，财经困难，此与天灾有关，更与日伪"总力战"相关。为此，根据地实行了整风、大生产、减租减息、精兵简政、三三制政权建设等一系列政策，并一次次粉碎敌人"扫荡"，打破敌人的"蚕食"和分割封锁。就反对敌人第三次"治强运动"中的经济封锁而言，根据地一方面以武装宣传队到敌占区和游击区开展政治宣传，揭露敌人的阴谋，镇压死心塌地的汉奸；一方面开展军事、经济、政治相结合的群众性反封锁斗争。在根据地边缘，破坏敌人交通线和封锁沟墙。在根据地内，加强金融和市场管理，打击伪币，提高边币地位，加强内外贸易，秘密购进敌占区重要物资，严禁敌占区奢侈品和非必需品输入，严禁粮、棉、油等重要战略物资流入敌占区。在收获季节，组织群众快收快打快藏，打击敌人武装掠夺和利用奸商套购根据地物资的活动。更重要的是发展生产、厉行节约，加强经济建设。② 根据地还利用群众性合作社或互助劳动方式，开展救灾渡荒与对敌斗争。如北岳区在1942年冬至1943年初，利用合作社开展生产运销以救灾渡荒。1943年，放弃反经济封锁中的被动防御政策而采取主动进攻政策。从雁北、晋东北收购粮食运往平汉路、正太路沿线敌占区专卖出口，打击伪币；由冀西吸收敌占区棉花，途经北岳区时，进行合作纺织、运销，运往晋东北雁北交换粮食，进而打开晋西北、察南、绥远市场。③ 太行根据地在1942年10月到1943年6月，实施以工代赈。组织灾民运输合作社，把粮食调剂、西米东运与对敌粮食斗争相结合，组织妇女纺织合作社或纺织小组，组织劳力从事集体开渠修滩，组织春耕并帮助群众解决困难。1943年夏秋，组

---

① 《敌寇"五次治强运动"》（社论），《解放日报》1942年11月23日。
② 《日伪历次治安强化运动的实施及其被打破的概况》，载中央档案馆、中国第二历史档案馆、吉林省社会科学院合编《日本帝国主义侵华档案资料选编：华北治安强化运动》，第33~34页。
③ 宋劭文：《当前对敌经济斗争的方针》（1943年2月），载魏宏运主编《抗日战争时期晋察冀边区财政经济史资料选编》（总论编），第544~547页。

织群众担水浇苗、抢种补种、采野菜、大量种麦。1944 年，动员群众和党政军民机关团体集体打蝗。在生产救灾中，部队不仅自己生产，还帮助群众生产。① 总之，经过艰苦斗争，华北各根据地战胜了严重困难，抗战形势逐渐好转，日伪扼杀根据地的企图最终落空。

The "Cooperatives" of Japanese Puppet in the "Public Security War" in North China

Xu Yongfeng, Yue Qianhou

Abstract: The "Public Security War" carried out in North China during the period of Japan's overall invasion of China was a "total forcewar". Economic warfare was an important part of it, especially after the outbreak of the Pacific War. During this period, the Japanese puppet regime vigorously popularized the so-called "cooperatives" and their affiliated trading venuesand warehouses in the occupied areas. "Cooperatives" played important roles in economic warfare by carrying out business operations and implementing policies such as increasing agricultural production, economic blockade, stabilizing prices, and material rationing, and exerting strong control and cruel plunder over the rural economy in enemy occupied areas; In addition, they also serves as tools for military warfare, political warfare, and ideological warfare to a certain extent. However, the "public security war" in North China did not achieve the so-called "public security" in enemy occupied areas, nor did it achieve the goal of strangling the anti Japanese base areas. A systematic study of this issue will further deepen our understanding of the aggressive crimes committed by Japan in North China.

Keywords: "Cooperatives"; "Public Security War"; Economic Blockade; Stabilizing Prices; Material Rationing

---

① 《太行区四二、四三两年的救灾总结》（1944 年 8 月 1 日），载河南省财政厅、河南省档案馆合编《晋冀鲁豫抗日根据地财经史料选编》（河南部分）（二），档案出版社，1985，第 136~164 页。

日伪经济统制与奉贤的地权
变动（1937～1945）[*]

——以土地纠纷案为中心的考察

桂　强^{**}

摘　要： 抗战时期的土地问题，目前已有较多的研究成果，但主要集中于抗日根据地，而对于沦陷区的地权变动则研究得相对较少，但是日伪政府的经济统制政策也影响了沦陷区的地权变动。本文主要以奉贤土地纠纷案来考察地权变动的逻辑及其趋势。从变动的逻辑上看，首先是日伪政府战时财政政策带来的通货膨胀和币制变动，使得土地回赎成为常态。其次，日伪政府的米粮统制政策，造成了白米购买力的上升，从而直接导致了业主退佃自种。从变动趋势上看，首先，土地回赎对于奉贤土地所有权的影响非常有限。其次，退佃从抗战时期的各省土地调查来看，导致了自耕农数量的增加。

关键词： 抗战时期　日伪经济统制　地权变动　奉贤土地纠纷案

抗战时期的土地问题，目前已有较多的研究成果，但主要集中于中共领导下的抗日根据地的地权变动状况，^① 而对于沦陷区的地权变动则研究

---

*　本文系上海哲学社会科学基金年度项目"日本侵华对江南经济的破坏研究（1937～1945）"（项目编号：2023ZLS003）阶段性研究成果。

**　桂强，上海师范大学马克思主义学院讲师，研究方向为中国近现代经济史和抗日战争史。

①　相关研究有王先明《晋绥边区的土地关系与社会结构的变动——20世纪三四十年代乡村社会变动的个案分析》，《中国农史》2003年第1期；王友明《抗战时期中共的减租减息政策与地权变动——对山东根据地莒南县的个案分析》，《近代史研究》2005年第6期；李柏林《减租减息与淮北抗日根据地乡村社会的变迁》，《抗日战争研究》2006年第2期；张翠莉《减租减息政策下晋察冀抗日根据地地权及阶级结构的变动——晋察冀抗日根据地社会变迁研究之一》，《中共山西省委党校学报》2008年第4期；（转下页注）

得相对较少。① 那么，沦陷区的地权在战时是否发生了变动，如果有，地权变动的逻辑与趋势又是什么？就奉贤来看，在日伪政府的经济统制政策的影响下，地权关系发生了明显变动。因而，本文主要通过奉贤土地纠纷案来探讨战时经济下地权变动的逻辑及趋势。通过对土地纠纷案的整理可以发现，这一时期地权变动主要集中于回赎与退佃。

沦陷时期，奉贤行政区划变动频繁。1937 年奉贤沦陷，初属于伪上海大道市政府。1940 年 6 月至 1942 年为伪上海特别市奉贤区。1942 年至 1944 年，为伪上海特别市奉贤特别区。1944 年至 1945 年，为伪上海特别市奉贤县。

一　抗战前的地权交易形式及其习惯

分析战时奉贤土地变动的机制及其趋势，需先交代战前奉贤所在苏南地区的地权交易形式及其习惯。战前农村的地权交易十分活跃，苏南地区更是如此。谢小娟等曾对清代太仓地区土地买卖行为进行了研究。作者从南京博物院找到了 500 多件清代太仓地区土地买卖契约文书，时间跨度为170 余年。那么，为什么会有频繁的土地买卖？在作者的分析中，大约有以下几点具体原因，如"为因钱粮无措""因历欠新陈租籽无措""因老母病故"等。②

另外，地权交易形式众多，正如龙登高所说，"地权交易形式多种多样，各有特点，相互关联，形成'胎借—租佃—押租—典—抵押—活卖—绝卖'层次分明且具有内在逻辑的地权交易体系"。③

我们首先来看典、活卖、绝卖，这三种地权交易形式都与回赎案件有关。典是指"地权所有者出让约定期限的土地控制权与收益权，获得现金

（接上页注①）张文俊《革命乡村阶级结构与土地关系之嬗变——以晋绥边区西坪村为例》，《兰州学刊》2009 年第 10 期；岳谦厚、张文俊《晋西北抗日根据地的"中农经济"——以 1942 年张闻天兴县 14 村调查为中心的研究》，《晋阳学刊》2010 年第 6 期；王志芳《抗战时期晋绥边区农村经济研究》，博士学位论文，山东大学，2012；李军《抗战时期晋绥边区地权流动与社会动员研究》，硕士学位论文，山西大学，2020。

① 李淑娟：《日伪统治下的东北农村》，当代中国出版社，2005。

② 谢小娟、周怀东：《清代太仓地区卖田契研究》，《农业考古》2021 年第 1 期。

③ 龙登高：《中国传统地权制度及其变迁》，中国社会科学出版社，2018，第 52 页。

或钱财，期满之后，备原价赎回"①，活卖是指"土地所有权的转让，但保留回赎优先权"②，绝卖是指"土地所有权或占有权的最终出让，原主不能回赎和找价，但事实上原主央求找价的现象仍不时可见"③。值得强调的是典与活卖的异同。典与活卖的区别在于活卖是发生了所有权的转移，而典并非发生所有权的转移。因而，典与活卖表面上有相似之处，但区别也是明确的。④ 典与活卖也有共同之处，即契约规定原主保留对土地回赎和找价的权利。这是一种体制上的安排，以保护那些被迫出售自己土地的弱势群体。⑤ 清代和民国法律对回赎都有相关规定。《大清律例》中规定，"卖产立有绝卖立契，并未注有找贴字样者，概不准贴赎"，"如约未载'绝卖'字样，或注定年限回赎者，并听回赎"。⑥《民法物权法编》第923条和924条分别规定："典权定有期限者于期限届满后，出典人得以原典价回赎典物。""典权未定期限者，出典人得随时以原典价回赎典物。"⑦ 正是这种土地交易习惯，才使得战时土地回赎成为可能。据目前大量学者的研究我们可以了解到，"回赎找价"现象在全国范围内广泛存在，而上海、福建及江南地区情况则更加明显。⑧

值得注意的是，由于在活卖和典两种地权交易形式中，均可发生回赎现象，回赎并不一定意味着土地所有权的转移。这就需要仔细分辨到底是典还是活卖。苏南"南汇县习惯，活买田亩，买主亦皆以过户承粮为必要"⑨。由此可见，过户与承粮为南汇县土地活卖的重要特征。这一特征在下文奉贤土地纠纷案中也有体现。过户自不必多说，需要关注的承粮，也就意味着在交易中如果发生了税赋的过割，也就是活卖而非典。区分这一

---

① 龙登高：《地权市场与资源配置》，福建人民出版社，2012，第52页。
② 龙登高：《地权市场与资源配置》，第86~87页。
③ 龙登高：《地权市场与资源配置》，第70页。
④ 龙登高：《地权市场与资源配置》，第69~70页。
⑤ 龙登高：《地权市场与资源配置》，第69页。
⑥ 马建石、杨育棠主编《大清律例通考校注》，中国政法大学出版社，1992，第436页。
⑦ 徐百齐编《中华民国法规大全》第1册，商务印书馆，1936，第77页。
⑧ 安劢凡：《明清"找价回赎"问题研究概述——以岸本美绪的研究为线索》，《广东学刊》2017年第7期。
⑨ 南京国民政府司法行政部编、胡旭晟等点校《民事习惯调查报告录》，中国政法大学出版社，2000，第191页。

点对于探讨地权变动具有重要意义。① 另外，也要注意区分活卖与绝卖，如苏南丹徒县活卖田产习惯，"卖主仍写绝卖文契，另由买田之人出一放赎据约，交与卖主收执，以为赎田之据"②。

其次再来看租佃这种土地交易形式，这主要与退佃案件有关。租佃是指"土地使用权在约定期限内的交易"③。租佃制度在中国相当发达。地主和富农虽然占有大量的土地，但是大多时候并不直接耕种，而是将土地出租给无地或少地的农民，通过收租实现土地收益。据北洋政府商务部统计，1917 年到 1921 年间，佃农占农民总数均在 40%~50%。周锡瑞估计全国有 42%的出租土地。还有学者认为在全国范围内，大约 40%的耕地是由地主出租的，大约 30%的农户是纯粹的佃户，大约 20%的农户需要租种土地。④ 当然，租佃制度在南方比北方更为发达。江苏省亦是如此。1933 年行政院农村复兴委员会的调查显示，"江苏的租佃关系，大致说来，江南较为发达，江北则与华北近似，自耕农占优势……至常熟则除富农外，中农及贫农几乎全是半自耕农及纯粹佃农，租佃关系高度发达，正代表了江南的一般情形"⑤。苏南各县租佃率也略有差异。1914 年的调查显示，溧水县较低，只有 25.2%，昆山县较高，达到了 93.62%。但是从总体上看，1914 年苏南租佃率在 50%左右，具体情况如表 1 所示。1934 年国民政府土地委员会的调查也显示，苏南 12 县大约有 42.33%的是出租土地。⑥

表 1   1914 年苏南各县佃入田占土地总数统计

单位：%

县别	佃入田占土地总数比例	县别	佃入田占土地总数比例
无锡	74.71	吴江	41.76

① 然而也并非所有地方典和活卖在地权交易后税赋过割上有明显的差异，吴秉坤对此有过相关的研究。他通过对徽州田宅契约进行研究进而认为，"'活卖'与'典'是中国传统社会两种不同性质的可回赎性田宅交易方式，但是否割钱粮赋税并非二者的区别特征。之所以会同时存在两种可回赎交易，其原因在于二者的来源不同，'活卖'来源于'卖'，而'典'来源于借债担保"。参见吴秉坤《再论"活卖"与"典"的关系》，《黄山学院学报》2012 年第 1 期。

② 南京国民政府司法行政部编、胡旭晟等点校《民事习惯调查报告录》，第 209 页。

③ 龙登高：《地权市场与资源配置》，第 77 页。

④ 刘海军：《战后苏南"二五减租"的困境》，硕士学位论文，南京大学，2011。

⑤ 行政院农村复兴委员会编《江苏省农村调查》，商务印书馆，1934，第 43~44 页。

⑥ 《全国土地调查报告纲要》，土地委员会 1937 年编印，第 36 页。

续表

县别	佃入田占土地总数比例	县别	佃入田占土地总数比例
句容	33.33	太仓	32.33
溧水	25.2	昆山	93.62
高淳	47.17	南汇	38.99
武进	27.78	江阴	43.46
溧阳	38.76	宜兴	51.99
金坛	60	川沙	40.01
奉贤	47.23	宝山	39.99
青浦	54.6		

资料来源：《江苏省实业行政报告书》，江苏省行政公署实业司1914年编印，第40～46页。

　　另外，就租佃期限而言，大致可以分为永佃、定期租佃和不定期租佃三种。永佃权广泛地存在于南方的江苏、浙江、江西、安徽、福建等省。1936年国民政府土地委员会和实业部调查显示，浙江、江苏、安徽永佃权土地所占比例最大，平均占佃入土地总数的38%。[1] 苏南永佃权的土地占比可能更高于平均水平。1952年中共苏南区党委农村工作委员会的调查显示，无锡、吴县、昆山、常熟、太仓、青浦、金山、奉贤、嘉定、上海、川沙、武进、江宁、高淳、丹徒、句容、江阴等苏南各县市都广泛分布有永佃权的租田，其中以中部地区为最多，无锡、常熟、吴江和无锡东北部，永佃权土地占佃入土地总数的80%左右。[2] 这是苏南租佃关系的特点之一。不过，永佃权的存在使得地主撤租变得非常不易。曹树基等在研究传统地权结构时，将江南地区的租田按性质分为"普通租田""永佃田""相对的田面田""公认的田面田"。他指出普通租田租期短，可以撤佃；永佃田租期长，在理论上如果拖欠地租较多，可以撤佃；相对的田面田租期长，虽然"理论上可能因欠租而夺佃，不过，撤租之困难使得其与一般的'永佃'有所区别"；公认的田面田租期长，不可撤佃。[3] 由于永佃撤佃不易，1927年浙江实行二五减租后，嘉兴地区地主遂将田面权改为押租，

---

① 乌廷玉：《中国租佃关系通史》，吉林文史出版社，1992，第215页。
② 《苏南土地改革文献》，中共苏南区党委农村工作委员会1952年编印，第514页。
③ 曹树基、刘诗古：《传统中国地权结构及其演变》，上海交通大学出版社，2014，第59～60页。

永佃也改为定期租佃。① 朱红梅的研究也表明 1927 后在嘉兴地区，最为通行者为定期租佃。定期租佃通常的年份不会超过 10 年，通常以 3 年、5 年、10 年为界。不定期租佃大多只是口头约定，没有签订租约，并且以一年为最低租佃期限，地主可随时收回自种，或另招佃户。她认为短租或不定期租佃形成的原因，与二五减租有关。② 但是位于江苏省的奉贤县，从下文的纠纷案中也可看见，其租佃期限也与嘉兴地区有类似的特征，存在时间较短的定期租佃。其中原因有待于进一步研究。不过，时间较短的定期租佃也使得退佃成为可能。

二　战时财政与回赎

（一）战时财政及其影响

1937 年抗战全面爆发，中日双方均实施了战时财政政策。国民政府财政收入减少，但是战时支出却不断增长，造成了财政赤字急剧上升。因此，法币的发行量以几何级数的速度增加。在国民政府增发法币的同时，日伪政府也发行了大量的货币。太平洋战争以后，日本政府开始实行对华新政策，用中储券取代法币，并以中储券回收军票，从而实施华中货币统一的计划。自此计划推出后，中储券的发行量也与日俱增。1941 年 5 月 3 日，发行量仅为 45101446 元。到 1945 年 8 月底，发行量增至 4661847351800 元。③ 另外，除法定货币外，抗战时期民间货币的大量发行，进一步增加了通货膨胀的程度。④

货币发行量的不断增加，导致物价持续上涨。经济学界经常用物价指数来衡量通货膨胀或紧缩状况。本文选择战时上海市批发物价指数来反映奉贤民众所感受到的通货膨胀程度。

---

① 曹树基、刘诗古：《传统中国地权结构及其演变》，第 59 页。
② 朱红梅：《20 世纪 40 年代后期浙北地方政府与佃业纠纷：以嘉兴、海盐为例》，硕士学位论文，华东师范大学，2016。
③ 《第六、七年倭寇经济侵略》，中央调查统计局特种经济调查处 1945 年编印，第 75 页；《第五年之倭寇经济侵略》，中央调查统计局特种经济调查处 1943 年编印，第 90 页。
④ 抗战时期，在上海郊县的市场上常可以见到一种远期支票。据《申报》记载："此类远期支票，有的是当地行庄，有的竟是在上海，时期差一两个月是不算稀奇的。发行的主人，大抵是那般透支者，他们到街坊上购物，经常给支票一张，余下的零头，尚须叫店家找还。"《南汇近貌》，《申报》1945 年 7 月 18 日。

抗战爆发后，上海市场上批发物价指数一直上涨，1938 年上涨幅度相对缓和，物价指数仅为 114.6，与 1937 年相比，还略有下降。但自 1940 年以后，物价开始快速上涨，到抗战胜利前夕，上海的物价指数已上涨至 8640000，与 1937 年相比，上涨了约 7 万倍（见表 2）。上海市的物价指数直观地反映了奉贤物价上涨和通货膨胀的情形。

表 2　1937～1945 年战时上海批发物价指数

年份	物价指数
1937	124.1
1938	114.6
1939	307.5
1940	652.8
1941	1597.8
1942	4949
1943	17602
1944	250970.6
1945	8640000

注：1937～1944 年的物价指数均为各年 12 月份之指数，1945 年的物价指数为 8 月份之指数。

资料来源：中国社会科学院上海经济研究所《上海解放前后物价资料汇编（1921～1957）》，上海人民出版社，1958，第 47 页。

通货膨胀往往会造成财富在不同阶层之间的流动。萨缪尔森（Panl A. Samuelson）等提出："不可预期的通货膨胀会将财富从债权人手中再分配给债务人，也就是说，通货膨胀往往有利于债务人而有害于债权人。"[1] 曾任四川大学教授的张和光家的情况就是一个例证："那段时间物价飞涨，粮价翻了几倍，有不少家庭欠了债务，现在由于粮价翻了几倍，很快就从债务中解脱出来，我父亲大致欠了几千元的债，一下子就还清了。"[2]

另外，前文已经提到，太平洋战争爆发以后，日本政府开始实行对华新政策，以中储券取代法币。同时也约定了契约中法币与中储券兑换原则。1942 年 3 月 30 日，汪伪财政部钱字第二号布告第三条规定，"凡在民国三十一年三月三十日以前所签订之契约未经特别约定者，应以旧钞计算

---

[1] 〔美〕萨缪尔森、诺德豪斯：《经济学》，萧琛译，商务印书馆，2014，第 708 页。

[2] 张和光：《秉笔直书记生平》，转引自张杨《战时财政扩张与租佃制度变迁：以川西地区为例（1937～1945）》，《抗日战争研究》2017 年第 2 期。

支付"①。同年5月31日，钱字第七号布告第四条规定，"凡以旧币单位订立或约定之债权债务，应以旧币二对一之比率改为中储券单位处理之"②。此项规定与通货膨胀所带来的影响一样，有利于债务人，不利于债权人。

此外，持续的通货膨胀导致了土地价格的上涨。抗战前，江浙地区土地价格大都在每亩100元以下。但是全面抗战爆发后，随着通货膨胀程度的加深，土地价格也越发高涨。如1932年时，嘉兴土地价格每亩仅30元。到1942年，涨至250元，与1932年相比，上涨了7倍多。1943年，土地价格进一步涨至每亩1133元，与1932年相比，上涨了约37倍（见表3）。总而言之，主要是日伪政府的战时扩张性财政政策刺激了土地回赎的发生。

表3　江浙地区土地价格统计

单位：元

地区	地价	年份
松阳	45	1931
富阳	80	1931
淳安	50	1931
青浦	60	1932
奉贤	40	1932
太仓	52	1932
嘉兴	30	1932
嘉兴城郊	250	1942
嘉兴城郊	1133	1943
杭县	65	1932
杭县临平乡	183	1942
杭县临平乡	1400	1943
句容	50	1932
句容县第一区	133	1942

---

① 《伪上海特别市社会局训令一》（1942年5月4日），载上海市档案馆编《日本帝国主义侵略上海罪行史料汇编》下编，上海人民出版社，1997，第83~84页。
② 《伪财政部布告》（1942年5月31日），载上海市档案馆编《日本帝国主义侵略上海罪行史料汇编》下编，第84~85页。

续表

地区	地价	年份
句容县第一区	2833	1943

注：1935年前以银元为计价单位，1935年至1942年以法币为计价单位，1942年后以中储券为计价单位。地价为田地的平均价格。

资料来源：《全县土地地价表》，《浙江经济调查》1931年第4期；《全县土地地价表》，《浙江经济调查》1931年第3期；《全县土地地价表》，《浙江经济调查》1931年第8期；《江苏省各县二十一年度土地价格表（1932年10月）》，《农村经济》1934年第1卷第5期；《浙江省各县地价调查表（1932年1月）》，《浙江财政月刊》1932年第5卷第3~5期；《华中农地价格调查统计》，《中国农情月报》创刊号，1944。

（二）土地回赎的发生及其逻辑

战时土地回赎频繁发生，在报纸上有大量关于土地回赎的报道，如《赎地纠葛：阿弟打兄同族不平，扭到茶馆被罚了事》[①]《赎田纠纷，发生交涉》[②]《赎田产起纠纷，老妪怒掀饭桌》[③]《不肯赎地，竟施欺侮》[④]。值得注意的是，回赎不仅发生在土地交易中，还发生在其他商品的交易过程中。如1942年，一个南京小贩因银钱周转不灵，遂以铁床等物作为抵押，向其好友借款180元，言定利息18元。等到年底，小贩准备向好友回赎抵押物，谁知由于通货膨胀过高，好友竟然背信不允回赎。[⑤]

这一时期因土地回赎所导致的司法纠纷也频繁发生。据初步统计，在奉贤司法档案中，大约有20件与之相关。具体情况如表4所示。从案件发生的时间来看，大多位于1941年后。当然这并不意味着当时的回赎纠纷仅有这么多，这与中国传统的纠纷解决机制有关，大多数纠纷都由民间自行调解。另外，诉讼在中国并不是一件容易的事。正如当时一名记者与被拒赎人交谈中所显示出来的那样。记者认为"于法可赎的田，他如果不退，可以告他，结果仍是退"。被拒赎人回应道："告，哪有这么容易？第一，感情破坏；第二，结下仇恨，比如你告保长或绅士，他可以找机会派你出钱、出力；第三，要钱用，假如真有几亩地，去了钱，赔了工，得不偿

---

① 《赎地纠葛：阿弟打兄同族不平，扭到茶馆被罚了事》，《新崇明报》1941年9月14日。

② 《赎田纠纷，发生交涉》，《海宁新报》1942年4月22日。

③ 《赎田产起纠纷，老妪怒掀饭桌》，《京报》（南京）1942年10月23日。

④ 《不肯赎地，竟施欺侮》，《新崇明报》1943年7月2日。

⑤ 《抵押铁床贷款囤货，债主背信不允回赎》，《京报》（南京）1942年11月16日。

失。告状不容易呀！"① 除此之外，案件的发生时间大多位于 1941 年后，但这并不意味着奉贤 1941 年前没有回赎的发生。奉贤区档案馆保存有民国时期全县相当完整的《赋税征额细册》，该文本记载的地籍亩分数据的形成时间分别为 1937 年和 1947 年。② 而这两个时间节点数据，正好可以反映出抗战前后奉贤地权变动状况。经查阅《赋税征额细册》发现，回赎主要集中于第一区和第二区。因此，以第二区华严乡华严菴段十三保三十九图为例，因回赎发生地权变动的地块有 22 块，但是在 1941 前的仅有 3 块，如第 1131 号地块，业主于 1937 年活典于朱树生，1940 年向朱姓赎回，移转施金福。③《赋税征额细册》中虽然未能反映所有的回赎情况，但是大体能够反映土地回赎的时间变化趋势。下文将结合司法案例来具体分析触发土地回赎的机制。

表 4　战时奉贤回赎纠纷案统计

序号	案由	时间	资料来源 （奉贤区档案馆）
1	王文祥控告方守章等赎田纠葛	1943 年	103-5-411
2	章国兴关于赎田纠葛无法调解一事控诉翁兴官等人	1944 年 12 月	103-5-412
3	郭关祥关于控告郭南生典田揩赎请求判令放赎	1943 年	103-5-492
4	卫郎卿、卫蒋氏关于被控吞没典田装伤诬告	1943 年 11 月	103-5-510
5	杜关铨关于控告陶银根、傅志英等人恃势殴辱胁迫放赎	1943 年 4 月	103-5-519
6	卫洪生关于控告卫炎全、卫潘氏伪造放赎据夺田硬种	1944 年 11 月	103-5-549
7	唐锦忠与陈江生赎典田上诉	1943 年	103-5-308
8	张顺善关于控告张金浦、张金福争赎绝卖田产	1942 年 12 月	103-5-314
9	汤进才关于上报汤金生抗违政令强赎绝田请传案调解制止回赎	1942 年 12 月	103-5-280
10	阮卫氏、阮志淮关于控诉阮唐氏揩不放赎请求吊契	1943 年 12 月	103-5-388

① 《"拒赎""告赎"各显神通》，《前线日报》1942 年 2 月 21 日。
② 1942 年，汪伪奉贤区公署为了整理田赋，利用 1937 年完成的《地籍册》编成《赋税征额细册》。战后，1947 年，国民政府奉贤县公署为了准确地征收田赋，经过调查，又对《赋税征额细册》进行修订，并且修订的数据直接在原本上进行改动。
③ 《第二区华严乡华严菴段十三保三十九图征额细册》（1947 年），奉贤区档案馆藏，档号：102-5-145。

续表

序号	案由	时间	资料来源 （奉贤区档案馆）
11	宋林美关于控告王杨氏、王沛生、王徐氏等故意违约连续侵占请求拘究扣押	1942年9月	103-5-315
12	卫紫飞关于控告季德全吞没田粮侵害产权请求传讯	1941年10月	103-5-335
13	钱镛庆关于控诉钱镛达湮灭单据谋吞田产并毁坏农作物	1943年4月	103-5-387
14	朱步行关于控告郭香泉违背契约一案	1943年8月	103-5-555
15	周伯生关于赎田纠葛请求传案依法判断	1944年10月	103-5-560
16	方文进关于无法回赎荡田并控告郭香泉淹没契据等情	1941年11月	103-5-150
17	吴关楼关于控告杨义兴欺骗吞没田地回赎	1941年8月	103-5-174
18	沈金欢关于控告沈银浦吞没活契田亩并拒绝回赎	1941年3月	103-5-186
19	朱凤祥关于控告朱云章侵害产权毁损农作物	1941年4月	103-5-179
20	徐贵生关于赎田纠葛案请求调解	1941年4月	103-3-806

案例1：张顺善关于控告张金浦、张金福争赎绝卖田产的民事诉讼状。民祖兰增公于光绪二十三、二十五年间得买同宗庆和公二亩五分暨二亩七分二处起，时值契价65000文、60000文。迄今三十年，遗传二代，今庆和公之后裔张金浦、张金福（即第一、第二被告）以目下物价高涨，币制不同，有利可图，竟提议回赎。第念既绝之田，民之产权已早确立，以此回赎，于法无据，于情不合。且钧署早鉴及此，明令制止回赎，布告皇皇，政令森严。[①]

案例2：唐锦忠与陈江生赎典田的民事上诉状。上诉人于前清光绪三十三年得买被上诉人之父陈泉忠坐落五十五图田二亩四分九厘五毫，计绝契价洋120元（在清季最好田每亩不过五十元，此田是荡田，每亩近于五十元，已达最高峰）。历年出召取租相安，惟事变以后，上诉人家内被匪窃去十余次之多，所有卖契粮串荡然无存。被上诉人见此弱点，喜溢眉表，益以年来田价飞涨，现时每亩可售2000

---

① 《张顺善关于控告张金浦、张金福争赎绝卖田产，请传讯制止给兼理司法奉贤区公署的民事诉状》（1942年12月15日），奉贤区档案馆藏，档号：103-5-314。

元，被上诉人乘此时机，串通乡长蔡裕生（现已去职），屡来要求回赎，希图重价转卖上诉人。以卖绝之田，绝对不得回赎。纵使此田之卖契及粮串已经遗失，但奉贤地政局清丈时发给之登记证尚可查到，是上诉人单独具名，即此一端，已可证明前项田地系属卖契。[1]

在案例 1 中，张顺善的祖先兰增公在光绪二十三年和光绪二十五年（1899 年）分两次购得同宗庆和公田地两处，当时契价分别为 65000 文和 60000 文。到 1943 年，庆和公的后人张金浦、张金福因为物价高涨，有利可图，遂提请回赎。由此，从该案例中我们可以看出触发回赎的主要原因是物价高涨，币制不同。案例 2 则更加清晰地反映出物价高涨对土地回赎的诱导。光绪三十三年（1907 年），唐锦忠从陈江生的父亲陈泉忠的手中购得田 2 亩 4 分 9 厘 5 毫，当时绝契价洋 120 元。抗战爆发后，由于田价飞涨，每亩可售 2000 元。因此，陈江生希望以原价回赎。综上可见，战时通货膨胀所带来的地价上涨是导致土地回赎的一个重要因素。

另外，案例 1 中提到的币制变动，也是沦陷区土地回赎频发的另一个重要因素。在上海市民陈镇方的上诉书中，更加清楚地反映了币制变动所带来的影响。他说抗战前，旧法币 1 元，可易日元 1 元左右，现在须以旧法币二对一折合中储券 5 元 5 角，始能兑换日军用票 1 元。可知过去每亩约 70 元左右之活典契价，可易军用票 70 元左右，现在回赎倘以原价再以二对一折合中储券，则只能换军票 6 元，是以受典主须损失至六十三四元左右。[2] 由此可见，回赎对于受典主陈镇方来说，蒙受了巨大的损失，但正因为如此，也成为原典主回赎的一个重要动机。通过对奉贤回赎纠纷案的整理我们发现，此类案件都发生在 1941 年后。由此，也可印证我们的分析，回赎既与 1941 年后的沦陷区的剧烈通胀有很大的关系，也与 1942 年年中的币制改革有关。

（三）回赎与土地所有权的变动

要想讨论回赎对土地所有权变动的影响，必须先分析回赎是否成功和

---

[1] 《唐锦忠与陈江生赎典田上诉案》（1943 年），奉贤区档案馆藏，档号：103-5-308。
[2] 《上海市民陈镇方等以币值剧跌活典田地原价回赎受损过巨呈请规定补救办法的文书》（1942 年 12 月 31 日），第二历史档案馆藏，档号：二〇一〇-4504。

回赎价格这两个问题。

回赎的成功与否受到地权交易习惯和法律条文的约束。案例3是一个回赎成功的案例。1938年，王文祥将荡田10亩4分4毫以840元的价格卖于方守章，规定5年后12年之前照原契价加三成回赎。1943年，王文祥备足约定契价前往回赎，但是方守章见田价高涨，置之不睬。攻击放赎据系事后捏造，不能做数。伪江苏高等人民法院经过调查发现，放赎据与绝卖契确系同日书，并非事后捏造，所以准予王文祥回赎田地。[①]

> 案例3：王文祥控告张炎海、方守章的民事上诉状。上诉人于民国念七年二月将荡田十亩零四分四毫作价八百四十元，卖于被上诉人为业（原契系用张炎海出名承买）。惟此田系抵债务性质，故于立契后由中保人等三面议定五年之外十二年之内，照原契价加三成可以随时情放回赎。经被上诉人出立情放回赎纸一张，交给上诉人收执为凭。嗣易此田已届回赎时期，上诉人备足原契，价八百四十元及约定外加三成，契价二百五十二元，邀请中保刘德裕、杨杏桃、王金桃、杨竹楼等一再前往回赎。不料被上诉人以现时田价高涨，居心吞没，始终违背契约，置之不睬。中间又经请人多方调解，亦属无效。上诉人迫不得已向奉贤区公署依法诉追，而原审衙门并不采取人证、物证，□予驳斥。上诉人岂能折服，爰敢列举不服理由提起上诉。[②]

然而，并非所有的回赎都能成功。在案例4中，章国兴的父亲章培根在1917年将自己的2亩4分田以90元的价格卖于翁麟昌号主人，并载明原价随时回赎。1944年，章国兴希望以原价回赎土地，但遭到翁兴官等人的拒绝。因而，向伪奉贤县法院提起诉讼。在伪奉贤县法院询问环节，双方关于回赎期限发生争论。章国兴坚称回赎期限为4年后，备价回赎。翁兴官则称回赎期限契约上载明，以4年为期。经过伪奉贤县法院调查发现，立据时虽属活契，但约定4年回赎期内，备价往赎，原告章国兴并未回赎，已属失效。另外，即使按照原告章国兴称，4年后往赎，但是时间已过20

[①] 《江苏高等法院关于王文祥与方守章赎田上诉一案的民事判决书》（1943年），奉贤区档案馆藏，档号：103-5-411。

[②] 《王文祥关于请求传集人证讯明废弃原判准令回赎并着被上诉人方守章负担讼费给江苏高等法院的民事上诉状》（1943年），奉贤区档案馆藏，档号：103-5-411。

余年，按照《民法》第一百二十五条第一类规定，请求权确亦早已消减。因此，原告的诉讼没有理由。①

> 案例4：章国兴控诉翁兴官等人的民事诉状。为赎田纠葛无法调解请求吊契传讯判令准予赎回事。窃民先父章培根在日，于民国六年将坐落本县青村场头团三甲荡田二亩四分立契，活典于青村港镇翁麟昌号主人，得受契价九十元，契处载明原价随时回赎。在立契成交后，此田仍由民家租种，现在民父章培根及得主翁昌号主人均已故世。民因安葬祖先棺椁，急于需用此田，曾经邀同甲书季旭明备款前往回赎，由翁麟昌号承继人翁兴官及翁宅账房唐炳钧检阅契据，确系活契，可以随时回赎。故得主方面对于赎田之要求表示接受，惟坚持按照现时田价计算。窃查事变以来，乡间回赎田房均照原价计算，翁姓富有财产，岂能违背契约，强人所难，且翁姓得业至今，历年田租收入为数不赀，实无高价放赎之理由。复经设法疏通，终无调解可能，迫不得已，具状起诉，请求钧长鉴赐吊验原契，传集讯明，判令照原价回赎，以便安葬祖先棺框，迫切之至。谨状。②

此外，即使回赎成功，回赎价格又是另外一个值得讨论的问题。回赎价格在契约中一般载明为"原价回赎"。如上述案例4中章国兴就称契处载明原价随时回赎，并说事变以来，乡间回赎田房均照原价计算。在其他回赎纠纷案中，也可以看见回赎价格为"原价回赎"。1933年，郭关祥将田2亩8分活卖于郭南生时，订明典价110元，限期9年，照原价放赎。③ 1933年，卫郎卿将3亩田地典于胞弟卫郎生时，也言定5年之后随时照原价回赎。④ 然而，在地价高涨、币制变动时，原价回赎对受典人的利益造成了严重的损害，进而引起了受典人的不满。因此，上海市民陈镇方说，

① 《上海特别市奉贤县政府兼理司法处关于章国兴与翁兴官赎田纠葛一案的民事判决书》（1945年1月），奉贤区档案馆藏，档号：103-5-412。

② 《章国兴关于赎田纠葛无法调解一事控诉翁兴官等人给兼理司法奉贤县政府的民事诉状》（1944年12月8日），奉贤区档案馆藏，档号：103-5-412。

③ 《郭关祥关于控告郭南生典田揩偕请判令放赎给兼理司法奉贤特别区公署的民事诉状》（1943年），奉贤区档案馆藏，档号：103-5-492。

④ 《卫郎卿、卫蒋氏关于被控吞没典田装伤诬告请补传人证讯明驳斥给兼理司法奉贤区公署的刑事辩诉状》（1943年11月9日），奉贤区档案馆藏，档号：103-5-510。

一旦出典主以原契价赎回（假定每亩老法币67元，以二对一折合中储券30余元），地主变为佃农。并且依照乡间习惯，地主应向佃户收取顶费至少二成（照1942年田价每亩中储券七八百元，须缴纳顶费一百五六十元）。因此，回赎不但使受典主产权丧失，反须付出约一百五六十元的顶费，收支相抵，一进一出，受典主转瞬间突遭损失每亩中储券120元左右。地主变为佃户，产权又被剥夺，可谓财产两失。① 这也是此类纠纷爆发的根源所在。

对于这类纠纷，日伪政府一般是按照法律法规进行处置。根据《中华民国民法》第九百二十三条第一项及第九百二十五条前段的规定，即典权规定有期限者，在期满后，出典人得以原典价回赎典物。出典人之回赎，如典物为耕作物，应在收获季节后次期开始前回赎。② 由于法律上有明确规定，可以原价回赎，伪政府往往都会站在出典人的角度进行裁决。关于因币制变动引起的债务问题，政府也有相关政策规定，关于此点前文已经提到，因此伪政府同样站在出典人的角度进行裁决。如在陈镇方案中，伪政府审议结果明确表示，按照民法规定凡定期或不定期之典契到期时，原可以原典价回赎，自无争执可言。同时，关于兑换比率既有规定，自可依照办理。③ 1942年10月8日，伪上海市政府发布布告，强调债务纠纷中的币制兑换问题，"查旧法币，应以二对一折合新法币，早经财政部通令周知，不论任何债务纠纷，自不得藉词违背部令规定"④。1943年5月7日，伪上海市政府再次说明，倘若因币制变化另订补救办法，不仅于法令上发生问题，而且其他纠纷恐怕也会随之而来。⑤ 法律上的规定也使得回赎有了司法保障，从而也成为出典主回赎的动力。

土地回赎的成功自然导致了地权变动，但是否影响了土地所有权的变

---

① 《上海市民陈镇方等以币值剧跌活典田地原价回赎受损过巨呈请规定补救办法的文书》（1942年12月31日），第二历史档案馆藏，档号：二〇一〇-4504。
② 张伟：《近代重庆社会变迁与法律秩序研究》，重庆大学出版社，2015，第196页。
③ 《上海市民陈镇方等以币值剧跌活典田地原价回赎受损过巨呈请规定补救办法的文书》（1942年12月31日），第二历史档案馆藏，档号：二〇一〇-4504。
④ 《上海特别市政府函：沪市三字第一四〇五一号：据社会局呈复核办乡间回赎农田因币制发生纠纷一案函复中国国民党上海特别市执行委员会查照由》，《上海市政公报》1942年第22期。
⑤ 《上海特别市政府训令：沪市三字第五〇四九号：令财政局、地政局、各区公署：奉行政院令关于市民陈镇方等呈以币制剧跌活典田地原价回赎受典主损失过巨吁请规定补救办法一案令仰财政局地政局暨各区公署知照由》，《上海市政公报》1943年第29期。

动，当事人包幼达所观察到的现象是，抗战爆发后，由于法币跌价甚烈，战前因迫于无奈，将土地出当（非卖断）之佃户、雇农等，均纷纷要求取赎。在这段时间内，各法院受理的诉讼案，关于土地取赎纠纷问题的尤多。是以抗战期间的地权，大有均衡好转的趋势，即地主减少，自耕农增加，佃农、半佃农相对减少。[①] 然而，地主减少，自耕农增加是否是因土地所有权的变动所导致，从目前土地回赎案中来看，似乎并不完全如此。因为部分出典人提起回赎，仅为找价，最终并未拿回土地所有权。此类案件也比较常见。在阮卫氏、阮志淮控诉阮唐氏揩不放赎案中，最终阮唐氏按照现值一次交付中储券 42000 元，作为绝卖过割，双方达成和解撤案。[②] 在杜关铨关于控告傅志英恃势殴辱胁迫放赎一案中，经过调解，最终原告杜关铨酌加田根若干，傅姓立据过割，此后双方和好如初，不再涉讼。[③] 另外，虽然法律支持原价回赎，但是民间的实际操作是否依此而为，有待于找到更多的材料去证明。除此之外，回赎还有部分是因为典而非活卖所导致的约定期限的土地控制权与收益权而非所有权的转移。

调查显示，抗战时期中国各省田地所有权仍多集中于地主之手，各级地主之消长，中小地主渐趋增加，大地主则呈减势。[④] 就奉贤而言，情况大致也是如此。本文以第一区文游乡秀龙段十三保二图、第二区华严乡华严荡段十三保三十九图作为统计分析的个案。统计结果显示：第一区文游乡秀龙段十三保二图的地块数量为 882 块，因回赎发生地权变动的地块仅有 25 块，占总地块的 2.83%；[⑤] 第二区华严乡华严荡段十三保三十九图的地块数量为1672 块，因回赎发生地权变动的地块仅有 22 块，占总地块的 1.32%。[⑥] 由此可见，土地回赎对于奉贤土地所有权变动的影响十分有限，佃户、雇农

---

① 包幼达：《抗战以来地权变动与土地利用之趋势》，《前线日报》1945 年 7 月 1 日。

② 《阮卫氏、阮志淮、阮唐氏关于赎田案已和解请求销案给兼理司法奉贤特别区公署的民事息状》（1943 年 12 月 30 日），奉贤区档案馆藏，档号：103-5-388。

③ 《杜关铨关于请奉贤区公署核销控告傅志英搬攫农具一案的刑事诉状》（1943 年 6 月 9日），奉贤区档案馆藏，档号：103-5-519。

④ 《各省地权变动概况》，重庆《大公报》1944 年 5 月 28 日。

⑤ 《第一区文游乡秀龙段十三保二图征额细册》（1947），奉贤区档案馆藏，档号：102-5-127。

⑥ 《第二区华严乡华严荡段十三保三十九图征额细册》（1947 年），奉贤区档案馆藏，档号：102-5-145。

等虽然纷纷要求取赎，但土地所有权并非大规模转移到他们手中。[1]

另外，20世纪50年代初中共在对奉贤的调查中同样表明："该县的土地是比较集中，最大的地主有万亩以上，其次的也有四五千亩和二三千亩，在农村中的小地主，普通的也有百亩左右。"[2] 董建波老师的研究也清晰地表明了这一点。他通过对1930年和1947年杭县地权分配状况的比较，发现"1947年杭县农户地权配置的基尼系数略低于1930年，显示出20世纪40年代后期与30年代初相比，地权配置不均程度并未恶化，反而有所缓和，也说明农地产权在整体上经过了分散化的过程。不过，由于基尼系数的降低幅度微小，显示地权分散化程度微弱，并未改变地权分配状态，而是大致维持了地权结构的相对稳定"[3]。杭县离奉贤不远，两县都位于长江三角洲地区，因此杭县的统计结果亦可作为奉贤地权变化的佐证。

总而言之，抗战时期的土地回赎使得地权发生了变动，但是土地所有权仍保持相对的稳定。

三　米粮统制与退佃

（一）战时的米粮统制及其影响

在上海地区，抗战以前，粮食的供给大部分靠外地。并且，政府允许民间自由运营，因此粮食的供给并没有受到太大的影响。1938年，日军开始实行"就地自活"的方针，实行米粮统制，禁止自由运销，使得上海地区米粮供应面临严重的困难，从而导致了米价高涨。太平洋战争前，虽然国内米粮因统制而来源困难，上海市区依然可以通过进口洋米来维持居民所需。到

---

[1] 对于大城市周边的农村来说，战时大量游资涌入农村，购买土地，是否会对冲因回赎所导致的地权平均化趋势，还有待于进一步研究。正如《申报》所报道的："近年来上海及其他大城市的游资，有一部分流入各地农村，有人说这是发展农村的好气象，这是知其一不知其二的说法。本来，游资投入农村生产，是应该鼓励的，不过，实际上一查游资流入乡村的情形，便有大谬不然者。因为主要的表现，不是农村生产获得资金的兴奋，而相反的是田地的所有权的转移，尤其是表现了土地所有权的集中化，自耕农和小地主的数目剧烈的减少，而少数游资的拥有者却成为广大农村的新的主人翁，新的大地主。"参见社评《提高战时农业生产》，《申报》1943年1月14日。

[2] 《江苏省农村调查》，华东军政委员会土地改革委员会1952年编印，第6~7页。

[3] 董建波：《集中、分散与动态稳定：20世纪30~40年代浙江杭县农地产权配置的计量分析》，"从'抗战'到'二战'——纪念第二次世界大战爆发八十周年学术研讨会"论文，上海，2019。

1940 年，上海市区的粮食供应几乎全部依靠西贡米。1941 年上海的米价比
1936 年上涨三倍，一担米售价达到 90 元。[1] 太平洋战争爆发以后，上海市
区依靠洋米调节民食的情况被彻底改变。正如伪上海市政府社会局局长在
1941 年 8 月所说："今日之粮食问题形势尤为严重，上海市粮食几完全给
于洋米，八一三事变前，洋米进口之统计其数字虽不少，而年来进口量，
以种种关系与日俱增，此其漏户，实足惊人。而将来国际形势，一旦或起
变化，则海上运输势必阻滞，则民食将受极大影响。"[2] 太平洋战争爆发
后，由于洋米断绝，民食困难，伪上海市政府开始推行计口授粮政策。[3]
然而，计口授粮并不能够解决上海市的米粮供应问题。1942 年《申报》记
载了一个家庭的食粮情况："我是个薪水阶级中的人，夫妇二人，最近的
十天领到户口米，糙米二升、碎米一升、面粉三斤。我们是北方人，本来
最喜欢吃面粉，可是这三斤面粉，照每人每顿半斤计算，只可供一天半的
吃。糙米、碎米合起来是三升，共是七十八两。我二人每顿吃十三两，共
吃三天。所以领到的户口米，只够四天半的吃。"[4]

　　米粮统制政策使得上海地区白米购买力上升。通过表 5 可以看出，抗战
时期米价除 1938 年稍跌以外，其余年份都在上涨，尤以 1944 年和 1945 年上
涨幅度最大。不过，还需考虑通货膨胀、货币贬值对白米的价格上涨的影
响。如图 1 所示，从整体上看，白米的购买力呈上涨趋势。1937 年白米的购
买力仅有 11.37，1945 年白米的购买力达到了 17.36，约为 1937 年的 1.53 倍。[5]

---

① 〔美〕罗兹·墨菲：《上海——现代中国的钥匙》，上海社会科学院历史所编译，上海人
　　民出版社，1986，第 176 页。
② 《日伪上海特别市政府关于出席地方粮食联络会议的文件》（1941 年），上海市档案馆藏，
　　档号：R1-16-555。
③ "所谓计口授粮，首先运用保甲组织先行清查户口，并汇合制成户口统计表呈送粮食管理
　　局，该局根据各保户口，并结合距离以及人口分布密度，以就近原则设立公粜处，各户
　　持粮食管理局通知书、户籍证、门牌纸以及户口调查红色副本前往公粜处办理登记，形
　　成登记表。登记完毕后，再由伪粮食管理局印制购米证，每户发一张，各户凭证购米，
　　证上载明号数、户长姓名、人口数及米量等项，购米一次由公粜处即时在购米证上销去
　　一号，一张购米证使用一个月，次月换发新证。"参见袁玉洁《汪伪政府的上海民食应
　　对（1942～1945）》，硕士学位论文，山东大学，2018。
④ 闲闲：《一个报告》，《申报》1942 年 12 月 17 日。
⑤ 上海郊县白米购买力的变动与川西为代表的大后方有明显的差异，张杨的研究表明，
　　1945 年成都市场上的白米购买力仅为抗战初期的 55%，米价的上涨速度并没有赶上其他
　　物价上涨的速度。参见张杨《战时财政扩张与租佃制度变迁：以川西地区为例（1937～
　　1945）》，《抗日战争研究》2017 年第 2 期。

白米购买力的上升，直接导致了业主（包括地主和转租的佃户）退佃自种。

表5　战时上海市区米价统计

单位：元/市石

年份	米价	同比增长
1937	14	
1938	11. 95	0. 85
1939	42. 5	3. 56
1940	104	2. 45
1941	238	2. 29
1942	845	3. 55
1943	2092.5	2. 48
1944	38500	18. 40
1945	1500000	38. 96

　　注：1937 年至 1941 年以法币为计价单位，1942 年至 1945 年以中储券为计价单位。1937 年至 1944 年米价均为 12 月份价格，1945 年为 8 月份价格。1 市石 = 156 市斤。同比增长 = 该年米价÷上年米价。

　　资料来源：中国社会科学院上海经济研究所《上海解放前后物价资料汇编（1921 ~ 1957）》，第 213 ~ 293 页。

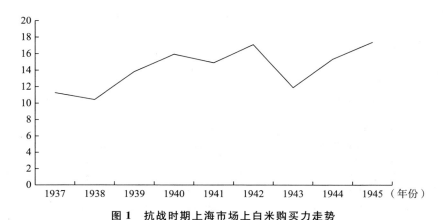

图1　抗战时期上海市场上白米购买力走势

　　注：白米购买力 = 白米批发价格÷批发物价指数×100。

　　资料来源：中国社会科学院上海经济研究所《上海解放前后物价资料汇编（1921 ~ 1957）》，第 47、213 ~ 293 页。

（二）退佃的发生及其逻辑

与土地回赎一样，战时因退佃导致的司法纠纷也频繁发生。据初步统计，奉贤共有 13 件涉及因业主退佃引发的纠纷案，第 8 件和第 10 件，为相关案件。其中绝大多数都是地主退佃，只有第 1 件"顾文晋控告陈和郎违背契约企图霸种田地"和第 9 件"冯阿三控诉盛妙根霸占租田"为佃户退佃。具体情况如表 6 所示。这一时期，退佃纠纷案的矛盾点在于地主想要收回佃农的土地自己耕种，而佃农又想要继续耕种，用业主的话来说，就是佃户违约霸种。下文将结合司法案例来具体分析触发退佃的机制。

表 6　战时奉贤退佃纠纷案统计

序号	案由	时间	资料来源（奉贤区档案馆）
1	顾文晋控告陈和郎违背契约企图霸种田地	1942 年 1 月	档案编号：103-5-258
2	王新耕控告田主杨斗瞻恃势欺压佃户毁坏青苗	1943 年 5 月	档案编号；103-5-541
3	王根泉控告杨汤铭损毁农作	1944 年 5 月	档案编号：103-5-556
4	蒋宝云控诉钱耀明伤害身体、霸占耕田	1943 年 8 月	档案编号：103-5-443
5	钱锦帆上报马大虎霸种	1943 年 5 月	档案编号：103-5-480
6	沈根源控告叶关通违约霸种	1942 年 2 月	档案编号：103-5-259
7	陶宗杰呈诉佃户霸种请求准予收回	1941 年 11 月	档案编号：103-3-626
8	蔡来峰关于业主意图搁荒田亩请求谕知准予继续租种	1941 年 5 月	档案编号：103-3-636
9	冯阿三控诉盛妙根霸占租田	1941 年 5 月	档案编号：103-3-801
10	沈文均控告蔡来峰霸占租田	1941 年 4 月	档案编号：103-3-806
11	张来生请求撤佃	1941 年 11 月	档案编号：103-3-595
12	吴银浪关于控告张祥生、张鹤林霸种不法侵害产权	1943 年 7 月	档案编号：103-5-498
13	蒋新贤关于控诉杜兰余等侵占田地	1942 年 10 月	档案编号：103-5-456

案例 5 为地主退佃。1930 年，地主沈根源将田两则租于佃户叶关通耕种，认租六熟，到期后听任地主收回自种。到 1941 年春天，沈根源打算把自己的土地拿回自种，但是叶关通不让，想要继续耕种。于是，两人发生

139

了冲突，闹上了法庭。在讯问笔录中，进一步反映出双方的欲望与诉求。佃户叶关通不欠租金，但业主沈根源坚持要收回自己的土地。对于佃户叶关通来说，他还想再种一年，如果业主沈根源继续招佃的话，他可以一直种下去。在蔡来峰案中，身为佃户的他，甚至抓住地方政府对于税收、粮食的重视，控告地主沈文均意图搁荒田亩，从而希望政府能够判令他继续租种土地。① 地主沈文均则称，他早就请人种植棉花和水稻，并不荒芜，若让蔡家继续耕种，则一田两种，足以酿成纠纷，于法于理，实属无稽。② 由此可见，退佃纠纷源于租佃双方对于土地使用权的争夺。这与抗战大后方的川省农村退佃现象有所差异。据《大公报》（重庆）报道："重庆近郊退佃加租之风仍盛，若干区域中，地主愿出佃户押租原额之三倍至十倍之款而行退佃，另以高租转佃他人。"③ 因此，川省农村地主退佃主要是为了高租转佃他人，而并非退佃自种。再结合张杨对川西白米购买力的研究，我们可以判断出川省农村的退佃主要是通货膨胀所带来的租金贬值。这就和奉贤农村不太一样。白米购买力的上升，导致地主大多选择退佃自种。

　　案例5：沈根源关于控告叶关通违约霸种一案给奉贤区公署的民事诉状。窃民家畸有本区十三保四十三图东收字字号内名田二则，额租十四石，于民国十九年冬有佃户叶关通者，央凭中保立票，向民家认佃上项名田。当时凭中言定，认租六熟（即六年为限），限满听从地主收回自种，或另召，与原佃户不涉，载明认租票上。至二十六年份，已租期届满，适因战事爆发，故迁延未曾解决。待至去年春民因欲自种，经关照中保通知该佃户欲将该田收回自种。该佃户叶关通始则诿词延宕，现竟持蛮硬霸，不肯脱脚。似此违约霸种，不但产权有关，抑且法理不容。为此缴纳讼费，具状起诉，伏祈！④

---

① 《蔡来峰关于业主意图搁荒田亩请求谕知准予继续租种的呈》（1941年5月7日），奉贤区档案馆藏，档号：103-3-636。
② 《沈吴氏关于陈明收回业田自种经已翻垦播种并不荒芜的呈》（1941年5月11日），奉贤区档案馆藏，档号：103-3-636。
③ 《川省农村退佃加租之风仍盛》，重庆《大公报》1942年5月27日。
④ 《沈根源关于控告叶关通违约霸种一案给奉贤区公署的民事诉状》（1942年2月11日），奉贤区档案馆藏，档号：103-5-259。

上海特别市奉贤区区公署关于讯问沈根源及叶关通的讯问笔录

沈根源

问：你告叶关通霸种是吗？

答：是的。

问：你要求怎样？

答：要求收回自耕。

问：租约有吗？

答：有的。

问：他少你租钱吗？

答：租钱不缺。

叶关通

问：你在十九年向原告租田种吗？

答：是的。

问：这张租约是你与他订定的吗？

答：是的。

问：现在已经过期，你怎不给他回赎？

答：我因为生活负担重，并不少他租金，所以可以种下去的。

问：现在他要回赎你怎样呢？

答：我想还要种一年。①

　　案例6为佃户退佃。佃户盛妙根将租来的6亩土地，转租2亩给冯阿三，多年相安无事。1941年春，盛妙根突然要求将2亩田地收归自种，并且强占田地，这引起了冯阿三的强烈不满。他认为自己既不欠租，大田主又不收田，盛妙根此举实乃昧尽天良，因而向奉贤警察局提请将盛妙根带队讯办。从盛妙根退佃来看，与案例5中地主沈根源退佃自种情况一样，都是为了自种，并非高租转佃他人。因此，对于退佃的触发机制理应同样归结于白米购买力的增强。

---

① 《上海特别市奉贤区区公署关于讯问沈根源及叶关通的讯问笔录》（1942年3月19日），奉贤区档案馆藏，档号：103-5-259。

案例6：冯阿三控诉盛妙根霸占租田的报告。呈为报告事，窃民父由来耕田为业，曾租有青村港租田六亩，后民父病故，此六亩租田被同村盛妙根用卑污手段到青村港用高价顶租，民家人口众多，失此租田，无法谋生，后经调解，由盛姓分租二亩与民家，至今多年相安无事，民人亦不愿追究过去，谁知此盛妙根昧尽天良，变本加厉，今春声言定将此二亩田亦将收归己种，近日非法强占不可。查民既不欠租，大田主又不收田，用此强暴欺凌弱孤，忍无可忍，故特呈文申请将盛妙根带队讯办，实为德便。[1]

欠租是导致退佃的原因之一。抗战爆发后，在很多地方，地主都远走他乡，因而欠租成为一种常见的现象。但从目前奉贤退佃纠纷案来看，绝大多数退佃都不是因为欠租所引起的。如案例5和案例6中，佃户都一再声明租金不缺。在沈文均控告蔡来峰霸占租田案中，蔡来峰也称"民国十三年份，民因粥少僧多，乏田耕种，央中向沈文均之母认佃丈田八亩，言定活租，先交后种。迄今十有余载，租金丝毫无宕"[2]。并且，欠租很多时候只是业主退佃的一个理由。在吴银浪关于控告张祥生、张鹤林霸种不法侵害产权案中，地主吴银浪声称佃户张祥生顽劣成性，迨至去年冬天缴租，非但不将租籽清付，硬行拖欠90元，且又以300元空头支票搪塞，该支票虽经退换，但已使自己信誉与经济两受损失（按去年租价奉令规定每石80元，九石租籽应缴720元，而张佃只付630元，内又有退票300元一张）。事后，通知他将欠租缴清，谁知一味恃蛮不还。因此，今年春，关照保正将田收回自种。[3] 单从吴银浪的刑事诉状来看，由于佃户欠租，他收回自种理所应当。然而我们从讯问笔录中却发现一些异常现象。首先，关于是否欠租，地主吴银浪和佃户张祥生两人的观点有所不同。在讯问笔录中，吴银浪再次强调张祥生欠租是他退佃的原因。而张祥生认为，150元是公定的额规，160元一担是他自定的，因此不欠他租金。其次，当法

---

① 《上海市政府警察局警察总队第二大队关于冯阿三控诉盛妙根霸占租田情形请奉城办事处查照的函（附解送原告冯阿三被告盛妙根等二名及原呈）》（1941年5月16日），奉贤区档案馆藏，档号：103-3-801。

② 《上海特别市奉贤区公署关于沈文均报与蔡来峰租田纠纷续请传案调解的批示》（1941年4月22日），奉贤区档案馆藏，档号：103-3-806。

③ 《吴银浪关于控告张祥生、张鹤林霸种不法侵害产权请求提讯，给兼理司法奉贤特别区公署的刑事诉状》（1943年7月12日），奉贤区档案馆藏，档号：103-5-498。

官问到，他如果照你160元一担，你预备给他种吗？吴银浪仍然坚持退佃自种。最后，在退佃纠纷的前一年，吴银浪已从张祥生处收回3石，因此，存在继续退佃的动机。由此可见，欠租很大可能只是地主吴银浪为退佃故意寻找的理由。另外，佃户张祥生也向法院申诉吴银浪无故将所种田地收回自种。他说，当时言明若不拖欠租籽，业主不得任意收种。再次表明，欠租极大可能是吴银浪故意寻找的借口，其目的不在于要回租金，而在于退佃。基于此，基本上可以排除欠租是奉贤退佃的主要原因，从而也从另一面肯定了白米购买力的增强对退佃的刺激作用。

案例7　上海特别市奉贤特别区公署关于讯问吴银浪、张鹤林的讯问笔录

吴银浪

问：你告张祥生欠租霸种可有证据？

答：有的，没有带来。

问：他去年退过三石，还欠九石租，是仍由他种否？

答：还欠九石，仍由他种，我所以要收回的。

问：他总计欠几何租米？

答：以前不欠，现在缺九石，是现在缺欠的，就是去年份。

问：缺你九石租合几何？

答：合六百七十五（每石七十五元）。

问：究竟他缺你多少钱，你收过多少？

答：收过六百七十五元，还缺新钞四十五元。

问：你状子称是说九十元，是老币还是新币呢？

答：状纸上是老币。

张祥生（张祥生子鹤林）

问：你父张祥生为何不到？

答：我父年岁有六十岁加之耳聋，不便到庭。

问：吴银浪告你欠租霸田，你有何答辩？

答：去年九石租米，还过一千三百五十元旧币，在去年间，乡长说过，交还三担，还过一千三百五十元，每担合一百五十元，他要每担一百六十元，他说我缺九十元，一百五十元是公定的额规，一百六十元一担是他自定的。四乡是每担一百五十元，五乡是一百六十元，

我的田全在四乡，故交他一百五十元。

问：他现在要收回田，你预备怎样？

答：我能种的田不过九石九，一家大小无法活命。

问：吴银浪，照被告所说按一百五十元租价交你，他不缺租吗？

答：熟田、荡田分别，我的田是熟的。

问：因为他不交一百六十元一担，你方才起诉吗？

答：一百五十元是他作价的，我要他一百六十元，所以要收回自种。

问：他如果照你一百六十元一担，你预备给他种吗？

答：不好给他种的，恐怕后来还要起纠葛。

问：张鹤林，原告的话你听见吗？

答：听见的。

问：他要收回自种，你预备怎样？

答：请法官怜我一家数口如何生活，并且请乡长说过能寻到别人家租田，我随即交还。①

（三）退佃与土地使用权的变动

与土地回赎不一样的是，地主②退佃大都可以成功。在蒋宝云控诉钱耀明伤害身体、霸占耕田案中，最终钱耀明自愿将永租蒋宝云名下田5亩完全退回，并将所有的杂草铲去，押租用于赔偿蒋宝云的损失费。③ 在吴银浪控告张祥生、张鹤林霸种不法侵害产权案中，虽然佃户张祥生、张鹤林再三哀求不要收回，但是法官依然判决在本年大熟后即交还原告吴银浪自种。④ 当然，退佃成功与租佃期限较短有关，甚至有些为不定期租佃。如案例5中，沈根源和叶关通约定认租6年。在顾文晋控告陈和郎违背契约企图霸种田地案中，租佃期限更短。顾文晋与被告陈和郎有亲戚关系，

① 《上海特别市奉贤特别区公署关于讯问吴银浪、张鹤林的讯问笔录》（1943年8月5日），奉贤区档案馆藏，档号：103-5-498。

② 由于佃户退佃较少，另外佃户对土地使用权的变动没有较大影响，本部分主要讨论的是地主退佃。

③ 《钱耀明关于自愿承租蒋宝云名下田亩并赔偿损失的保结书》（1943年8月28日），奉贤区档案馆藏，档号：103-5-443。

④ 《国民政府清乡委员会上海分会奉贤特别区公署兼理司法处关于吴银浪与张祥生发生收田纠葛案的民事判决书》（1943年8月），奉贤区档案馆藏，档号：103-5-498。

系向原告转租 7 亩承耕，言明 2 年为期，期满由原告收回自种。[1] 蒋新贤诉杜兰余等侵占田地一案中，租佃双方甚至约定随时可收回自种。地主蒋新贤有田地 9 亩 6 分。1933 年，因田无人耕种，将 5 亩 6 分分租于杜兰余承种。1934 年，又将其余 4 亩租于钱耀明承种。均凭本图保正钱寿林及中正证人等言明不拘年限，随时可由产权人收回自种，书立租约，收执为证。[2] 因为租佃双方约定随时可收回自种，这一点也成为法官判决的依据。在民事判决书中，法官认为由于租佃均立有租约、收执，声明不定年限，得收回自种，有保正钱寿林、中证人蒋旦生为证，判定被告杜兰余以前承租原告之田 5 亩 6 分应即交还原告，被告钱耀明以前承租原告之田 4 亩应即交还原告。[3] 由此，地主蒋新贤退佃成功。

地主退佃自种，自然使得自耕农数量增加、佃农数量减少。1942 年，各省土地调查结果显示，抗战 5 年来，各类农户平均百分率，以自耕农为最高，平均约占 30.2%，其次为佃农，约占 26.4%，半自耕农约占 21.6%，地主兼自耕农约占 15.3%，地主占比最小，约为 6.5%。自 1937 年以来，各类农民消长情形，自耕农及地主兼自耕农均呈增长趋势，佃农、地主及半自耕农则呈减少趋势。各类农户减少最多的为佃农。对于地权变动的原因，当时的土地调查也认为，各省自耕农的增加，几乎全为地主因农作物物价高涨，于是收回自耕，以图厚利。各省地主兼自耕农之增加，概由地主收回一部分土地自耕而形成。地主因为招佃困难而收回自耕者，亦较为普遍。[4] 不过，令人遗憾的是目前尚未见到能直接反映奉贤租佃率变化的调查数据。

结　语

抗日战争时期，在日伪统制经济政策的影响下，日伪政府虽未直接干

① 《上海特别市兼理司法奉贤区公署关于顾文晋诉陈和郎霸种垦田一案的民事判决书》（1942 年 1 月），奉贤区档案馆藏，档号：103-5-258。

② 《蒋新贤关于控诉杜兰余等侵占田地强行耕耘毁损请求依法讯究给奉贤特别区公署的刑事起诉状》（1942 年 10 月），奉贤区档案馆藏，档号：103-5-456。

③ 《国民政府清乡委员会上海分会奉贤特别区公署关于蒋新贤诉钱耀明等侵占田地一案的刑事附带民事判决书》（1942 年 11 月 24 日），奉贤区档案馆藏，档号：103-5-456。

④ 乔启明：《农业论文摘要（农业经济专辑）：抗战以来各省地权变动概况（农产促进委员会研究专刊第二号三十一年二月出版）》，《福建农业》1942 年第 3 卷第 5~6 期。

预地权分配，但是奉贤的地权发生了变动。本文主要以奉贤土地纠纷案来考察其地权变动的逻辑及其趋势。从变动的逻辑上看，首先是日伪政府滥发纸币，造成了沦陷区大规模的通货膨胀，而持续的通货膨胀导致了土地价格的上涨，从而刺激了土地回赎的发生。除此之外，太平洋战争爆发后，日本政府开始实行对华新政策，以中储券取代法币，并规定以旧币单位订立或约定的债权、债务，以旧币二对一之比率改为中储券处理，这就使得回赎有利可图。因此，沦陷区的币制变动，是土地回赎频发的另一个重要因素。其次，日伪的米粮统制政策，造成了白米购买力的上升，从而直接导致了业主（包括地主和转租的佃户）退佃自种。另外，值得注意的是抗战爆发后，由于很多地方地主都远走他乡，欠租成为一种常见的现象，但是本文通过研究基本上排除了欠租是奉贤退佃的主要原因。

从地权变动的趋势来看，虽然抗战时期奉贤的土地回赎频繁发生，但是通过对《征额细册》的统计与分析，以及与杭县对比来看，土地回赎对于奉贤土地所有权的影响非常有限，佃农、雇农虽然纷纷要求回赎，但是土地所有权并非大规模转移到他们手中。这可能与传统的地权交易形式及其习惯相关，比如说部分人提起回赎，仅为找价，而最终并未真正地赎回土地的所有权，或者是回赎因超过了契约内所约定的回赎年限而导致回赎失败。另外，从抗战时期的全国各省土地调查来看，退佃在抗战时期是一个普遍的现象，确实导致了自耕农数量的增加，但是目前尚未见到能直接反映奉贤租佃率变化的调查数据。

总而言之，奉贤以一个个案的形式向我们展现了日伪统治下的沦陷区及地权变动的逻辑及其趋势。不过，奉贤到底在多大程度上能够代表沦陷区的地权变动状况，还有待进一步的研究。

Japanese Puppet Economic Control and the Change of Land Ownership in Fengxian （1937－1945）: Investigation Centered on Land Disputes.

Gui Qiang

Abstract：At present, there have been many research results on the land problem during the the War of Resistance Against Japanese Aggression, but they are mainly concentrated in the anti-Japanese base areas, and relatively few studies have been made on the land ownership change in the enemy-occupied areas, but the economic control policy of the Japanese puppet government has also affected the land ownership change in the enemy-occupied areas. This paper mainly takes Fengxian land dispute case to investigate the logic and trend of land ownership change. From the logic of change, firstly, the inflation and currency changes brought by the wartime fiscal policy of the Japanese puppet government made land redemption the norm. Secondly, the Japanese puppet government's rice grain control policy has caused the increase in the purchasing power of white rice, which directly led to the owner's withdrawal from tenancy and self-planting. From the changing trend, first of all, the impact of land foreclosure on Fengxian land ownership is very limited. Secondly, from the survey of land in various provinces during the the War of Resistance Against Japanese Aggression, the withdrawal of tenants led to an increase in the number of yeomen.

Keywords: the War of Resistance Against Japanese Aggression; Japanese Puppet Economic Control; Land Ownership Change; Fengxian Land Dispute Case

制度选择与输入型金融危机[*]

——以瑞典历史上金融危机为案例

赵　亮[**]

摘　要： 本文通过梳理瑞典近现代历史上多次金融危机的爆发及其演变轨迹，着重分析在长期视角下金融危机与金融制度之间的相互作用。瑞典所经历的金融危机体现了输入型危机的典型特征，这些危机不仅源自国际金融市场的波动，也与国内银行业在繁荣阶段的过度扩张有着直接联系。同时，金融监管的放松以及顺周期的货币政策构成了这些危机的潜在诱因。金融危机所带来的负面后果促使政府在应对策略上进行不断的调整。政策上的试错过程也带来了金融和货币制度的相应演进。从总体趋势上看，强化金融监管与宏观政策干预逐渐成为主流，替代了传统的自由放任理念。对瑞典金融危机的深入探讨，为我国提供了洞悉西方金融体系、把握国际金融市场动态的重要视角，并能够从中吸取有益的经验教训，以防范和应对输入型金融风险。

关键词： 瑞典　输入型金融危机　货币政策　金融监管　不可能三角

在全球经济低迷、需求萎缩、地缘政治紧张加剧以及西方经济体紧缩性货币政策等因素的交织作用下，国际金融和债务的风险正逐渐累积。自2023年起，美国与欧洲的数家金融机构接连发生风险事件，引发了市场对于全球金融风险扩散的深切忧虑。输入型金融风险对我国的金融安全构成了潜在威胁，为此，党中央、国务院及金融监管机构一再强调防范和化解

---

* 广东海洋大学科研启动经费资助项目"输入型金融危机的传导机制研究"，广东海洋大学校级人文社科科研项目（2023046），广东省哲学社会科学规划项目（GD24XWL01）。

** 赵亮，广东海洋大学经济学院教授。

系统性金融风险的紧迫性。掌握国际金融风险传播和变化的规律，对于构建有效的风险预警系统、完善资本账户监管框架以及制定应对金融危机的策略具有至关重要的作用。

大量历史事实表明，若对金融风险的预防和管理失策，可能会触发金融危机，给经济和民生带来严重损害，其影响有时是长期而深刻的。深入剖析他国历史上金融危机的案例，有助于我们理解金融危机的生成过程，并构建有效的危机预警与防范体系。在我国，学术界对金融危机的研究多聚焦金融危机的源头国家，对于由外部因素引发的输入型金融危机的研究则显不足。输入型金融危机的产生既来自国际金融动荡的冲击，也揭示了国内经济结构与制度上的缺陷，因此对其进行深入研究具有极其重要的理论和现实意义。鉴于外部冲击的不可预测性，一个国家内部的制度安排和应对策略就显得至关重要，它们直接决定了该国在面对外生冲击时的稳定性。鉴于此，本文将聚焦对金融制度与金融危机之间关系的研究，并选择瑞典作为研究案例。

选取瑞典作为研究的中心，是因为其作为一个小型而开放的经济体所具备的独特性。瑞典在国际金融市场上缺乏议价能力，扮演着纯粹的"价格接受者"角色，导致其金融体系对国际金融动荡的敏感性极高。历史上，每一次全球范围内的重大金融波动都对瑞典造成了显著的冲击，有时甚至触发了金融危机。值得一提的是，瑞典的金融系统历史源远流长，且由于该国未参与两次世界大战，其金融体系得以持续稳定地发展至今，为进行深入的纵向研究提供了极佳的案例。此外，自十九世纪中叶以降，瑞典在面临多次金融危机的过程中，政府与中央银行在金融监管、体制构建和货币政策等领域进行了不懈的探索，并积累了宝贵的经验与教训，这些实践不仅为其自身金融体系的完善提供了参考，也成为其他国家研究和效仿的典范。本研究聚焦瑞典历史上的重要金融危机事件，旨在从制度层面剖析输入型金融危机的成因，并详细探讨制度如何在金融危机的传播和演变过程中发挥作用。

一　输入型金融危机的成因

西方学界在二十世纪三十年代美国大萧条之后，逐渐形成了针对金融危机的学说。其中对金融危机的演变和传导过程的解释有两派主流的观点。

一派强调投资过热与金融机构的风险行为与金融危机之间的关系，即Calomiris 所称的 "基本面派"（fundamentalist）。[①] 在这一方面，早期学者如货币主义经济学家欧文·费雪（Irving Fisher）、后凯恩斯主义经济学家海曼·明斯基（Hyman Minsky）以及查尔斯·金德尔伯格（Charles Kindleberger）作出了开创性的贡献。费雪于三十年代提出负债—通缩理论，阐述了过度负债与通货紧缩相互作用的机制。他论证了在经济扩张期，企业为了最大化盈利，往往会提高经营杠杆。然而，当经济进入衰退期，企业的实际盈利未能达到预期，便可能面临流动性紧缩和负债过重的困境。为了缓解流动性压力，企业被迫出售资产，导致资产价格下跌和通货紧缩。这种通缩进一步加剧了企业的负债负担，形成一种自我强化的恶性循环，最终可能导致整个金融系统面临流动性危机和偿债能力不足的严重威胁。[②] 明斯基提出金融不稳定假说，认为金融市场的内在动态会自然趋向于通胀、资产泡沫、投资过热，直至泡沫破裂的循环过程。这一理论强调了金融市场的不稳定性是市场经济体制内生的特性。[③] 金德尔伯格基于明斯基的理论，进一步发展出了金融危机的阶段模型。他认为金融市场的发展轨迹遵循一定的周期性阶段，包括经济重置、盈利繁荣、投资过热、资产泡沫和泡沫破裂。[④] 这一模型为理解金融市场的周期性波动和金融危机的形成提供了一种阶段性的解释框架。在此基础之上，一系列研究从金融机构资产质量的角度对这一派理论进行了细化和发展。这些研究认为，外部的冲击仅仅是金融危机的催化剂，而危机的根源来自银行在繁荣时期盲目的资产扩张以及提高风险偏好。[⑤] 在这一派理论之下，对金融机构的风险监管以及繁荣时期的逆周期调节、防止过热是防范金融危机的关键。

---

① Calomiris C. W., *Bank Failures in Theory and History: the Great Depression and Other "Contagious" Events*, In: National Bureau of Economic Research, Cambridge, 2007.

② 〔美〕费雪：《繁荣与萧条》，陈彪如译，商务印书馆，2019。

③ 〔美〕明斯基：《稳定不稳定的经济：一种金融不稳定视角》（中文修订版），石宝峰等译，清华大学出版社，2015。

④ 〔美〕金德尔伯格、阿利伯：《疯狂、惊恐和崩溃：金融危机史》，朱隽等译，中国金融出版社，2014。

⑤ F. Allen and D. Gale, "Financial Contagion," *Journal of Political Economy*, Vol. 108, 2000, pp. 1–33; C. W. Calomiris and J. R. Mason, "Fundamentals, Panics, and Bank Distress during the Depression," *American Economic Review*, Vol. 93, 2003, pp. 1615–1647; I. Goldstein and A. Razin, "Three Branches of Theories of Financial Crises," *Foundations and Trends in Finance*, Vol. 10, 2015, pp. 113–180.

另一派被称为"恐慌"派，其观点是，金融危机并非始终与经济基本面或银行的偿债能力相关，而可能仅仅由市场参与者的恐慌情绪引起。例如 Diamond 和 Dybvig 的研究指出，银行会因为非理性的挤兑行为而面临危机，即使它们的经营本身是稳健的。[1] Calomiris 也提出，外部冲击可能会改变存款者的流动性偏好，引发银行挤兑。在这种情形下，金融机构的流动性管理和中央银行作为最后贷款人的流动性支持显得至关重要。[2]

这些理论最初的产生旨在解释金融危机的原发国产生危机的原因。对于非原发国而言，金融危机往往是国内经济实体的风险行为与国际金融动荡的传导效应叠加的结果。在这种金融危机国际传导的场景下，上述理论也具有一定的解释力。总体而言，危机的国际传导通道包括物价、投资、信心和债务等方面。以费雪的理论为例，物价是金融危机国际间传递的重要渠道。高杠杆和经济衰退的叠加所导致的金融危机在全球化和国际资本流动的背景下具有强大的解释力。在全球经济繁荣、资本充裕和通货膨胀的大环境下，开放的经济体容易产生负债过多的倾向。然而，当全球经济衰退时，该经济体可能面临通缩的局面，导致债务负担加重。如果这些债务是外币计价的债务，可能会引发债务和货币的双重危机。以金德尔伯格和明斯基的理论来解释，国际资本的投资过热注定会转变为泡沫破裂和恐慌。在"恐慌"理论下，存款人或投资人的信心丧失会在国际间传递，并通过国际金融市场所构建的债务链条引发挤兑或资产抛售。

上述理论尽管可在一定程度上解释了输入型金融危机，却忽视了制度因素所带来的影响。二十世纪七十年代布雷顿森林体系瓦解之后，西方各国掀起金融自由化的浪潮，发展中国家也纷纷加入以去监管、金融创新、资本账户开放为标志的金融制度改革。由此带来国际资本流动规模迅速增长，因此金融危机也更加频繁。这促使了许多研究外缘国家和发展中国家金融制度和金融危机之间关系的文献的出现。研究表明，放松监管和金融开放的制度选择所带来的外资迅速涌入（Surge）容易引发经济过热、出口

---

[1] D. W. Diamond and P. H. Dybvig, "Bank Runs, Deposit Insurance, and Liquidity," *Journal of Political Economy*, Vol. 91, 1983, pp. 401–419.

[2] Calomiris C. W. , *Bank Failures in Theory and History: the Great Depression and Other "Contagious" Events*.

竞争力削弱、资产泡沫以及金融系统的风险积累。[1] 而外资的迅速涌入几乎注定伴随着未来外资的迅速撤离（Sudden Stop），这种撤离可能导致货币贬值、金融系统流动性紧张、资产泡沫破裂，进一步破坏金融系统的稳定和经济的持续增长。[2] Reinhart 等针对二十世纪六十年代至 2007 年的 181个发展中国家进行的全面研究显示，由于资本限制放松，发展中国家的金融动荡有一种典型的模式，即在物价上涨时期经历外资繁荣和经济结构失衡，而在其后的物价下跌和经济下行周期时经历外资迅速撤离，进而引发债务、货币和银行的多重危机。[3] 上述研究为理解输入型金融危机提供了新的视角，然而这些研究主要以宏观层面为主，核心研究方法包括理论的推演以及选取各国资本流动指标和金融风险指标来研究它们之间的关联。对于制度与金融危机的互动过程，以及对非原发国金融危机深入的案例研究尚有欠缺。Cassis 和 Schenk 在其对历史上多次金融危机及其持久影响的研究中指出，金融危机的深刻教训往往会在随后数十年中持续影响一个经济体的政策制定者的决策。[4] 通过对瑞典历史上金融危机与金融制度相互作用的深入分析，我们能洞察当前金融体制的历史根基以及其形成的关键动因。

二 瑞典历次金融危机与政府应对

瑞典的金融体系发展历史较为悠久，其中央银行的成立可追溯至十七世纪，为全球金融系统建设中的先行者。到了十九世纪上半叶，该国已经构建出基于公司制的现代银行业结构，并在银本位制框架下建立了货币发行机制。银行部门在推动国家工业化和经济增长方面发挥了至关重要的作

---

[1] J. Bianchi, et al., "Fundamentals News, Global Liquidity and Macroprudential Policy," *Journal of International Economics*, Vol. 99, 2016, pp. S2–S15; E. Cerutti, et al., "Push Factors and Capital Flows to Emerging Markets: Why Knowing Your Lender Matters More Than Fundamentals," *Journal of International Economics*, Vol. 119, 2019, pp. 133–149.

[2] M. Bussière, et al., "Chronicle of Currency Collapses: Re Examining the Effects on Output," *Journal of International Money and Finance*, Vol. 31, 2012, pp. 680–708; E. G. Mendoza, "Sudden Stops, Financial Frises, and Leverage," *American Economic Review*, Vol. 100, 2010, pp. 1941–1966.

[3] C. M. Reinhart and V. R. Reinhart, *Capital Flow Bonanzas: An Encompassing View of the Past and Present*, 2009.

[4] Y. Cassis and C. R. Schenk, *Remembering and Learning from Financial Crises*, Oxford: Oxford University Press, 2021.

用。自十九世纪中叶以降，瑞典经历了两大显著的经济转型。第一次是以工业化进程为中心的转型，该时期瑞典得到了从十九世纪三十年代持续至二十世纪初的资本流入的支持，加之金融资本对工业部门的积极参与，[①]使得瑞典在二十世纪初步入了发达工业国家的行列，并在二战后成为全球人均 GDP 排名第四的国家。第二次则是向福利国家的转型，这一过程在战后随着工会政治影响力的增强和社会民主党的长期执政而加速，政府以建设福利社会为政策目标，加大了在政府支出、再分配、国有经济比重调整以及资源分配等方面的干预力度。至二十世纪八十年代，瑞典已名列全球贫富差距最小的国家之一。然而，与此同时，瑞典在其不同的发展阶段遭遇了多次金融危机。根据历次危机对金融行业的冲击程度以及对宏观经济的影响范围，有七次危机被公认为具有重大影响。这些金融危机既呈现一定的规律性，也有着各自独特的成因与特点。受制度基础、治理能力以及国际环境等多重因素的共同作用，瑞典政府在应对每次危机时均采取了差异化的策略，并由此导致了不同的经济后果。

（一）古典金银本位时期的金融危机

1. 1857~1858 年金融危机与政府干预的初探

瑞典于 1834 年采用银本位的货币发行制度，并于 1873 年开始采用西方通行的金本位制度，直至 1913 年第一次世界大战爆发前夕。[②] 古典金银本位时期也是瑞典银行业相对自由竞争的时期。商业银行大多由私人所有，受到的监管较为宽松，甚至在 1903 年之前有权以央行货币为储备发行各自的银行券。这些银行券与央行货币在市场上等效流通。十九世纪中叶，资本主义制度在工业革命的完成中得以巩固，现代金融体系也在西方各国逐渐成熟。随着国际间贸易和投资的加深，各国间的金融协同程度日益增强。1857 年，发生了第一次全球范围的金融危机。该危机起源于美国的银行倒闭潮，并迅速传导至欧洲。瑞典的主要贸易伙伴英国与德国发生大面积债务违约，从而波及瑞典，导致瑞典银行系统出现坏账激增和流动

---

① A. Ögren & L. Zhao, "International Capital and the Adjustment Mechanism in Sweden during the Silver and Gold Standards, 1834-1913," 第 8 届量化历史年会，上海，2021 年 7 月。

② L. Jonung, "Swedish Experience under the Classical Gold Standard, 1873-1914," *A Retrospective on the Classical Gold Standard*, 1821-1931, University of Chicago Press, 1984, pp. 361-404.

性危机。

危机的起初，瑞典央行试图采取市场化的手段干预流动性。受当时高利贷法的约束，央行不能随意调整基准利率，因而采取了公开市场操作的手段调节市场的货币供给。其中最有效的操作是斯德哥尔摩证券交易所在德国汉堡设立办公室，瑞典央行通过该办公室收购国际汇票，从而为国际市场投放现金。① 然而，受银本位的限制，央行对市场现金的投放以金银储备为上限。尽管瑞典央行临时允许国际汇票充当储备资产，并以此为基础发行货币，但这对流动性紧张的缓解非常有限。根据 1848 年的银行法案，私人银行不应获得政府的救助，然而在 1857 年的金融危机期间，当时最大的私人银行斯科纳私人银行由于货币发行和贷款扩张过度，出现信用和流动性危机，银行储备迅速减少，面临挤兑风险。该银行向财政部申请救助，威胁说若得不到救助将停止兑付。迫于压力，财政部和议会决定给予其 50 万克朗，即相当于其银行券发行量的 25% 的直接贷款。② 该笔救助开了瑞典政府救助私人银行的先例。随后的一年，央行向全国的商业银行提供了总计 1200 万克朗的救助贷款。此外，国家债务办公室③向银行业发放 2000 万克朗的贷款。这笔贷款名义上是铁路建设的专项贷款，但实际上用来为货币市场注入流动性。④ 在国家的救助下，1857～1858 年金融危机很快结束，银行业恢复原有的秩序，实体经济并没有造成严重的损失。这次救助引起了激烈的争论。议会中部分人认为救助银行的行为严重破坏了瑞典的货币信用，并是对银本位的威胁。⑤

2. 金融自由化与 1878～1879 年金融危机

在十九世纪六十年代西方国家金融自由化的浪潮下，瑞典银行业进一步向自由化发展。政府先是放宽了银行业准入的门槛，改革了对私人银行

---

① A. Ögren，"Banking Crises and Lender of Last Resort in Theory and Practice in Swedish History，1850-2010，" *Coping with Financial Crises*，Springer，2018，p. 55.

② Kock，K.，*Skånska Privatbanken Minnesskrift*（斯科纳私人银行回忆录），Stockholm，Sweden：Norstedts，1931，p. 162.

③ 其职能是以财政收入为担保发行债券、利用财政收入发放贷款。

④ A. Ögren，"Lender of Last Resort in a Peripheral Economy with a Fixed Exchange Rate：Financial Crises and Monetary Policy in Sweden under the Silver and Gold Standards，1834-1913，" *Centers and Peripheries in Banking：The Historical Development of Financial Markets Ashgate*，2007，pp. 225-252.

⑤ A. Ögren，"Banking Crises and Lender of Last Resort in Theory and Practice in Swedish History，1850-2010，" p. 57.

采取无限责任制的要求，允许有限责任制银行的设立，并允许银行随意设置分支机构。此后又取消了私人银行发行银行券的限额以及利率的限制。[①]与此同时，十九世纪五十年代的金融危机并没有带来任何风险监管上的调整。相反，由于股东只承担有限责任，以及上次金融危机中政府所表现出的对银行业的隐性背书，银行更加积极地参与到存款和信贷的扩张当中。例如，在 1857 年得到最多救助贷款的斯科纳私人银行，在得到救助的 10 年后，成为发行银行券的比例以及经营杠杆最高的银行。[②] 当时的存款来源主要是企业的闲置现金和个人储蓄，期限较短。而贷款主要投向工业企业的长期建设，尤其是六十年代较为繁荣的铁路行业，资本期限错配的问题普遍存在。[③] 瑞典试图学习德国的银行体系，银行业在提供工业贷款的同时，还纷纷参与到工业企业的持股和经营中。然而，随着英国对瑞典铁矿石的需求骤减，铁路企业的盈利恶化，银行也纷纷陷入财务困境，带来 1878 年的金融危机。

尽管在法律上和政府的理念上自由放任仍是基本原则，但这次危机从产生苗头开始，政府就采取各种措施向市场注入流动性。有了上次的危机管理经验，政府认识到通过央行过多干预货币市场会冲击央行的储备，从而给货币稳定带来威胁。加之瑞典已于 1873 年加入国际金本位制度，根据当时国际金本位的规则，货币须与黄金保持可自由兑换，因此央行直接向市场提供的资金较上次金融危机缩减了三分之二。这次危机中主要由国家债务办公室承担对银行救助的职责。其主要措施是在国际市场上发行债券，成立铁路基金，用以收购违约的铁路债或给银行发放铁路债抵押贷款，央行为国家债务办公室提供背书。[④] 这样的操作尽管保住了央行的储备，但相当于央行用其储备进行了担保。刚开始时，政府对救市非常积极。当 1879 年 6 月斯德哥尔摩私人银行向政府宣告因为大量持有铁路债而

---

①　H. Sjögren and S. Knutsen, "Why Do Banking Crises Occur? An Evolutionary Model of Swedish Banking Crises," *The Swedish Financial Revolution*, Springer, 2010, pp. 183-203.

②　根据对 Sammandrag af de Enskilda Bankernas Uppgifter［银行信息摘要（瑞典中央银行馆藏档案），以下简称"Uppgifter"］1866~1870 年中银行业经营数据的统计，按照现在的计算方式，该银行在十九世纪六十年代中期至七十年代，生息资产与付息负债的比例为所有银行中的最高，甚至超过 100%以上；资本充足率（资本与风险资产的比重）为最低；发行银行券与持有的央行货币储备之比最高。

③　Uppgifter, 1870-1878.

④　A. Ögren, "Banking Crises and Lender of Last Resort in Theory and Practice in Swedish History, 1850-2010," p. 59.

濒临破产，铁路债基金第二天就对其发放了 100 万克朗以铁路债为抵押的低息贷款，此后又数次提供了总额为 400 万克朗的贷款。但随着违约面的扩大，政府意识到无力为所有的债务兜底。尽管后来铁路债基金又为 12 家银行提供铁路债抵押贷款，但金额较初期大幅减少。[①] 这次危机中有一家中型银行倒闭，并有大批铁路公司破产。

3. 1907~1908 金融危机与政府的消极应对

第三次大规模的金融危机发生于 1907 年，直接原因是世界范围的流动性危机。二十世纪初美国经济的繁荣带来信托业的扩张和股市的泡沫。1907 年美国的旧金山地震和第三大信托公司的破产成为触发危机的导火索，引发挤兑潮和全球范围的流动性收缩。瑞典的银行在危机前持有大量的短期国外负债，金融危机期间国外负债收缩 40% 左右，流动性陷入严重的困境，最终导致 20 家银行或破产清算或被收购。[②]

这次危机表面上看是外部冲击和银行业自身风险管理不当的叠加所造成，然而瑞典政府的制度变化也助推了危机的发生。随着十九世纪八十年代世界资本主义进入新一轮的繁荣周期，工业生产的加速推动银行业的扩张。瑞典参与到第二次工业革命当中，经济增速在十九世纪末实现了飞跃。议会与政府积极支持企业对资本的需求，于 1903 年修改银行法案，进一步降低银行的准入门槛，规定小型银行的最低资本金要求只需要按照大型银行 20% 的标准。至 1907 年危机前夜，瑞典的银行数量增至 79 家，是 1895 年的几乎 2 倍。[③] 同时，越来越多的无限责任银行在牌照到期后转为有限责任银行。银行数量的增长也增加了监管的压力，为避免货币发行失控，货币发行权被逐渐集中到央行。至 1907 年，商业银行已经不再拥有货币发行权。

危机发生后，为贯彻“规则”至上的理念，央行选择守住金本位，不过多地干预市场流动性。在适度减少储备释放流动性的同时，央行跟随飙升的国际利率，提高了政策利率。央行在金融危机面前的不作为在当时也是不得已的选择。在国际金本位体系下，黄金储备是西方国家货币信用的基础。央行若过多地干预市场，会威胁到其黄金储备和黄金的可自由兑

① A. Ögren, "Lender of Last Resort in a Peripheral Economy with a Fixed Exchange Rate: Financial Crises and Monetary Policy in Sweden under the Silver and Gold Standards, 1834-1913".
② Uppgifter, 1907-1909.
③ Uppgifter, 1895, 1907.

换，从而带来脱离金本位的风险。在所有国家都选择守住金本位的情形下，一国脱离金本位将动摇其货币信用的根基，主权货币会大幅贬值，从而金融危机可能演变为货币危机。

（二）两次世界大战间隙的金融危机

1. 通胀—通缩的切换与 1921~1923 年金融危机

一战爆发以后，国际金本位制度瓦解。战争给欧洲的经济带来重创，而瑞典因没有参与战争，且在战争期间成为周边国家原材料和产品的提供国，经济得以高速增长。1916~1918 年，瑞典每年的经济增速均在 20% 以上。与此同时，由于国际市场对瑞典产品的需求旺盛，以及国内外的投资高涨，瑞典的通货膨胀率飙升，[1] CPI 在 1918 年一度达到 47%。然而随着战争的结束，各国开始恢复生产，对瑞典产品的需求急转直下。生产过剩、投资过热的问题瞬间暴露，通胀转变为通缩。1921 年和 1922 年，瑞典国内的通缩率达到 19% 和 17%。这样剧烈的需求萎缩和物价震荡导致瑞典银行的资产快速缩水，坏账高筑，财务状况严重恶化。

银行业监管委员会向央行发出金融危机的预警，提示银行业的状况会进一步恶化。然而，央行当时的政策原则，是持续收缩货币发行量，使币值恢复到一战之前的状态，以尽快恢复金本位。因而央行继续延续 1919 年以来紧缩的货币政策，不去干预市场的流动性危机。这导致市场利率飙升至历史最高水平，越来越多的银行面临严重的债务违约和资产缩水，最终政府被迫出手干预。议会、银行业代表以及政府部门商议的结果，是由国家债务办公室成立不良资产管理基金来为陷入困境的银行提供贷款。贷款主要由政府担保，并由政府承担全部损失。国家债务办公室在这次危机中为银行业以及关键企业共发放了 1.8 亿克朗的救助贷款，其中最终损失的部分高达 45%，损失的金额在账面上直接注销。[2] 这等同于国家财政收入为银行业和关键企业直接买单了大约 8000 万克朗的债务损失，相当于1922 年财政收入的将近 8%。[3] 这次金融危机直接导致 1921 年的 GDP 下滑

---

[1]　R. Edvinsson and J. Söderberg, *The Evolution of Swedish Consumer Prices 1290-2008*, 2010.

[2]　A. Ögren, "Banking Crises and Lender of Last Resort in Theory and Practice in Swedish History, 1850-2010," p.45.

[3]　*Statistisk årsbok för Sverige 1922*（1922 年瑞典统计年鉴），p.255.

20%，失业率高达30%。① 叠加1931～1932年金融危机的影响，瑞典的经济总量直到1936年才恢复到1919年的水平。因其对实体经济的巨大打击和持续的影响，这次危机被认为是瑞典历史上最严重的金融危机。瑞典央行以金融危机和经济衰退为代价保住了币值和储备的稳定，从而于1924年实现了回归金本位的目标。

2. 通货紧缩与1931～1932年金融危机

瑞典1931～1932年的金融危机对经济带来的损失不及1921～1922年的危机，但危机的影响范围较广。这次危机与1929年美国的大萧条相关，而直接的导火索是克鲁格集团的倒闭。二十世纪二十年代，瑞典克鲁格集团不仅垄断了全球四分之三的火柴生产，还通过向国内银行大规模举债并向国际市场放贷的方式制造了一个巨大的信用泡沫。它发行的公司债和创新性的金融产品在国际市场上发行并受到银行业追捧。至三十年代初，克鲁格集团直接的债务总额占到瑞典银行业总资产的15%，而与该集团相关的贷款总额占到银行业总贷款的60%。② 美国大萧条触发多国对克鲁格集团的债务违约，使其无力偿还对国内的债务，这直接威胁到瑞典金融系统的安全。当时两家最大的商业银行斯堪的纳维亚信用公司（Skandinaviska Kreditaktiebolaget）和瑞典商业银行（Svenska Handelsbanken）都持有了大量克鲁格集团的债务。尽管瑞典在三十年代初期由自由派政党执政，但政府面对危机立即采取了救助措施。其中对斯堪的纳维亚信用公司提供的救助达到其债务总额的50%，包括2.45克朗亿通过国家债务办公室的贷款以及指示其他的银行为其提供的4000万克朗不定期存款。③ 这次危机中一家银行被重组，9家银行接受了不同程度的救助。④ 央行也于1931年停止了货币与黄金的自由兑换。

尽管学界将瑞典这次金融危机归因于大萧条带来的全球需求萎缩以及克鲁格集团的庞氏游戏，但这次危机与瑞典政府也有不可推卸的责任。首先，对金本位的坚持使得瑞典自1921～1922年金融危机之后的大部分年份

---

① 本文中使用的瑞典的宏观经济数据及相关计算，如GDP、物价水平、失业率等，除特殊说明，均来自瑞典统计局的历史统计数据库。

② M. Lönnborg, et al., "Banks and Swedish Financial Crises in the 1920s and 1930s," *Business History*, Vol. 53, No. 2, 2011, pp. 230-248.

③ A. Ögren, "Banking Crises and Lender of Last Resort in Theory and Practice in Swedish History, 1850-2010," p. 67.

④ Upgifter 1932-1936.

都处在通缩的状态。而与此同时，二十年代中期企业盈利和投资行为都开始恢复稳定的增长。这种经济增长和通缩并存的状态使得信用的增长无法持续。一旦信用链条断裂，企业难以通过其他的途径融资，央行也没有足够的信用扩张的能力来为市场提供流动性。1931 年危机发生之前，克鲁格集团曾向央行请求贷款，但一笔贷款就使用了央行一半的外汇储备，[①] 反映出经济对货币的需求已经远远超过了央行在金本位下的货币供给能力。事实上，国际金本位带来的全球性的通货紧缩是二十世纪三十年代初全球大萧条的一个重要的原因，而瑞典的金融危机正是全球大萧条的一个缩影。其次，尽管银行吸取了 1920 年金融危机的教训，经营相对谨慎，没有出现 1920 年金融危机之前的加杠杆和期限错配的行为，但政府没有在银行监管上做出调整，反而鼓励银行为工业企业提供更多的信用，对企业与银行的金融创新没有限制，对银行已经出现的过高的贷款集中度也没有给予重视。[②]

（三）当代金融危机

1. 1991~1992 年金融危机与放弃固定汇率

二战之后，以社会主义政党自称的瑞典社会民主党长期执政，致力于福利国家建设。至八十年代，瑞典成为全世界贫富差距最小的国家之一。当时的学界、政界和公众普遍认为瑞典具有社会主义国家的特征，因而不会再发生金融危机。[③] 然而 1991 年，瑞典房地产公司 Nyckeln 的倒闭触发了一次严重的金融危机和通货紧缩。金融危机使得瑞典陷入连续三年的经济增长停滞并带来政局的动荡，同时也对失业率造成长期的滞后影响。1993~1997 年，瑞典失业率从 2% 持续攀升至 10%。[④] 从对实体经济的影响来看，此次危机的危害程度仅次于 1921~1923 年的金融危机。

与以往多次金融危机类似，金融去监管是危机爆发的潜在原因。二战之后，瑞典政府对金融行业采取了许多限制措施，如设置贷款上限、对存

---

① M. Lönnborg, et al., "Banks and Swedish Financial Crises in the 1920s and 1930s".

② H. Sjögren and S. Knutsen, "Why Do Banking Crises Occur? An Evolutionary Model of Swedish Banking Crises".

③ L. Jonung, et al., *The Great Financial Crisis in Finland and Sweden: The Nordic Experience of Financial Liberalization*, Edward Elgar Publishing, 2009, p. 1.

④ L. Jonung, et al., *The Great Financial Crisis in Finland and Sweden: The Nordic Experience of Financial Liberalization*, p. 19.

贷款利率进行指导、对外汇采取管制措施等。[①] 但八十年代瑞典开始了新一轮的金融去监管，从而带来了贷款扩张和投资繁荣。银行贷款总额在1980~1990年的10年中，即使剔除掉通胀因素，也翻了一番，通胀率和资产价格随之攀升，1985~1990年住房价格和商业房产价格均上涨100%以上。金融企业之间的竞争也日益加剧。银行放宽对抵押物的限制，激进地放贷，甚至接受重复抵押。[②] 在去监管之前，瑞典就有银行贷款利息可以抵税的政策，放开银行贷款限制之后，政策叠加导致贷款的供给和需求都得到刺激。1990年瑞典的繁荣达到顶峰。随后欧洲的货币危机致使瑞典银行的国际投资和债务受到冲击，房地产泡沫的破裂成为其后金融危机的导火索。

瑞典政府的应对方式随着危机的发展而发生变化。危机发生的起初，政府并没有立即采取措施。1991年的大选中，社会民主党失去执政党地位，以减税和市场经济为目标的自由派政党联盟受到拥护。该联盟上台后做的第一件事，就是违背其执政理念，对当时遭遇100亿克朗债务损失的北欧银行（Nordbanken）批准了51.6亿克朗的注资。此后半年，北欧银行的不良资产继续累积，至1992年5月又产生高达600亿克朗的债务损失。政府决定由国家债务办公室成立不良资产管理基金对其不良资产进行收购和重组。由于北欧银行是一家国家持股70%以上的国有银行，政府对其救助行为尚能给出合理的解释。但随后政府又对另外两家非国有的商业银行进行的直接救助就完全打破了其所宣称的金融自由化原则。

与积极的财政政策相反，瑞典央行在这次危机初期，为了维护币值稳定，坚持紧缩的货币政策，不惜将利率一度提高至500%。但其这样操作的结果，是对已经出现大范围违约以及流动性危机的银行火上浇油。1992年11月，央行不得不宣布放弃固定汇率。瑞典克朗大幅贬值，但由于央行开始使用宽松的货币政策干预资本市场，市场很快开始趋于稳定。与此同时，财政政策也持续配合。1991~1993年，瑞典政府通过无息贷款、资本注入、不良资产管理基金收购不良贷款等方式向瑞典银行业提供了相当于其GDP 5%的救助资金。与以往金融危机中财政政策的资金来源不同，这次政府主要通过发行外债来融资。加上危机带来的社会支出增加，1992~1994

---

① L. Jonung, "Financial Crisis and Crisis Management in Sweden: Lessons for Today," *ADBI Working Papers*, 2009, p. 2.

② L. Jonung, et al., *The Great Financial Crisis in Finland and Sweden: The Nordic Experience of Financial Liberalization*, p. 19.

年，瑞典的财政赤字每年都在 2000 亿元左右，占到其 GDP 的大约 15%。

2.2008 年国际金融危机的冲击与应对

二十世纪末至二十一世纪初，瑞典与国际市场的联系日益加强。出口占经济总量的比重从 1990 年的 20% 增至 2007 年的 40%，银行的负债来源有 60% 的来自海外市场，这意味着瑞典与国际金融市场的联动更加紧密。2008 年美国次债危机对瑞典的冲击主要体现在实体经济层面。而金融层面，由于瑞典银行对金融衍生品市场参与较少，也没有明显的加杠杆行为，危机之前的资产价格基本维持稳定，瑞典没有出现美国和欧洲大多数国家的资产价格暴跌。然而，由于 2008 年金融危机是全球性的，瑞典银行业不可避免地出现流动性紧张。为此央行向银行系统提供了 4500 亿克朗的贷款，并参与到对周边国家的银行业援助。① 除此之外，金融监管委员会（前银行业监管委员会）采取了临时的放松监管的措施，如调整对银行资本充足率的计算方法，相当于变相放松了资本充足率的要求。这次危机对经济的短期冲击较大，但持续的时间较短。危机过后，瑞典企业和银行业很快就恢复了盈利能力。

三　金融危机与制度选择的互动

（一）瑞典历史上金融危机的共性

瑞典历史上金融危机展现出若干相似的特征。

第一，作为一个小型、开放的经济体，与其他欧洲国家的市场紧密相连，瑞典的金融周期与全球金融周期有着密切的联系。每次金融危机或是由美国引发的金融危机波及，或是由全球流动性收紧所致。银行的资产负债表揭示了一个不变的模式：繁荣时期有大量海外资本涌入，然而一旦国际经济周期和流动性环境发生逆转，紧接着就是外资迅速撤离并引发金融危机。②

第二，大部分金融危机前若干年的经济繁荣都伴随着金融监管的放松。例如，1878~1879 年金融危机之前，银行存贷利率不再受约束；在

---

① S. Öberg, "Sweden and the Financial Crisis," *Speech at Carlson Investment Management*, Stockholm, 2009.

② 银行外币负债数据根据 Uppgifter 1866~1939 年中的数据计算而来。

1907 年金融危机前，金融机构的准入门槛被降低；而在 1921~1923 年金融危机前，银行资产类型限制被放宽。这些放松监管的措施导致了融资规模的急剧膨胀、银行业的竞争性扩张以及融资标准的下降。

第三，危机爆发后，货币或财政政策在大多数情况下发挥了关键作用。尽管在危机前，国家和央行可能坚持自由放任的原则，或者以货币价值稳定为主要目标而放弃货币政策，但危机一旦发生，紧急情况下都会对受困的银行或大型企业提供流动性支持，并利用公开市场操作等工具向市场注入流动性。

第四，历次金融危机过后，瑞典银行业均经历了重组与淘汰的过程，银行业务的自律机制在一定程度上矫正了其经营行为。尽管如此，随着金融危机的周期性重演，每一场危机都伴随着银行间的兼并浪潮。特别是在 1907 年以及 1921~1923 年的金融危机之后，银行的数量显著减少，从最初的 80 余家降至三十年代的 29 家。更甚者，规模最大的四家银行不断扩张，控制了全国 80% 的存款和贷款业务。九十年代之后，全国的银行业务几乎被三家银行所垄断。在每次金融危机中，政府总是迅速为这些大型银行提供流动性支持，形成了所谓的"大而不倒"现象。[1] 这导致了大型银行的风险偏好上升，从而对外部的监管提出越来越高的要求。

（二）"不可能三角" 与制度困境

在对瑞典历史上的金融危机进行深入探讨后可以明显地观察到，在金融制度的选择上，瑞典不得不在"不可能三角"理论提出的三个政策目标中作出权衡，即在固定汇率、自由资本流动和独立的货币政策之间选择两个。作为一个迫切需要融入国际市场的外缘经济体，瑞典长期以来一直高度依赖于国际贸易和国际投资。外资在瑞典的现代化进程中扮演了至关重要的角色。为了实现工业化以及对先发国家的追赶，外资成了不可或缺的推动力量。从十九世纪三十年代一直到第一次世界大战前，瑞典经历了长达 80 年的资本账户顺差时期。[2] 这段时期内，瑞典获得了实现工业化所需的关键资本，并利用其丰富的自然资源和有利的地理位置，构建起了现代

---

[1] G. H. Stern and R. J. Feldman, *Too Big to Fail: The Hazards of Bank Bailouts*, Rowman & Littlefield, 2004.

[2] A. Ögren & L. Zhao, "International Capital and the Adjustment Mechanism in Sweden during the Silver and Gold Standards, 1834-1913".

化的工业体系。直到第一次世界大战爆发，由于瑞典的中立立场以及拥有的战略自然资源，它才从资本的净输入国转变为净输出国，终结了长期的外资依赖。资本账户的开放是瑞典经济追赶发达国家的必要前提，这就意味着金融制度选择只能在"不可能三角"的另外两个角，即汇率稳定和货币政策自主中进行取舍。

货币的信用关系经济体的稳健和在国际市场中的地位，因而一个外缘的经济体在全球化的浪潮中寻求发展无可争议地需要融入不断变化的国际货币体系，与国际银本位、国际金本位、一战时期的浮动汇率、一战以后回归金本位、大萧条之后放弃金本位，选择盯住英镑的货币政策，以及二战以后加入布雷顿森林体系等这些国际货币体系变革的节奏高度同步。因为对于一个外缘的经济体而言，脱离主流的货币价值体系意味着货币丧失信用，国际贸易被边缘化的风险。因而，二十世纪九十年代之前的每一次金融危机爆发之前，即使在外资大幅度撤离、外汇储备遇到冲击的货币危机面前，瑞典央行和政府首先做的就是试图保住金本位或者固定汇率，采用提高利率等紧缩的货币政策试图稳住外资撤离的趋势。例如，1931 年 9 月，在外汇储备迅速外流的背景下，瑞典央行在一个月内将再贴现利率从 4% 提高至 8%，并停止了对外逆回购，开始回笼流动性。1991 年在金融危机爆发之际瑞典央行采取了更加极端的大幅提高再贴现率的措施，以捍卫固定汇率制度。

然而，坚守固定汇率制的代价是牺牲了货币政策的逆周期调节潜力。国际资本流动的外生波动意味着一旦金融恐慌蔓延，国内的利率调整已无法有效引导资本流向。此时，紧缩性货币政策不仅不能保障汇率的稳定，反而会加剧金融市场的流动性紧张，有可能触发银行业危机。面对银行系统的崩溃的危险，央行和政府不得不将金融系统的稳定放在币值稳定之上，从而放弃了后者，转而重获货币政策的自主性。这种在金本位和固定汇率时期的政策目标切换，在瑞典历史上的金融危机中屡见不鲜。

不过，1907 年和 1921~1923 年的金融危机中，政府和央行的反应较为被动。特别是在 1921~1923 年危机期间，即使有超过三分之一的银行被清算或并购重组，央行依旧坚持紧缩性货币政策，逐步减少货币供应，以重返因一战而放弃的金本位。央行最终于 1924 年达到了金本位所需的储备与基础货币比例，实现了回归金本位目标。然而，这次危机对实体经济造成了巨大且深远的影响，经济总量的损失、失业率以及危机持续的时间都是历次金融危机中最严重的一次。学术界认为央行的紧缩性货币政策是这次危机产生严重后果的原因之一。[①] 直到1926年，瑞典的银行倒闭和并购潮才逐渐平息。到了1931~1932年和1991~1992年的危机，瑞典央行在短暂尝试维护币值稳定失败后，相较于其他陷入同样困境的国家，较早放弃了固定汇率，转而利用货币政策来干预市场流动性。学术界认为，正是这种及时的政策转变使得瑞典能够在这两次危机中迅速恢复，银行业的损害也相对较小，展现了相对于欧洲其他国家的韧性。[②]

总体而言，在"不可能三角"的政策取舍上，瑞典的长期趋势是，汇率稳定作为政策目标逐渐被淡化，而货币政策自主则日益受到重视。瑞典在二十世纪三十年代初率先脱离金本位制，九十年代初再次率先放弃固定汇率制，以及后来决定不加入欧元区，这些决策均体现了瑞典维护货币政策自主的需要。这种与欧洲多数国家不同的路径选择，源自其在多次金融危机中的惨痛教训。以放弃货币政策为代价来保住固定汇率曾使瑞典承受了沉重的经济代价，甚至一度濒临金融系统的全面崩溃。因此，其后来对货币政策自主的重视是基于历史经验的审慎选择。

（三）金融危机与金融监管制度的长期演进

金融监管则构成金融制度的另一关键维度，与"不可能三角"的制度选择相互交织，共同塑造着金融市场的稳定性和弹性。瑞典历史上几乎每一次监管制度的重大调整均是对金融危机的回应，或是对监管失误教训的总结和修正。一个典型的案例是，1927年银行监管局已经认识到二十年代金融危机中银行业对单一客户贷款过于集中的风险，这一风险成为危机失控的关键因素。尽管当时已借鉴了丹麦和挪威对贷款集中度的限制措施，但并未立即实施相应的规范。[③] 这种犹豫导致了1931~1932年金融危机期间银行业因过度依赖克鲁格集团而遭受严重打击。该事件促使政府开始重视对贷款流向的监管，显示出金融监管制度是一个不断学习和修正的过程。

---

① M. Lönnborg, et al., "Banks and Swedish Financial Crises in the 1920s and 1930s".

② B. J. Eichengreen, *Golden Fetters: The Gold Standard and the Great Depression, 1919-1939*, NBER Series on Long-term Factors in Economic Development, 1995.

③ A. M. Rognes and M. Larsson, "Can Regulations Prevent Financial Crises? Uses of the Past in the Evolution of Regulatory Reforms in Sweden," *Journal of Financial Regulation and Compliance*, 2023, Vol. 31, No. 44, 2023, pp. 469-482.

表 1 瑞典历次金融危机前后的金融制度与宏观政策变化

金融危机年份	危机前的制度变化	危机中的财政与货币政策	危机后的制度变化
1857~1858	1848 年银行法案建立初步的银行监管体系	对危机银行采取财政救助	没有制度的调整
1878~1879	1864 年银行法案放宽股份制银行设立门槛，允许银行自由选择利率	对危机银行和企业采取财政救助	没有制度的调整
1907	1903 年银行法案降低银行准入门槛	没有直接干预措施	1911 年提高银行资本金要求，建立银行监管局，进行资本充足率的监管
1921~1923	1917 年放松资本充足率的要求，允许银行持有股票	用财政手段向银行和企业注资	仅对银行持股的规定做了细微调整
1931~1932		危机初期即采用积极的货币政策，放弃金本位。用财政手段承担银行的债务损失	三十年代制定一系列监管措施，限制银行持股，限制贷款集中度
1991	八十年代初鼓励非银行信贷市场发展 1985 年放开银行贷款的所有限制	采用积极的货币政策，放弃固定汇率	成立金融监管局，对所有金融机构统一监管，央行被赋予维持金融稳定的政策目标
2008	1995 年加入欧盟后逐步采用欧盟的金融业统一监管框架	政府前瞻性地反应，成立金融稳定基金，供银行随时调用	

　　通过对比历史金融危机前后的监管变化可以发现，危机前的去监管趋势往往与经济繁荣周期同步发生。而在经历 1907 年金融危机之后，监管强化几乎成为每次危机后的常态。然而，随着经济重新进入繁荣期，对资本市场的需求增加，监管往往会适时放松，直至下一次危机的发生。政府和金融当局在追求效率与稳定性之间摇摆不定，试图找到平衡点。尽管每次危机都存在共通之处，但历史的循环同时伴随着演进，随着时间的推移，财政政策、货币政策和监管制度逐渐趋向中心化管理，从最初依赖财政手段，到后来结合货币政策，金融监管也逐步集中化，从指标性监管转向全行业监管，政府和央行协同合作，实施更为细致和复杂的监管模式。现代金融理念已经完全摒弃了"自由放任"的传统观念。

四 总结及启示

本研究系统性地回顾了瑞典历史上的多次金融危机，剖析了这些危机的成因以及危机前后金融制度与政府应对措施的演化。通过深入探讨宏观政策和监管体系在金融危机中的作用，本文为理解输入型金融危机提供了全新的研究视角和长时段的分析。经典金融危机理论从不同的角度解释金融危机，然而输入型金融危机并非由单一因素引发，而是多种因素相互作用的综合结果。这些因素涉及国际经济与金融周期的影响、国内投资过度直至泡沫破灭的过程，以及监管层面的失误和政策应对的不当等。以往研究所形成的理论框架中，"基本面派"理论所强调的非理性投资，恐慌派理论所侧重的传导效应，以及有关跨境资本流动引发金融动荡的理论，对金融危机的成因和演变均有一定的解释力。在诸多因素中，本文着重分析了制度因素在金融危机成因中的地位，指出制度因素既包括金融去监管对投机行为的推波助澜，也包括顺周期的货币政策基调对金融危机爆发的推进作用。此外，制度的调整过程本身是对金融危机冲击的一种反馈机制，它反映了政府和金融监管机构在危机前后的学习、适应及策略调整。

瑞典金融危机的历史案例为我们提供了宝贵的经验教训，这些经验教训既具有普适性，也具有特殊性。其普适性在于，其一，金融危机往往是国际金融周期、国内经济周期与监管周期三者叠加的结果。这种叠加效应在外生冲击下尤为显著。金融机构的竞争性和趋利性意味着它们不能完全依靠自律来管理风险。在这种情况下，如果监管态度自由放任，可能会加剧顺周期性，助推繁荣期的过度投资和萧条期资本的撤离。因此，逆周期调节的重要性不言而喻，宏观政策和监管措施的得当与否将决定经济体的抗压能力高低。对于在国际市场上本国货币影响力较弱的国家而言，由于对货币稳定的顾虑，可能无法完全实施逆周期的货币政策，此时应利用行政手段的监管和干预来弥补宏观政策的局限，尤其是在资本涌入、投资过热时，严格约束金融机构的投机性行为。

其二，金融监管是一把双刃剑，它在控制风险的同时也可能牺牲市场效率。例如，在二十世纪三十年代，瑞典在经历了两次严重的金融危机后，采取了严格的监管措施。这导致了投资的持续下滑，即使在三十年代中期以后，瑞典跟随西方世界凯恩斯主义的步伐，采取了宽松的货币和财政政策，银行的信贷活动仍然持续低迷。然而，考虑到金融危机的影响可能是深远且不可逆的，金融稳定相较于市场效率更为重要，因此金融稳定逐渐被置于最高目标。

其三，尽管中国与瑞典在经济体量和资本账户开放程度上存在显著差异，但"不可能三角"理论对中国的情境同样具有适用性。随着中国资本市场的逐步开放，汇率稳定与货币政策自主之间的平衡变得愈加复杂。然而，瑞典的经验表明，即便是对于一个资本账户几乎完全开放，且高度依赖国际市场的小型经济体，固定汇率与货币政策自主之间并非完全是一个顾此失彼的选择，而是存在折中的空间，这一点在许多小型经济体的历史经验中均有所体现。① 对于中国来说，随着人民币在国际市场中的地位日益提升，探索汇率稳定、逆周期货币政策和资本账户监管之间的动态均衡点不仅可行，而且具有较大的政策操作空间。

瑞典的金融危机历史及其制度建设经验也具有特殊性。自十九世纪中叶以来，瑞典历经多次金融动荡，这一时期正值资本主义全球快速扩张阶段。瑞典作为一个中立国，在两次世界大战中都获得了独特的发展机遇，使其得以迅速摆脱两次大战前金融危机所带来的萧条。这一系列历史背景为瑞典提供了试错与调整的空间，使其能够逐步发展并完善一套适合本国国情的成熟的金融监管和制度框架。然而，对于当代发展中国家而言，面临的金融挑战与瑞典的历史条件迥异，金融危机的后果往往严重到不容许有试错的余地。伴随着现代金融衍生产品的广泛运用以及全球金融市场之间日益紧密的互联互通，跨境资本流动的规模和速度已经达到了前所未有的水平。高度的金融一体化极大地促进了国际投机资本的流动性，使其能够以前所未有的速度和规模进入或撤离单一经济体。这种资本流动不仅加剧了国家经济与金融系统的脆弱性，而且在某些情况下可能对国家安全构成严重威胁。因此，构建和完善金融监管制度的过程必须区别于历史经验。相反，应采纳一种更具前瞻性的金融监管策略，该策略应包括对国际资本市场动态的综合预测、借鉴其他国家在类似经济条件下的应对经验，并且建立强大的金融防护体系，以增强国家经济的抵御能力。

---

① G. Bazot, et al., "Taming the Global Financial Cycle: Central Banks as Shock Absorbers in the First Era of Globalization," *The Journal of Economic History*, Vol. 82, 2022, pp. 801-839.

Institutional Choices and Externally-induced Financial Crises: A Case Study of Financial Crises in Swedish History

Zhao Liang

Abstract: This study analyzes the patterns and developments of financial crises in modern Swedish history, with a focus on the long-term interplay between these crises and the state's financial institutions. The crises in Sweden demonstrated the features of externally-induced financial disturbances. These events were precipitated by fluctuations in international financial markets and were closely connected to the overexpansion of Sweden's banking sector during economic booms. Furthermore, the relaxation of financial regulations and pro-cyclical monetary policies were fundamental contributors to these crises. The adverse effects of the financial crises compelled the government to perpetually refine its response strategies. This trial-and-error process in policymaking fostered significant evolutions in both financial and monetary frameworks. Predominantly, there has been a shift toward reinforcing financial regulation and enhancing macroeconomic policy interventions, moving away from a traditional laissez-faire ideology. A thorough examination of Sweden's financial crises offers critical insights into Western financial architectures and the dynamics of global financial markets, providing China with valuable lessons for mitigating and managing external financial threats.

Keywords: Sweden; Externally-induced Financial Crisis; Monetary Policy; Financial Regulation; Impossible Trinity

从贡赐贸易到商业贸易：以隆庆年间月港开埠为中心

牛海桢　王弘卓*

摘　要： 明初在与海外国家进行经济交流的过程中主要采取贡赐贸易的方式，对民间实施严厉的"海禁"。不过随着地方经济的恢复与政府海防的松动，海上走私规模逐渐扩大。福建月港因其自身优越的地理位置和商业背景，吸引了众多商人甚至倭寇的聚集，加上士绅利益集团的推动，在民间贸易发展的同时，也引发了嘉靖时期福建沿海地区的动乱。而隆庆时期鉴于财政困难以及"市通则寇转而为商，市禁则商转而为寇"的考虑，便开放月港的商业贸易。繁荣的贸易带动了漳州地区经济的发展与改俗迁风，使其成为明后期中外交流的前沿。而贸易顺差所带来的大量白银，不但缓解了政府财政赤字，也为明后期赋役制度改革打下了坚实的基础。

关键词： 贸易模式　隆庆开关　开埠　月港

有明一代，明政府的对外政策是随着外部条件不断变化的。开国初年，明太祖朱元璋秉持着"怀之以恩""厚往薄来"的态度，构建以传统"华夷体系"为核心的国际关系，并随着永乐时期郑和下西洋而走向巅峰。不过随着明王朝自身实力的衰弱、部分大臣的反对以及沿海倭乱的加重，对外关系一度出现收缩情况。而随着嘉靖时期倭乱的逐步肃清，国内市场的逐步恢复，不断出现开放民间贸易的呼声。而明王朝在审视内外情势后，便顺应了沿海地区人民的请求，实施了"隆庆开关"。"隆庆开关"作

---

* 牛海桢，西北民族大学历史文化学院教授，主要从事明清史研究；王弘卓，西北民族大学历史文化学院硕士研究生，主要从事明清史研究。

为明王朝中后期的重要事件，在发展海外贸易、加强中西间交往中起到了重要的作用。目前，学界对"隆庆开关"方面的研究成果较为丰富，各有侧重，主要从对外政策、商品种类、商人阶层或白银流入等方面展开分析。① 本文在前人研究的基础之上，试图以月港为切入点，分别从自然环境、走私贸易、士绅态度和政府财政的角度，分析其在明廷对外政策制定过程中所发挥的作用，为我们认识明中后期福建沿海地区的发展状况以及白银流入对明王朝财政制度的影响提供一个良好的范例。

一 隆庆开关前明王朝对外贸易状况

洪武、永乐时期所形成的朝贡贸易制度作为明王朝对外交流的基本政策，在"隆庆开关"以前被历朝皇帝所贯彻执行。不过由于其以官方贸易为核心，严厉禁止民间交流的特点，在宣德以后便被浙江、福建、广东地区的走私商人以及以日本为首的海外番国等势力不断冲击着，并最终在嘉靖年间以倭乱的形式达到高潮。

（一）洪永时期：华夷贡赐体系的构建

自三代以来，中原王朝通常秉持着"内诸夏，外狄夷"的世界观。其统治者往往怀着成为天下共主的愿望，运用羁縻手段处理与各国之间的交往活动，进而构建起属于自己理想的中外秩序。而这对于新生的明王朝来说自然也不例外。作为开国之君的朱元璋，其首要目标便是要在统一全国的基础上重新构建起一个符合实际的"华夷体系"。他告诫臣子们"蛮夷

---

① 关于"隆庆开关"，全汉昇在《明清间美洲白银的输入中国》（《香港中文大学中国文化研究所学报》1969年第2卷）、《明中叶太仓岁入银两的研究》以及《明代中叶后岁入银两的研究》（《中国近代经济史论丛》2011年）中分析了明中后期海外白银的流入渠道、流入量以及对明王朝财政的影响。万明《中国融入世界的步履：明与清前期海外政策比较研究》（社会科学文献出版社，2002）、晁中辰《明代海禁与海外贸易》（人民出版社，2005）以及郑云《明代漳州月港对外贸易考略》（《福建文博》2013年第2期）从国内外市场、统治者对前代政策的反思、政府财政等角度分析了隆庆开关的原因，并对商品种类、管理制度建制、征税状况进行了阐释。徐晓望《论明末清初漳州区域市场的发展》（《中国社会经济史研究》2002年第4期）、陈子铭《历史转折时期的漳州月港》（海峡文艺出版社，2015）对明中后期漳州地区开埠之后农业、手工业、商业的发展状况进行了探究。此外，苏惠平《众力向洋：明清月港社会人群与海洋社会》（厦门大学出版社，2018）对明清月港社会阶层变化进行了剖析，潘洵《论明代朱纨、林希元之争》（《江苏第二师范学院学报》2021年第5期）则对嘉靖时中央靖海势力与漳州地方开海势力之间的斗争进行了分析。

非威不畏，非惠不怀"，因此"驭蛮夷之道"就是要"威惠并行"① 而不要"徒慕虚名，自弊中土"。②

正因为其秉持着"怀之以恩"的对外态度，早在吴元年（1367 年），明太祖朱元璋就在太仓黄渡设置市舶司。其后可能因为其距离京畿太近，便改为在广州、明州（宁波）、泉州三地设置。为宣示自身正统，自建国以来便积极与周边诸国建立起联系。洪武二年，分别遣阿思兰等"持诏谕云南、日本等国"③，吴用等"使占城、爪哇等国"④。洪武三年，又"遣使颁封建诸王诏于安南、高丽诸国"⑤。同时，为了贯彻"厚往薄来"的思想，"命有司，凡海外诸国入贡有附私物者，悉蠲其税"⑥。

民间对外贸易方面，虽然据万明等学者考证，在开国之初有过一段时间允许民间出海贸易，并采取抽分制进行征税，但至少在洪武四年时，便已然禁止。⑦

此后，其对外政策便只是允许国与国之间的官方交流，民间贸易则是执行严格的"海禁"。《大明律》载"凡将马牛、军需、铁货、铜钱、缎匹、绸绢、丝绵，私出外境货卖及下海者，杖一百……将人口军器出境及下海者，绞。因而走泄事情者，斩"⑧。大抵受倭寇的影响，洪武七年便"罢福建泉州、浙江明州、广东广州三市舶司"⑨。随后多次诏令严禁民众私下交通外国。洪武十四年，"禁濒海决私通海外诸国"⑩。洪武二十三年，"诏户部申严交通外番之禁……今两广、浙江、福建愚民无知，往往交通

① 《明太祖宝训》卷 6《怀远人》，台北"中研院"历史语言研究所校印本，1962，第 490 页。
② 《明太祖宝训》卷 6《驭夷狄》，台北"中研院"历史语言研究所校印本，1962，第 485 页。
③ 《明太祖实录》卷 39，洪武二年二月丙寅，台北"中研院"历史语言研究所校印本，1962，第 784 页。
④ 《明太祖实录》卷 39，洪武二年二月辛未，台北"中研院"历史语言研究所校印本，1962，第 785 页。
⑤ 《明太祖实录》卷 51，洪武三年夏四月丙寅，台北"中研院"历史语言研究所校印本，1962，第 1003~1004 页。
⑥ 《明太祖实录》卷 159，洪武十七年春正月，台北"中研院"历史语言研究所校印本，1962，第 2459~2500 页。
⑦ 参见万明《中国融入世界的步履：明与清前期海外政策比较研究》，社会科学文献出版社，2002，第 121~122 页。
⑧ 《大明律》卷 15《兵律三·关津》，法律出版社，1998，第 119~120 页。
⑨ 《明太祖实录》卷 93，洪武七年九月辛未，台北"中研院"历史语言研究所校印本，1962，第 1620 页。
⑩ 《明太祖实录》卷 139，洪武十四年冬十月己巳，台北"中研院"历史语言研究所校印本，1962，第 2197 页。

外番，私易货物，故严禁之。沿海军民官司纵令相交易者，悉治以罪"①。洪武二十七年，"……而缘海之人往往私下诸番，贸易香货，用诱蛮夷为盗，命礼部严禁绝之。敢有私下诸番互市者，必置之重法"②。洪武三十年，再次"申禁人民无得擅出海与外国互市"③。

到了永乐、宣德年间，虽然派遣郑和七下西洋，与西洋诸国建立起友好关系，也恢复了洪武七年罢免的"浙江、福建、广东市舶提举司"④，宣告诸臣"今四海一家，正当广示无外，诸国来输诚来贡者，听尔其输之，使明知朕意"，并以"不伤夷人慕义远来之心"为由，不对其所带商品征税，⑤但如此积极的对外政策，并不代表民间对外贸易得到许可。永乐四年（1406年）有锦衣卫奏："民有与外国使人交通者，宜执付法司治如律。"而锦衣卫捕民的原因，仅仅是"（民）以毡市之，而与之言甚久"⑥。虽然最后以"小民讨生计"为由放过了被捕者，但从此也可以看出，成祖种种积极的对外政策，仅是其为了宣扬国威，恢复朝贡体系而采取的措施。

总的来说，我们可以认为明前期统治者积极发展对外关系的目的主要是宣扬"怀柔远仁，厚往薄来"的思想，以求最终构建起传统华夷体系。严厉禁止沿海商民进行海外贸易，则更多的是为了维护沿海安全。

（二）宣正之际：官方交流的萎缩

随着宣德八年（1433年）最后一次下西洋的活动结束以后，明初轰轰烈烈的对外关系扩张时期正式结束。正统至正德时期，最显著的特点就是停止与海外国家进行大规模的交流交往，以至于正统元年（1436年）时因

---

① 《明太祖实录》卷205，洪武二十三年冬十月乙酉，台北"中研院"历史语言研究所校印本，1962，第3067页。

② 《明太祖实录》卷231，洪武二十七年春正月甲寅，台北"中研院"历史语言研究所校印本，1962，第3373~3374页。

③ 《明太祖实录》卷252，洪武三十年四月乙酉，台北"中研院"历史语言研究所校印本，1962，第3640页。

④ 《明太宗实录》卷22，永乐元年八月丁巳，台北"中研院"历史语言研究所校印本，1962，第409页。

⑤ 《明太宗宝训》卷5《怀远人》，台北"中研院"历史语言研究所校印本，1962，第386、388页。

⑥ 《明太宗实录》卷53，永乐四年夏四月庚辰，台北"中研院"历史语言研究所校印本，1962，第795页。

"近年日本诸国来贡者少，其市舶提举司官吏人等允旷，乞裁三之人"①。出现这种情况的原因之一便是下西洋所带回的货物，如胡椒、苏木等价格浮动较大的物品，被用来折抵官员的俸禄。《大明会典》记载"凡官员俸给……后又分上下半年之例。上半年支本色钞锭。下半年以胡椒、苏木折钞关支。后又以绵布折支"②，加上几乎等同于废纸的宝钞，使其利益受到严重损失，最后出现"卑官日用不赡矣"③的状况。由此，官吏对下西洋的行为产生抵制心理，以至于英宗复辟后，希望派遣马云下西洋宣扬国威时，便遭到了张昭等人的强烈反对。这其中虽有自土木堡之变以来"安内救民"的现实考虑，但也体现出官僚集团对自身利益的维护。

就结果而言，在该段时期明王朝逐渐失去了自永乐时期以来与众多海外国家之间的联系。弘治元年（1488年）至六年，"番舶自广东入贡者，惟占城、暹罗各一次"④。据不完全统计，到武宗执政时期，其维持的海外朝贡关系只剩东亚朝鲜、琉球、日本，南亚的占城、安南、暹罗、满剌加（后为弗朗机吞并）等为数不多的国家了。

虽然这时期的官方贸易不断收缩，但民间对外贸易却悄然发展。明王朝规定外国前来进行朝贡贸易首先需要在市舶司所在地进行登陆，而其所带的大量"番物"除了与政府进行交易之外，一部分也私下卖与当地民众，同时也从当地民众手中购买其所需要的物品。久而久之，浙江、福建、广州这些沿海地区手工业、商业便得到恢复与发展。随着双方贸易需求的不断攀升，便出现了"豪民私造巨船，扬帆外国交易射利"⑤和"诸番舶皆潜泊漳州，私与为市"⑥的繁荣景象。

不过明政府对此却忧心忡忡，认为军民交通中外，会引狼入室，威胁沿海地区的安定。因此，弘治六年诏令"今后商货下海者，请即以私通外

① 《明英宗实录》卷21，正统元年八月甲申，台北"中研院"历史语言研究所校印本，1962，第416页。
② 申时行：[万历]《大明会典》卷39《廪禄二·俸给》，广陵书社，2007，第713页。
③ 张廷玉等：《明史》卷82《食货六》，中华书局，1974，第2003页。
④ 《明孝宗实录》卷73，弘治六年三月丁丑，台北"中研院"历史语言研究所校印本，1962，第1367~1368页。
⑤ 陈锳：[乾隆]《海澄县志》卷1《舆地》，载《中国地方志集成》第30册，上海书店、巴蜀书社、江苏古籍出版社，1991，第403页。
⑥ 《明世宗实录》卷106，嘉靖八年十月己巳，台北"中研院"历史语言研究所校印本，1962，第2507页。

国之罪罪之"①。正德十五年（1520年），"严加禁约，夷人留驿者，不许往来私通贸易"②。而这样做的结果反而引发了"盗起广东，转入漳、泉，势甚猖獗""地方多盗，所司不能预防遏截"的状况。③

由此看出，这段时间里明政府依旧贯彻"国朝明禁寸板不许下海"④这样严厉的海禁政策。但其结果并未如其所愿，虽在一定程度上维护了沿海安定，但在巨大利益的诱惑下，反而促使许多商人向着大海前行。

（三）嘉靖以后：对外政策的新变化

虽然明廷内部对于是否开放民间贸易一直都有讨论，但总体而言，嘉靖以前的历任政府基本贯彻着明初的对外政策。不过到了世宗继位之后，情况出现了很大的变化，由此便引发嘉靖政府对外政策的重新审视。

事情的起因则是嘉靖二年（1523年）"宁波争贡事件"的发生。由于室町幕府的衰弱，无法对其余大名进行有效管辖，为获取丰厚利益的大内氏与细川氏便分别派宗设与瑞佐、宋素卿先后向大明进贡。但因宋素卿向市舶太监进行贿赂，"便先验瑞佐货，宴又坐设上"，致使宗设心有不平，与瑞佐发生械斗，并"毁嘉宾堂，劫东库，逐瑞佐及余姚江，沿途杀掠至西霍山洋，杀备倭都指挥刘锦、千户张镗。执指挥袁琏、百户刘恩"，致使浙中大震。⑤

关于此事的处理办法，《明史》记载"给事中夏言上言：'倭患起于市舶。'遂罢市舶。"⑥ 不过此处《明史》记载应有误，因为嘉靖四年兵部还请求收回提督浙江市舶提举司太监赖恩的提督沿海职责。⑦ 如果真如《明史》所记废除浙江市舶司或者市舶司制度，那为何在两年后在弹劾赖恩时还称其为提督浙江市舶提举司太监，且又如何能在嘉靖十年，未见复设的

---

① 《明孝宗实录》卷82，弘治六年十一月乙卯，台北"中研院"历史语言研究所校印本，1962，第1552页。

② 《明武宗实录》卷194，正德十五年十二月己丑，台北"中研院"历史语言研究所校印本，1962，第3630页。

③ 《明世宗实录》卷25，嘉靖二年四月乙亥，台北"中研院"历史语言研究所校印本，1962，第707页。

④ 郑若曾：《筹海图编》卷4《福建事宜》，解放军出版社、辽沈书社，1990，第360页。

⑤ 谷应泰：《明史纪事本末》卷55《沿海倭乱》，中华书局，1971，第844页。

⑥ 张廷玉等：《明史》卷81，《食货志五·市舶》，中华书局，1974，第1978页。

⑦ 《明世宗实录》卷57，嘉靖四年十一月乙亥，台北"中研院"历史语言研究所校印本，1962，第1381~1382页。

情况下，要裁革浙江市舶司提举一员？① 真实情况恐怕只是讨论"倭夷应否通贡绝约事宜"②，而并非是谈论浙江市舶司的存废问题。最后的结果也只是以日本方面未将"元恶宗设及佐谋倡乱数人亟捕系缚送中国"而闭绝日本贡路。③

另外根据嘉靖八年规定"广东番舶例许通市者，毋得禁绝；漳州则驱之，毋得停泊"④ 和嘉靖十年时"裁撤广州市舶司的一员副提举"⑤ 亦可印证并未因此事罢免市舶司制度。虽然该事件之后，市舶司旋设旋废。但至少在万历二十七年时浙江、福建、广东三地市舶司仍然存在。⑥ 况且"有市舶……利权在上；罢市舶而孔利在下。"⑦ 由此可见，明廷无论是出于"羁縻远人"还是维护沿海安定都不会轻易放弃贡赐贸易体系下的市舶制度。

不过对于民间贸易，明政府则没有这么宽容。在进行一番讨论之后，竟认为是福建滨海居民在夷人进贡时，"交通诱引，贻患地方"⑧，宜严定律例，要求浙、福二省巡按官"查海舡，但双桅者即捕之；所载虽非番物，以番物论，俱发戍边卫。官吏军知而故纵者，俱谪发烟瘴"⑨。也正是因为明世宗在海防力量严重衰退的情况下以强硬态度打击走私，便激化了原有的倭乱问题。

而在靖海的过程中，明政府逐渐认识到"市通则寇转而为商，市禁则

---

① 《明世宗实录》卷127，嘉靖十年闰六月乙丑，台北"中研院"历史语言研究所校印本，1962，第3022页。
② 《明世宗实录》卷33，嘉靖二年十一月癸巳，台北"中研院"历史语言研究所校印本，1962，第859页。
③ 《明世宗实录》卷52，嘉靖四年六月己亥，台北"中研院"历史语言研究所校印本，1962，第1304页。
④ 《明世宗实录》卷160，嘉靖八年十月己巳，台北"中研院"历史语言研究所校印本，1962，第2507页。
⑤ 《明世宗实录》卷127，嘉靖十年闰六月己亥，台北"中研院"历史语言研究所校印本，1962，第3032页。
⑥ 《明神宗实录》卷331，万历二十七年二月壬子，台北"中研院"历史语言研究所校印本，1962，第6113页；《明神宗实录》卷331，万历二十七年二月戊辰，台北"中研院"历史语言研究所校印本，1962，第6125页。
⑦ 徐学聚：《国朝典汇》卷200《市舶》，书目文献出版社，1996，第2457页。
⑧ 《明世宗实录》卷38，嘉靖三年四月壬寅，台北"中研院"历史语言研究所校印本，1962，第956~957页。
⑨ 《明世宗实录》卷54，嘉靖四年八月甲辰，台北"中研院"历史语言研究所校印本，1962，第1333页。

商转而为寇"①，放开贸易有助于平定海患。于是便接受了赵文华、谭纶等人提出的解除部分海禁，让民众出海捕鱼维持生计的建议。② 并随着徐海、汪直等关键人物的伏法，舟山之战、淮扬之捷对倭战斗的屡屡胜利，嘉靖时期的倭乱逐渐平息。

综上所述，自明开国以来到嘉靖末年为止，对外理念基本贯彻以朝贡体制为中心，带有中央集权君主专制强化鲜明特征的海外开放政策。③ 也正是有了嘉靖时期的前车之鉴，明穆宗登基后，便迅速调整对外政策，进入下一个历史阶段——开关时期。

二　隆庆开关选择月港的原因

隆庆元年（1567 年），福建巡抚都御史涂泽民上书请开海禁，请求"准贩东西二洋"④。明穆宗接受了建议，并选择在福建漳州的月港作为民间对外贸易的港口。海禁开放的最大意义在于民间私人海外贸易获得了合法的地位，突破了朝贡贸易的限制。月港开放不久明政府在此地设立海澄县，意为海宇澄清、海寇消除之意，实际上也形成了"衣冠文物殷赈，外区可谓盛矣"的状况。⑤ 促使明政府选择这名不见经传的月港作为开放港口的原因，主要有以下几点。

（一）地理自然特点与商业风气

漳州府地处福建最南部，长期以来此地都被称为烟瘴之地，经济发展较为落后。不过随着唐宋以来海上丝绸之路的繁荣发展，其北接泉州府、福州府，南邻广东省的地理位置，为其快速发展创造了契机。众多番船纷至沓来，即使是在元明鼎革，社会经济还未完全恢复的时候，其受到的影

---

① 郑若曾：《筹海图编》卷 11《叙寇源》，解放军出版社、辽沈书社，1990，第 819 页。
② 《明世宗实录》卷 442，嘉靖三十五年十二月癸卯，台北"中研院"历史语言研究所校印本，1962，第 7563 页；《明世宗实录》卷 538，嘉靖四十三年九月丁未，台北"中研院"历史语言研究所校印本，1962，第 8719 页。
③ 万明：《中国融入世界的步履：明与清前期海外政策比较研究》，社会科学文献出版社，2002，第 118 页。
④ 张燮：《东西洋考》卷 7《税饷考》，中华书局，1981，第 131 页。
⑤ 陈锳：[乾隆]《海澄县志》卷 1《舆地》，载《中国地方志集成》第 30 册，上海书店、巴蜀书社、江苏古籍出版社，1991，第 403 页。

响不过是"番船收港少，畲酒入城迟"而已。① 永乐时"闽人商贩至（吕宋）就已达数万人矣"②。如此繁荣的商业活动深深影响了漳州沿海地区的民众，使其养成了"好奢""俗尚淫祀""多以他邦非鬼立庙"比较开放的民俗风气。③ 俞大猷评价道"男不耕作，而食必粱肉；女不蚕桑，而衣皆锦绮"④，而这样敢于冒险、追求物质享受的民俗为开埠提供了良好的人文条件。

月港，因"其形如月"而得名，"唐宋以为海滨一大聚落"。⑤ 明初以来，便是漳州府的一大市镇，视其舆图我们可以看到，月港处于漳州河（九龙江）出海口，顺流而上可至龙溪、漳平等地，交通十分发达。其外又有不少可供走私、方便船舶中转补给的小岛，如旧浯屿就"曾被番舶南来据为巢穴"⑥。加上其地"四时皆似夏"⑦"地偏冬少雪，海近夜多风"⑧的气候，极其利于出海远航。

当然凡事有利有弊，近海也导致如龙溪县、漳浦县这样地处海滨的地区，因土地受海水浸泡，根本无法耕作。"沃野可田者十之二三而已"⑨ 是时人对此的评价。于是人们为了谋生，便养成"业农业渔"的习惯。⑩ 巡按福建陈子贞评价道："闽省土窄人稠，五谷稀少，故边海之民皆以船为家、以海为田、以贩番为命。"⑪ 海澄设县之前，尚且具备"富户征货，固

---

① 罗青霄：[万历]《漳州府志》卷1《清漳十咏》，厦门大学出版社，2012，第44页。
② 王之春：《国朝柔远记》卷1《顺治》，中华书局，2019，第4页。
③ 黄仲昭：《八闽通志》卷3《风俗》，福建人民出版社，1990，第45页；陈洪谟：[正德]《漳州府志》卷11《风俗志·风俗》，厦门大学出版社，2012，第621页。
④ 俞大猷：《正气堂集》卷2《呈福建军门秋崖朱公揭条议汀漳山海事宜》，福建人民出版社，2007，第91页。
⑤ 陈锳：[乾隆]《海澄县志》卷1《舆地》，载《中国地方志集成》第30册，上海书店、巴蜀书社、江苏古籍出版社，1991，第403页。
⑥ 郑若曾：《筹海图编》卷4《福建事宜》，解放军出版社、辽沈社，1990，第355页。
⑦ 陈锳：[乾隆]《海澄县志》卷15《风土》，载《中国地方志集成》第30册，上海书店、巴蜀书社、江苏古籍出版社，1991，第585页。
⑧ 罗青霄：[万历]《漳州府志》卷1《清漳十咏》，厦门大学出版社，2010，第44页。
⑨ 顾炎武：《天下郡国利病书》卷26《福建》，载《续修四库全书》，上海古籍出版社，2002，第284页。
⑩ 黄仲昭：《八闽通志》卷3《风俗》，福建人民出版社，1990，第45页。"业农者，近郭之民；业渔者，以海之民。"
⑪ 《明神宗实录》卷262，万历二十一年七月乙亥，台北"中研院"历史语言研究所校印本，1962，第4864页。

得捆载归来；贫者为庸，博升米自给"① 不惧艰险、出海远航的风气，设县开港后更是"视波涛为阡陌，倚帆樯为未耜"②，而且"人以躯输中华之产驰异域之邦易其方物，利可十倍"，在巨大的经济利益的驱动下，民也乐于"轻生鼓枻相续"。③

另外，其以山地为主的地理条件还促使其经济作物种植规模的扩大。福建以山地丘陵为主，土地稀少，素有"八山一水一分田"的说法。《八闽通志》中也记载"闽地负山滨海，平衍膏胜之壤少，而崎岖硗确之地多，民之食出于土田，而尤仰给于水"④。因此，民众多选择种植经济价值较高的作物。除了明初政府要求每亩土地种植桑树外，漳州地区还出现"熏风荔子熟""茶摘上元前"等景象。⑤ 其所种的茶叶、甘蔗、荔枝、蚕桑等作物，也促进了本地农业专业化程度的提升，为福建地区的手工业、商业的发展奠定了原料的基础，推动了丝织品与制糖业等手工业的发展。当然，这样的种植结构也导致本地粮食不足，"福兴漳泉四郡皆滨于海，海船运米可以仰给"，其多资于广东潮州和浙江温州。⑥ 而这点也带动了短途海运的发展，以至于开埠后，因从外运米太多，便规定载米五十石以上要按番米规则征收陆税。⑦

（二）加强海防及民间贸易管理

谈到福建贸易，自然离不开"闽商"。自唐宋以来，闽人便出海远航，成为繁荣的"海上丝绸之路"的组成部分。"苍官影里三洲路，涨海声中万国商"便是其最贴切的写照。明代以降，政府在浙江、泉州（后改为福州）、广州设置市舶司用于处理琉球、日本等国的朝贡事务。月港因接近泉州，但无官方机构管辖，于是逐渐成为孕育走私的温床，"豪门巨室间

① 张燮：《东西洋考》卷7《税饷考》，中华书局，1981，第131页。
② 陈锳：[乾隆]《海澄县志》卷15《风土》，载《中国地方志集成》第30册，上海书店、巴蜀社社、江苏古籍出版社，第581页。
③ 陈锳：[乾隆]《海澄县志》卷15《风土》，载《中国地方志集成》第30册，上海书店、巴蜀社社、江苏古籍出版社，1991，第581页。
④ 黄仲昭：《八闽通志》卷20《食货》，福建人民出版社，1990，第389页。
⑤ 罗青霄：[万历]《漳州府志》卷1《清漳十咏》，厦门大学出版社，2010，第44页。
⑥ 郑若曾：《筹海图编》卷4《福建事宜》，解放军出版社、辽沈书社，1990，第362页。
⑦ 张燮：《东西洋考》卷7《税饷考》，中华书局，1981，第146页。

有乘巨舰贸易海外者，奸人阴开其利窦，而官不得显收其利权"①，成弘之际便有"小苏杭"之称，② 可见其贸易是多么的繁盛。

不过为了维持"朝贡贸易"体系，走私集团势必受到严厉打击，加上其通商的要求得不到满足，以许朝光、李光头为首的走私者们便不断汇集成武装团体③，与明王朝产生了直接冲突，再加上弗朗机、日本等国的介入，最后演变到"诱寇内讧，法绳不能止"④"通番致寇，贻害地方"⑤ 的地步，对福建沿海地区的人民生命财产安全造成极大的危害。

造成倭寇泛滥的情况，一方面是明廷处理对外关系的失策，另一方面也是其海防力量的削弱。洪武年间江夏侯周德兴在福建沿海设置的五水寨到嘉靖年间部分水寨统领范围已有所收缩，以至于像浯屿水寨原来的驻扎地竟成为走私的据点。⑥ 嘉靖十五年御史白贲条陈"将士玩弛，哨守舡只移泊内港，遂使盗贼纵横，贾人被掠"⑦。朱纨在接手整顿浙闽海防的时候，发现"海防久坠，战船、哨船十存一二，漳、泉巡检司弓兵旧额二千五百余，仅存千人"⑧。出现海防衰弱如此，战斗岂能不败？

此外，走私者们选择漳州月港的另一个重要原因即是漳州的军事建备在嘉靖以前相较于福、泉二州更弱。以烽燧为例，据不完全统计，从弘治年间到嘉靖四十一年为止，漳州府所建设的烽燧数量都远不如福州府与泉州府（见表1）。在此情况下，走私者们便肆无忌惮地交通中外，出现"水寨舟师削弱，不足以制之，处之必有其（走私）道矣"⑨ 的情景。而明政府正是出于加强漳州的军事建设和查处走私贸易的目的，才没有选择军事管理制度更加完善、通商条件更加优越的福州与泉州，反而开放漳州

① 张燮：《东西洋考》卷7《税饷考》，中华书局，1981，第131页。

② 陈锳：［乾隆］《海澄县志》卷15《风土》，载《中国地方志集成》第30册，上海书店、巴蜀书社、江苏古籍出版社，1991，第581页。

③ 参见陈榕三《明代海商集团与漳州月港兴衰》，《现代台湾研究》2002年第2期。

④ 陈锳：［乾隆］《海澄县志》卷1《舆地》，载《中国地方志集成》第30册，上海书店、巴蜀书社、江苏古籍出版社，1991，第403页。

⑤ 郑舜功：《日本一鉴·穷海话梅》下册卷6《海市》，文物出版社，2022，第8页。

⑥ 郑若曾：《筹海图编》卷四《福建事宜》，解放军出版社、辽沈书社，1990，第355～359页。

⑦ 《明世宗实录》卷189，嘉靖十五年七月壬午，台北"中研院"历史语言研究所校印本，1962，第3997页。

⑧ 张廷玉等：《明史》卷205《朱纨传》，中华书局，1974，第5404～5405页。

⑨ 陈洪谟：［正德］《漳州府志》卷30《水寨》，厦门大学出版社，2012，第1828页。

月港作为民间对外贸易的港口。

表 1　弘治、正德年间福州、泉州、漳州三府烽燧数量

弘治二年	福州府	泉州府	漳州府
烽燧（墩台）	无考	福全千户所烽燧 10 处 金门千户所烽燧 8 处 高浦千户所烽燧 5 处 中左千户所烽燧 8 处 崇武千户所烽燧 22 处	龙溪县 4 处：海沧、乌屿、月港、青浦 漳浦县 5 处：白塘、大迳、流会、卓歧、烽火山
		共 53 处	共 9 处
正德年间	福州府（正德十五年）	泉州府	漳州府（正德八年）
烽燧（墩台）	镇东卫 27 处、梅花千户所 21 处，万安千户所、定海千户所 8 处	无考	龙溪县 4 处、漳浦县 9 处、陆鳌所界内墩台 5 处、玄钟所界内墩台 7 处、铜山所界内墩台 3 处
	共 56 处		共 28 处
嘉靖四十一年	福州府	泉州府	漳州府
烽燧（墩台）	蟹洪、洪坑、壁头、前村、蟹屿、车盘、搭山、前溪、仙岩、白鹤、马头、后营、枫屿、龙下、大坵、大壤、陈场、峰前、山崎、石门、潮井、松下、屿头、蕉山、山前、下屿、骑山、斗湖、陆石、潭西、程角、桃源、黄崎、裹头、官坞、官海、东岸湾、长崎、大埕、北茭、（瞭望台）茶林	厦门、流礁、溪东、下吴、街内、白石头、石井、萧下、石头、溢圃、潘径、石悯、陈坑、安平、叶了、洋下、坑山、古云、白沙、埕埭、青山、白崎、古楼、赤山、柯山、獭窟、后任、大山、大砗、下头、尖山、高山、海头、峰尾、后黄、东门外	南山、东湾、渐山、黄崎、洋林、盐仓、流会、安集、洪丘、峰山、白塘、小湾（瞭望台）陆鳌、玄钟
	共 45 处	共 44 处	共 14 处

资料来源：黄仲昭《八闽通志》卷 40《公署·福州府武职公署》，福建人民出版社，1990，第 851~853 页；黄仲昭《八闽通志》卷 41《公署·泉州府武职公署》，福建人民出版社，1990，第 868~872 页；黄仲昭《八闽通志》卷 42《公署·漳州府武职公署》，福建人民出版社，1990，第 880~882 页；叶溥修《福州府志》卷 18《武备·烽燧》，明正德刻本，第 4 页；陈洪谟［正德］《漳州府志》卷 30《兵政志·水寨》，厦门大学出版社，2012，第 1831~1834 页；郑若曾《筹海图编》卷 4《福建兵防官考》，解放军出版社、辽沈书社，1990，第 341~343 页。相关史料中所记嘉靖时期福州与泉州烽燧数量与地点不相等，恐一地有数处烽燧或为错误，有待考证。

　　随后漳州的机构建设上亦可佐证这一观点。军事机构建设方面，嘉靖九年，福建巡海道改驻漳州。嘉靖二十七年，军门朱纨实行"立保甲，严接济"的管制措施，巡海道柯乔议设县治于月港。① 嘉靖二十八年，朱纨就福建倭乱治理上《疏陈六事》，再次希望能在月港设邑，"并增置漳州通判一员，专驻梅岭，增置福宁州同知一员，专驻桐山"②。虽然朝廷以"海滨立县、增官，亦嫌更扰"，没有真正落实，但迫于严峻的形势，在嘉靖三十年的时候在月港复置靖边馆。③ 嘉靖三十八年，在漳州设置南路参将，④ 并在嘉靖四十二年新设海防，改建为海防馆。⑤ 嘉靖四十四年，应允唐九德奏议，从龙溪县和漳浦县分设海澄县，并于隆庆元年告成县治。⑥

在贸易管理方面，隆庆元年选择了需要数条小船拖拉才能出航的月港作为贸易口岸。⑦ 又将原用于沿海军事的海防馆改建为征收税务的督饷馆，用于监管进出口。来往商人不仅要按照船只大小、商品税则缴纳水饷、陆饷，出海还要取得记载船只人员信息的船引，并在进出港时经过圭屿与中左所的层层验证。⑧

另外，我们还能从万历四十年的漳州府户口种类构成去体会明政府在地方控制上的强化。据表 2 我们可以看到，从整体上来说，其一府十县的民户与军户之比大致为三比一，而距海相对较近的诏安县、漳浦县、长泰县、龙溪县、海澄县、南靖县之中，除海澄县、龙溪县、诏安县以外，其民户与军户之比几乎为二比一，长泰县的军户数量甚至超过民户，可见其靖海之决心。

表 2　万历四十年漳州府人口构成状况

单位：户

地区	民户	军户
龙溪县	9795	3057

① 何乔远：《闽书》卷 30《方舆志·漳州府》，福建人民出版社，1994，第 718 页。
② 《明世宗实录》卷 347，嘉靖二十八年四月辛亥，台北"中研院"历史语言研究所校印本，1962，第 6286 页。
③ 何乔远：《闽书》卷 30《方舆志·漳州府》，福建人民出版社，1994，第 718 页。
④ 罗青霄：[万历]《漳州府志》卷 3《秩官·将领》，厦门大学出版社，2010，第 141 页。
⑤ 陈锳：[乾隆]《海澄县志》卷 1《舆地》，载《中国地方志集成》第 30 册，上海书店、巴蜀书社、江苏古籍出版社，1991，第 402~403 页。
⑥ 陈锳：[乾隆]《海澄县志》卷 1《舆地》，载《中国地方志集成》第 30 册，上海书店、巴蜀书社、江苏古籍出版社，1991，第 403 页。
⑦ 张燮：《东西洋考》卷 9《舟师考》，中华书局，1981，第 171 页。
⑧ 张燮：《东西洋考》卷 7《税饷考》，中华书局，1981，第 132 页、140~146 页。

续表

地区	民户	军户
漳浦县	4472	2268
龙岩县	3409	715
长泰县	663	738
南靖县	1850	904
潼平县	2795	604
平和县	1077	480
诏安县	2002	642
海澄县	5511	1390
宁洋县	1584	195
漳州府	共：33158	共：10993

资料来源：闵梦得［万历］《漳州府志》卷8《赋役志上·户口》，厦门大学出版社，2012，第512~514页。

（三）士绅利益集团的推动

"牙人"这一在贸易中作为中介的团体，早在唐宋时期便已经出现，并在商业活动中扮演着十分重要的角色。《续文献通考》中记载"凡外夷贡者，我朝皆设市舶司领之，许带方物，官设牙行与民贸易，谓之互市"[1]，可见其在明代贡赐贸易中起到了不可或缺的作用。除"牙人"外，"揽头""铺行"也都是与官府联系密切的经济团体。处于沿海地区的"揽头"与"铺行"，在市舶司的管理下，具有对外番来商品进行查验、代收商税或者对进出口商品进行购销的职能，[2] 在明代对外贸易中起到了十分重要的作用。

总的来说，这些中介性质的团体人员构成十分复杂，不过由于其多处于官方贡赐贸易体系之内，他们一般由有势力的地方大族、乡绅阶层所担任，在此把他们称为士绅利益集团。他们借助朝贡贸易体制给予的特权，在对外贸易中独占先机，攫取巨大的经济利益。正因如此，对于对外贸易，他们大多也保持着支持态度。

---

[1]　王圻：《续文献通考》卷31《市籴考》，载《续修四库全书》第762册，上海古籍出版社，2002，第335页。

[2]　潘洪岩：《利益集团与明代海禁政策变迁研究》，博士学位论文，辽宁大学，2019。

不过，随着嘉靖年间倭寇问题的不断严重，政府不断加强海上防备，严厉打击倭寇与走私活动，加上政府由于日本的争贡事件，严格规范朝贡贸易流程，士绅贸易集团也深受其影响。因此，他们势必会采取各种方式去维护其既有利益。

地方上，部分"势家"与李光头、许栋这样的走私团体合作，并同地方开海派官员形成利益共同体，在地方上进行走私活动。闽县知县仇俊卿云："漳泉多倚着姓宦族主之，方其番船之泊近郊也，张挂旗号，人亦不可谁何。"① 严从简评价其是"缘海所在悉皆通蕃，细奸则为之牙行，势豪则为之窝主，皆知其利而不顾其害也"②。巡抚朱纨也说，同安县进士许福先因与"海贼"联姻，家遂大富。这些地方豪族"擅受民词，私行考讯，或擅出告示，侵夺有司"③，并假济渡之名，造双桅大船，运载违禁物，以至于"将吏不敢诘也"④。

更甚者便招引番船，并公然放船出海接济，内外合为一家。权势之大，官军见到也"鼠窜不暇"，（番船）如不攻劫水寨、卫所、巡司者亦称幸矣。⑤ 倘若被捕，便"宣言被擒者皆良民，非贼党，用摇惑人心。又挟制有司，以胁从被掳予轻比，重者引强盗拒捕律"⑥。又"往往窃发文移，预泄事机，及有捕获又巧眩真赝"⑦，以至于朱纨大呼"去外国盗易，去中国盗难。去中国濒海之盗犹易，去中国衣冠之盗尤难"⑧，并认为要想平定倭乱，一大要务就是要严厉打击通盗势家这一"大恶本源"，"请自今地方失事，即重创守土所司，俾知惩戒"⑨。

当然，并非所有势家都因利通番。对于是否开关这个问题，闽南士大夫们分为主绝、主通两派，各争论不休。"福、兴二府主绝，漳、泉二府

---

① 郑若曾：《筹海图编》卷4《福建事宜》，解放军出版社、辽沈书社，1990，第368页。
② 严从简：《殊域周咨录》卷2《日本》，中华书局，2000，第74页。
③ 陈子龙：《皇明经世文编》卷205《朱中丞甓余集一·阅视海防事》，中华书局，1962，第2158页。
④ 张廷玉等：《明史》卷205《朱纨传》，中华书局，1974，第5404~5405页。
⑤ 陈子龙：《皇明经世文编》卷205《朱中丞甓余集一·阅视海防事》，中华书局，1962，第2157页。
⑥ 张廷玉等：《明史》卷205《朱纨传》，中华书局，1974，第5404~5405页。
⑦ 《明世宗实录》卷347，嘉靖二十八年四月辛未，台北"中研院"历史语言研究所校印本，1962，第6286页。
⑧ 张廷玉等：《明史》卷205《朱纨传》，中华书局，1974，第5404~5405页。
⑨ 《明世宗实录》卷347，嘉靖二十八年四月辛未，台北"中研院"历史语言研究所校印本，1962，第6286页。

主通。"① 亦有部分如林希元这样的经世派学者从百姓生计的角度出发表达开海通商的好处。他以与弗朗机贸易为例，"弗朗机之来，皆以其地胡椒、苏木、象牙……与边民交易，其价尤平。其日用饮食之资于吾民者，如米、面、猪、鸡之数，其价皆倍于常"②，认为这是有利于百姓生活。不过鉴于当时沿海情况紧急，朝廷并未采纳其意见。

而朱纨在地方上雷厉风行的手段也极大地打击了不法集团。至是"浙自宁波、定海，闽自漳州月港，大率属诸贵官家，咸惴惴重足立，相与诋诬不休"③，以至于"衣冠盗切齿诋诬惑乱视听，必欲杀纨"④。于是朝堂上，不仅其请求惩治"贵官大姓"的奏章不报、不允，而且御史陈九德等人还借朱纨便宜诛杀通番势家为由，弹劾其"措置乖方，专杀启衅"⑤。内外相加，最终导致了朱纨的自杀。而其倾尽心血的海防建设也几尽裁撤，一时间"中外摇手不敢言海禁事"。虽然此举让明廷在嘉靖三十年放宽了浙江海禁，但在兵微将寡"舶主土豪益自喜，为奸日甚，官司莫敢禁"⑥的情况下，很快便"海寇大作，毒东南者十余年"⑦ "弗朗机纵横海上无忌，其市香山奥濠镜者至筑室建城，雄踞海畔若一国"⑧。

（四）缓解政府财政紧张的考虑

自土木堡之变以后，明王朝对北方游牧民族基本处于防守态势，随着边关战事的不断吃紧、军屯逐渐败坏，政府财政压力不断增大。嘉靖登基之时，户部汇报"太仓银库……空虚日甚，各卫管军折散俸粮并各边岁例、宿逋商人刍粮价值不下四百余万"⑨。嘉靖皇帝在位期间，"北虏""南倭"相继侵扰边境，国内又不断有灾害发生，加上钞法早已不行，钱法也不断堕坏，赋税制度逐渐失灵，财政愈加艰难。

---

① 沈德符：《万历野获编》卷12《户部·海上市舶司》，上海古籍出版社，2012，第266页。
② 林希元：《林次崖先生文集》卷5《与翁见愚别驾书》，厦门大学出版社，2015，第201页。
③ 谷应泰：《明史纪事本末》卷55《沿海倭乱》，中华书局，1971，第846页。
④ 黄俣卿：《倭患考源》卷上《中国野史集成续编》第十七册，巴蜀书社，2000，第782页。
⑤ 张廷玉等：《明史》卷81《食货志·市舶》，中华书局，1974，第1981页。
⑥ 谷应泰：《明史纪事本末》卷55《沿海倭乱》，中华书局，1971，第847页。
⑦ 张廷玉等：《明史》卷205《朱纨传》，中华书局，1974，第5404~5405页。
⑧ 王之春：《国朝柔远记》卷1《顺治》，中华书局，1989，第7页。
⑨ 《明武宗实录》卷2，正德十六年五月戊寅，台北"中研院"历史语言研究所校印本，1962，第110~111页。

到明穆宗登基后查内库、太仓库余存时，得到的却是"太仓见存银一百三十万四千六百五十二两"，而需要结清岁支官俸、补发年例和边饷的银两却需要"五百五十三万有奇"，"京粮见存粮六百七十八万三千五百五十一石，岁支官军月粮二百六十二万一千五百余石。遇闰月又加二十二万余石，以今数抵算仅足二年有余"。① 所存银两与所需的军饷、俸禄差额巨大，国家财政已经出现严重危机。

地方上而言，福建地区在经历长期战乱的情况下财政早已入不敷出，嘉靖四十三年，原任福建巡抚谭纶就曾建议减免该地区所逋赋税。② 经费的不足对海防建设造成了严重的阻碍。嘉靖三十四年，赵文华上《陈区画海防三事》，对松江、浙江、福建的防御措施分别提出"宜守、宜攻、宜抚"三个策略。并解释道："而所谓守与攻者，在籍闲田给兵屯种以扼寇；所谓抚者，请增设经略总督专官。"③ 虽然此三策都得到兵部的肯定，但依旧以"乡官领兵，恐督责不便，给兵田无所从出等原因"最终并未实施。

在增强海防建设之后，军费开支日渐增高，加重了地方上的财政负担。"军兴以来，兵费日重。正赋税之外，复有加派，如丁四、米八之类是也。"丁四、米八是军门汪题准在嘉靖四十四年提议的额外加派，规定每丁征银四分，米一石征银八分。因为加派太过沉重，知府罗青霄于隆庆五年议减一半。不过即使如此，隆庆六年丁二、米四银共五千一百三十五两五钱三分四厘八毫八丝三忽五微九纤，④ 其占隆庆五年税粮征收的六分之一。⑤ 此外，还将如抽解仓米、扣解水脚之类的原额钱粮改为军饷，甚至在嘉靖四十六年连寺院也得缴纳高达十分之六的寺税。⑥ 即使如此，军费依然捉襟见肘。加上"所部雕耗，一切官府所需倚办，里三老良苦"。因此，在隆庆六年，郡守罗青霄议征商税及贾舶，万历三年刘尧海又请六

---

① 《明穆宗实录》卷15，隆庆元年十二月辛巳朔，台北"中研院"历史语言研究所校印本，1962，第414~415页。

② 《明世宗实录》卷538，嘉靖四十三年九月丁未，台北"中研院"历史语言研究所校印本，1962，第8719页。

③ 《明世宗实录》卷429，嘉靖三十四年闰十一月己丑，台北"中研院"历史语言研究所校印本，1962，第1121页。

④ 罗青霄：[万历]《漳州府志》卷5《赋役志·军饷》，厦门大学出版社，2010，第206页。

⑤ 罗青霄：[万历]《漳州府志》卷5《赋役志·税粮》，厦门大学出版社，2010，第184页。隆庆五年税粮起运折色正价价一万一千三百七十二两三钱六分一厘，折价银一万九千一百两二两五钱三分八毫九丝九忽二微六纤二秒八尘五埃。

⑥ 罗青霄：[万历]《漳州府志》卷5《赋役志·寺租》，厦门大学出版社，2010，第207页。

千税额，以充兵饷。① 商税自此而来。

另外，由于实物税转运困难，加上市场因私铸钱太多而"钱法不行"②，明中后期地方上都在一定程度上进行了赋役改革。在此过程中赋税的征收对象逐渐从米麦等实物转变为价值稳定、运输相对方便的白银。因此，在政府、民间对白银的需求量都不断增加的情况之下，顺应沿海人民开海要求，无疑是政府减少开支、增加收入最好的选择。

我们从结果上也可以看到，刚开埠不久的万历四年"饷溢额已至万金"③，而万历六年漳州府十县税赋折银总数也才三万七千七百零三两左右，④ 相较之下已是笔不小的财政收入。可即使如此，军饷犹有不足。张燮评价道"本府军饷往往告匮，……见在十县饷银，共三万七千七百九十余，凑船税二万余，大都六万上下，而水陆官兵月粮、修船、直器、犒赏诸费，岁不下六万"，以至于万历二十一年"禁海饷绌"，仍需要"括府县帑藏支用"。⑤

由此可见，选择此时在漳州开关，也是明政府在边疆危机不断严重的情况下缓解财政问题的无奈之举。

三 月港开埠状况及其影响

月港开埠是符合时代潮流，顺应福建沿海人民心声的做法。正因如此，开埠后该地区的对外贸易迅速扩大，出现"五方之贾，熙熙水国，刳艅艎，分市东西路"⑥ 的盛景。繁荣的贸易促进了漳州地区工商业的发展，贸易顺差带来的大量白银，对明中后期的经济产生了巨大影响，促进了明政府财政体系的改革。

（一）贸易发展状况

虽然明王朝开放漳州月港允许民间商人前往东西洋进行贸易活动，但

---

① 张燮：《东西洋考》卷7《税饷考》，中华书局，1981，第132页。
② 张廷玉等：《明史》卷81《食货志》，中华书局，1974，第1967页。"自后税课征银而不征钱。"
③ 张燮：《东西洋考》卷7《税饷考》，中华书局，1981，第131页。
④ 万明、徐英凯：《明代〈万历会计录〉整理与研究》第三册，中国社会科学出版社，2015，第1554页。
⑤ 张燮：《东西洋考》卷7《税饷考》，中华书局，1981，第133~134页。
⑥ 张燮：《东西洋考》之周启元《序》，中华书局，1981，第17页。

对其管理依然十分严格，集中体现在限定每年"商引"、出航船只数量以及制定详细的商税。

"商引"即是贸易许可证，其中载明商人贩运商品种类、数量、来往港口、船只大小等信息。并根据前往地区的不同，税率也不一，规定"东西洋每引三两，鸡笼、淡水每引一两"，后分别增至六两与二两。[①] 除"引税"外，政府还征收根据船身大小而定的"水饷"，根据货物种类、数量而定的"陆饷"以及针对吕宋间贸易的"加增饷"。不过虽然政府实施了严格的管理措施，但商人们依然络绎不绝地出海远航，寻觅财富，甚至有数以万计的漳、泉居民定居海外。[②]

万历时期，商引由海澄县的海防官管理，原为百引。万历十七年时中丞周寀提议限定每年出航船只为八十八艘，按船数配给商引。后来因为商人数量过多，而商引数量太少，又增加至一百一十艘。[③] 即使如此，依旧还有大量商人违反规定私自出海。万历十七年，规定到顺化的船只有两艘，可实际到此的船只却有十三艘之多。[④] 大量的商人活跃在南洋诸国之间，为东亚间的国际贸易注入了活力。

船税方面，由于明政府开埠的目的在于控制民间商业活动，对商品税收方面仅为限定具体数额，用于补充本地耗费，并不追求实际利益，除开隆庆开关时期的税额外，万历时期基本维持在两万两至三万两（见表3）。

表 3　商税税额

时间	金额
隆庆六年	仅数千金
万历三年	岁额六千两
万历四年	累至万金
万历十一年	二万两有余
万历二十二年	二万九千两有奇

① 张燮：《东西洋考》卷7《税饷考》，中华书局，1981，第132页。
② 顾炎武：《天下郡国利病书》卷26《福建·洋税考》，载《续修四库全书》，上海古籍出版社，2002，第293页。
③ 顾炎武：《天下郡国利病书》卷26《福建·洋税考》，载《续修四库全书》，上海古籍出版社，2002，第292页。
④ 侯继高：《全浙兵制》卷二《近报倭警》，见万明《丝绸之路上的明代中国与世界》，中国社会科学出版社，2022，第454页。

续表

时间	金额
万历四十三年	二万三千四百两（官府规定数额，非实际收入）

资料来源：张燮《东西洋考》卷7《税饷考》，中华书局，1981，第132~143页。

就贸易商品而言，其大致可以通过贸易税则可知，隆庆六年刚开埠不久时，进口商品还不是很多，主要是以象牙、犀角为主的原材料，以苏木为主的香料和降香、束香一般道地药材，总共46种，商品种类较少，也体现其贸易范围不大（见表4）。

表4 隆庆六年征税商品

原料	香料	农产品	手工制品	矿石原料	药材	木材	水产品
象牙、牛角	胡椒	番莉	棋子绢	番锡	降香、束香	杉竹树木	黑沿
鹦鹉螺	肉豆蔻	孩儿茶	竹布	铅铜	木香、藤黄	紫檀	
燕窝、籽棉	白豆蔻			黄蜡	鹤顶、降香	乌木	
玳瑁、鹿皮	苏木				乳香、阿片	奇楠香	
犀角	片脑				白藤、大风子		
孔雀尾	荜茇				没药、紫檀		
珠母壳					水藤、血竭		
黄牛皮					槟榔、丁香、檀香		
共11种	共6种	共2种	共2种	共3种	共17种	共4种	共1种

资料来源：罗青霄［万历］《漳州府志》卷5《赋役志·商税》，厦门大学出版社，2010，第190~191页。

万历十七年之后，随着贸易范围的不断扩大，商品种类发生了极大的变化。《福建通志》描述道"梯山航海泉货充溢，珠香象犀文贝之属，舆服伎巧，珍错之利，不胫而走海内"[1]。据不完全统计，该时期征税商品的数量增加到117种。除了农产品、道地药材等种类的增多以外，还集中体现了原料、手工制品上。原料由原来的11种增长到27种之多；特别是手工制品由2种增长到28种。西洋布、东京鸟布、清花笔筒、琉璃瓶等先前未见之物纷纷输入中国，成为人们争抢的对象（见表5）。

出口商品方面则是以生丝、丝绸、瓷器、漳纱、漳缎、漳绒、漳绣

---

[1] 陈寿祺：［同治］《福建通志》卷56《风俗》，台北华文书局，1968，第1147页。

等工艺品，糖、茶等农副产品以及纸、纱灯、竹枕、铁鼎、铁针等生活用品为主。① 王世懋在其《闽部疏》中描绘道"凡福之绸丝、漳之纱绢、泉之蓝、福延之铁、福漳之橘、福兴之荔枝、泉漳之糖、顺昌之纸，无日不走分水岭，及浦城小关，下吴越如流水。其航海而去者，尤不可计"②。

表 5　万历十七年以后征税商品

原料	香料	农产品	手工制品	矿石原料	药材	植物原料	水产品
鹿皮、鲨鱼翅	胡椒	番米	番被、火炬	黄蜡	檀香、石花	奇楠香	螺钿
籽棉、玳瑁	苏木	孩儿茶	竹布、草席	黑铅	沉香、胖大子	水藤	鹦鹉螺
牛角、犀角	冰片	椰子	番藤席、琉璃瓶	番锡	没药、樟脑	番藤	尖尾螺
牛皮、象牙	肉豆蔻	海菜	嘉文席、交趾绢	番金	鹤顶、八丁蒿	乌木	虾米
鹿角、猿皮	荜茇	红花米	青琉璃笔筒	磺土	大风子、排草	紫檀	
鲨鱼皮	白豆蔻	绿豆	束香、锁服	钱铜	阿片、花草	紫憬	
锦鲂鱼皮	安息香	黍仔	毕布、番纸	红铜	槟榔、马尾	棕竹	
鹿脯、明角		薯榔	苏合油、番泥瓶	漆	白藤、丁香枝	樱竹枯	
虎豹皮、翠鸟皮			油麻、黄丝	烂铜	藤黄、没石子		
龟筒、马皮			多罗哒、番镜		降真、马钱		
燕窝、蛇皮			暹罗红纱、花笔筒		血碣、芦荟		
犀牛皮、莺哥			白琉璃盏		乳香、阿魏		
甘蔗鸟			番铜鼓、土丝布		丁香、木香		
孔雀尾			粗丝布				
珠母壳			西洋布、天鹅绒				
獐皮、獭皮			东京鸟布				
共 27 种	共 7 种	共 8 种	共 28 种	共 9 种	共 26 种	共 8 种	共 4 种

资料来源：张燮《东西洋考》卷 7《税饷考》，中华书局，1981，第 141～146 页；闵梦得 [万历]《漳州府志》卷 27《风土志·物产》，厦门大学出版社，2012，第 1833～1834 页。

在贸易线路上，主要分为东洋、西洋以及我国台湾三条贸易航线。明代划分东西洋以婆罗洲为界，其东为东洋，其西为西洋。东洋航线主要经过吕宋国、猫里务国、苏禄国，并最终以文莱国为终点。而西洋航线的主要贸易地区有交趾、占城、柬埔寨、暹罗、古兰丹、渤泥国、彭亨国、柔佛国、满

① 郑云：《明代漳州月港对外贸易考略》，《福建文博》2013 年第 2 期。
② 王世懋：《闽部疏》，台湾成文出版社，1965，第 47 页。

刺加国、苏文答腊国、文浪马神国等。台湾则是主要到淡水、鸡笼等地。①

为了装载更多的货物，明代商人们使用的船也是适合远距离航行的大船。其大者"宽三丈五六尺，长十余丈"，即使是稍小一些的船也"宽二丈，长七八丈"②，并且配备刀枪箭矢等武器，这些都为其海外贸易的成功奠定了坚实的基础。

（二）漳州府工商业与民风变化

月港开埠后，各方商贾纷至沓来，为明中后期福建地区的发展注入了活力。大量的商品需求以及经济活动也推动着漳州府自身及周边地区的城市扩张和工商业的发展。

万历以前，漳州地区市镇发展缓慢，主要集中于漳州府城（龙溪县）附近。正德时期主要有南市、北桥寺院、草市、乌屿桥市、华峰市、码路头市、月港市、翰林市，此外还有漳浦县的西街市，共9市。开埠以来，随着贸易活动的增加，到万历元年，整个漳州府可考的市镇就有38个，增长了近四倍。而到了万历四十一年时，整个漳州府达到了72个市。尤其是拥有月港的海澄县，在崇祯时又增加了旧桥市、新桥头市和海沧镇③，商业发展得十分迅速（见表6）。

表6 漳州市镇数量变化

正德八年		万历元年		万历四十一年	
龙溪县	8个	龙溪县	11个	龙溪县	15个
漳浦县	1个	漳浦县	5个	漳浦县	10个
长泰县	无	长泰县	5个	长泰县	7个
漳平县	无	漳平县	5个	漳平县	5个
龙岩县	无	龙岩县	4个	龙岩县	4个
南靖县	无	南靖县	1个	南靖县	5个
		平和县	3个	平和县	9个
		诏安县	无	诏安县	1个
		海澄县	4个	海澄县	7个

---

① 张燮：《东西洋考》卷9《舟师考》，中华书局，1981，第171~184页。
② 张燮：《东西洋考》卷9《舟师考》，中华书局，1981，第170页。
③ 梁兆阳等：《海澄县志》卷12《坊里志·市镇》，崇祯朝刻本，第10页。

正德八年		万历元年		万历四十一年	
		宁洋县	无考	宁洋县	9个
漳州府	共9个	漳州府	约38个	漳州府	共72个

资料来源：陈洪谟［正德］《漳州府志》卷6《厢里志》，厦门大学出版社，2010，第358~375页；罗青霄［万历］《漳州府志》，厦门大学出版社，2010，第420~421、643、770、877、988、1058、1101、1199页；闵梦得［万历］《漳州府志》卷29《坊表·市镇》，厦门大学出版社，2012，第1987~1990页。

得益于海外市场的扩大，漳州手工业方面在此期间有了长足的发展，"城门之内百工鳞集，机杼垆锤，心手俱应"①。

制糖业方面，王应山在《闽大记》中描述道"糖产诸郡，泉、漳为盛，有红、白及冰糖。商贩四方货卖。种蔗皆漳南人，遍满山谷"②，甚至连泉州地区都有，"往往有改稻田种蔗者"。③

丝织业方面，漳人以"巧善织，故名于天下"④。正德年间的织物就有水棉布、鸡皮罗、生苎布、黄麻布、青麻布、葛布、白苎布、绉绸、丝布、蕉布、绢纱。⑤ 天鹅绒、西洋布等外来织物与技法的传入，进一步丰富了漳州地区的织物种类。到了万历时期，在原有的基础上增加了土潞绸、绮罗、光素缎、綵布，⑥ 于是便有了"丝绢出龙溪，葛苎出漳平"的美名。⑦

器物生产上，除了原有的羽扇、竹扇，青瓷器、黑瓷器、白瓷器、轿、屐、细篾之外⑧，也开始制作诸如锡器、铜器、纱灯、牙刻、添金沙杯、枕、席等器物，尤其是一些巧夺天工的装饰品，如能自动引水上流的

---

① 闵梦得：［万历］《漳州府志》卷26《风土志上·风俗考》，厦门大学出版社，2012，第1798页。

② 王应山：《闽大记》卷11《食货考》，中国社会科学出版社，2005，第194页。

③ 陈懋仁：《泉南杂志》卷上，中华书局，1985，第7页。

④ 罗青霄：［万历］《漳州府志》卷13《龙溪县志·物产》，厦门大学出版社，2010，第411~412页。

⑤ 陈洪谟：［正德］《漳州府志》卷10《诸课杂志·物产》，厦门大学出版社，2010，第612页。

⑥ 闵梦得：［万历］《漳州府志》卷27《风土志·物产》，厦门大学出版社，2012，第1833~1834页。

⑦ 罗青霄：［万历］《漳州府志》卷1《物产》，厦门大学出版社，2010年，第50页。

⑧ 陈洪谟：［正德］《漳州府志》卷10《诸课杂志·物产》，厦门大学出版社，2010，第614~615页。

假山石、当作镇纸的五彩石、水晶、琉璃、玻璃等物品。①

民风民俗方面，虽然漳州沿海地区受自然环境的影响，自唐宋以来就有航海从商之习俗。但在开埠之前，漳州内陆地区依然保持着"其民务本，不事末作""质朴谨畏"的风气。② 不过，随着外贸的不断兴盛，奢靡之风也逐渐渗透进来，"服食器用，侈靡相高；淫佚赌博，不事生业"③"（冠婚丧）城居者好赌荡戏剧，乡处者好服毒图赖"④。即便是原来"火耕水耨，俗故穷陋"的龙岩县，时人也称"闾阎竞侈，婚丧之费，靡不可节"⑤。惟漳平县因"舟楫不通，商贾罕至"，依然过着"务本、不事商贾"的生活。⑥

（三） 白银流入及影响

随着国际间贸易的不断发展，我国物美价廉的丝绸、瓷器吸引着以西班牙、葡萄牙为首的西方殖民者纷至沓来。他们携带着大量美洲、日本地区的白银来到东南亚的据点进行贸易。在众多贸易路线中，月港到吕宋这条被称为"马尼拉大帆船贸易"的航线在明中后期白银流向中国的过程中起到了重要的作用。

吕宋的马尼拉作为西班牙人在亚洲的前哨站，是他们和明朝海商进行贸易的重要地点。自隆庆开关以来，明朝海商们会携带大量生丝、丝绸以及生活用品到这来交换大量白银回去。其数量之多，以至于从吕宋返回的商人由于船上基本都是白银，也因此商人们每船需要交纳一百五十两（万历十八年改为一百二十两）的"加增饷"。⑦《漳州府志》中也记载"钱用

---

① 闵梦得：[万历]《漳州府志》卷27《风土志·物产》，厦门大学出版社，2012，第1835~1836页。

② 黄仲昭：《八闽通志》卷3《风俗》，福建人民出版社，1990，第45页。

③ 罗青霄：[万历]《漳州府志》卷23《长泰县志·风俗》，厦门大学出版社，2010，第864页。

④ 罗青霄：[万历]《漳州府志》卷25《南靖县志·风俗》，厦门大学出版社，2010，第980页。

⑤ 罗青霄：[万历]《漳州府志》卷21《龙岩县志·风俗》，厦门大学出版社，2010，第756页。

⑥ 罗青霄：[万历]《漳州府志》卷27《漳平县志·风俗》，厦门大学出版社，2010，第1050页。

⑦ 张燮：《东西洋考》卷7《税饷考》，中华书局，1981，第132页。

银铸，字用番文，漳人今多用之"①。这些都证明当时有不少的白银随着商人流入中国。

这些白银输入中国以后，一方面，对明政府的财政及其经济政策产生了重要影响。根据太仓库存银两可知，自嘉靖二十七年到隆庆元年，其基本处于一百万到二百万两之间的赤字状态。而自隆庆元年开始，赤字便逐渐减少，到万历五年时，达到盈余。② 虽然财政的好转与这时期边疆逐渐稳定有很大的关系，但对外开放和白银的输入的作用也绝不能忽视。曾有抚臣评价这一时期的贸易收益是"军需国课半取于市舶"③，可见其对财政的巨大作用。

另一方面，白银数量的增多，也促进了福建地区的赋税制度改革的进程。劳役方面，随着纲银法实施，逐渐实现了各项税赋的整合，至隆庆六年，漳州府的里甲、均徭（实施纲银法）、邮站、机兵均通过白银进行征收与支付。④

在赋税征收方面，以漳州地区的土贡为例。成化年间，主要是以药味、绸缎、弓、弦、箭矢、翠毛、翎毛、杂皮这样的实物为主。⑤ 但由于贡品种类不断增多，实物征收逐渐困难，转运不便，正德十五年实行八分法，即先由各县征收相应数量的白银，再由本府编金长置办本色运输到指定地区。嘉靖时，改为由布政使处理转运实物。到了隆庆五年时，土贡折银量并水脚银在闰年时更是达到共一万二千三百七十九两之多。负责转运的解户也大多因此破产，无法有效实施转运工作。直到万历时期"一条鞭法"的落实，才改变了这一状况。⑥

由此可见，白银因其具有稳定价值、方便运输的特性而被作为征收对象。这种变化一定程度上保证了政府赋税征收的实现，缓解了有明一代货

---

① 闵梦得：［万历］《漳州府志》卷9《洋税考》，厦门大学出版社，2012，第609页。
② 全汉昇：《明中叶后太仓岁入银两的研究》《明代中叶太仓岁出银两的研究》，载《中国近代经济史论丛》，中华书局，2011，第240~251、274~280页。
③ 顾炎武：《天下郡国利病书》卷26《福建·洋税考》，载《续修四库全书》，上海古籍出版社，2002，第294页。
④ 闵梦得：［万历］《漳州府志》卷8《税粮·四差》，厦门大学出版社，2012，第547~556页。
⑤ 黄仲昭：《八闽通志》卷20《食货》，福建人民出版社，1990，第405~406页。
⑥ 闵梦得：［万历］《漳州府志》卷8《税粮·土贡》，厦门大学出版社，2012，第558~559页。

币短缺的状况，为我国明清时期白银货币化的转型奠定了基础。

结　语

　　"隆庆开关"集中表现为明朝对外贸易逐渐从贡赐贸易转向商业贸易，它既是明政府对商人阶级要求扩大市场的妥协，又是其增强沿海地区控制能力的新政策。

　　将其开放点选在福建漳州是多种因素共同作用的结果。其中，除了有月港本身的地理优势、优良的贸易风气以及坚实的商业基础外，也有政府在缓解国家财政的前提下出于加强海防与贸易管理的考虑，并且还隐含着自明初就开始的政府与民间贸易集团、士绅集团之间的利益博弈。

　　开关的决策在一定程度上达成了明政府的目的，也满足了民间士绅阶层的诉求，并潜移默化地改变了漳州当地的经济文化。同时，也顺应了自十六世纪以来大航海时代背景下世界各地联系逐渐紧密的潮流，促进了早期经济全球化的发展。而流入的大量白银在缓解明政府财政赤字的同时，也不断推动明政府赋役制度的改革，并最终促使明中后期的货币制度朝着"白银货币化"前进。

From Tribute Trade to Commercial Trade：Focusing on the Yue Port Opening in the Year of Long Qing

Niu Haizhen，*Wang Hongzhuo*

Abstract：In the early Ming Dynasty, for the sake of national security, in the process of economic exchange with overseas countries mainly adopt the way of tribute trade, and implement strict "ban on maritime trade" policy. But with the recovery of local economies and the loosening of government defences, the scale of smuggling by sea has grown. Due to its superior location and commercial background, Yue Port in Fujian Province attracted a large number of traders even Japanese pirates. With the promotion of gentry interest groups, while promoting the development of folk trade, it further triggered the unrest in the coastal areas of Fujian during the Jiajing period. And the Ming government in view of financial difficulties and "when the market is open, the pirate will change into the trader and vice versa". So them opened the Yue Port to commercial trade. Prosperous trade has driven the development of Zhangzhou regional economy and change customs and manners. So that it became the forefront of foreign exchanges in the middle and late Ming Dynasty. The large amount of silver brought by the trade surplus not only helped the government to realize the fiscal turnaround, but also laid a solid foundation for the reform of the tax and corvee system in the late Ming Dynasty.

Keywords: Trade Mode; "Long Qing Kai Guan"; Reason for Opening Port; Yue Port

明清广州的对外贸易与白银进出[*]

熊昌锟[**]

摘　要： 广州作为中国的南方门户，在明清时期的对外贸易体系中有着十分重要的地位。明中后期以来，随着大帆船贸易的进行，大量的白银通过茶叶、生丝、鸦片等国际贸易流入广州，并通过广州进入中国内地。白银进入广州存在多种空间路线，且有一定数量的白银在广州与国内商埠之间来回流动。明末，葡萄牙、西班牙等国商人又将美洲的机制银元运抵广州，并逐渐成为广州及广东地区的主要通货。白银货币除了用于贸易结算，还可用于赋税缴纳，偿还对外赔款。白银因贸易而流入中国，同时也对贸易的扩大有重要的推动作用。

关键词： 广州　对外贸易　白银货币　明清时期

十五世纪以来，随着新航路的开辟，国际贸易规模急剧扩大。广东作为中国的南方门户，不可避免地被卷入了全球化浪潮。葡萄牙、西班牙等欧洲各国与中国通商贸易带来的数额巨大的白银，对当时中国的物价和社会经济产生了深远影响。全汉昇估算了明代以来美洲白银流入中国的数量，认为大量的白银输入导致了十八世纪中国的物价革命。[①] 林满红则讨论了十九世纪前期世界经济萧条与中国白银外流的内在关联，她认为世界经济萧条使得各国商人冒险将鸦片走私到中国，而中国此前仰仗的丝茶贸

---

* 本文为2018年度《广州大典》与广州历史文化研究立项重点课题"天子南库：明代以来广州对外贸易与白银流入"（2018GZZ01）、2017年用友基金会"商的长城"资助项目"明代以降粤东会馆碑铭收集与会馆旧址保护研究"（2017-YX02）以及中国社会科学院青年人文社会科学研究中心2023年度社会调研项目"20世纪关税与贸易冲突的解决机制及现代启示"（2023QNZX006）的阶段性成果。

** 熊昌锟，中国社会科学院经济研究所副研究员，研究方向为近代经济史。

① 全汉昇：《中国经济史论丛》（第2册），新亚研究所，1972。

易也因经济萧条而受阻，进而造成白银外流。① 张晓宁在考察清前期广州制度下的中西贸易时，对各国输入中国的白银进行了估计，同时分析了取代白银的鸦片贸易。② 陈春声、刘志伟则从制度和物质生活的角度，探讨了十八世纪美洲白银在中国的流通以及在"贡赋经济"中的作用。③ 王桃讨论了银价变动对于近代粤丝出口的重要影响。④ 关于明清广州贸易体制的研究成果亦十分丰硕，对于本文具有重要的启发作用，限于篇幅，兹不一一赘述。

一 十六世纪以来的通商情形与贸易线路

广州因其优越的地理位置，在唐代即为重要的商业枢纽。由于同时具备内河航运与海洋远航的条件，广州逐渐成为前往南洋（东南亚）以及欧洲等地的出海通道。顾祖禹在《读史方舆纪要》中称，"广东介于岭海之间，北负雄韶，足以临吴楚；东肩惠潮，可以制瓯闽；西固高廉，扼交邕之襟吭；南环琼岛，控黎夷之门户。而广州一郡，屹为中枢，山川绵邈，环拱千里，足为都会"⑤。《中国丛报》（Chinese Repository）曾描述过广州的贸易地位，"广州的地理形势和中国政府的政策，再加上其他各种原因，使得广州成为对内、对外贸易极盛之地……中华帝国与西方各国的全部贸易都聚会于广州。中国各地物产都运来此地，各省的商贾货栈在此经营着很赚钱的买卖。东京、交趾支那、柬埔寨、缅甸、马六甲或马来半岛、东印度群岛、印度各口岸、欧洲各国、南北美洲各国和太平洋诸岛的商货，也都荟集到此城"⑥。

新航路开辟后，葡萄牙、西班牙等国在十六世纪早期到达广州，荷兰人则在十七世纪初接踵而至。英国、法国也在十七世纪中后期抵达广州进

---

① 林满红：《中国的白银外流与世界金银减产（1814~1850）》，载《中国海洋发展史论文集》（第4册），1991。

② 张晓宁：《天子南库：清前期广州制度下的中西贸易》，江西高校出版社，1999。

③ 陈春声、刘志伟：《贡赋、市场与物质生活：试论十八世纪美洲白银输入与中国社会变迁之关系》，《清华大学学报》（哲学社会科学版）2010年第5期。

④ 王桃：《试论银价对近代粤丝出口的支配作用》，《暨南学报》（哲学社会科学版）2017年第10期。

⑤ 顾祖禹：《读史方舆纪要》卷一○○。

⑥ Chinese Repository, Vol. 2, 1833, p. 289.

行贸易。美国与广州直接进行贸易的时间要晚于上述国家。十八世纪末，美国商船直航广州，实现了中美的直接贸易。中国与葡萄牙、西班牙、英国、法国、美国的贸易联系日益紧密，加之英国占领印度，从印度输入鸦片、棉纱等大宗货物，而将中国的茶叶、生丝以及棉布等商品运往欧洲、美洲，使中国与欧美等国的贸易规模日甚一日。

明代的海外贸易，有贡舶和商舶之分，明人王圻称："贡舶为王法所许，司于市舶，贸易之公也。海商为王法所不许，不司于市舶，贸易之私也。"贡舶贸易兴盛于永乐至宣德年间，当时常至广州的有12国，多时达15国。除贡品外，附搭货物由官府"给价收买"，余者允许商人"博买"。商舶实际是私人经营的海外贸易，到隆庆年间海禁开放后，商舶贸易成为明后期对外贸易的主要形式。欧洲的葡萄牙、西班牙等国，从欧洲及菲律宾运来大量的白银，用于购买中国的丝绸、茶叶等商品。明代时从广州出发，向东可到达厦门、宁波、上海、天津等港口，同时可直航长崎，即广州—长崎航线。向南可达马尼拉、爪哇、苏门答腊、暹罗、马来西亚、婆罗洲等东南亚诸国，即南洋航线。另还有欧洲航线，自广州至印度，经好望角到欧洲。①

清初，为了打击郑成功等反清势力，清廷宣布实行海禁政策。顺治十三年（1656年），清政府敕令浙江、福建、广东、江南、山东、天津各地督抚"严禁商民船只私自出海"，且"不许片帆入口"②。自顺治十八年（1661年）起，实行"迁海政策"，凡"江南、浙江、福建、广东濒海地方"，"百姓村落居住处，尽令迁移内地"③。康熙二十二年（1683年），清军平定台湾后，原先的禁海政策逐渐松弛。次年（1684年）四月，清政府取消对闽粤两省的禁令，"向令开海贸易，谓于闽粤边海民生有益，若此二省民用充阜，财货疏通，各省俱俾有益"，"故令开海贸易"。④ 雍正二年（1724年），清政府规定到广东贸易的西方商船，一律停靠广州黄埔港。乾隆年间，清廷颁布《防范外夷规条》，对外国商船的居留时间、住址等做了严格规定，逐渐形成了广州一口贸易的制度。

十九世纪三十年代，时人预计"随着从印度到广州及欧洲直接到来的

---

① 张晓宁：《天子南库：清前期广州制度下的中西贸易》，第6页。
② 《续文献通考》卷二十六，"市籴"。
③ 《清世祖实录》，顺治十三年六月癸巳，卷一〇二。
④ 《清圣祖实录》，康熙二十三年九月甲子，卷二六。

自由贸易者权益的扩大，对华贸易迅速增长。在此后十年间，其数量将会倍增。而且在自由贸易政策的刺激下，它将继续扩大，直到顶峰"①。1837年，在广州经商的行商缴纳的费用为 184 万元，占广州进出口总额的3.5%。② 换言之，当年广州的进出口总额已达 5257 万元，可见贸易之盛。

除了与欧洲、美洲等国开展贸易，广州也参与了东亚内部的"朝贡贸易"。③ 据记载，朝鲜每四年朝贡一次，琉球每三年朝贡两次，安南每两年朝贡一次，南掌（老挝）每十年朝贡一次，暹罗每三年朝贡一次，苏禄每五年朝贡一次。但前往北京的人员和船数都有严格规定，余下的留在广州。④ 广州与暹罗等地亦有贸易往来。早在乾隆十七年（1752 年），两广总督阿里衮就在奏折中提及，一位名为林权的本港洋船商，自暹罗返回广州，除了其他货物之外，还载米五千一百余石。⑤ 此外，广州、汕头与日本（长崎等地）等地也有一定的商业来往。

可以看出，清代广州贸易大致有以下几条线路。一是广州—长崎航线：从广州出发，东行可到达国内的厦门、宁波、上海、天津、大连等港口，最终到达日本长崎。二是南洋贸易航线：向南可达马尼拉、爪哇、苏门答腊、暹罗、马来西亚半岛、婆罗洲等东南亚国家。三是欧洲航线：从西欧的里斯本、塞维利亚或伦敦出发，沿非洲西海岸南下，绕过非洲的好望角，横渡印度洋，经过苏门答腊岛西南部海面，北上通过巽他海峡到达广州。四是拉丁美洲航线：从广州出发，经过马尼拉中转后，直航拉丁美洲。五是北美航线：大致分为两条，其一是经过太平洋到达合恩角，然后沿南美洲海岸北上到达纽约；其二是通过巽他海峡绕道好望角，经过大西洋直抵纽约。⑥

时人称，"夷商来粤交易，向系以货易货，其贩来呢羽、哔叽、棉花、皮张、钟表等物，换内地之绸缎、布匹、湖丝、茶叶、瓷器，彼此准定互

---

① A. Wellwisher, "Intercourse with the Chinese, Letter IV," *The Chinese Repository*, vol. 3, p. 402.

② *The Co-Hong System*, The Canton Press, May 13th, 1837.

③ 〔清〕梁廷枏：《粤道贡国说》，中华书局，1993，第 124 页。

④ 〔美〕马士：《中华帝国对外关系史》（第一卷），张汇文等译，商务印书馆，1963，第56 页。

⑤ 《宫中档乾隆朝奏折》（第三卷），台北"国立"故宫博物院，1982，第 771~772 页。

⑥ 张晓宁：《天子南库：清前期广州制度下的中西贸易》，江西教育出版社，1999，第 6~8 页。

市"①。各国运入广州的商品，除少量的毛织品以及来自美洲西海岸的皮货、人参外，主要为印度等地的棉花、胡椒等商品，此外则是整船的白银，以此换取中国的丝绸、茶叶、瓷器等商品。1677~1751年各国商船运入广州的货值及白银数量如表1所示。

表1 1677~1751年各国商船运入广州的货值及白银数量

单位：两，%

年份	货值	白银数量	白银所占比例
1677	2110	4778	69
1681	31350	37500	54
1682	43797	84000	66
1698	75000	60000	44
1699	16425	79833	82
1704	14898	139452	90
1707	8343	63000	88
1709	7905	93000	92
1717	9636	99000	91
1719	8064	96000	92
1721	5439	132000	96
1723	8664	102000	92
1729	12951	480000	97
1731	12747	657000	98
1733	30000	105000	78
1735	2568	144000	98
1738	3360	120000	97
1747	7407	105000	93
1749	1845	90000	97
1751	70476	412000	85

资料来源：Morse, *The Chronicles*, Vol. 1, pp. 307, 313.

开埠之前，广州作为唯一开放的通商口岸与外国进行国际贸易，广州一口的白银主要由荷兰、英国、法国、丹麦、瑞典、美国等国运入，船只

---

① 《鸦片战争档案史料》第1册，上海人民出版社，1987，第10页。

常在二十余艘至七十艘之间，其中英、美两国船只运输的白银数量占多数。结合《英国议会文书》等资料的统计，1820~1834 年，广州对外出口，对英国的出口额为 1408 万~2077 万元，所占份额最高，对美国的出口额为 409 万~875 万元。[①] 同一时期广州的进口额，英国在 1434 万~2317 万元，美国在 403 万~896 万元。[②] 其他国家尤其是早期的葡、西、荷等国，均要小于英、美两国的进出口总额（见表 2）。

表 2 1801~1840 年各国商船运抵广州的白银

单位：元

年份	进口				出口			
	英国船	美国船	其他	共计	英国船	美国船	其他	共计
1801		1382000		1382000				
1802		2584000		2584000				
1803		2232000		2232000				
1804		2902000		2902000				
1805		4176000		4176000				
1806		2895000		2895000				
1807		3032000		3032000				
1808		70000		70000				
1809		4723000		4723000				
1810		2330000		2330000				
1811		1875000		1875000				
1812		616000		616000				
1813								
1814		1214300		1214300				
1815		1922000		1922000				
1816		4545000		4545000				
1817		5601000		5601000				
1818		7414000		7414000	4080000			4080000
1819		6297000		6297000	3130143			3130143

---

① *British Parliamentary Papers*，1840，Vol. 37，pp. 247-248.
② 〔美〕马士：《中华帝国对外关系史》（第一卷），张汇文等译，商务印书馆，1963，第 56 页。

续表

年份	进口				出口			
	英国船	美国船	其他	共计	英国船	美国船	其他	共计
1820		2995000		2995000	2206571			2206571
1821	47000	4612000	1000000	5659000	480560		1300000	1780560
1822		6292840		6292840	234600			234600
1823	1076386	4096000		5172386	2618500			2618500
1824	63356	6524500		6587856	1743357			1734357
1825		5705200		5705200	4341000			4341000
1826		1841168		1841168	4019000			4019000
1827		2450000		2450000	6094646			6094646
1828		732200		732200	4703202			4703202
1829	35000	1123644		1158644	6746372	9000		6755372
1830	55000	1100000	16700	1116700	6595306			6595306
1831	16000	667252		683252	4023003			4023003
1832	7500	682519	55300	745319	4890925	264816		5155741
1833	20500	290459		703019	6217820			6217820
1834				378930				
1835				1390832				
1836				413661				
1837				155100				
1838				728661				
1839				987473				
1840				477033				
总计	1320742	94006737	1072000	101323229	52708291	273816	1300000	54273207

注：表中进口洋银的数据较为连续，而出口的数据多未记载，因此出口部分缺漏严重。

资料来源：*British Parliamentary Papers*，Vol. 40，p. 192；H. B. Morse. *The Chronicles of the East India Company Trading to China*，1635-1834，Vol. Ⅳ，pp. 21-386.

从表2可以看出，1801~1840年输入广州的白银总额为102184574元，平均每年进口约2620117元。[①] 而其主要为英、美两国货船运送，美国船运来的洋银数量又远超英国，这与两国在华购买丝、茶货款的来源密切相关。英商已先将洋银运入印度购买鸦片，其后在中国行销鸦片后再购土

---

① 因1813年缺乏数据，实际为39年。

货，运入的洋银数量较少；而美商多先自其本国东部装运木材等货至南美，换得美洲银元后，再以运来的银元在广州购买丝茶。美国的另一种贸易途径则是美国商人将货物运往欧洲，在此脱售，将所得的美洲银元运回美国，继而转运中国。或者在欧洲各口岸间从事转运贸易，直到筹够足够的西班牙银元，再携带驶往广州，回程将茶、丝织品和南京棉布从广州运往美国。① 因此，相对于英商而言，美国商人携带大量洋银进入中国，而洋银在广州等地深受欢迎，又有贴水可赚，行商遂对美商刮目相看，对总商伍秉鉴（浩官，Houqua）与美商旗昌洋行（Russell & Co.）行东顾星（John P. Cushing）及傅波士（John Forbes）等人，尤为友善。②

自十七世纪中期到十九世纪初，中国对外贸易始终处于有利地位，白银长期入超。但在十九世纪初期，由于鸦片输入大量增加，白银流入逐渐减少。在 1826 年以后，由于鸦片大量进口，中国对外贸易入不敷出，白银由入超转为出超。在 1850 年左右，因欧美各国对丝茶的需求激增，白银再由出超转为入超。在这个较长的时期，白银流动的趋向并不一致。③

但是，上述统计仍然是不完备的。马士曾对十九世纪前期英、美两国与中国的贸易统计解释道，"将近输入总值的百分之六十，都是西班牙银元之类的银货，这项以公布的数量为依据的比例数字，仍旧可能是有过之无不及的；商人们总是不愿意公布他们所调度的现金数量，并且在美国贸易中还有一笔整整 15000000 元无抵偿的余额来准备十六个年份中出口商品价值的差额，船舶开支和美国商人机构维持费的需用"④。由此可见，仍有相当数量的洋银并未统计在内。

为了加强对国际贸易的监管，清政府曾设置专门的管理机构"十三行"。康熙二十四年（1685 年），"设粤海关监督，以内务府员外郎中出领其事。其后或以侵墨败，敕巡抚监之。迄年改归总督，所至有贺兰、英吉利、瑞国、琏国，皆红毛也。若弗郎西、若吕宋，皆佛郎机也。岁以二十

---

① 〔美〕马士：《中华帝国对外关系史》（第一卷），张汇文等译，商务印书馆，1963，第95 页。
② 浩官致美商英文书札，Honqua（Canton）to J. P. Cushing（Boston），Dec. 17. 1840，美国麻省中美贸易博物馆藏。转引自郝延平《晚清沿海的新货币及其影响》，《中央研究院近代史研究所集刊》1978 年第 2 期。
③ 余捷琼：《1700~1937 年中国银货输出入的一个估计》，商务印书馆，1940，第 17 页。
④ 〔美〕马士：《中华帝国对外关系史》（第一卷），张汇文等译，商务印书馆，1963，第106 页。

余舵为率，至则劳以牛酒，牙行主之，曰十三行，皆为重楼崇台，舶长曰大班，次曰二班，将居停十三行。余悉守舶，即明于驿旁建屋一百二十间以居蕃人之遗制也"①。十三行管理与荷兰、英国、西班牙等国的贸易。《粤海关志》中也记载："国朝设关之初，蕃舶入市者仅二十余舵。至则劳以牛酒，令牙行主之……乾隆初年，洋行有二十家。而会城有海南行。至二十五年，洋商公立行，专办夷船货税，谓之外洋行。别立本港行，专管暹罗贡使及贸易纳饷之事。又改海南行为福潮行。输报本省潮州及福建民人诸货税，是为外洋行与本港福潮分办之始。"② 牙行即为十三行。乾隆年间，清廷又设置外洋行、本港行、福潮行，分别处理与外国、暹罗及福建、潮州等地贸易。

经过两次鸦片战争，中国被迫开放更多的通商口岸，广东的对外贸易格局在此基础上更加开放，运入广州、汕头等商埠的白银和外国银元有较大幅度的增加。与此同时，外国银元在广东的流通也得到地方政府的允准与支持。此后，外国银元在广东的流通愈来愈广，从广州、汕头等港口逐渐扩张至各县及农村，几成主币之势。

二　国际贸易与白银进出的相关性

西方各国运入广州的商品，除了皮货、人参、棉花、胡椒、檀香木以及鸦片等，同时还运输大量的白银换取中国的丝绸、茶叶、瓷器和棉布等大宗商品。茶叶、生丝等是广州贸易中的重要出口货物。明代，安徽、江西等地的茶叶经过大庾岭到达广州，然后出口至欧洲、美洲等地。十七世纪以来，英国东印度公司在大部分年份的进口货值中，茶叶进口占到一半以上。1765～1774年从中国进口的茶叶价值中，平均每年的茶叶价值占71%。1785～1794年，茶叶出口值占到出口总额的85%。③

除了英国，其他欧洲国家如荷兰、丹麦、法国、瑞典、挪威、普鲁士、西班牙、奥地利、意大利、葡萄牙等国都先后派船到中国购买茶叶。1716～1793年，法国共派出105艘船，丹麦和瑞典在1776～1779年分别派

---

① （清）印光任、张汝霖：《澳门纪略》（卷上），台北成文出版社，1968，第19～20页。
② （清）梁廷楠：《粤海关志》卷二十五，第1页。
③ Prichard, *Crucial Years*, pp. 395-396.

出 37 和 48 艘船，法国、丹麦、瑞典三国在十八世纪购买的中国茶叶至少 143 万担。美国在独立后的第二年（1784 年）派出商船前往中国运回 3002 担茶叶，到 1792 年，美国商船运回的茶叶已达到 11538 担。① 茶叶出口在当时整个出口商品结构中占有极重要的地位，道光年间的白银外流，即与茶叶、生丝的滞销相关。

生丝也是出口的大宗商品。太湖流域的湖（州）、嘉（兴）、杭（州）等府县的生丝为出口集中地，如湖州的双林镇，"吴丝衣天下，聚于双林，吴越闽番至于海岛，皆来市焉。五月载银而至，委积如瓦砾，吴南诸乡，岁有百十万之益"②。乾隆年间，各国商船到广州购买的丝货，每年购买湖丝并绸缎等货 20 余万斤至 23 万斤不等，价值达上百万两。1820~1833 年，生丝和丝织品的出口值在鼎盛时期超过 500 万元，占整个出口总值的近 25%。据统计，嘉庆二十二年至道光十三年（1817~1833 年）间，广州出口商品中最大项依次是茶叶、生丝、绸缎、土布，各项最高出口值分别为 15241712 元、3097167 元、3522456 元、1703486 元。③

而各国商船运入的货物，最大宗的则是鸦片。鸦片在广州及珠江口一带交易后运往全国各地。1821 年以前，福建、浙江和江苏少数商人前去广州购买鸦片后运回贩卖。④ 鸦片贸易旷日持久，成为外国商人弥补贸易逆差的主要手段。生丝也是重要的出口商品，《国内商业汇兑要览》称，广州以蚕丝为出产品之大宗，每年交易由阴历三月起至九月止，出丝约六造，价值港纸 8000 余万元，多运往英、美、法三国销售。其他出品如桂皮、水橘、绸缎、竹布、广席、芭蕉扇并仿造各种洋货，名曰广货，销遍国内。

自明代始，葡萄牙、西班牙、荷兰等国商人每年组织上百艘商船，每船携带数量众多的白银前往广州等地购买中国的茶叶、生丝等物品。据全汉昇先生的估算，从万历十四年到崇祯九年（1586~1643 年），西班牙商人每年从菲律宾输入的白银约 130 万元，近 60 年输入的白银在 7500 万元以上。⑤

---

① 张晓宁：《天子南库：清前期广州制度下的中西贸易》，第 90 页。

② （清）顾炎武：《日知录》卷十。

③ 姚贤镐：《中国近代对外贸易史资料》（第一册），中华书局，1962，第 254 页。

④ Michael Greenberg, *British Trade and the Opening of China*, 1800-1842, Cambridge University Press, 1951, p.136.

⑤ 全汉昇：《中国经济史论丛》，香港：新亚书院，1972，第 506 页。

表3根据洋银进出与鸦片、棉纱、生丝、茶叶等几种重要商品及进出口总值，来观察洋银进出与对外贸易之间的关系。

表3 1864~1919年广州洋银进出与大宗货物贸易

单位：海关两

年份	进口				出口			
	鸦片进口	棉纱进口	白银进口	进口总值	生丝出口	茶叶出口	白银出口	出口总值
1864	952464	560992	2036192	6144618	805080	2418057		7065872
1865	1011752	746863	2463202	6921313	3127810	2900039		10068880
1866	1708176	564237	4228585	10678883	3673860	2137732		10645186
1867	997487	3660718	1674269	7542500	3518583	1692930	3047707	10130298
1868	359032	2462351	2822029	6699576	3129708	1898726	2357664	10844893
1869	448672	1025812	3691557	5563770	4609097	1675308	2190919	10892722
1870	293110	1104454	1956388	6126868	5452939	1373127	1925099	11245746
1871	478905	1009490	2942553	4761945	5756124	1759544	3854003	13247862
1872	325651	840364	3936738	4922636	6777909	2307216	4030541	15184893
1873	371782	2494139	3125699	6642247	5423476	1560676	1864378	12379709
1874	444308	662465	2520114	3149479	5105984	2220564	1158217	12922352
1875	420173	815202	1302123	4398275	3672671	1216161	1791061	11723209
1876	197837	908341	1490831	4683120	5059991	1490619	1482093	12718256
1877	137034	738357	1988843	3179706	3438669	1632292	1497187	12258821
1878	331300	749385	2019247	3473213	3264747	1597423	2783271	12075245
1879	484636	865486	1960257	4129758	4233829	1566906	907670	13476711
1880	294757	336314	1647492	2940449	2846534	1701642	1768100	12779984
1881	101656	1100251	1355941	4281529	4243046	1628811	1007241	13739578
1882	7737	1186612	1386476	4584448	3926018	1657027	1592058	12609503
1883	219004	1271118	1676917	4833675	4391626	1340479	784253	14033383
1884	1236906	1041722	1518513	5353844	2873622	1181265	321267	11354009
1885	1098739	1100251	790714	5706148	4243046	1412675	525022	10494192
1886	407431	734388	939378	5071901	5437693	1017687	2105205	17120682
1887	3426522	1317582	1449685	8233732	6591969	1735271	613300	16676035
1888	6000393	1942214	1208370	11775141	4373924	953893	352727	14222825
1889	5790866	1453331	3060481	10968445	6304139	1016207	1646786	16471703
1890	5212180	1653414	2776782	11097872	5620179	1162147	2098045	14853475

续表

年份	进口				出口			
	鸦片进口	棉纱进口	白银进口	进口总值	生丝出口	茶叶出口	白银出口	出口总值
1891	5569697	2301118	2431115	12516014	6572125	482274	2769856	15395306
1892	5055030	2788204	2526315	12494853	6953533	1417142	4507628	16313105
1893	4344070	2262744	2386342	13096109	6867360	553349	2744978	15619855
1894	4154854	3007647	3592486	13741801	7082725	275744	2463059	15324745
1895	3376930	2284380	3289796	16451332	7569884	234480	2379466	2420299
1896	2774313	1713108	2097020	12157757	8056163	222755	245713	245713
1897	2794503	2389298	3074789	13729975	11233257	223622	2899426	2899426
1898	3059845	1078539	4764714	11970502	12894554	142289	6318988	6318988
1899	4039417	822970	3635522	13861995	16653530	124889	7409476	7409476
1900	4314364	221270	3697560	13691180	10797073	198193	9624500	9700194
1901	5081681	307330	2510034	16492112	12964820	89234	10329849	10329849
1902	5362879	1649958	3555514	16491136	21879600	380624	11659639	11659639
1903	6584371	2336081	3515655	23570743	21838478	487653	13991961	13993767
1904	6240629	2524579	5618123	25964657	19137988	595294	14579214	14579214
1905	6206951	2634603	7604810	26255221	17848318	512078	20379955	20905870
1906	6561614	2099654	3250547	25966599	20336761	538552	17428570	17428570
1907	5165990	2169657	1995208	29645236	27192402	505809	11087146	11087146
1908	7225896	1628457	7538221	30006194	20458229	432994	12535466	12535466
1909	5303048	1833461	8640685	28611409	20200746	617384	9306430	9355041
1910	7944484	1666859	7717468	32560691	25824184	578311	6467433	6467433
1911	6688990	1209419	13414033	29267739	20814438	646194	11079558	11249671
1912	5397613	1655334	10936789	25796004	19122906	451106	5919733	6044021
1913	5617560	2083024	17164461	31791219	27909423	444892	3503665	3785972
1914	7648561	2166810	9778521	34880588	21939317	647076	7612544	7659868
1915	3105254	2198409	5174252	26037359	17058978	837922	9488940	9503246
1916	675781	1919638	4202059	25939697	28995051	743991	8299136	8400071
1917	372629	3424686	4218581	27874400	27944394	466535	694680	782199
1918		3010346	3563801	28215554	24974478	479196	1183793	1305065
1919		2961265	7903797	30622604	36537553	444120	784532	910057

资料来源:《中国旧海关史料（1859~1948）》,京华出版社,2001。

不过由于白银输入中国，无须向海关申请许可证，海关资料的统计仍可能存在较大的缺漏。此外，走私等情况也明显存在，因而整个白银的输入量要超过海关统计的数据。

1864 年以前白银的进出口情形，在海关统计中并无详细记录。1922～1931 年 Decennial Report 中虽有《中国对外贸易史（1832～1931）》（*A History of the External Trade of China 1832–1931*）记载了海关未有报告及以前各时期的白银进出口数，但总体上仍较为简略。

结合表 3 数据，可分析洋银进出与大宗货物、进出总值的相关系数。银元进口（数值）与各项货物（数值）的相关系数：鸦片进口 0.196924644，棉纱进口 0.197835016，进口总值 0.210783314；生丝出口 0.243946123，茶叶出口 -0.194526738，出口总值 0.155254725。而银元出口（数值）与各项货物（数值）的相关系数：鸦片进口 0.637380444，棉纱进口 0.130106916，进口总值 0.602550857；生丝出口 0.275414082，茶叶出口 -0.46811793，出口总值 0.507680055。数值越高，代表相关性越高。从上述数值来看，银元出口与进口总值相关性较高，说明进口货物越多，出口的银元也就越多。银元进口与茶叶出口相关系数为负数，但并不能表明两者之间是负相关，主要原因在于 1893 年后茶叶出口数量急剧下降，造成茶叶出口的总值过小。而 1864～1893 年银元进口与茶叶出口的相关系数的数值为 0.352694722。在此时段内，银元进口与茶叶出口仍有较高的相关性。

三　白银从商品向货币的过渡

在十七世纪以后，各国商船运来的白银，大多是美洲铸造的机制银元，银条的数量不如银元，其原因在于明末清初以来，西班牙银元在福建、广东一带已流通较广，"福建、广东近海之地，多行使洋钱，其银皆范为钱式，来自西南二洋，约有数等，大者曰马钱，为海马形，次为花边钱。又有刻作人面或为全身，其背为宫室器皿、禽兽、花草之类，环以番字，亦有两面皆为人形者，闽粤之人称为番银，或称为花边银。凡荷兰、佛郎机诸国商船所载，每以数千万元计"[①]。马钱为荷兰铸造的货币，花边钱即西班牙银元。屈大均在《广东新语》中记载："闽粤银多从番舶来。

[①]　《清文献通考》卷十六"钱币考"，清文渊阁四库全书本。

番有吕宋者，在闽海南，产银，其行银如中国行钱，西洋诸番银多转输其中以通商，故闽粤人多贾吕宋银至广州，揽头者就舶取之，分散于百工之肆，百工各为服食器物偿其值。承平时，商贾所得银皆以易货，度梅岭者，不以银梱载而北也。故东粤之银，出梅岭十而三四。今也关税繁多，诸货之至吴楚京都者，往往利微折资本。商贾多连银而出，所留于东粤者，银无几也。"① 是著成书于康熙初年，说明在康熙年间以前就有商人将番银从马尼拉（吕宋）运抵广州等地，同时流通至广东省内各地。而因省内货物获利甚微，部分商人又将洋银运至吴、楚等地，意味着洋银有向北扩展的趋势。《广州竹枝词》云："洋钱争出是官商，十字门开向二洋。五丝八丝广缎好，银钱堆满十三行。"生丝等大量出口，使得洋银源源不断地流入中国。乾隆中期，出任广东乡试考官的李调元，曾仿作"希珍大半出西洋，番舶旧时亦置装。新到牛郎云光缎，花边钱满十三行"②。花边钱是指西班牙银元，堆满十三行，则表明本洋随对外贸易的开展而大量流入。《南越笔记》中曾详细描述了其形制："花边钱，以银镕为钱样，面有水草、烛台诸纹，间有作人马形者，边轮有花，俗称花边钱。自洋外来，以便于鬻物，市中多用之。然内地亦能制，故真赝相错云。"③ "便于鬻物，市中多用之"，说明此时外国银元已在广东市场上较为流行。"内地亦能制，故真赝相错"，则表明民间已有大量仿铸，真假洋银掺杂使用。

银元不仅在广东畅行，同时呈现向北流往浙江、江苏的趋势。嘉庆十九年（1814 年），两广总督蒋攸铦奏称："至于洋钱进口，民间以其使用简便，颇觉流通。……现在市价每元换制钱七百二三十文，若至浙江、江苏等省，可值制钱八百数十文。江浙商民贩货来粤，销售后间有径带回洋钱者，此系该处洋钱市价昂贵。"④ 道光二十年（1840 年）十一月，广州市场上有名的洋行代办浩官曾记道："银元在鸦片贸易发生困难时运到了，当时外面不需要它们，只有赊销给那些我当时认为不可轻率信托的人，否则便卖不出去。因此，银元（从黄埔）被带到广州。运到这里时，我认为竭力设法在市场上立即抛出是不明智的，希望等到出现对银元的需求时，

① （清）屈大均：《广东新语》卷十五"货语"，中华书局，2010，第 406 页。
② （清）李调元：《粤东皇华集》卷三，复旦大学图书馆古籍部藏书，索书号：911254。
③ 《南越笔记》为乾隆年间（1736～1795 年）李调元记录广东风土人情之作。参见（清）李调元《南越笔记》卷五，复旦大学图书馆古籍部藏书，索书号：503034。
④ （清）梁廷楠：《粤海关志》卷十七"金银制钱之禁"。

能有较好的价格，这些银元便这样留存在旗昌洋行的银库里几个月，不过它们最终都以能够取得的最好的价格卖掉。"① 浩官的信表明洋银在广州市场上的使用具有鲜明的季节性，其价格随季节的变化有高低之别。

1821 年墨西哥独立以后，从西班牙手中收回银矿，开始自行铸造银元。此前在广州等地广为流通的西班牙银元来源渐绝，各国领事和商人意识到需用一种新的银元取代西班牙银元。同时由于西班牙银元数量越来越少，因而引起其价格的疯狂上涨。与本洋相比，鹰洋进入广州的早期，在与银锭汇兑时，需要一定的贴水。1855 年的广州，（理论上）108 两的墨西哥银元可以兑换 100 两纯的纹银。但实际却需要 112 两汇兑 100 两纹银。这多出的 4 两或百分之四，是因为银元的特点所产生的额外费用。② 不过到了 1856 年，广州的墨西哥银元在同旧的西班牙银元进行汇兑时，其价格已相差无几。③英、美、日等国眼见墨西哥银元在中国流通所带来的巨大效益，相继铸造香港银元、美国贸易银元、日本银元同鹰洋角逐。1873 年时，美国铸造的贸易银元到达广州，其与海关两的兑换比价为 100 海关两兑换 111.6 贸易银元。④ 日本银元亦行销于广州、汕头等地。当时的媒体评论称，广东作为中国与欧洲的重要贸易场所，外国银元成为这一贸易的媒介。根据马士在《东印度公司对华贸易编年史》中的记载，乾隆四十一年（1776 年）至四十八年（1783 年）欧洲各国输入广州的银元分别为 597 箱（每箱4000 元）、366 箱、352 箱、387 箱、168 箱、147 箱、250 箱、680 箱，到乾隆五十一年（1786 年）增长到 912 箱，乾隆五十二年甚至高达 1378 箱。据此推测，在五口通商以前，各国输入广州的银元已是巨额数量。道光二年（1822 年），有资料记载，"近因民间喜用洋钱，洋商用银向其收买，致与江浙等省茶客交易，作价甚高"⑤。道光十五年（1835 年），"其浙、江、闽、粤海船，携带洋银来至上海买苏、松货物者，往往有之"⑥。

经过两次鸦片战争，中国被迫开放更多的通商口岸，广东的对外贸易

---

① 浩官（广州）致顾新（波士顿），1840 年 12 月 17 日，浩官信函簿。转引自郝延平《近代中国的商业革命》，上海人民出版社，1991，第 42 页。
② *The North-China Herald*（1850-1867），Nov 29, 1856, p. 71.
③ *British Parliamentary Papers*（6）*Commercial Reports*（1854-1866），pp. 44-45.
④ *The North-China Herald*. Aug12, 1887, p. 181.
⑤ 《清宣宗实录》卷二十九，道光二年二月辛卯条。
⑥ 林则徐：《苏省并无洋银出洋毋庸另立章程禁止折》，《林则徐集·奏稿》上，中华书局，1965，第 22 页。

格局在此基础上更加开放，运入广州、汕头等商埠的外国银元有较大幅度的增加。与此同时，外国银元在广东的流通也得到地方政府的允准与支持。"粤省大吏前示谕商民，凡外国各式花杂银钱，均照花边常行，洋钱一律通用。兹因各银行尚有违梗，提署谆谕，务令遵依。兹税饷各项，俱照常行银一体整纳，谅能通行无滞矣。"[1] 无论是贸易规模还是洋银进出的数量，都在原有广州一口的基础上有了明显的增长，这从 1864~1919 年广州进出口银元、银锭的情况可以看出（见表4）。

表4 1864~1919 年广州进出口银元、银锭统计

单位：海关两

年份	进口		出口		年份	进口		出口	
	广州 (Dollar)	广州 (Sycee)	广州 (Dollar)	广州 (Sycee)		广州 (Dollar)	广州 (Sycee)	广州 (Dollar)	广州 (Sycee)
1864	2036192				1892	2523954	1700	4507628	
1865	2463202				1893	2179166	149167	2744978	
1866	4228585				1894	3008089	420766	2463059	
1867	1674269		3047707		1895	3023429	191784	2379466	29400
1868	2822029		2357664		1896	2035020	62000	245713	
1869	3691557		2190919		1897	2893572	130476	2899426	
1870	1956388		1925099		1898	4757770	5000	6318988	
1871	2942553		3854003		1899	3582550	38140	7409476	
1872	3936738		4030541		1900	3671754	25806	9624500	54500
1873	3125699		1864378		1901	2469756	29000	10329849	
1874	2520114		1158217		1902	3555514		11659639	
1875	1302123		1791061		1903	3515655		13991961	1300
1876	1490831		1482093		1904	5617567	400	14579214	
1877	1988843		1497187		1905	6604754	720040	20379955	378659
1878	2019247		2783271		1906	3241287	6667	17428570	
1879	1960257		907670		1907	1918612	55149	11087146	
1880	1647492		1768100		1908	3152799	3157504	12535466	
1881	1355941		1007241		1909	1365645	5238029	9306430	35000

---

[1] 《近日杂报》，《遐迩贯珍》一千八百五十四年四月朔旦，第三、四号，第66页。

续表

年份	进口		出口		年份	进口		出口	
	广州（Dollar）	广州（Sycee）	广州（Dollar）	广州（Sycee）		广州（Dollar）	广州（Sycee）	广州（Dollar）	广州（Sycee）
1882	1386476		1592058		1910	1865708	4213267	6467433	
1883	1676917		784253		1911	1956093	8249717	11079558	122481
1884	1518513		321267		1912	508532	7508345	5919733	89487
1885	790714		525022		1913	877747	11726434	3503665	203261
1886	939378		2105205		1914	2864193	4978316	7612544	34073
1887	1449685		613300		1915	995709	3008551	9488940	10300
1888	1208370		352727		1916	4000301	145266	8299136	72673
1889	3060481		1646786		1917	4153025	47200	694680	63014
1890	2776782		2098045		1918	1862188	1225161	1183793	87316
1891	2431115		2769856		1919	3121714	3443100	784532	90378

资料来源：《中国旧海关史料（1859~1948）》，京华出版社，2001。

从表4可以看出，1864~1919年共56年间，广州进口的外国银元共141722594海关两，平均每年进口2530760海关两（约3514944元，1元折合0.72海关两）。广州出口银元为259399148海关两，平均每年出口4632127海关两（约6433510元），而同时期进口的银锭（条）数量为54776895海关两，平均每年进口约978160海关两。出口的银锭数量共为1271842海关两，平均每年出口约22711海关两。与开埠前相比，平均每年进口的外国银元增加约916912元，增幅达35.29%。而每年进口的外国银元数量则远超银锭、银条的数量，两者平均每年相差1552601海关两。外国银元出口的数量要超过进口的数量，平均每年出超的数额为2101367海关两。而银锭每年出口的数量极少。因中国自身产银不多，市场所需的银元绝大部分来自美洲，结合以上表3、表4可以看出，就贸易银来讲，广州市场上的外国银元数量占据绝对优势，但也有一定数量的银锭。①

白银进、出口的数额在一些年份会出现大的变动。从广州的情形来

---

① "贸易银"的概念由黑田明伸提出，他认为在19世纪，合并计算各种通货的本位制尚未占有支配地位，原因在于贸易银的盛行，使得与一国一种通货制度不同的其他路径显现出来。而贸易银的最大特征是在发行国以外的国家流通。参见〔日〕黑田明伸《货币制度的世界史——解读"非对称性"》，何平译，中国人民大学出版社，2007，第63页。

看，变动的原因主要有以下几点。其一，汇票行市价格的剧烈变动造成银元外流。1892年，"金银本年进出口数目共计银七百九万四千余两，较十七年多一百八十万三千余两，其多者俱因本省汇票行市较贵，是以出口之多"①。其二，广州作为广东的省城，全省的赋税银以及对外赔款先从省内各地汇聚于此，然后运往北京等地。1896年，"银出口数倍于往年，其中或因本省解还欠款已多二百万两，又以不便汇兑，俱系运解现银，是以出口数目见巨"②。1905年，广州银元出口数量远超其余年份，达两千余万两，"其故半因汇解银两往北京、上海两处，以为赔款之用"③。其三，一些年份国内局势动荡，迫使商人运往香港外国银行存储。1900年，"本年出口银元运往香港者比去年多三百余万元，富人积蓄银两多运存香港外国银行，图彼稳当"④。而在时局更为动荡的1911年，"本年出口加增，谅由西历五月及十月底十一月初间，时局危急，由省往港之人多，故多带银元。本年岁首银根尚觉活动，及至年底极为紧急，因时局扰乱，所有现银存而不放，十一月内银价最高，垄断牟利者囤积居奇"⑤。

上述广州的外国银元进出口数量来自海关统计的数据，大量的侨汇以及往来客商随身携带的洋银并未被统计在内。广东是中国著名的侨乡，每年均有巨大数额的侨汇收入，其中包括一定数量的外国银元。而客商随身携带的洋银数量，亦难以统计。

前文论及，广东作为中国与欧洲的重要贸易场所，外国银元成为这一贸易的媒介。⑥ 洋银在对外贸易中成为重要的结算货币。

除了从美洲、日本等地进口洋银之外，与国内港口之间的货物、金融往来也是白银进出广州的另一途径。

首先来看国内商埠与广州之间的洋银往来情形。广州自宋代以后逐渐

---

① 《广州口华洋贸易情形略论》，载《中国旧海关史料（1859～1948）》（19），京华出版社，2001，第192页。

② 《广州口华洋贸易情形略论》，载《中国旧海关史料（1859～1948）》（24），2001，第220页。

③ 《广州口华洋贸易情形略论》，载《中国旧海关史料（1859～1948）》（42），2001，第350页。

④ 《广州口华洋贸易情形略论》，载《中国旧海关史料（1859～1948）》（32），2001，第248页。

⑤ 《汕头口华洋贸易情形略论》，载《中国旧海关史料（1859～1948）》（57），2001，第389页。

⑥ *The North-China Herald*. Aug12，1887，p.181.

成为中国对外贸易的中心，成为世界与中国交往的窗口，因此与国内商埠早有联系。而汕头自1860年成为通商口岸后，亦与上海、厦门、福州等商埠有了一定的货物、金融往来。表5主要描述了广州与汕头以及国内其他港口之间洋银的往来情形。

表5　1865~1919年广州与国内港口之间洋银的往来情形

单位：海关两

国内港口	运入	输出	出（入）超	国内港口	运入	输出	出（入）超
上海	5519304	7357509	-1838205	梧州	1101603	6400732	-5299129
北海	8234		8234	三水	4000	27808	-23808
温州	934		934	烟台	800	3331	-2531
淡水	233734		233734	汉口	10683	28337	-17654
汕头	5378355	21600	5356755	长沙	4500		4500
宁波	5361		5361	厦门	2133		2133
牛庄	7333	49137	-41804	福摩萨	4000		4000
天津	40556	365193	-324637	南宁	7036		7036
杭州		29667	-29667	芜湖		10000	-10000
镇江		66667	-66667	琼州		80000	-80000

资料来源：《中国旧海关史料（1859~1948）》，京华出版社，2001。

结合表5以及海关资料可以看出，广州与国内上海、汕头、三水、宁波、天津、烟台、温州、牛庄、汉口、镇江、梧州、北海等港口有着洋银往来。从上海、汕头等港口输入的银元共12328566海关两，平均每年运入约224155海关两（约311327元），其中从上海输入的银元共5519217海关两，占到总数的44.76%。从汕头输入的银元为5378355海关两，占总数的43.62%。上海、汕头两地输入广州的银元数量已占到总数的88.38%。从广州运往国内上海等港口的银元共计14439981海关两，每年约262545海关两（约364646元）。从广州与国内商埠的银元往来情形来看，运入广州的主要为上海、汕头等地。开埠之后，上海逐渐成为长江流域甚至是整个中国的贸易中心，广州自然与其有一定的货物联系。广州运往梧州的银元数量跃居第二则说明，开埠之后，随着广东产业结构的调整，广西已基本沦为广东经济的附庸，广西的农产品集中于梧州，再转运广州行销海外。广州与宁波、温州等地亦有一定的贸易往来。

除了与国内重要港口的往来，广州与广东省内的主要城镇亦有重要联系，从广州输入的主要银币，也逐渐流入省内各重要城镇（见表6）。

表6　民国时期广东各主要城镇的货币使用情形

地点	主要货币种类
江门	广东大元、毫子、香港弗、香港毫子、铜钱、日本圆银、新加坡弗、安南弗、菲律宾弗
三水	广东大元、毫子、香港毫子、香港弗、铜钱
佛山	香港弗、广东毫子、广东大元
陈村	广东毫子、香港弗、香港广东制钱
甘竹	广东毫子、香港毫子、香港弗
东莞	广东毫子、新加坡弗、安南弗、香港毫子
香山	广东大元、毫子、香港弗及毫子、日本圆银、新加坡弗、比律宾弗、安南弗
新会	广东大元、毫子、香港弗及毫子、日本圆银、新加坡弗、比律宾弗、安南弗
石龙	广东大元、毫子、香港单毫
海南	广东大元、毫子、安南弗、墨银、香港弗、香港毫子、新加坡弗、日本圆银
北海	安南弗、香港弗、广东大元、香山银行券、香广毫子、铜货及制钱
粤西北	香港弗、日本圆银、墨银、广东大元、香港毫子、广东毫子、铜货、制钱

资料来源：《近代中国省市资料集成》（15），线装书局，2015，第138页。

从表6来看，广东大元、广东毫子、香港弗（香港银元）使用最广，上述所列地点几乎均有使用，日本圆银和墨银亦有流通，但流通区域有限，仅江门、香山、新会、海南及广东西北部分地区使用。而安南弗（法国贸易银元）及其他银币则流通更少。

而白银货币的使用则有多种形制和计量单位。据《国内商业汇兑要览》记载，广州的货币以裕平九九七为本位，其他各行平色无定。西人买卖以港纸为本位，市面通用，在前以毫银为本位，近年以角洋鼓铸日广，流行太多。毫银之势力，逐渐减少，其折合港纸，每日有早、午两次市价而定。而番平即七一七洋平，银行业中卖买西纸，约适用之，即每毫洋一元，作番平七钱一分七厘，作九九七裕平七钱二分，均为固定之价，以此为计算之标准。裕平和番平也成为在广州从事国际、国内贸易的重要结算单位。

广州贸易体系的不断发展，还可从关税税额的增加看出。康熙二十四年（1685年），粤海关税额为2万~3万两，雍正五年（1727年）增加至9

万余两。乾隆十五年（1750年）达到46万两，到十八世纪最后十年，每年平均关税额已超过100万两，十九世纪的头十年，年均税额则激增至150万两，[①] 可见其贸易规模在不断扩大。前文提及，各国商船运入大量白银是为了购买中国茶叶、生丝等大宗商品，即充当支付手段的作用，此一点在外国银元上体现得尤为明显。"套利"则是白银进出的另一重要原因。1907年，广州，"进口银元之数其短少，亦与之相等出口之数，几少六百五十万两，盖因省城银根紧短……本年岁首每百低水九元五，其下半年每百低水三元五"[②]。1909年，广州，"本年进口多系银条、纹银，两项共估值关平银五百二十三万八千二十九两，均由美洲送往港澳转运来省。开春之时，每洋银一元计一先令八便士并十六分之十三，及至下半年汇水高昂，其最高之点，每洋银一元计一先令九便士零八分之七，扯计全年汇水每洋银一元计一先令九便士"[③]。可见，通过汇率从中国"套利"也是洋银进出中国的重要原因。

结　语

实际上，自明初以来，白银的作用即愈发明显，但由于中国产银有限，大部分的白银依赖国际贸易。随着新航路的开辟和持续发展，国际贸易的规模也日益扩大，白银输入中国的数量也与日俱增。美洲白银的大量输入满足了中国国内市场的需求，并逐步从港口流向城镇及农村地区。另外，白银货币的广泛使用，对于中国的货币体系具有重要影响。有学者总结十九世纪三十年代至八十年代中国的货币体系时指出，"此前中国以铜钱为唯一的货币，但开埠之后，上海以上海规元为基础，广州和中国南方以'元'为货币单位，其中主要是鹰洋、日本银元、美国贸易银元"[④]。可见，白银成为广州乃至东南沿海一带货币结构中的重要一环。货币深化的一个重要体现在于货币需求的增长超过经济的增长，此时即使货币供给有

① 张晓宁：《天子南库：清前期广州制度下的中西贸易》，第156页。
② 《广州口华洋贸易情形略论》，载《中国旧海关史料（1859~1948）》（46），2001，第368页。
③ 《广州口华洋贸易情形略论》，载《中国旧海关史料（1859~1948）》（51），2001，第395页。
④ *History of External Trade*，1834-81. SAGE，中国历史档案数据库，档号：OP12720-382-01，Vol. 9。

较快增长，也因为经济越来越依赖货币，以致货币购买力仍能较强，不会出现成比例的物价上涨。因此，在弗兰克看来，十六世纪美洲白银流入中国、印度等亚洲经济体时，并没有引起和欧洲同比例的物价上涨，说明白银真正促进了中国、印度这些国家的生产发展。①

也有学者论及美洲、日本白银流入中国，对中国的社会、经济产生了较为深远的影响。比如 W. S. Atwell 认为明中叶以来大量白银流入，对中国社会产生了以下几点重要影响。第一，使政府赋税收入和支出得以大幅增长。第二，大部分的地租、劳役和额外课征改用以银缴纳的一条鞭法得以实行。第三，中国国内产银数量，远远不能满足所需，大量进口的白银弥补了通货不足，使经济得以运行顺畅和维持成长。第四，造成东南沿海城市更加繁荣，并使得专业市镇兴起以及集市数量快速增加。② 陈春声、刘志伟则认为，明末隆（庆）万（历）年间进行赋役改革，开始使用白银征收赋税。白银的使用和流通得到官方许可，大量进入流通领域，全面从贵金属走向货币化，对明清社会经济产生了深远影响。③

随着大量白银的进出，对原有贸易格局的发展亦具有重大促进作用，进一步扩大了中国各地区以及中国与各国之间的商品、贸易联系。开埠之前，广州虽为唯一的通商口岸，但其主要功能体现在对外贸易方面，开埠之后，促进了与国内埠际之间的货物、金融流通，刺激了双方货物的互通有无以及商品经济的发展。不过，开埠之后上海迅速崛起，冲击了广州在全国对外贸易中的重要作用，白银（银元）的进出也主要通过上海实现。

International Trade and Silver Inflow of Guangzhou in Ming and Qing Dynasties

Xiong Changkun

Abstract：Guangzhou is the South gateway of China, which plays an im-

---

① 〔德〕贡德·弗兰克：《白银资本：重视经济全球化中的东方》，刘北成译，中央编译出版社，2000，第 220 页。

② W. S. Atwell, "International Bullion Flows and the Chinese Economy Circa 1530–1650," *Past and Present* Vol. 95, 1982, pp. 68–90.

③ 陈春声、刘志伟：《贡赋、市场与物质生活：试论十八世纪美洲白银输入与中国社会变迁之关系》，《清华大学学报》（哲学社会科学版）2010 年第 5 期。

portant role in the international trade in Ming and Qing Dynasties. Since the middle and late Ming Dynasty, with the development of sailing trade, a large number of silver has entered China through international trade such as tea, raw silk and opium, and through Guangzhou. There are many spatial routes for silver to enter Guangzhou, and a certain amount of silver flows back and forth between Guangzhou and domestic commercial ports. At the end of Ming Dynasty, merchants from Portugal, Spain and other countries transported the American mechanism silver dollar to Guangzhou, and gradually became the main currency of Guangzhou and Guangdong. In addition to trade settlement, silver currency can also be used to pay taxes and repay foreign claims. At the same time, it has the nature of "arbitrage" capital because it has certain rising water with silver ingot and money exchange.

Keywords: Guangdong; Foreign Trade; Silver Currency Structure; Ming and Qing Dynasties

民国年间辛亥首义烈士坟产纠纷案研究

严洋宇[*]

摘要：武昌沙湖嘴曾是民国安厝辛亥首义烈士之地。1929 年 10 月，武昌合记公司派员掘抛了该地辛亥首义烈士坟墓，酿成持续六年的坟产纠纷。这场官司涉及合记公司、烈士遗族、行政院、湖北省政府、武昌地方法院等多个机构、群体，各方势力围绕坟产控制权，援引相关部院法规，从各自立场出发进行了长时间的争论。究其原因则是在民国政府推行法律近代化的背景下，将坟产划归一般物权而使其本身专属之精神性权益逐渐式微导致，而辛亥首义烈士坟墓所承载之彰显烈士伟绩与启发民众为国奋斗之观念的教化功能，使得国家与地方在改善法律体系与维护精神传承中处于两难境地，进而造成国家记忆建构与法律近代化事业的推行形成张力，而各方的权利博弈也呈现了民国坟产问题的复杂面向。

关键词：坟产 辛亥首义烈士墓 精神化权益 国家记忆

一 问题之提出

1911 年震惊中外的武昌起义爆发，拉开了辛亥革命的序幕，并最终推翻了封建帝制，创建了民主共和政体。革命的成功与民主共和意识的积聚，促进了中华民族爱国主义精神的空前高涨。而那些为革命英勇就义的先烈们，便作为国家记忆而受全民敬仰并世代传承。然而，民国建立以后，政府为快速推进国家法治化建设，以西方的法律体系为蓝本，陆续推行法律条文的修订和改善，此一过程也即所谓中国法律近代化。但中西实

---

* 严洋宇，西南大学历史文化学院博士后，研究方向为中国近现代社会经济史。

际情况存在差异，使得部分无差别移植的法律条文，面对已于中国延续之久的传统观念时，在司法实践中遇到了较大阻碍。其中比较突出的一个表现，便是民国物权体系的建立与习惯权利的精神性权益逐渐式微。正因如此，传递国家精神、承载国家记忆的烈士坟墓，其价值评估受到了挑战。

发生于民国南北政府交替之际的武昌辛亥首义烈士坟产纠纷案，因首义烈士所具有之国家记忆特性，在法律层面不同于一般坟产的争讼。此案的爆发，使政府着力推行的新法律体系建设与国家精神传承及民间规约、乡土观念形成张力，这使得本就具有移植型特点的法律条文与地方社会认同构成物质利益和精神价值的双向冲突。同时，辛亥首义烈士于国家记忆的保存与国民教化功能及烈士家族敬祖收族的作用，一度让政府与法院在处理该纠纷时陷入两难的境地。

民国时期坟产的相关问题曾是学界讨论较多的重点议题之一，已有不少的成果。研究中或多或少都会涉及民国坟产的去精神化讨论，但目力所及仅刘昕杰、毛春雨、蔡晓荣等从法律规范与司法实践的角度，对民国时期政府于坟产的"去精神化"法律条文的变化进行了较系统的研究，并通过不少案例分析佐证。一方面，他们从纵向对比了具有传统王朝国家与近代民族国家特点的清民两段时期，在迭次修律中坟产管理相关规约的异同，认为清代坟产严格受到伦理观念、宗法规则、国家控制等因素影响，呈现逐渐加强的态势，而民国则在近代以来西法东渐及政府干预下呈现明显反差；另一方面，他们亦从横向对比中外基于坟产相关法律规定，并认为对西方物权法律体系的引进，让坟产属性的划归，体现了从特殊到一般的渐变过程，特别是坟产的精神化权益有逐渐式微的趋势，并最终将基层坟产纠纷归结为政府在推进中国法律近代化的过程中，对西方法律条文的无差别移植以及在本土化的过程中"水土不服"的表现。①

不过，相关研究更多地讨论地方司法层面的实践困境，较少关注于国家层面的介入以及央地博弈背景下关于坟产保护与权益的划分。国家作为立法改革最直接的推动者，从根本上说很难置身事外，但各方不同的目的让坟产纠纷呈现复杂面向。烈士坟产因其具有的特别属性，对于讨论央地

① 参见刘昕杰、毛春雨《传统权利中去精神化境遇：民国坟产纠纷的法律规范与司法实践》，《法治现代化研究》2019年第5期；蔡晓荣《坟产习惯及其在中国近代法律变革中之境遇》，《安徽史学》2023年第3期。

政府、各级法院处理基层坟产的实践有着重要的导向意义。

前辈学者的研究为笔者进一步了解相关法律条文演变历程、背景等提供了很好的参考。何谓坟产？学界较为认同的定义是"坟茔、墓田的所有权以及其他依附物之所有权的权利（包括对坟茔上的树、墓碑以及隐含其中的风水利益等）"①。既然如此，在坟产总价值中，那些隐性的利益也必然占据部分比例。尽管在近代以来的法律中，关于坟产的精神性价值（也即所谓"隐性的利益"）逐渐被抹去，但在实际运行时并非条文删减般一蹴而就，在基层社会具体案例中，有些反而表现出激烈反抗致使央地政府也会有妥协的一面，特别是潜在威胁到国家治理层面的现象，这就深刻地呈现了移植型法律中"去精神化"实践局限的一面。

相较于现有成果主要讨论宗法体系、乡土观念、伦理、风水习惯等因素影响下坟产的精神性诉求，烈士坟产所具有的国家记忆与家族敬祖收族之二重性，则更多一层复杂关系，使得此问题的重要性并不能被学界忽视。因此，在处理坟产权益归属的问题中，民众、国家、各级法院诉求的不同，致使包括多个行政机构在内的权力形成博弈局面，这些都在一定程度上影响了坟产权益归属问题的判定。故此，这说明关于坟产问题的研究还有进一步探讨的空间。

既往学界尚无关于民国时期武昌辛亥首义烈士坟产纠纷案的相关研究成果问世。在较为系统研读该案相关档案的基础上，笔者认为，该案存在着三个关键问题，对理解民国坟产纠纷具有重要启示：其一，烈士坟墓作为国家公产，缘何民间经营团体武昌合记公司可以"强占"；其二，合记公司与烈士遗族在坟产的争讼期间，各级法院在刑事及民事纠纷审理中所作出的判罚，何以让曾受政府"钦点"的坟墓保卫者——遗族，反而处于极端弱势地位；其三，央地政府相关机构在介入此次纠纷时，缘何又总是出现国家政策的表达与地方实践相背离的复杂局面。有鉴于此，笔者将着力探讨辛亥首义烈士坟产纠纷的"过程性"，以期从国家立法、地方司法、国家记忆构建、社会认同、家族权益维护、民间经营团体的利益争夺等方面进行论述，为坟产的相关研究提供新思路，以求教于方家。

---

① 参见魏顺光《清代中期坟产争讼问题研究》，博士学位论文，西南政法大学，2011。

二 博弈：合记公司与烈士遗族争夺坟产及法院初断

1925 年秋，在兴学的浪潮中，武昌合记公司欲成立平民学校，拟选址武昌武胜门沙湖嘴。① 但该处地皮有"四大京观"，"乃前总统黎所指定地点，以为安厝辛亥首义推倒满清阵亡将士"，② 是民国政府官方设定的国殇纪念之地。

由于校舍不敷使用，迨至 1929 年 10 月，廖志强恃其合记公司财力，"将四大京观各烈士坟墓概行掘抛"，以为办学之地。③ 此行为立即引起长期在此看守坟墓的烈士遗族不满，随即以合记公司"所筑围墙妨碍交通"为由，公举遗族陈德清、杨金山等人将围墙拆毁，以示该"地皮为遗族占有权"，并将廖志强等起诉至武昌地方法院（以下简称"地院"），而廖志强遂以基毁告诉。至此，双方"互控在案"。④

1929 年 11 月，地院以"不起诉处分"判决，并责令遗族"撤屋交地，移坟迁葬"。但陈德清等不满判罚，便进一步破坏围墙。合记公司人员徐慕德旋即以"陈德清不服，乃以毁坏烈士坟墓为词，伙同杨金山等将合记公司墙垣打坏，并将铁门窃去变卖"为由，再次具状告诉。嗣后，经地院调查属实，将陈德清、杨金山等提起公诉。检察官给出的理由是，该二人等"共同毁坏他人建筑物及窃取铁门变卖，实各犯《刑法》第 381 条第 1 项及第 331 条第 1 项之罪，并照同法第 69 条合并而论之，送请公判"⑤。从法律条文来看，检察官所执行程序及判罚是合乎规定的。⑥

---

① 《王兴发关于廖志强强掘烈士坟墓请代为申冤的呈》，1930 年 6 月 17 日，湖北省档案馆藏，档号：LS003-001-1467-0008，第 1 页。
② 《湖北省政府关于李汉卿等诉廖志强掘冢抛骨法院枉断不公已饬民政厅查办的呈及中华民国陆海空军总司令行营的训令》，1930 年 5 月 15 日，湖北省档案馆藏，档号：LS003-001-1467-0005，第 9 页。
③ 《王兴发关于廖志强强掘烈士坟墓请代为申冤的呈》，1930 年 6 月 17 日，湖北省档案馆藏，档号：LS003-001-1467-0008，第 1 页。
④ 《湖北省政府关于李汉卿等诉廖志强掘冢抛骨法院枉断不公已饬民政厅查办的呈及中华民国陆海空军总司令行营的训令》，1930 年 5 月 15 日，湖北省档案馆藏，档号：LS003-001-1467-0005，第 9、11 页。
⑤ 《湖北省政府关于合记公司董事陈德泽等陈明陈德清诬控情形并报送各法院判决书处分书的批》，1931 年 7 月 15 日，湖北省档案馆藏，档号：LS003-001-1467-0011，第 34~35 页。
⑥ 具体参见戴渭清编《中华民国刑事诉讼法》，民治书店，1928，第 123、107、25 页。

而关于遗族所称烈士坟墓被毁一案，地院公开的判罚事实依据显示，合记公司于 1925 年在武昌沙湖嘴购有地皮拟办平民学校，内有辛亥首义阵亡士卒坟墓及义冢，因"执照批明统归合记公司择地迁葬，并报经辛亥首义铁血伤军善后委员会，呈报湖北省府备案"，因此，检察官认定，廖志强"应不构成犯罪"，合依《中华民国刑事诉讼法》（以下简称《刑事诉讼法》）第 244 条第 2 款规定，予以不起诉处分。① 核定该法条可知，地院的判罚依旧无误。②

此种判罚，遗族显然认为于己方不利，欲向上申诉。对此，地院于 1930 年 2 月 28 日主动将该案上呈湖北省高等法院（以下简称"省高院"）核办。省高院经过长达 4 个月的调查，在 6 月 30 日做出"驳回"判罚，给出的理由仍然是"执照完全"，已难指为犯罪，而廖志强也"不能认为有犯罪嫌疑"。同时，强调该案再议殊无理由，故依照《刑事诉讼法》第 250 条前段之规定予以驳回。③ 至此，省高院亦认为合记公司手续齐全，依照法律规定，不应再有另判。

客观来说，综观省地两院法官对于该案的处理，从司法层面来看，均未有出格判罚。但需要注意，这里存在一个逻辑前提，即合记公司是否有权占据烈士坟产。如果无权，即使手续齐全，也应是非法。依照常识判断，政府指定的国殇纪念地，作为公产，不应与民间经营团体达成某种交易协议。因此，对于遗族所谓合记公司"强占"一节，是本案最基本的前提问题，也即本文所提及的第一个启示。

欲回答此问题，需要了解该坟产是否有明确合法的权属转移。资料显示，此地最初是政府指定作为纪念烈士之用，并令烈士遗族"于此垦荒，一以筹备衣食，一以保守坟墓"，故"此地皮为遗族占有权，十有余年矣"④。

---

① 《湖北省政府关于合记公司董事陆德泽等陈明陈德清诬控情形并报送各法院判决书处分书的批》，1931 年 7 月 15 日，湖北省档案馆藏，档号：LS003-001-1467-0011，第 25～28 页。

② 载有"犯罪嫌疑不足者，应不起诉"。参见戴渭清编《中华民国刑事诉讼法》，民治书店，1928，第 80 页。

③ 《湖北省政府关于合记公司董事陈德泽等陈明陈德清诬控情形并报送各法院判决书处分书的批》，1931 年 7 月 15 日，湖北省档案馆藏，档号：LS003-001-1467-0011，第 23～24 页。同时根据《中华民国刑事诉讼法》第 250 条前段规定，上级法院首席检察官认为声请无理由者，应驳回之。参考戴渭清编《中华民国刑事诉讼法》，民治书店，1928，第 83 页。

④ 《湖北省政府关于辛亥首义铁血阵亡将士遗族李汉卿等申请救济保全忠骨的训令、批》，1930 年 5 月 1 日，湖北省档案馆藏，档号：LS003-001-1467-0004，第 9 页。

但迨至 1925 年，湖北督办萧耀南受吴佩孚指令，"因军饷支绌"，欲暗将此地皮私押于廖志强之合记公司，订借款项。是年 9 月，该公司备价承买武胜门外沙湖嘴营产，并"领有执照，批明四至"。[①] 至此，合记有了占有权。但需要注意，这是政府单方面的私押变卖行为。遗族得知此事后，遂向民国北京政府呼吁帮助，幸得陆军部核办，于是"批明该遗族有优先权"，并准予遗族可以备价收回。此优先权，实质是优先回购权。遗族随即向营产局长曾尚武交现洋 1100 元准备收回。

既然如此，照理说遗族此时应是拿回了坟产的归属权。但这其中埋藏着一个未形之患，即遗族虽知"转卖"，但并不知实际是"一业两卖"。因此，看似收回了权利，而营产局暗中模糊的处理，让遗族并非独享该权属。由此可知，该坟产权属确有转移，但并非独售，而是复卖。

直至争讼发生，遗族方才知道"一业两卖"之事，但似乎并没有充分证据说明合记公司所得执照非法。不过，遗族李汉卿根据大理院九年（1920 年）统字第 1255 号解释例中，对证明不动产所有权，可不依契据作为唯一确权方法的规定，[②] 从以下两个方面尝试否定合记公司的占有权。

一方面，当然是通过证明己方的权利是名正言顺。李认为，首先，就前总统黎所指定而论，"在各遗族则有占有权"；其次，就承买期间而论，"在十三年（1924 年）两期缴款，其收券年月日可调阅"证明；最后，虽知营产局长"贪多务得，复欲变卖于合记公司"，但陆军部又批准"遗族有优先权"。[③]

另一方面，列举合记公司在所有权获得存在三点疑问。其一，合记占有方式"系抵押，并非断卖"，所以该公司在一定时期内不具使用权；其二，时值革命军兴，而"该合记之走狗廖志强，仗英帝国主义者之洋威，伪云该地已经呈准省政府、市政府卫戍部核准卖与合记公司，管业其烈士

---

① 《湖北省政府关于合记公司董事陆德泽等陈明陈德清诬控情形并报送各法院判决书处分书的批》，1931 年 7 月 15 日，湖北省档案馆藏，档号：LS003-001-1467-0011，第 23 页。

② 该项内容规定"即如历来完全行使所有权之事实，及其他曾经合法移转之证明，亦可据为证凭"。参见郭卫编著、吴宏耀等点校《民国大理院解释例全文》，中国政法大学出版社，2014，第 964~965 页。注：资料显示，李汉卿主要从事代人写信、拟状、打官司工作，懂得一些基本法律知识，是烈士遗族争取权益的主要代理人之一。

③ 《湖北省政府关于武昌辛亥首义铁血阵亡将士遗族代表李汉卿、马有才再请废弃廖志强承买沙湖嘴约据的批》，1930 年 9 月 5 日，湖北省档案馆藏，档号：LS003－001－1467－0009，第 5 页。

坟墓";其三,"法院并不详加侦查,是以判归该记营业"。① 总此,遗族认为廖志强乘南北交争机会买此地皮,舞法弄弊的手段实不可知。

同时,杨金山在此基础上亦补充四点质疑:其一,若政府确已将坟产卖与他人,那么遗族"从前所付现洋在前,政府自应按数缴还,断不能一业两卖";其二,合记"既有管理之权",何以遗族"数百家住户,至今仍无一人承租",而"秘密迟至十八年秋,始压迫陈德清等撤屋交地";其三,合记"承买此地皮系在十四年(1925 年)间事,遗族购买此地皮,则在十三年(1924 年)间事",是否应遵循先后顺序;其四,既然"现政府未有明令废弃前政府契据",那之前购买契据是否也应予以承认。综上四点,杨从政府作为、管理权认可度、购买时序等方面,认为政府与合记公司属于"卖买违法,其契据当在不能成立之数"。②

面对遗族多方面质疑,合记公司再次将陈德清等起诉至省高院,在庭审环节阐述了更多的细节。在民事部分的审理中,合记称,按规定原佃撤屋退地交与合记公司营业,或向该公司领租,但实际上"该佃户等数次延宕,允退不退"。同时,对遗族"搭盖之屋,估价收买","对于棚户,每间给搬迁费二三十串"作为补偿,"不料陈德清所居之屋,估价不过四五百串,而彼恶索洋两千元,并强迫其他佃户不准迁移"。从答辩词中可看出,合记公司的意思是双方纠纷不在产权归属,而在拆迁费用的补偿方面。换句话说,合记认为遗族的目的是想要更多的拆迁款。

最后,省高院综合双方陈词,做出三项判罚:第一,合记公司曾向前湖北军务督办处承买为业,"依法自有管理之权";第二,营产局交地时曾出有布告,饬各户"持有领租执照者限期缴销";第三,在现政府未明令废弃前政府买卖契约时,"该原告买卖自难认为无效"。据此,省高院最终认定遗族"对于该处地皮毫无争执之权",同时"应即撤屋交地与合记公司"。而该案的刑事部分,省高院鉴定陈、杨二人等"有犯毁他人建筑物罪"。③ 最

---

① 《湖北省政府关于陈德清等呈烈士葬地被占案已由法院办理完结的呈及陆海空军总司令部的训令》,1931 年 2 月 9 日,湖北省档案馆藏,档号:LS003-001-1467-0010,第 7~10 页。注:因为廖是基督教徒,所以遗族单方面判定他是英帝国走狗。

② 《湖北省政府关于武昌辛亥首义铁血阵亡将士遗族代表李汉卿、马有才再请废弃廖志强承买沙湖嘴约据的批》,1930 年 9 月 5 日,湖北省档案馆藏,档号:LS003-001-1467-0009,第 5 页。

③ 《湖北省政府关于合记公司董事陈德泽等陈明陈德清诬控情形并报送各法院判决书处分书的批》,1931 年 7 月 15 日,湖北省档案馆藏,档号:LS003-001-1467-0011,第 17~20 页。

终从民事及刑事判罚的结果来看，遗族完全败诉，其根本原因依然在于所谓"证据"确凿。

面对高院的判罚，遗族仍未放弃申诉。既然合记有所谓"铁证"，遗族只能换一种角度去考虑。于是在李汉卿的授意下，遗族袁向氏等起诉"廖志强损坏烈士尸体"，并认为廖志强应构成《刑事诉讼法》第 262 条之损坏尸体罪。但事与愿违，12 月 5 日，检察院依据《刑事诉讼法》第 385 条第 1 项前段的规定，依旧"认为应予不起诉处分"，其判决理由是"侵害他人坟墓以系出于故意为犯罪成立之要件"，而合记葬时又呈报湖北省政府备案，并非故意侵害，自难认为犯罪。应依《刑事诉讼法》第 244 条第 3 款，予以不起诉之处分。① 故此，遗族再度败诉。李汉卿想借尸体被毁为由，欲从中国传统社会所具有的"亲属观"② 角度出发，以求得法院的同情，但并未成功。不过，因为坟墓中的陪葬物乃至逝者之尸身，属于广义上的坟产，③ 那么，损坏尸体也应是破坏坟产罪，同时还包含着一种不尊重人格权的表现。④ 所以，虽然诉讼失败，但此次尝试为后来对于尸体人格权诉诸法律打下了基础。

尽管法院的判决言辞凿凿，但陈德清等依旧不打算撤屋交地，此举也让合记公司上层甚为恼怒。1931 年 7 月 6 日，合记公司董事陈德泽、廖辅仁等向省府呈控"恶佃陈德清、杨金山等强占地基、毁坏建筑，并勾结讼棍李汉卿、马有才，虚构事实，危言耸听"。同时，陈就其占有权合法性再作三点声明：其一，在地权方面，合记"领有前湖北军务督办公署营业执照一纸"；其二，对义冢的处理"经加印批准由买户择地迁移字样"，"亦经函准辛亥铁血阵亡伤军委员会转呈湖北省政府批准起迁有案"；其三，就遗族搬迁方面，"限令还执照撤屋交地有案"。在合记看来，有此三项，则"行使产权毫无不合之处"。⑤

① 《湖北省政府关于合记公司董事陈德泽等陈明陈德清诬控情形并报送各法院判决书处分书的批》，1931 年 7 月 15 日，湖北省档案馆藏，档号：LS003-001-1467-0011，第 39~40 页。

② 李哲：《中国传统社会坟山的法律考察——以清代为中心》，中国政法大学出版社，2017，第 30 页。

③ 蔡晓荣：《坟产习惯及其在中国近代法律变革中之境遇》，《安徽史学》2023 年第 3 期。

④ 曹相见认为人格是道德、社会及精神的存在。人格权究其实质为一种"受尊重权"。曹相见：《人格权支配权说质疑》，《当代法学》2021 年第 5 期。

⑤ 《湖北省政府关于合记公司董事陈德泽等陈明陈德清诬控情形并报送各法院判决书处分书的批》，1931 年 7 月 15 日，湖北省档案馆藏，档号：LS003-001-1467-0011，第 6~14 页。

至此，在双方的博弈以及法院判决中，坟产归属权纠纷问题实质上已经明晰，以此回答本文提出的第一个问题。首先，烈士坟产作为国家公产，合记公司并非指定守护者而没有使用权。其次，由于当时正值内乱期间，地方政府官员面对军阀压力和营产暴利，加之合记公司借建校名义报批土地，政府便顺水推舟将该坟产"合理"地转卖于民间经营团体合记公司。最后，为谋取更多利益及保全政府"公信力"，官员采取一业两卖的形式，让双方都拥有了所有权。也正因为政府与合记公司操作过程的"合法性"，使得法院只能按照法条办理。究其原因则是来自社会动荡背景下，官员的贪腐以及对军阀势力的妥协，而处于边缘群体的烈士遗族则成为多方角力的牺牲品。

综上可知，地方政府官员的态度以及两院法官的判罚，让烈士遗族意欲通过其所谓"总统指定"抑或是"优先权"的说法来维护权益的愿望落空。司法官在审判时又只能依靠有效证据，以至于让遗族不具备争讼资本，这实质上是符合学者所总结之近代中国基层民事审判是实用性司法。[①]不过，尽管面临如此局面，但自传统社会沿袭的坟产民间习惯法，也即坟产一直以来所具有的精神性权益保护，成为遗族的一个争取权益的突破口。随后，在以擅长为民写状的李汉卿等为代表的控诉中，围绕烈士坟产的精神性权益与合记公司继续展开了争论。

三 "保忠骨而复主权"：遗族的非物质
需求与中央层面介入

烈士遗族的一系列争讼行为，并未对合记公司构成实质威胁，反而加剧了官民间的紧张关系。遗族的屡诉屡败，让我们不禁思考一个问题，即烈士坟墓是受国家保护的精神传承载体，遗族何以在争讼中总是处于弱势地位，这也是笔者在前文中提及的第二个启示。为更好地探讨该问题，有必要简要回溯传统中华法系对坟墓、尸体的保护规程。一般情况下，审判者会根据墓主、尸主生前政治、社会、家庭的身份与地位，确定侵害者的定罪量刑，以此体现礼教"亲亲、尊尊"的原则。[②]但需要注意的是，在

---

① 刘昕杰：《实用型司法：近代中国基层民事审判传统》，《四川大学学报》2011年第2期。
② 参见刘鄂《依违于礼教与宗教之间——〈钦定大清刑律〉"发掘坟墓罪"研究》，《清华法学》2014年第6期。

清末新修《大清刑律草案》中，就已去除有关坟墓罪的死刑，[①] 尽管后面颁布的《大清新刑律》又保留了死刑，但已有明显的限制，即将亲属的范围进一步缩小。[②] 由此可以看出，在受到西方法律的影响下，此时中国参与立法者已有改变传统礼教的观念。

民国元年颁布之《暂行新刑律》亦有明确规定毁掘坟墓罪，但较之以前已大有简化现象，时学界亦称新律"处刑远轻于旧律"。[③] 该刑律规定掘坟犯罪之成立，"应以是否违背法律上保护之本旨为断"，且"犯罪以有犯罪故意为要件"。[④] 不过，这其中所提之"故意"二字，因其量刑标准不定，也一直成为民间纠纷的争执点。南京国民政府成立之后，因其法律内容越来越多地移植于德国、瑞典等国，而变化更为明显。较为突出的例子之一便是，不再专项规定与坟产相关的法条，取而代之以债权、物权。可以说，《中华民国民法》的制定历程，实际也就是物权法体系逐步确立的时间，同时也是坟产精神性权益逐渐式微的过程。[⑤] 这种现象在1935年之后的法律条文中表现得更为明显。至此，研究者亦有总结，认为清律对坟产精神性权益的特殊保护在民国法律体系中急剧减弱，民刑分立后逐渐实现了坟产从特殊客体向一般财产客体的"去精神化"的转变。[⑥] 但这样的法律改革，在面对有着极大情感寄托的坟产纠纷时，是否能顺利落地，是当时学界最为关注的问题。

就本案而言，据前文所述，由于合记公司在承购地皮的程序上表现出其"合法"的一面，使得遗族在争讼中全面落败。但辛亥烈士坟墓本身所具有之国家精神传承与烈士家族敬祖收族的二重属性，让遗族再次看到了收回所有权的希望。对此，李汉卿、马有才等认为，既然烈士坟墓承载国家意志，那么合记强占烈士坟产，就是"强霸主权"，甚至"侮辱国权"。

---

① 高汉成编《〈大清新刑律〉立法资料汇编》，社会科学文献出版社，2013，第208页。
② 赵秉志、陈志军编《中国近代刑法立法文献汇编》，法律出版社，2016，第222页。
③ 参见陈承泽《中华民国暂行刑律释义（分则）》，商务印书馆，1913，第113页。
④ 具体参见《大理院上字一八五号判例》，载郑静渠、郭羹尧编《中华民国新刑法判解汇编第二册（分则上）》，大东书局，1936，第237页；《大理院判决统字第1183号》，载郭卫编著《民国大理院解释例全文》，吴宏耀、郭恒校，中国政法大学出版社，2014，第916页。
⑤ 明显的变化是坟产的相关权利被剥离。参见杨立新点校《大清民律草案民国民律草案》，吉林人民出版社，2002，第129页；谢振民编著《中华民国立法史》下册，中国政法大学出版社，2000，第747~770页。
⑥ 刘昕杰、毛春雨：《传统权利中去精神化境遇：民国坟产纠纷的法律规范与司法实践》，《法治现代化研究》2019年第5期。

而坟墓本身又表征着一种人格和身份，因此遗族进一步认为破坏坟墓显然也是侵犯"人格"与"人权"，进而与民国提倡之"自由、平等、博爱"相悖，同时亦不符合习惯权利①之家族敬祖收族的深意。据此，烈士坟墓所具有的精神内涵，让遗族有了从国家、家族两个层面争取权益的方向，从而能够表达其非物质权益需求。

首先，针对国家层面，1930年4月22日，李汉卿等向省府呈文，从三个方面阐述了辛亥烈士之于国家的重要意义。他认为，其一，辛亥烈士在"民国视为柱石"，且政府在"《五中全会宣言》中，曾议决自辛亥首义至今日，凡为国捐躯各烈士，对其坟墓，则特别培修，对其遗族，则从优抚恤"；其二，作为"辅助总理革命成功元勋，倘非推倒满清，则三民主义亦不能实现于今日"，以致"各军长官每岁纪念各烈士，尚追悼不暇"；其三，因"国家无日不以打倒帝国主义"为本，在国家历史地位上，"各烈士其灵魂既与日月争光，其功烈自应与河山并寿"，而现政府居然对合记契约"非无取消能力，反甘堕英帝国侵略壳中"，此种妥协行为自然"与总理取消不平等条约自相矛盾"。②

其次，于家族层面。我们知道，自传统社会开始，对于中国人来说，坟墓是具有极为重要意义的存在，③其中蕴含着尊祖、敬宗、收族的精神内涵。正因如此，李汉卿亦称辛亥烈士坟墓归属"一人一家"而"存亡两感"相依，且政府向来"提倡民权"，亦应"攘外安内，保全忠骨"。④若"各遗族室家亦安"，"此不特遗族之幸福，亦我国之光荣"。⑤可见，李汉卿认为逝者坟墓之于本家的意义不弱唇齿之情。因此，在普通民众的观念中，祖先的坟墓与家族情感相连，不仅是后人寄托哀思的介质，还是"被

---

① 郭道晖在法理学的研究中提到习惯权利是一种经过长期的、连续的、普遍的社会实践而形成，并得到社会公认与共同信守，获得一定的社会道德权威与社会义务保证的习惯规则中所确认的一种社会自发性的权利"。摘自郭道晖《法理学精义》，湖南人民出版社，2005，第97页。

② 《湖北省政府关于李汉卿等诉廖志强掘冢抛骨法院枉断不公已饬民政厅查办的呈及中华民国陆海空军总司令行营的训令》，1930年5月15日，湖北省档案馆藏，档号：LS003-001-1467-0005，第14页。

③ 〔日〕滋贺秀三：《中国家族法原理》，张建国、李力译，法律出版社，2003，第304页。

④ 《湖北省政府关于辛亥首义铁血阵亡将士遗族李汉卿等申请救济保全忠骨的训令、批》，1930年5月1日，湖北省档案馆藏，档号：LS003-001-1467-0004，第11~15页。

⑤ 《湖北省政府关于李汉卿等诉廖志强掘冢抛骨法院枉断不公已饬民政厅查办的呈及中华民国陆海空军总司令行营的训令》，1930年5月15日，湖北省档案馆藏，档号：LS003-001-1467-0005，第16页。

人格化的独立于后代个人财产的特殊遗存"①。

遗族于情理之中深情阐述了烈士坟墓对国家和家庭的意义，此举立即引起了国民政府中央层面的重视。相关部门考虑到辛亥烈士的国家地位，也迅速做出了回应。随即在国民政府最高军事指挥机关中华民国陆海空军总司令部（下文简称"总司令部"），最高治权机关行政院，国民政府高层人物蒋介石、何应钦等相继介入下，着手推出了相关举措。

首先，总司令部通过发布命令，逐级施压下属机关，督饬各方迅速调查、办理该案。中央作用于地方最主要的方式向来是层级制约，此次也不例外。1930 年 5 月 5 日，总司令部武汉行营主任何应钦代行总司令蒋介石训令，电令湖北省府即刻执行"保忠骨而复主权"之原则，迅速派人调查。省府受命即向民政厅传达司令部指示，民厅旋即知照合记公司及烈士遗族代表。而此时，武昌地方法院及湖北省高院也立即在两造申诉中重审此案。

经审理，省高院此时认为"损毁围墙非房屋可比"，遂将原判撤销，"以损毁所有物，各处罚金 60 元"。而在这之前，地院曾以陈德清损坏建筑物，"处刑期 6 月缓刑 3 年"。② 由判决可见，省高院的判罚明显较地院轻，有此变化显然不能忽略来自中央层面的体恤。

其次，司令部立即中断合记公司工程进度，严究问责。司令部见该案未有明显进展，随即便找出既往总司令关照辛亥烈士的文件，称中华民国陆海空蒋总司令，曾于 1929 年 2 月讨桂莅临武汉时发布告，载"辛亥烈士，实为民国元勋，自应与世长存永垂不朽，凡有血气之伦，尤当饮水思源，爱惜不暇，并谕附近居民，嗣后如有任意损毁，或被告发，定即从严究办各在案"。③ 对此，1931 年 2 月 2 日，总司令部下文，责成省府立即"制止武胜门外烈士葬地被合记公司挖掘沉骨"，并"严究至应否收回或拆退"。④ 有了文件的支持，让中央层面的介入具备了更大的信心。

最后，行政院体念烈士，并下令释放烈士遗族。行政院如法炮制，声

---

① 肖泽晟：《坟主后代对祖坟的权益》，《法学》2009 年第 7 期。
② 《王兴发关于廖志强强掘烈士坟墓请代为申冤的呈》，1930 年 6 月 17 日，湖北省档案馆藏，档号：LS003-001-1467-0008，第 1 页。
③ 《湖北省政府关于武昌辛亥首义铁血阵亡将士遗族代表李汉卿、马有才再请废弃廖志强承买沙湖嘴凶据的批》，1930 年 9 月 5 日，湖北省档案馆藏，档号：LS003-001-1467-0009，第 5 页。
④ 《湖北省政府关于陈德清等呈烈士葬地被占案已由法院办理完结的呈及陆海空军总司令部的训令》，1931 年 2 月 9 日，湖北省档案馆藏，档号：LS003-001-1467-0010，第 6 页。

称谭（谭延闿）故院长曾在 1930 年 9 月 "体念先烈，饮水思源，不忍枉法埋冤"，当时便下文令 "省府何主席并案核办"。因此，该院也迅即下令省府，要求派员彻查。由于杨金山、马有才具控于法院而被羁押，1931 年 12 月 31 日，李汉卿等请求行政院施压省府释放二人。声称国家所有事务 "统治于总理《五权宪法》之下，断非一法权不能保护"，况且杨金山乃 "驱逐满奴瑞澂" 的功臣杨洪盛之子，"马有才既非军人又无军事犯"，"同是遗族一分子，情同骨肉"。[①] 行政院了解情况后，于 1932 年 2 月 20 日饬省府开释二人，随后武汉警备司令部放人。同时，行政院警告省府立即着手彻底解决该案，不可再行拖延。

中央层面的介入，不仅加速了该纠纷的处理进度，也让地方处理该案有了明确的方向，同时避免了滋讼。不过，央地的命令终究需要落实到基层及个人，而基层纷繁复杂的局面，让该纠纷的处理并非想象中那样顺利。面对来自总司令部、行政院的要求，省府立即要求县政府备案核办。由于基层人事变动频繁，该案处理又经历了一波三折。前两任县长李、朱二人，"以不忍枉法埋冤为宗旨"，或 "将掘抛坟数勘明"，或采取 "面商调释" 等方式处理该案，但最后都以各种原因 "解组而中止"，而第三任陈县长 "不惟枉法埋冤"，案悬四月置若罔闻。[②] 因此，在政府没有设置专门的处理机构的情况下，基层社会凡事冗杂，不可避免导致该案悬置。

我们可以看见，中央层面的多方介入，使得地方主管部门态度发生了急速转变。究其原因，无非两点：其一，因地方政府是中央命令落地的第一责任者，惧于中央威严，地方只能顺势而为；其二，该纠纷一直缠绕地方政府部门，中央部门出面调度，显然是极大地有利于事情的解决。

综上可知，在遗族转变思维，选择从烈士坟墓所具有的精神属性出发进行申辩，将 "主权""民权" 思想融汇其中，大到国家，小到家庭，充分体现烈士坟墓的价值，期望将精神性价值转为物质权益。尽管这些刚好是民国法律条文中减少的部分，所幸传承精神的习惯法并未完全消除，遗族的努力终得中央层面支持，随着总司令部、行政院的介入，遗族的诉求迎来了转机。

---

① 《湖北省政府关于已转武汉警备司令部查办开释杨金山、马有才的公函及行政院秘书处的函》，1932 年 3 月 23 日，湖北省档案馆藏，档号：LS003-001-1467-0012，第 7~10 页。
② 《湖北省政府关于已转武汉警备司令部查办开释杨金山、马有才的公函及行政院秘书处的函》，1932 年 3 月 23 日，湖北省档案馆藏，档号：LS003-001-1467-0012，第 8~9 页。

四 "尊重法令与顾全事实"：政府强制干预
与重建国殇纪念地

烈士遗族与合记公司因坟产而缠讼，此纠纷前路如何，一如民政厅的阶段性总结，其中该厅厅长曾谈及，"当以此案，在合记公司方面坚持遵照各级法院历次处判，主张产权，在《民法》上自属无可非难。而烈士遗族，则以烈士坟地恳求保护，政府追念前烈，亦难漠视"，故"办理此案，于尊重法令中，仍寓顾全事实"。① 可见，民厅强调法理与事实应相互关照，才是解决此事应遵循的基本原则。那么，何以解决？按照传统惯常做法，调解可能依然是了结该案的最好办法。

在前述中，由于法院和地方政府在处理该案时谨遵法律条文的规定，让遗族一度失去了对烈士坟产争夺的权利，但以民间律师李汉卿为代表的遗族，发起了多次溯源烈士坟墓作为国家精神价值所在的地位的申辩，以恳求上级怜情处理。尽管此举在地方层面并未引起较多的共鸣，但在遗族的不断努力下，最终得到了中央层面的体念。地方政府在中央施压之下，也加快了对该纠纷的处理进度。至此，遗族通过烈士坟墓的精神象征而衍生出人权及主权的舆论，收到了效果。

面对行政院的警告，省府在总结前项工作经验的基础上，立即决定采取调解的方式解决该纠纷。同时，为避免滋讼，官府在调解的过程中，或多或少会夹杂着强制的意愿，以使得纠纷双方迅速甘结。对于民众来说，官府出面调解也不失为一种权威的缓和矛盾的方式，而民众也更喜于调解，一则惧怕惹官司，二则累讼成本也是较大阻力。

1932年2月29日，民厅召集双方代表开调解会议，这也是二者纠纷长达5年以来，首次面对面协商此事。从民厅公布的双方和解方案可知，迁移并重建烈士坟墓是双方达成的最终结果，而细节方面共具结了五项内容。第一，关于选择烈士坟墓用地及费用方面，"由民政厅派员监视择地建筑，所有购地费用，概由合记公司捐输"。第二，迁建的标准及花销方面，"迁移后建筑烈士茔墓，并立碑纪念碑，其建筑费用，概由合记公司

---

① 《湖北省政府民政厅关于廖志强等掘抛烈士骨一案的呈文及湖北省政府的指令》，1933年1月13日，湖北省档案馆藏，档号：LS001-003-0283-0002，第2~3页。

捐出"。第三，坟墓的存续问题，三方认定"烈士茔墓永远保存"。第四，开释杨金山、马有才。第五，布告公开。① 由于第四项决议已提前由行政院解决，故实质上只有四项内容。

不过，事情发展的进程，远非一纸甘结般那么简单。在未经与遗族商议，合记公司便私自动迁坟墓，此行为立即招致遗族不满。时鄂豫皖三省"剿匪总司令部"（以下简称"剿总"）在武汉活动频繁，为引起权威部门重视，12月1日，李汉卿就重建事宜的领导权问题呈文"剿总"，声称前经甘结规定"由民政厅派员择地搬迁"，为何实由廖志强主持，"然廖志强之貌法，视各烈士与各遗族固不免轻若鬓毛"，应拘提廖志强等到案，依法核办。在遗族看来，由廖志强主持择地迁葬事宜，一则违背调解协议，二则不利于遗族发表意见。

8日，"剿总"了解之后，便训令省府，称"辛亥首义诸烈士功在国家，其葬地尤应力加保护，以示国家崇报功烈之至"，省府"自应严行查办"。② 在"剿总"训示下，13日，省府即令民厅派员前往实地调查。在对迁葬地点的勘察中，确实发现了不少问题。调查员认为该新迁坟墓"因着土不多，土质松散"，且"旧有红十字会所立义冢碑石及新刊本厅布告碑石各一块"，并非按要求设置独立一块碑。同时，界内已有其他坟墓，不符合烈士墓"专属一处"的标准。从该调查员最终形成的报告可知，合记重建的坟墓须改进三项：其一，该地"应为烈士坟墓专有"；其二，"应从事建筑以符决议"；其三，规定立纪念之碑，"不应与布告之碑混为一谈"。总此以上问题，民厅立即警告合记公司须"将烈士坟墓从事建筑"，以符标准。③ 而在1933年1月15日，省府亦提出应快速建筑坟墓，了结悬案。

从上诉调查报告可知，实际上政府部门、遗族与合记在修建一事上的争议点，在于对"建筑"一词的理解。何为建筑？笔者认为政府、遗族要求的标准，应是带有明显区分度、相对独立、"标志性"的建筑物，而不是简单非建筑结构物。合记"谨将烈士坟墓搬迁以达建筑目的"，显然，

---

① 《湖北省政府民政厅关于廖志强等掘抛烈士骨一案的呈文及湖北省政府的指令》，1933年1月13日，湖北省档案馆藏，档号：LS001-003-0283-0002，第13页。
② 《豫鄂皖三省剿总关于廖志强掘抛烈士骨、侵占坟地依法核办的训令及湖北省政府呈文》，1932年12月13日，湖北省档案馆藏，档号：LS001-003-0283-0001，第2页。
③ 《湖北省政府民政厅关于廖志强等掘抛烈士骨一案的呈文及湖北省政府的指令》，1933年1月13日，湖北省档案馆藏，档号：LS001-003-0283-0002，第5~6页。

这样的做法应是为节约成本而应付了事。①

对此，2月6日，省府为警告合记公司，声称此案司法部分，业经法院终审判结，行政处分又经民政厅召集双方会议解决，自应遵照履行。11日，"剿总"训令省府要将该纠纷当作"专事案"处理，并严饬"双方切实履行，免滋讼累"。② 24日，民厅即表示已令合记公司遵照决议办理。3月9日，"剿总"再令省府，须"查照先今各令，设法保护"。在省府及"剿总"的双重催促下，合记公司不敢怠慢，仅用了两天时间，迅速"重行培修，去其杂墓，并另加立纪念碑"。11日，民厅派员会同李汉卿等前往查勘。但马有才考察后依然认为此种修理情形在表面上似与调节会议决议案内所规定者相符，"然就决议案内建筑二字言之，则未免过于草率，所立之碑亦属简陋，实无以安先烈之灵而慰遗族之心"。③

民厅人员亦认同马有才观点，同时认为"为追念先烈起见，吾辈本良心之主张，应依照武汉各处烈士坟墓（如汉口大智门球场等处之辛亥革命烈士坟墓）样式，以壮观瞻"。3月17日，李汉卿便郑重向省府表达依照武汉烈士坟墓修砌的期望。省府随即指令民厅切实履行。但历时3个月，未见合记公司有任何行动。不过，有此情况的发生，一如前民厅调查员所提及，在甘结五项中确未涉及坟墓重建标准以及样式，从法理来说属过分要求。但从情理层面来看，烈士坟墓作为国家精神象征的标志，建筑应宏伟大气。工程的搁置，使得李汉卿于6月23日再呈文省府，抱怨此事"又逾半年之久，廖志强反敢置若罔闻"，若省府、合记再"互相迟延，则此案结果不知实在于何日"。④

面对遗族的施压，以及合记公司不作为，省府认为合记是在公然挑战央地部门的权威。为此，在6月27日，省府作出"强制执行"的批示，责令民厅立即处理此事。民厅旋即严饬合记公司"限于文到十日内，依照武昌大东门外石桥附近之烈士坟墓样式完全拆修，遵照规定样式于十日内

---

① 《辛亥烈士遗族李汉卿关于廖志强掘抛烈士骨一案恳请速办的呈》，1933年2月3日，湖北省档案馆藏，档号：LS001-003-0283-0004，第4~7页。
② 《湖北省政府关于廖志强等掘抛烈士骨一案恳请六载恳速解决的训令及豫鄂皖剿总训令》，1933年2月6日，湖北省档案馆藏，档号：LS001-003-0283-0005，第2、6页。
③ 《湖北省政府民政厅关于派人查勘督令重行培修烈士墓情形的指令》，1933年3月10日，湖北省档案馆藏，档号：LS001-003-0283-0008，第1~5页。
④ 《李汉卿等关于鲁方才、廖志强掘抛烈士骨情形恳请法办的呈文及湖北省政府训令》，1933年3月17日，湖北省档案馆藏，档号：LS001-003-0283-0009，第17、19~20页。

拆修完竣呈报复勘"。①

合记公司多次挑战烈士墓修建的标准，让我们不免思考一个问题，缘何在此次纠纷中，多次出现国家政策表达与合记公司实践相背离的状况。换个说法，也即合记公司为何总是不能按照要求去做，这也是笔者在文章开头所提及的第三个启示。笔者认为原因有三：首先，依然是出于修建成本的考虑；其次，合记公司执意按照甘结合约的字面意思理解，所谓"有理有据"；最后，通过与遗族的争讼的过程，让合记公司也明白了烈士坟墓在新法中已作为一般物权的对待，因此合记自然不会引起重视。毕竟伦理道德层面的谴责，并不会直接对他们造成经济损失。

但尽管如此，在省府强制命令发出后，合记公司在明面上也不敢怠慢。他们深知如果公然抵抗官府，无疑自设商业障碍。于是，在收到命令后，截至该年9月14日，合记公司按要求将该烈士墓"合为一家"，且"改筑直墙"，而"旧冢背上系掩盖浮土，已改用三合土筑成"，原独立石碑三块，"均嵌入墓前围墙之内，民厅布告碑居中，右为十义冢碑，左为纪念碑，碑上另有三进牌楼"。工程完成后，合记请民厅主持验收。经调查员复勘认为"全墓建筑与大东门外汉口球场各烈士墓无异，也与"民厅规定样式尚无不合"。② 9月19日，省府亦派员复勘，经查，确已按照"规定样式建筑"。旋即，省府在呈文行政院的函件中称该案已"了结在案"。至此，该纠纷案宣告结束。

坟墓重行培修验收通过，也标志着在政府及相关部门的强制干预下，长达6年的坟产纠纷得以平息。从结果看，央地政府部门凭借威权，使国家精神遗产得以延续，同时也保证了新法推广的进程，给民众展示了良好的形象。从过程看，迁离原址而重建国殇纪念地的行为，亦可理解为政府的一种妥协。而前政府契约的存废之争，更表现出南京国民政府为维护基层稳定所做出的让步选择。由此可知，政府的介入与调和，不失为一种对多方来说更好的办法。不过，这种尝试弥补法条解释不足的实践，也在一定程度上反映了民国法律去精神化尝试的局限。

---

① 《湖北省政府关于廖志强掘烈士骨一案强制执行的指令》，1933年7月1日，湖北省档案馆藏，档号：LS001-003-0283-0010，第6~7页。

② 《湖北省政府关于办理重修烈士墓的指令及湖北省民政厅呈文》，1933年9月21日，湖北省档案馆藏，档号：LS001-003-0283-0012，第7~8页。

结　论

从民国元年起施行的《暂行新刑律》已明显减轻了对毁掘坟墓罪的量刑，而《中华民国民法》的颁布则完全将坟产归为一般性不动产，传统中华法系中关于坟墓的精神性权益也被相应地划归一般物权。"去精神化"成为民国政府管理坟产的显著特点，同时，坟产权益的普通化调整，亦作为当时法律近代化转变的具体表现之一。此后，各级法院及政府在处理坟产纠纷时，一致坚持的"坟产权益一般化"原则，也就为民间坟产买卖、强行占用等行为提供了最根本的法律依据。

尽管民国政府从一开始便着手将坟产纳入一般意义上的不动产，进而直接转化为法定物权，使之较其他不动产所体现的若干特有之习惯权利，则被剥离于新式法律之外①，但从司法落地的层面来看，确实遭遇了不小的阻力。溯源本案，在社会动乱与经济紧张背景下，地方政府与民间经营势力将烈士遗族视为边缘群体，而其手中掌握的坟产亦成为各方企图利用的资源。尽管此案的最终结局是政府在一定程度上妥协于法律，而实行异地迁葬保护的措施，但其所表现出强制执行重建而非拆毁的一面，不免让人认为前项"妥协"的做法，其实质上是政府对于推行法律变革过程适用性不足的反思。这在国民政府文官处随后于1934年力主重修武汉全部辛亥首义烈士坟墓的行动中可见一斑。②

本案发展进程中有着不可忽视的双重背景：其一，自民国肇建便开始极速推行的中国法律近代化；其二，二十世纪二十年代军阀混战以及南北政府的交替，导致基层社会乱象。司法官的"依据"判罚，让我们可以从中管窥法律近代化实施的严谨性，但政府的介入亦体现了习惯法在司法实践之外的适用性补充，这为我们理解习惯法典化的曲折进程提供了较好的案例，当然也反证了法律去精神化的局限。

不过，从深处思考，一方面政府力主迁葬及抚恤工作，使具有国家精

---

① 蔡晓荣：《坟产习惯及其在中国近代法律变革中之境遇》，《安徽史学》2023年第3期。

② 1934年3月19日，"国民政府文官处函行政院筹备重修武昌、汉阳、汉口等处辛亥首义烈士坟墓，并令武、阳、汉等处机关一体保护，以慰先烈"。《国民政府文官处函行政院为黄成荣等呈请筹备重修武阳汉等处辛亥首义烈士坟墓并令武阳汉等处机关保护一案奉交函达查照》，1934年3月19日，"国史馆"藏：档号001-036160-00003-025，第2页。

神传承与家族敬祖收族之二重性的烈士坟产得到了保护和延续，以维护国家统治理念；但从另一方面看，政府全过程没有否认各级法院、合记公司、地方政府的行为，其本质上也表达了继续推进法律改革的决心。

在司法层面，如果单论合记公司从前政府手中依法取得产权的结果来看，实质上南京国民政府对此并不会有很好的限制办法，但作为民间经营团体，显然不得罪官府是其商业生存的唯一选择。不过，地方政府一业两卖的行径，着实让双方都持有的"合法证明"变得毫无意义，其最终的话语权和解释权依旧独归政府所有，因此"强制干预而调解了事"便成了权力的诠释。但如果说将相关部门的介入简单地理解为法律近代化进程的阻力，那显然有忽视其在传统中华法系与西法本土化相融过程中起调和作用的危险。

因此，就坟产归属的发展历史脉络来看，传统中华法系对于坟产的管制大多基于习惯法的遵循。而自近代西法东渐之后，从整个物权结构体系改变过程来看，"新法律之目的虽善，苦无与之互相适应之社会基础"①，这也使得司法官在具体的司法程序中有着较大的收缩空间。而移植型法律在中国法律近代化进程中，又常常因缺乏生存土壤，导致水土不服的现象时有发生。

学界也在思考，国民政府志在革新法律的道路，是否真正符合当时的国情。换句话说，急剧法律近代化的结果是否就是拥有良法的开端。显然，更多的事实证明了，或许立足于本土社会文化现实而进行深层次的改革，才是良法得以植根的土壤，而不是走上荆棘的道路。

武昌辛亥首义烈士坟产纠纷累积缠讼长达6年之久，牵涉多群体、多部门，在学界之于坟产的讨论中具有重要的典型性，而烈士坟产所具有的独特之处，又表现出案例具有较大的启发性。因此，近代坟产纠纷的复杂面向，具象于国家立法、法院司法、政府干预与基层习惯等多个方面。对该案的深入探讨，也是理解民国急剧社会转型期中央、地方、基层以及政府与民间团体关系的较好切入点。

---

① 蔡枢衡：《中国法理自觉的发展》，清华大学出版社，2005，第81页。

A Study on the Graveyard Property Dispute Case of the 1911 Revolution First Martyrs Cemetery during the Republican Era

Yan Yangyu

Abstract：Shahuzui in Wuchang was once a place for the placement of the martyrs of the Revolution of 1911 during the Republic of China. In October 1929, Wuchang Heji Company dispatched personnel to excavate and dispose of the graves of the martyrs of the Revolution of 1911 Uprising in the area, resulting in a six-year dispute over tomb property. This lawsuit involves multiple institutions and groups such as Heji Company, martyrs' families, the Executive Yuan, the Hubei Provincial Government, and the Wuchang District Court. Various forces have engaged in a long-term debate based on their respective positions, citing relevant departmental regulations and controlling the tomb property. The reason for this is that in the context of the modernization of the law implemented by the government of the Republic of China, the transfer of tomb property to general property rights gradually led to the decline of its exclusive spiritual rights and interests. However, the educational function carried by the graves of the martyrs of the First Uprising of 1911, which showcases the achievements of the martyrs and inspires the public to strive for the country, puts the country and local governments in a dilemma in improving the legal system and maintaining spiritual inheritance, This further creates tension between the construction of national memory and the promotion of legal modernization, and the game of rights among all parties also presents a complex aspect of the issue of tomb property in the Republic of China.

Keywords：Tomb Property; the Tomb of the First Martyrs of the Revolution of 1911; Spiritualized Rights and Interests; National Memory

近代中国公债市场运行机制：基于公债价格、期限及收益率的探析[*]

高美红[**]

摘　要： 近代中国证券市场具有典型的财政市特点，发行公债成为政府主要的融资渠道之一，公债运行机制的稳定也成为近代证券市场稳定发展的重要标志。近代中国政府债信薄弱，为了提高投资者购买公债的积极性，政府发行公债大多采取折价发行方式。南京国民政府成立之初，公债的发行量较大，行市交易旺盛，债市状况甚佳，公债市场迅速发展。基于公债价格、期限及收益率的视角，构建实证模型分析发现，滞后一期的公债价格对当期公债价格的影响显著为正，说明公债价格会受时间因素的影响而产生滞后效应。公债价格和收益率走势具有一致性，证明了公债行市历史信息的关键作用。公债收益率一旦发生较小波动，公债价格就会发生更大幅度的波动。对市场运行效率的检验发现，近代中国公债市场还没有达到弱式效率，也从侧面反映了近代中国公债市场合理调节和配置资金的能力有限，市场发育程度还处于较为初级的阶段。

关键词： 近代中国　公债市场运行机制　公债价格波动　公债收益率

一　选题缘起和文献回顾

作为通商口岸的上海是中外通商大埠，中国的证券交易也始于上海。

---

[*] 基金项目：本文系国家社会科学基金重点项目"中国近代证券市场信用机制研究"（批准号：18AZS019）的阶段性成果之一，同时受上海财经大学经济学院研究生科研创新基金项目"民国时期谣言对证券市场影响的研究"（批准号：kycx-2020-07）的资助。

[**] 高美红，上海财经大学经济学院博士研究生。

尽管上海和其他沿海城市的资本市场比较发达，但处于过渡时代的近代中国证券市场，其发展程度远远落后于欧洲和日本等国家和地区。最初的证券交易由外国人发起，国内并没有证券发行和交易的经验，但是也给中国证券市场的发展带来了巨大机遇。公债是证券市场的重要组成部分，公债市场的发展在近代中国证券市场发展历程中占有重要地位。近代中国公债市场的起源可以追溯到十九世纪末，为了应对日益紧迫的国内外经济金融形势变化、财政资金短缺以及偿还巨额赔款，晚清政府不得不寻找新的融资途径和方式，在举借外债受阻之后，政府开始更加注重发行内债来缓解财政危机，于是公债市场开始逐渐发展起来。公债的发行在生产建设、调剂财政资金运转及军费开支等方面均起到了重要作用，公债市场的不断发展在维持国家经济稳定方面作出了巨大贡献，推动了近代中国证券市场的发育进程，同时对近代中国资本主义社会经济的进步也起到了重要的推动作用。探讨公债价格、期限和收益率之间的关系，能够窥视近代中国公债市场的发展运行规律，可以使我们更清晰地认识公债在近代中国经济和金融发展中的历史地位，同时对当代公债制度变迁和市场创新具有启发意义。

对公债市场运行机制的研究，国外学者着重强调公债久期对公债价格和收益率波动的重要性。Samuelson 等主要利用久期来评估债券利率的变化对投资组合价值的影响，认为利用久期进行评估的结果更加可靠。[1] Hopewell 和 Kaufman 等认为利用久期绘制债券收益率曲线，进而研究其对债券价格波动的影响结果会更优异。[2] Alexander 主要对投机市场上债券价格的变动趋势进行了分析。[3] Yawitz 和 Jess 主要探讨了债券期限和收益率波动对债券价格波动的影响。[4]

国内对近代中国公债市场运行机制的研究，大多只对公债价格、期限和收益率等本身的发展状况进行叙述，而没有将三者联系起来进行系统探

---

[1] Samuelson, Paul A., "The Effects of Interest Rate Increases on the Banking System," *American Economic Review*, 35 (March 1945), 16-27.

[2] Hopewell, Michael and George Kaufman, "Bond Price Volatility and Term to Maturity: A Generalized Respecification," *American Economic Review* (September 1973), 749-53.

[3] S. Alexander, "Price Movements in Speculative Markets: Trends or Random Wa-lks," *Industrial Management Review*, 1964, (3): 7-26.

[4] Yawitz, Jess B., "The Relative Importance of Duration and Yield Volatility on Bond Price Volatility: Comment," *Journal of Money, Credit and Banking* 9, No. 1 (1977): 97-102.

讨。李恭楷对三年公债、四年公债、五年公债、七年短期公债以及整理金融公债的利益进行了比较分析，认为能按期抽签且还本次数较多的公债信用一般较好，其公债收益也会越高。[①] 徐沧水认为除了三年公债、四年公债以及七年短期公债因有确实担保尚能如期还本付息以外，政府发行的无确实担保的公债本息均不能按期偿付，导致其债券价格低落，政府信用丧失，社会为之不安，并强调了维持公债信用的重要性。[②] 王宗培对内国公债的消长、公债的现状以及公债的买卖进行了分析，认为公债的增加速度虽然较快，但还不能供求相应，流通的筹码并不充裕，因为发行的公债中既含有无确实担保的部分，也有作为政府透支担保品的部分，所以市场价格时常是有利于多头的局面。[③] 还有学者的研究主要集中在公债发行的政策、数额、用途、偿还、整理及债信等角度，不再一一赘述。

综上所述，目前学术界对近代中国公债市场运行机制的研究成果大多是运用历史学的方法基于宏观角度对整体公债市场的发展历程进行描述，部分对公债价格和收益率的分析，更多的是注重公债史料的整理和归纳，很少有人将公债市场运行与现代债券理论联系起来进行探讨。本文试图将近代中国公债价格、期限及收益率联系起来，运用债券理论构建相关实证模型对公债市场进行分析，从而发现近代中国公债市场的内在运行机制及其发展规律。

二　近代中国公债的发行、行市交易及套做方式

（一）公债的发行方式和发行数额

近代中国政府财政混乱，公债滥发，政府信用薄弱，市场利率素以高昂著称，故政府发行公债时，大多采用折价发行方式。据公债条例所记载，1912 年至 1931 年中国政府发行公债采用平价发行的仅有 20 种，不详者有 2 种，采用折价发行的公债共有 37 种，占比 62.7%（见图 1）。其中以 98 实收为最多，共有 16 种，占比 27.1%；其次为 90 实收，共有 5 种；最低折扣为 60 实收，只有 1 种。另有公债按两种以上折价方式发行，如整

①　李恭楷：《各种公债之利益比较》，《银行周报》1921 年第 5 期。
②　徐沧水：《公债整理之管见》，《银行周报》1921 年第 6 期。
③　王宗培：《中国的内国公债及其交易》，《新中华》1937 年第 8 期。

理湖北金融公债以 80 和 92.5 两种折价方式发行，十七年善后公债则以 92、93、94 和 96 四种折价方式发行。[①] 由图 1 可知，公债采用折价发行的数量呈上升趋势，尤其是南京国民政府成立之后，公债折价发行更加普遍。1929 年至 1931 年三年内发行的公债，平价发行仅有 5 种，其余 13 种皆为 98 发行。但是，值得注意的是，虽然国民政府多采用折价方式发行公债，但实际上很少采用较低的公债折扣发行政策，大多采用 98 发行。

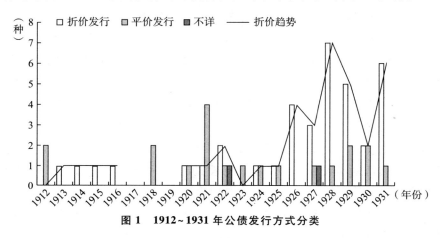

图 1　1912~1931 年公债发行方式分类

第一次世界大战之后，北洋政府举借外债开始受到影响，1918 年是北洋政府时期公债市场的一个重要转折点：在 1918 年之前，政府资金主要依靠外债供给，财政相对宽裕，因此内债发行较少；而 1918 年之后政府举借外债遇到困阻，多次出现财政危机，因而政府开始重视发行内债。由表 1 可知，1918 年之前内债发行数额甚小，而 1918 年是北洋政府时期公债发行以来的最高纪录，1920 年又迎来公债第二个发行高峰，随后的几年时间里公债发行日益旺盛，发行公债的种类比之前大幅增多，发行数额也逐渐增加。各种公债虽然均指定了还本付息基金，然而实际上除了七年短期及三年四年公债等以外，其他各债券常常不能按期进行抽签还本，经常存在愆期，以致利息不能按期支付，债券信用日坠，价格逐渐衰落。1921 年，财政总长周自齐开始筹拟整理内国公债，确定本息基金办法九条，将之前所发各债通盘筹算，分别整理。将民国元、八两年所发公债收回，另行换

---

① 　王宗培：《中国之内国公债》，《长城书局》1933 年 6 月初版，第 38~39 页。原始表格数据中历年平价发行种数合计有误，作者已更正。

给整理债票，因此 1921 年公债发行总额虽达 10000 余万元，但实际上新发行公债仅仅 8000 余万元。自 1921 年起，每年指定确实基金，以关、盐、烟酒等税为担保，作为整理内债基金，以充案内各债还本付息之用。内债整理以后，于 1922 年之后发行的公债或库券的数额和种类均明显降低，大多数均指定关税项下赔款余额为担保，基金确实，还本付息也从无延误。但仍尚有 1922 年春发行的偿还内外短债八厘债券（即九六公债）、1925 年发行的交通部借换债券及 1926 年发行的秋节库券等没有确实担保。南京国民政府成立初期，内乱迭作，军政费浩繁，因此政府开始大量募集内债，以济要需。由表 1 可知，1927 年至 1931 年公债发行额呈上升趋势，这 5 年之内共实际发行的内债债额较北洋军阀政府 15 年内所发行的债额几乎增加一倍。

表 1　1912～1931 年公债增减统计情况

年份	发行额		偿还额		每人口平均（元）	公债发行比数（1927 年 = 100）
	本年（万元）	累计（万元）	本年（万元）	累计（万元）		
1912	624.846	624.846	—	—	0.016	7.71
1913	684.22	1309.066	—	—	0.039	8.44
1914	2497.052	3806.118	—	—	0.12	30.79
1915	2583.4155	6389.5335	115	115	0.182	31.85
1916	877.0515	7266.585	115	230	0.202	10.82
1917	1051.679	8372.164	203	433	0.219	12.97
1918	13936.376	22254.64	1267.8345	1700.8345	0.541	171.66
1919	2835.87	25090.51	1655.852	3356.6865	0.575	34.97
1920	12196.045	37236.556	1804.499	5161.1855	0.856	150.4
1921	11536.2248	48822.7798	20257.2579	25418.4431	0.658	142.26
1922	8323.491	57146.2708	4074.1645	29492.6076	0.742	102.65
1923	500	57646.2708	1970.8461	31463.4537	0.707	6.17
1924	520	58166.2708	1720.8472	33184.3012	0.673	6.41
1925	2300	60466.2708	2092.2506	35276.5518	0.672	28.36
1926	1540	62006.2708	2633.7581	37910.3099	0.679	18.99
1927	8109.0074	70115.2782	2137.7581	40048.068	0.819	100
1928	10300	80415.2782	4679.3781	44727.4461	0.939	127.02

续表

年份	发行额		偿还额		每人口平均（元）	公债发行比数（1927年=100）
	本年（万元）	累计（万元）	本年（万元）	累计（万元）		
1929	24300	104715.278	6216.040507	50943.48661	1.335	299.67
1930	17400	122115.278	8711.657214	59655.14382	1.516	214.58
1931	41600	163715.278	11468.51272	71123.65654	2.18	513.01

注：每人口平均之全国人口数系根据陈华寅氏推定之1912年及1929年全国人口总数及其增加比率逐年推算而得，1939年人口总数则取主计处统计局发表之数字。

资料来源：王宗培《中国之内国公债》，《长城书局》1933年6月初版，第18~19页。原始表数据计算有误，此表作者已更正。

（二）公债的行市及交易状况

南京国民政府成立之后，发行的公债越来越多，"证券交易所，成了政府推销公债的大市场"，[①] 尤其是1928年之后，时局安定，债市情况开始转为乐观，债价逐步上涨，市况亦佳。之后国民政府所发行的二五库券续发券、卷烟税券及善后公债等，其债信均良好，在市面上的交易非常活跃，交易所为了取得收入，也先后开做交易，于是债市情形甚是乐观。每月交易额能保持在3000万至4000万元，各个债券价格也步步向高。例如，在1928年，整理六厘公债市价自50余元涨至70元以上，七年长期公债曾经涨至80元以上。虽然于4月下旬由于北伐战争迅速推进，债券价格下落颇巨，但随后不久整理六厘公债和七年长期公债又有抽签还本的消息传出，市价又回高且日益高涨，整理六厘公债最高曾涨至84至85元，七年长期公债徘徊在80元左右，均比1927年底回涨20至30元之巨。其他债券如金融公债、整理七厘公债等，虽然交易不多，但其市价均有大幅上涨。金融公债由于抽签关系，价格最高达98元，整理七厘公债在年底曾涨至83.5元，相比1927年均飞涨达20余元。唯独九六公债自1926年底发生风潮，交易所停做期现交易之后，市场中沉寂而无讯息达一年，直至1928年初恢复其现货交易，然而不久之后发现有伪票存在，妨碍流通，又被迫再次停拍，指定以调换新票为交易标准，市面因此又转为沉寂四五个

---

① 朱斯煌：《民国经济史》，《银行周报三十年周年纪念刊》，银行学会1948年版，第143页。

月时间，其后新票流通稍多，市面开始稍有转机。① 二五附税库券在市面流通之初，一般投资者意犹疑虑，不敢多买，在交易所正式开做交易之后，本息偿付从不延期，债信昭著，因此投资者竞相买进，导致价格上涨剧烈。续发二五及卷烟税券等价格也均甚高，续发二五最高达近 90 元，卷烟税券在初开时也超过八五折。具体债券价格如表 2 所示。大概是由于全国经济会议及财政会议均能顺利召开，外交情形也较为乐观，关税自主有望，对债市情况也有较好的影响。按 1928 年底市价计算，二五库券已付本息合计实际达 100 元以上，已经超过债票面值，卷烟税券已付本息也超过了九五折，善后公债由于在年底刚开拍，故其价格无大的涨落。统观市价的变动经过，唯 8 月下旬债券市价曾一度被时局谣言所影响而有所下降，但是瞬间就转为上涨以外，其余时间均处于坚俏状态，挺定异常，未见有巨大的变动。

表 2 1928 年各债价高低涨落情况

单位：元

债别	最高	最低	差额	较上年
整理六厘	84.7	55	29.7	涨 24.2
七年长期	81.6	63.2	18.4	涨 15.2
金融公债	98	79.9	18.1	涨 20.1
九六公债	30	18	12	—
整理七厘	83.5	65	18.5	涨 22.5
二五库券	63.2	40.5	22.7	—
续发二五	89.8	78.8	11	—
卷烟税券	85.5	64.8	20.7	—
善后公债	73	65.5	7.5	—

注：表中各债价如续发二五、善后公债等均以在市场正式做开为标准，不计未开拍前的暗盘，市价涨跌则以 1928 年底的价格与 1927 年底比较而得，在 1927 年全无市面者从缺。

资料来源：《民国十七年上海公债市场之经过》，《商业杂志（上海 1926）》1929 年第 3 期。

随着债市环境逐渐转好，债券的期货和现货交易状况日趋旺盛。对于债券期货交易来说，1927 年七年长期公债因为有抽签的关系，期货成交比整理六厘公债更旺盛，但是在 1928 年整理六厘的期货交易额却超过七年长

---

① 《民国十七年上海公债市场之经过》，《商业杂志（上海 1926）》1929 年第 3 期。

期公债几乎达7000万元之巨，每月成交自1000余万元至2000余万元不等。七年长期公债期货只有1928年上半年交易尚旺，每月约有1000多元的交易，而下半年交易额仅为700万至800万元。整理六厘全年期货成交额达20116.5万元，比1927年增加9760余万元；七年长期公债全年期货成交额共13403.5万元，比1927年仅增加270余万元。续发二五库券期货在上半年只有一个月市面交易，成交额160余万元，在下半年大致尚佳，每月成交400万至900万元不等，全年总数也有3885余万元。连同其他各债券1928年全年期货成交额总计有37405万元，超过1927年达14000余万元之巨。1928年债券现货交易也相当乐观，如二五库券、善后公债、卷烟税券、续发二五等均有巨额交易。二五库券现货交易额近1000万元，九六公债达2200余万元，续发二五计580余万元，卷烟税券达380余万元，善后公债约有200余万元，全年现货成交额共达4780余万元，比1927年总数增加4110余万元。具体公债期现成交数如表3所示。

表3　1928年公债期现全年成交总数

单位：百元

债券种别	期或现	成交数
整理六厘	现货	20760
整理六厘	本月期	758250
整理六厘	下月期	1219150
整理六厘	远期	34250
整理六厘	期货共计	2011650
七年长期	现货	10720
七年长期	本月期	561200
七年长期	下月期	748650
七年长期	远期	30500
七年长期	期货共计	1340350
续发二五	现货	58806
续发二五	本月期	146350
续发二五	下月期	232000
续发二五	远期	10150
续发二五	期货共计	388500
二五库券	现货	97252

续表

债券种别	期或现	成交数
卷烟税券	现货	38400
善后公债	现货	20788
金融公债	现货	2860
整理七厘	现货	86
五年公债	现货	321
九六公债	现货	228350
期货共计		3740500
现货共计		478344

资料来源：《民国十七年上海公债市场之经过》，《商业杂志（上海 1926）》1929 年第 3 期。

当时公债的行市交易数据情况，一般都会按日登载于北平和上海的各类日报上，如《银行周报》、《新闻报》及《申报》等，每个月都有揭载平沪两证券市场的行市情况。例如，1929 年 2 月 5 日上海《新闻报》揭登前一日（即 2 月 4 日）上海华商证券交易所的证券行市报告（见表 4）。由表 4 可知，各公债开盘价和收盘价相差不大，波动幅度较小，债市情况没有重大变化，市场人心也比较安定。同时，这些期刊报纸也会刊登一些证券市场的新闻，简略陈述证券市价涨落情况及成交状况等。例如，1929 年 1 月 28 日上海《申报》揭登的一则关于"十二月份本埠债市统计"的新闻，记载如下："查十七年份，最后一月间之本埠债市情形，全月除为星期及交割共停市六日外，共有念五日交易。市场期现货买卖，均较以前为旺。成交总数达四千一百余万元，比十一月份增一千六百八十余万元。市价之变动，除初开拍之善后公债为较巨外，其他大致平和。冀此一月内，债市情况既鲜重大变化，市场人心，亦甚安定也。"① 这些证券市价涨落和交易情况对于投资者来说具有重要参考价值，因此，新闻报纸也是当时大多数证券买卖者加以关注的重要资料之一。

表 4　华商证券行市情况

前市	现货开盘	现货收盘	后市	现货开盘	现货收盘
整理六厘	81.90	……	七年长期	77.20	……

① 《申报》1929 年 1 月 28 日。

续表

前市	现货开盘	现货收盘	后市	现货开盘	现货收盘
偿还八厘	26.60	26.50	整理六厘	83.00	82.40
又	26.50	……	又	82.80	……
二五库券	35.70	35.00	二五库券	……	35.00
续发二五小票	84.60	86.10	续发二五库券	84.90	84.80
又小票	……	84.60	卷烟库券	65.00	65.70
卷烟库券	64.70	65.40	又	……	65.80
又	64.60	65.55	善后短期	81.70	……
又小票	……	64.80	又	81.85	……
善后短期	82.00	81.90	又小票	79.90	
又	……	82.00			
又小票	79.70	79.80			
又	79.80	80.00			

前市	期货开盘	期货收盘	后市	期货开盘	期货收盘
七长二月期	77.00	77.50	七长二月期	77.30	……
又	……	77.40	又三月期	77.60	……
又三月期	77.50	77.60	整陆二月期	83.00	82.70
又	77.70	……	又	83.80	……
整陆二月期	82.50	83.00	又三月期	82.50	82.50
又	82.95	83.10	又	82.60	……
又三月期	82.80	82.90	续二五二月期	86.55	86.50
又	82.80	82.80	又	……	86.55
续二五二月期	86.60	86.70	又三月期	86.30	86.30
又三月期	86.25	86.25	善后二月期	82.50	82.35
卷烟二月期	……	85.70	又	82.40	82.45
善后二月期	82.50	……	又三月期	82.80	……
又	82.50	……			
又三月期	82.90	82.94			

资料来源：《新闻报》1929年2月5日。

（三）公债套做：获利方式多样

证券市场上套做获利的方式主要有三种："一为借贷款项上之套做，

曰'套借'；一为不同期货买卖上之套做，曰'套利'，又曰'鞘取'；一为两不同市场之套做。"① 以投资者购买公债为例详细分析如下。

公债套借交易机制。设有甲、乙两个钱庄，均为北平证券交易所经纪人。现有一投资者丙，打算将自己票面为一万元的整理六厘公债委托给乙钱庄，使其到交易所代为出售，限价八十元；同时另有一投资者丁，欲将其现存洋款八千元委托给甲钱庄，使其到交易所代购整理六厘公债，票面一万元，限价也为八十元。迨交易所开市后，甲乙两钱庄，因所受委托限价相同，故得以成交。若设其买卖为现期，则当日即须钱货两交，执行交割；若设其买卖为定期，则到期亦须交割。交割时，投资者丁则须等待公债到手，才愿意付款；投资者丙则须等待现款到手，才愿意交货。因此，如果不是由甲钱庄从中调剂，代投资者丁垫款，则其交割很难执行；而甲钱庄此项垫款，经常是向银行套借而来的。套借之法，"即由甲庄将自存债券，以现货售与银行；而同时以期货，重行买回。一俟售款收到，即以之交付乙庄，由乙庄转交给丙，向取债券，交回甲庄。甲庄得券后，转送给丁，收回现款；更以此项现款，为日前所购进期货之交割准备"②。北平证券交易所经纪人垫款情形，大都如此。因此，套借者即为经纪人代理买卖，须垫款时，将自存证券以现期出卖，再以定期买回，实现一时间内现金的周转。具体交易如图 2 所示。

公债套利运作方式。套利也称套息，是投资者在进行证券买卖时，为了降低风险、保障自身利益的一个方法。套利是资金短期运用的一种技巧，公债定期交易因有垫款的关系，其远期价格一般高于同种公债同期价格，因此投资者往往会在行市近贱远贵的时候进行购买，先买进，后卖出。因为在证券交易所内，本月份和下月份是先后开拍的，行市难免稍有上落，如果买进以后，下月份忽然变化，不能卖出，那么只能暂时做多头，看以后的情形再定办法；即使跌落太多，也可以到月底收货，再等机会，或者还可以不吃亏。如果先卖出的话，如果不能及时补进，到将来不得已被迫了结，那就没有补救的办法了。举例来说，设 5 月某日，整理六厘公债五月期（本月期）市价为八十元，而六月期（下月期）市价则为八十二元。套利者，"则可以八十元买进五月期期货；同时以八十二元卖出

---

① 杨荫溥编《中国交易所论》，上海书店，1932，第 142 页。
② 杨荫溥编《中国交易所论》，上海书店，1932，第 143 页。

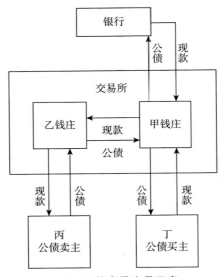

图 2　公债套借交易示意

六月期期货。等到五月底交割时，以八十元之代价，收进债票。收藏至六月底，即将此货交出，收入八十二元，价格清讫"①，为时仅一个月，每本金八十元即可攫利两元。扣除本证据金利息及经手费、佣金缴纳等，其剩余利润也在一分以上。这种套利方式可以不受债券市价涨落的影响，获利不薄。然而，远近期间市价差额也有大小之别，而利益的厚薄，即视此项差额的大小而定，不可一概而论。

实际上套利的经营不单单只有公债，外汇标金、棉花等也都存在，只不过没有公债那样简单罢了。因为公债本身有利息的收益，保管上也比较方便，特别是那种按月摊还本息的库券，更使套利来得便利。套利发生的原因通常有三种。一是近远月份期货，因为供求的不均衡而产生的反常差价。投资者对套利的下手，大致在近贱远贵的时候，如果近期债券的供给量多，行市就给压低，同时远期货不需要很旺，价格任意抬高，这样一来，远近月份的差价限度就不能保持常态。套利的人利用这个机会出较低的价格，买进本月份期货，同时又按照较高的价格卖出下月份期货，这样一进一出，差度越大，利益也就越厚。二是债券价格的长期增值趋向。从一般情形来说，如果债券的利息和条件均相同，则其债券的价格都是短期

---

① 　杨荫溥编《中国交易所论》，上海书店，1932，第143~144页。

的比长期的贵，期限越短，价格也越高；期限越长，价格也越低。新发行的债券，由于信用较差，市价普遍也比较低一些，后来通过逐年抽签还本，行市通常会一天比一天高。因为这种自然趋势的加持，公债套利的经营，也得到了不少的帮助。三是抽签还本或付息的季节变动。债券行市的季节变动，也是加强套利经营的一个原因。利息的季节变化，每月的增加有限，趋势比较平稳，并且是六个月循环。至于抽签的话，到抽签日期之前，因为存在中签的可能性，则有一部分人或许想来碰一下运气，因此买进的比较踊跃，行市往往也有较高的记录。[①]

公债在两地之间进行套做。公债价格在不同的地点可能会有所差别，因此也就存在了投机者在两个地方进行套做的可能。例如，债券在北平和上海市价未必彼此相同，于是存在两地之间套做的机会。设在北平整理六厘公债本月期市价为八十元，而同时该证券本月期在上海市价为八十一元。在此种情形下，套做者"即可电北平经纪人，委托代为买入；而同时于沪市，即行出售，以图利益"[②]。但是这种套做方式获取的收益率必须高于银款汇运日期内的利息，以及其他各项损失，如公债买卖输送时产生的运费、经手费等各种消耗，这样才能最终获得利润。

三　近代中国公债市场运行机制的实证分析

（一）数据说明

为了避免 1921 年发生的"信交风潮"和 1932 年的公债整理的影响，并基于公债交易的活跃程度及数据的可得性，故实证研究数据时间段选择 1922 年 1 月至 1931 年 12 月，公债样本选择七年长期、整理六厘和九六三种公债的面板数据进行分析。被解释变量为三种公债的价格，解释变量为公债收益率、公债剩余期限、银拆、标金市价、各大银行钱庄平均库存总数的对数、月外汇指数和是否发生战争。[③] 公债价格由本月最高价格和最

---

① 王宗培：《中国的内国公债及其交易》，《新中华》1937 年第 8 期。

② 杨荫溥编《中国交易所论》，上海书店，1932，第 144 页。

③ 各种公债价格、银拆、标金平均市价、外汇月指数和各大银行钱庄平均库存总数均来自孔敏主编《南开经济指数资料汇编》，第 468～470 页、第 480～481 页、第 483 页、第 416 页和第 489～490 页。

低价格均值求出；公债收益率由公式计算得出；[①] 公债剩余期限由从观测点到公债到期所剩的月数衡量；是否发生战争为虚拟变量，将发生战争记为 1，没有发生战争记为 0；依据耿爱德《中国货币论》关于大条银和规元两的单位换算，各大银行钱庄平均库存总数计算方法为将大条、银元单位均换算成银两，之后加总得到库存总数。[②] 各变量定义如表 5 所示。

表 5　各变量定义

变量类型	变量名	变量含义	变量描述
被解释变量	Price	公债价格	由各种公债每月最高和最低价格的均值得出
解释变量	Return	公债收益率	由公式计算所得
	Maturity	剩余期限	从观测时间点至公债到期的期限（单位：月）
	Rate	银拆	上海钱业同业之间相互拆借形成的拆息行市，为上海金融市场的基准利率（单位：规元两）
	Gold	标金市价	上海标金平均价格（单位：两）
	Lnbank	银行钱庄库存总数的对数	上海各大银行钱庄平均库存总数（单位：千两）
	Ex_index	月外汇指数	上海外汇月指数
	War	是否发生战争	虚拟变量，发生战争为 1，否则为 0

表 6 为各变量的描述性统计，由表 6 可知公债价格最小值为 7.1，最大值为 92.1，均值为 56.43，标准差为 21.4。公债收益率最小值为 -0.304，最大值为 0.311，均值为 0.0119，标准差为 0.0794。可见，近代中国公债价格和收益率最小值和最大值之间均相差很大，初步说明公债价格和收益率波动较大，公债市场发展还不稳定、不成熟，存在一定的风险。

表 6　描述性统计

变量	样本量	均值	方差	最小值	最大值
公债价格	313	56.43	21.40	7.100	92.10
公债收益率	300	0.0119	0.0794	-0.304	0.311

---

① 参见高美红、燕红忠《民国时期公债与金融市场联动探究——基于公债收益率的视角》，《上海经济研究》2021年第 8 期。

② 1 银两 = 0.72 银元，1 盎司 = 28 克，1 规元两 = 37 克；由以上可得，1 规元两 = 37/28 盎司 = 1.32 盎司，1 大条银 = 1000 盎司 = 1000/1.32 规元两 = 757.6 规元两。

变量	样本量	均值	方差	最小值	最大值
剩余期限	360	180.2	82.80	19	317
银拆	360	0.133	0.110	0	0.666
标金市价	360	391.4	137.5	244	777.1
银行钱庄库存总数的对数	360	11.55	0.437	10.35	12.18
月外汇指数	360	92.87	31.80	67.04	187.7
是否发生战争	360	0.300	0.459	0	1

（二）模型设定

研究公债市场的运行机制离不开公债价格和收益率之间的关系。为了研究公债收益率的变动会不会影响公债价格，如果会影响，则其影响的程度如何，故需要求出公债价格关于公债收益率的一阶导数。根据债券价值理论，定息债券的价格公式如下：

$$P_n = \frac{iF}{1+R_n} + \frac{iF}{(1+R_n)^2} + \cdots + \frac{iF}{(1+R_n)^n} + \frac{F}{(1+R_n)^n} = \sum_{t=1}^{n} \frac{iF}{(1+R_n)^t} + \frac{F}{(1+R_n)^n}$$

$$(1)$$

其中，P_n 为债券价格，R_n 为债券平均收益率，F 为票面价值，i 为票面利率，iF 为每期支付的利息，n 为债券期限。

为了便于计算，引入债券久期。久期最初是麦考利 Macaulay（1938）为评估铁路债券平均还款期限而引入的概念，麦考利证明久期和剩余期限是衡量债券"时间维度"的一种恰当方法。债券久期指的是债券的平均到期时间，它是每次支付现金所用时间的加权平均值，而权重为每次支付的现金流的现值占现金流现值总和（即债券价格）的比率。久期公式如下：

$$D_n = \frac{\sum_{t=1}^{n} \frac{iFt}{(1+R_n)^t} + \frac{nF}{(1+R_n)^n}}{P_n}$$

$$(2)$$

结合债券价格和债券久期表达式，则债券价格 P_n 关于债券收益率 R_n 的一阶导数为：

$$\frac{dP_n}{dR_n} = \sum_{t=1}^{n} \frac{-iFt}{(1+R_n)^{t+1}} - \frac{Fn}{(1+R_n)^{n+1}} = -\frac{D_n \times P_n}{1+R_n} \tag{3}$$

将式（3）变形得：

$$\frac{dP_n/P_n}{dR_n} = -\frac{D_n}{1+R_n} \tag{4}$$

定义 $D_n{}^* = \dfrac{D_n}{1+R_n}$ 为修正久期。则式（4）左边是单位收益率变动下债

券价格变化的百分比，右边是负的修正久期。具体的数量关系为 $\dfrac{dP_n}{P_n} = -D_n{}^* dR_n$，可以看到在价格波动的基础上，久期比剩余期限更可取，因为对于给定的收益率变化，价格变化是久期的线性函数。

假设存在两个不同期限的债券 1 和债券 2，两种债券价格和收益率均相等，即 $P_1 = P_2$ 和 $R_1 = R_2$，将两种债券的价格和收益率代入式（4），然后取比值得：

$$\frac{dP_1}{dP_2} = \left(\frac{D_1}{D_2}\right)\frac{dR_1}{dR_2} \tag{5}$$

由式（5）可见，久期和收益率波动对债券价格波动的影响是显而易见的。

根据以上债券相关理论，为了分析近代中国公债市场内在运行机制，建立如下模型：

$$Price = \theta_0 + \theta_1 LagPrice + \theta_2 Return + \theta_3 Maturity + \theta_j \sum_{j=4}^{8} X_j + \lambda_{t1} + u_{i1} + \varepsilon_1 \tag{6}$$

$$Price\_vol = \rho_0 + \rho_1 LagPrice\_vol + \rho_2 Return\_vol + \rho_3 Duration + \rho_j \sum_{j=4}^{8} X_j + \lambda_{t2} + u_{i2} + \varepsilon_2 \tag{7}$$

其中 $Price$ 为公债价格，$LagPrice$ 为滞后一期的公债价格，$Return$ 为公债收益率，$Maturity$ 为公债的剩余期限；$Price\_vol$ 为公债价格波动，$LagPrice\_vol$ 为滞后一期的公债价格波动，$Return\_vol$ 为公债收益率波动，$Duration$ 为公债久期。X_j 为一系列控制变量，θ_j 和 ρ_j（$j = 0，1，\cdots，8$）为各变量待估参数，λ_{t1} 和 λ_{t2} 为时间固定效应，u_{i1} 和 u_{i2} 为个体固定效应，ε_1 和 ε_2 为随机扰动项。

（三）实证分析

1. 基准回归结果

在分析近代中国公债市场运行机制时，为了避免通货膨胀对公债价格的影响，在回归过程中加入一个时间趋势项进行控制。我们采用 OLS 方法进行回归，来探讨公债收益率与公债价格之间的关系，进而探讨公债市场的运行机制。并且在以下所有回归过程中均控制了公债时间固定效应和个体固定效应。基准回归结果如表 7 所示。

表 7　公债收益率对公债价格的影响

VARIABLES	（1） Price	（2） Price	（3） Price	（4） Price
LagPrice	0.9699 *** （0.0229）	0.9989 *** （0.0080）	0.9989 *** （0.0080）	1.0103 *** （0.0108）
Return		46.1805 *** （2.4783）	46.1805 *** （2.4783）	60.8888 *** （2.8293）
Maturity			−0.0019 （0.0031）	0.0488 （0.0342）
Rate				−0.0450 （0.8103）
Gold				0.0001 （0.0044）
Lnbank				0.2594 （0.3933）
Ex_index				−0.0026 （0.0165）
War				−0.0913 （0.1771）
Trend	−0.0646 （0.1083）	−0.0142 （0.0388）	−0.0368 （0.0516）	0.5687 （0.4343）
Constant	3.6206 *** （1.2847）	−0.0920 （0.4566）	0.4263 （0.9953）	−17.1901 （10.7556）
时间固定效应	控制	控制	控制	控制
公债固定效应	控制	控制	控制	控制
观测值	277	277	277	106
R-squared	0.9665	0.9949	0.9949	0.9982

注：括号内为稳健标准误，"***"表示在 1% 的显著性水平上显著。

由表7第（4）列可知，滞后一期的公债价格对当期公债价格的影响显著为正，说明公债价格会受时间因素的影响而产生滞后效应，公债的历史交易价格信息会对当期公债价格产生重要影响。公债收益率对公债价格的影响在1%的水平上显著为正，回归系数为60.89，即公债收益率增加0.1，公债价格就增加6.09。这说明公债收益率越高，公债价格越高。公债收益率提高时，会吸引更多的投资者购买公债，增强市场的竞争力，从而导致公债价格上升。换句话说，收益率的历史数据信息释放出来之后，投资者会参考这个信息进行投资，最终导致公债价格和收益率的走势一致，说明在近代中国公债市场的运行机制中，公债行市的历史信息起了关键作用。另外，公债剩余期限对公债价格也有显著的正向影响，即公债到期期限越长，公债价格越高。

2. 市场波动性分析

波动性也是反映公债市场运行状况的重要指标。根据债券理论模型分析，在研究公债波动性时，久期比剩余期限更可取，因为对于给定的收益率变化，价格变化是久期的线性函数。因此，有必要将剩余期限替换成久期重新进行回归来分析公债市场的波动性。首先根据久期公式计算出久期的数据，其次借鉴林忠国、韩立岩[1]和李志辉、王近[2]对于股票价格波动性的处理方法，本文公债价格的波动率为季度内月度价格的标准差，计算公式如下：

$$\sigma_i = \sqrt{\frac{1}{n_i - 1} \sum_{t=1}^{n_i} (price_{i,t} - \overline{price_i})^2} \tag{8}$$

其中，$price_{i,t}$ 为某一季度内公债 i 在 t 期的价格，$\overline{price_i}$ 为该季度内公债 i 价格的均值，n_i 为季度内公债 i 交易的期数。收益率波动的计算方法同上。

市场波动性回归结果如表8所示。由表8第（4）列可知，滞后一期的公债价格波动对当期公债价格波动产生显著正向影响，说明公债价格历史波动信息对公债投资者来说具有重要参考意义。公债收益率波动与公债

---

① 林忠国、韩立岩：《机构交易的正面效应：波动率和市场效率的视角》，《系统工程理论与实践》2011年第4期。

② 李志辉、王近：《中国股票市场操纵对市场效率的影响研究》，《南开经济研究》2018年第2期。

价格波动之间呈显著正相关关系，回归系数为 25.49，即公债收益率波动增加 0.1，公债价格波动就增加 2.55。说明公债收益率波动越大，公债价格波动也越大，且公债收益率一旦发生很小的波动变化，公债价格就会敏锐地察觉到从而发生相应的波动，其波动幅度往往比收益率波动幅度更大。

表 8　公债收益率波动对价格波动的影响

VARIABLES	（1）	（2）	（3）	（4）
	Price_vol	Price_vol	Price_vol	Price_vol
LagPrice_vol	0.8064 ***	0.5793 ***	0.5509 ***	0.5921 ***
	（0.0719）	（0.0911）	（0.0911）	（0.1023）
Return_vol		25.1278 ***	25.2093 ***	25.4914 ***
		（5.7450）	（5.2301）	（7.3188）
Duration			−0.6660 ***	−2.7319 **
			（0.2463）	（1.1210）
Rate				0.8145
				（1.0565）
Gold				0.0045
				（0.0063）
Lnbank				0.8917
				（0.5375）
Ex_index				−0.0112
				（0.0228）
War				−0.2990
				（0.2457）
Trend	0.0078	−0.0196	−0.0579 *	−0.4436 **
	（0.0271）	（0.0248）	（0.0305）	（0.1849）
Constant	0.3569	0.3103	1.0877 **	−6.2465
	（0.2344）	（0.2584）	（0.4239）	（5.4887）
时间固定效应	控制	控制	控制	控制
公债固定效应	控制	控制	控制	控制
观测值	283	273	272	104
R-squared	0.5948	0.6981	0.7177	0.7760

注：括号内为稳健标准误，"*"、"**"和"***"分别表示在 10%、5%和 1%的显著性水平上显著。

3. 市场弱式效率检验

市场运行效率问题在市场运行机制的研究中同样占有重要地位。目前，关于公债市场效率的研究被学术界广泛接受的是 Fama（1965）提出的有效市场假说，Fama（1970）根据不同的信息对证券价格的影响程度不同，将市场分为弱式效率、半强式效率和强式效率。由于近代中国公债市场数据和资料的限制，无法验证市场是否达到半强式效率和强式效率。但根据学者们对现代证券市场效率的研究成果可知，现代证券市场尚不满足半强式效率和强式效率，故在近代证券市场处于刚起步不成熟的稚嫩阶段，极大可能也没有达到半强式效率和强式效率。因此，根据现有数据和资料仅需要验证近代中国公债市场是否达到弱式效率。

检验证券市场弱式效率的方法最具有代表性的是"随机游走模型"，即如果证券价格时间序列呈现随机波动状态，则说明市场达到弱式效率。然而，一般情况下证券的后期价格会在前期价格的基础上升高或降低，对前期价格存在依赖性。为了克服这一问题，一般采用收益率替代价格的方法，来检验证券收益率是否具有随机游走特征，即 $R_t = R_{t-1} + \varepsilon_t$，其中，$R_t$ 是证券在第 t 期的收益率，R_{t-1} 是证券在第 $t-1$ 期的收益率，ε_t 是随机项；$E(\varepsilon_t) = 0$；$Var(\varepsilon_t) = \sigma^2$。借鉴这一方法来检验近代中国公债市场是否达到弱式效率，由表9可知，公债收益率和其滞后期之间存在显著的相关关系，也就是说收益率序列不满足随机游走特征，表明公债价格不是随机波动的，意味着近代中国公债市场还没有达到弱式效率，从侧面也反映了近代中国公债市场合理调节和配置资金的能力有限，市场运作的规范程度不够，市场发育程度还处于比较初级的阶段。

表 9　收益率自相关系数

VARIABLES	Return	Returnlag1	Returnlag2	Returnlag3	Returnlag4
Return	1.0000				
Returnlag1	0.3267 *** (0.0000)	1.0000			
Returnlag2	0.0804 ** (0.2175)	0.2779 *** (0.0000)	1.0000		
Returnlag3	−0.0844 ** (0.2221)	0.0738 ** (0.2835)	0.3195 *** (0.0000)	1.0000	
Returnlag4	−0.0777 ** (0.2908)	−0.0779 ** (0.2865)	0.0611 ** (0.4012)	0.3908 *** (0.0000)	1.0000

注：括号内为稳健标准误，"**"和"***"分别表示在5%和1%的显著性水平上显著。

（四） 稳健性检验

为了保证回归结果的稳定性、有效性和可信度，采取改变模型被解释变量的方法进行稳健性检验。通过将被解释变量公债价格替换为公债最高价格（P_high）和最低价格（P_low），在其他控制变量不变的情况下，重新分别进行回归。由稳健性回归结果表 10 和表 11 可知，估计系数的方向和显著性均与基准回归结果一致，因此可以说明基准回归结果是稳健的。

表 10 稳健性检验 1

VARIABLES	（1）	（2）	（3）	（4）
	P_high	P_high	P_high	P_high
LagP_high	0.9719 ***	0.9939 ***	0.9939 ***	1.0055 ***
	（0.0178）	（0.0111）	（0.0111）	（0.0192）
Return		41.3684 ***	41.3684 ***	57.2206 ***
		（2.7022）	（2.7022）	（5.5230）
Maturity			−0.0038	0.0008
			（0.0048）	（0.0537）
Rate				1.4948
				（2.0001）
Gold				0.0016
				（0.0092）
Lnbank				1.2220
				（0.8738）
Ex_index				−0.0082
				（0.0344）
War				−0.4677
				（0.3725）
Trend	−0.0823	−0.0247	−0.0698	−0.1339
	（0.1081）	（0.0518）	（0.0771）	（0.6172）
Constant	3.2454 ***	0.0584	1.0935	−14.3176
	（1.0687）	（0.6966）	（1.5232）	（19.6998）
时间固定效应	控制	控制	控制	控制
公债固定效应	控制	控制	控制	控制
观测值	277	277	277	106
R-squared	0.9676	0.9909	0.9909	0.9923

注：括号内为稳健标准误，"***"表示在 1% 的显著性水平上显著。

表 11 稳健性检验 2

VARIABLES	（1）	（2）	（3）	（4）
	P_low	P_low	P_low	P_low
LagP_low	0.9456 ***	0.9835 ***	0.9835 ***	0.9950 ***
	（0.0407）	（0.0256）	（0.0256）	（0.0202）
Return		50.6051 ***	50.6051 ***	64.1666 ***
		（4.8549）	（4.8549）	（5.5205）
Maturity			0.0000	0.0847
			（0.0057）	（0.0817）
Rate				−1.2297
				（2.4483）
Gold				−0.0071
				（0.0106）
Lnbank				−0.6419
				（0.7389）
Ex_ index				0.0212
				（0.0382）
War				0.2402
				（0.3596）
Trend	−0.0026	0.0495	0.0498	1.3014
	（0.1385）	（0.0794）	（0.0996）	（1.0328）
Constant	5.1425 **	0.7372	0.7295	−16.5913
	（2.1795）	（1.3894）	（2.2370）	（25.1815）
时间固定效应	控制	控制	控制	控制
公债固定效应	控制	控制	控制	控制
观测值	275	275	275	104
R-squared	0.9481	0.9810	0.9810	0.9919

注：括号内为稳健标准误，" ** "和" *** "分别表示在5%和1%的显著性水平上显著。

四 研究结论

近代中国公债的发行是政府财政资金的重要来源之一，公债市场的发展在维持国家经济稳定方面作出了巨大贡献，也推动了证券市场的发育进程。由于近代中国政府经常出现财政危机，公债大肆滥发，导致债信薄弱，因此为了提高民众购买公债的积极性，政府发行公债大多采取折价发行方式。南京国民政府成立之初，公债的发行额比北洋政府时期大幅增多，公债交易旺盛，债市状况甚佳，公债市场迅速发展。对于公债的获利方式，主要包括套借、套利以及在两个不同市场之间进行套做三种方式。基于公债价格、期限及收益率的视角，对近代中国公债市场的运行进行实证分析发现，滞后一期的公债价格对当期公债价格的影响显著为正，说明公债价格会受时间因素的影响而产生滞后效应。公债价格和收益率走势具有一致性，证明了公债行市历史信息的关键作用。公债收益率波动对公债价格波动的影响显著为正，公债收益率一旦发生很小的波动变化，公债价格就会敏锐地察觉到从而发生相应的波动，其波动幅度往往比收益率波动幅度更大。此外，对市场运行效率的检验发现，近代中国公债市场还没有达到弱式效率，也从侧面反映了近代中国公债市场合理调节和配置资金的能力有限，市场发育程度还处于较为初级的阶段。

参考文献

［1］李恭楷：《各种公债之利益比较》，《银行周报》1921 年第 5 期。

［2］徐沧水：《公债整理之管见》，《银行周报》1921 年第 6 期。

［3］王宗培：《中国的内国公债及其交易》，《新中华》1937 年第 8 期。

［4］千家驹：《旧中国发行公债史的研究》，《历史研究》1955 年第 2 期。

［5］尹伯端：《从公债的作用形态说到中国的公债政策》，《东方杂志》1935 年第 19 期。

［6］邬志陶：《民元来我国之公债政策》，《银行周报》1947 年第 1 期。

［7］王同起：《评 1927～1937 年国民党政府的内债政策》，《天津师大学报》（社会科学版）1990 年第 3 期。

［8］金普森、王国华：《南京国民政府 1927～1931 年之内债》，《中国社会经济史研究》1991 年第 4 期。

［9］中央银行经济研究处、中央银行国库局债券科编《中国债券汇编 第 1 集 中央政府内债》，1935。

［10］朱斯煌：《民国经济史》，载《银行周报三十年周年纪念刊》，银行学会，1948。

［11］潘国旗：《晚清、北洋时期的国内公债论略》，《浙江大学学报》（人文社会科学版）2008 年第 5 期。

[12] 燕红忠：《近代中国的政府债务与金融发展》，《财经研究》2015年第9期。

[13] 周莹、兰日旭：《"弱政府"背景下1921年公债整理的博弈分析》，《中国经济史研究》2020年第3期。

[14] 孙建国：《论中国近代证券市场信用机制的构建——基于市场与非市场因素的考量》，《中国经济史研究》2011年第2期。

[15] 高美红、燕红忠：《民国时期公债与金融市场联动探究——基于公债收益率的视角》，《上海经济研究》2021年第8期。

[16] 燕红忠：《中国的货币金融体系（1600~1949）》，中国人民大学出版社，2012。

[17] 陈国进、尹鲁晋等：《地方政府投资、产出资本比与股权溢价》，《经济学动态》2016年第5期。

[18] 周翔翼、杨光明等：《社会变迁、风险规避与股权溢价之谜——来自晚清、民国与当代中国股票市场的经验证据》，《金融研究》2015年第10期。

[19] 杨铭、赵留彦等：《从资本市场看历史：抗日战争时期的中国主权债券价格波动》，《东岳论丛》2020年第6期。

[20] 李志辉、王近：《中国股票市场操纵对市场效率的影响研究》，《南开经济研究》2018年第2期。

[21] 林忠国、韩立岩：《机构交易的正面效应：波动率和市场效率的视角》，《系统工程理论与实践》2011年第4期。

[22] 〔美〕小科布尔：《上海资本家与国民政府》，杨希孟译，中国社会科学出版社，1988。

[23] 杨荫溥：《中国交易所论》，上海书店，1932。

[24] 千家驹：《旧中国公债史资料（1894~1949）》，财政经济出版社，1955。

[25] 孔敏：《南开经济指数资料汇编》，中国社会科学出版社，1988。

[26] 杨荫溥：《中国金融论》，黎明书局，1936。

[27] 杨荫溥：《民国财政史》，中国财政经济出版社，1985。

[28] Weil, Roman L., "Macaulay's Duration: An Appreciation," *The Journal of Business*, 46 (October 1973), 589-92.

[29] Yawitz, Jess B., "The Relative Importance of Duration and Yield Volatility on Bond Price Volatility: Comment," *Journal of Money, Credit and Banking* 9, No. 1 (1977): 97-102.

[30] Murray R. Hutchings and John S. McCallum, "Bond Price Volatility: A Numerical Analysis," *The Journal of Risk and Insurance* 42, No. 4 (1975): 669-72.

[31] Fisher, Lawrence and Roman L. Weil, "Coping with the Risk of Interest Rate Fluctuations: Returns to Bondholders from Naive and Optimal Strategies," *The*

Journal of Business, 44 (October 1971), 409-31.

[32] Hopewell, Michael and George Kaufman, "Bond Price Volatility and Term to Maturity: A Generalized Respecification," *American Economic Review* (September 1973), 749-53.

[33] Macaulay, Frederick R., "Some Theoretical Problems Suggested by the Movement of Interest Rates," *Bond Yields and Stock Prices in the U. S. Since New York*, 1938.

[34] Samuelson, Paul A., "The Effects of Interest Rate Increases on the Banking System," *American Economic Review*, 35 (March 1945), 16-27.

[35] S. Alexander, "Price Movements in Speculative Markets: Trends or Random Walks," *Industrial Management Review*, 1964, (3): 7-26.

[36] E. Fama, "The Behavior of Stock Market Prices," *Journal of Business*, 1965, (38): 34-105.

[37] E. Fama, "Efficient Capital Markets: A Review of Theory and Empirical Work," *Journal of Finance*, 1970, (25): 383-417.

[38] M. Scholes, "The Market for Securities: Substitution Versus Price Pressure and the Effects of Information on Share Price," *Journal of Business*, 1972, (45): 179-211.

The Operation Mechanism of Chinese Bond Market in Modern Times: An Analysis Based on Bond Price, Maturity and Yield

Gao Meihong

Abstract: The securities market in modern China has typical characteristics of financial market, and the issuance of government bonds has become one of the main financing channels for the government, and the stability of the operating mechanism of government bonds has become an important symbol of the stable development of modern securities market. In modern China, the credit of government bonds is weak. In order to increase the enthusiasm of investors to buy bonds, most government bonds are issued at a discount. At the beginning of the establishment of the National Government of Nanjing, the issuance of public bonds was large, the market was flourishing, the bond market was in good condition, and the bond market developed rapidly. Based on the perspective of bond price, maturity and yield, an empirical model is constructed to analyze and find that the influence of the bond price one period behind on the current bond price is significantly positive, indicating that the bond price will have a lag effect under the influence of time factors. The consistency of bond prices and yields proves the key role of bond market history information. A small move in bond yields can lead to a larger move in bond prices. The test of market operation efficiency shows that China's bond market in modern times has not reached the weak efficiency, which also reflects from the side that China's bond market in modern times has limited ability to adjust and allocate funds reasonably, and the market development degree is still in a relatively initial stage.

Keywords: Modern China; Operation Mechanism of Public Debt Market; Bond Prices Fluctuate; Bond Yield

井冈山斗争时期的革命动员与湘赣边区社会变革

——以打破经济封锁为视角

秦浩翔[*]

摘　要： 井冈山斗争时期，国民党对井冈山革命根据地实行严密的经济封锁，使军民生计受到影响，革命斗争陷入困境。中共通过实行分田运动、发动工人阶级、团结中小商人、改造绿林武装、募集军需物资、加强红色宣传等方式开展革命动员，广泛发动群众参与根据地建设，对打破经济封锁发挥了重要作用。同时，一系列动员政策的实施，引发了湘赣边界的社会变革，主要体现在阶级地位的变化、土客矛盾的弱化、区域经济的发展以及民众思想的转变等方面。

关键词： 井冈山斗争　革命动员　经济封锁　湘赣边区　社会变革

1927 年底，毛泽东在宁冈砻市召开军民大会，明确提出工农革命军的三大任务：第一，打仗消灭敌人；第二，打土豪筹款子；第三，宣传群众，组织群众，武装群众，帮助群众建立革命政权。[①] 广泛动员群众参与革命斗争，既是红军革命的重要任务，同时又是革命根据地得以不断发展壮大的前提和基础。井冈山革命根据地作为中共早期开辟的红色割据政权，对于革命动员进行了初步尝试，为此后的苏区革命提供了宝贵经验。

关于井冈山斗争时期的革命动员，现有研究主要集中于动员的背景、

---

* 秦浩翔，中山大学历史学系博士研究生，研究方向为区域社会经济史、历史人类学。

① 江西省宁冈县委党史办公室编印《宁冈：井冈山革命根据地的中心（史料、论文选）》，内部资料，第 92 页。

方式、过程、启示等问题，① 但对于革命动员与地域社会经济的互动过程
的研究则略显不足。近年来，随着区域社会经济史与苏区史研究的不断深
入，学界日益提倡将中共革命置于区域社会历史发展脉络中分析和解读，
探求苏区革命与区域社会经济的复杂关系，学界称之为"社会经济史视野
下的中国革命研究"②。本文拟在前人研究的基础上，对井冈山时期的革命
动员与打破经济封锁的关系作进一步梳理，并试图以此为视角将革命动员
与区域社会经济结合分析，揭示井冈山斗争对湘赣边区的社会影响。

一 经济封锁与革命困境

井冈山斗争时期，毛泽东相继写下了《中国的红色政权为什么能够存
在》《井冈山的斗争》等光辉著作，总结根据地的建设经验，为革命斗争
提供理论指导。他认为，工农武装割据的存在和发展除了国内局势的复杂
之外，还需具备下列条件：①有很好的群众；②有很好的党；③有相当力
量的红军；④有便利于作战的地势；⑤有足够给养的经济力。③ 然而，在
敌人严密的经济封锁之下，井冈山革命根据地的群众基础、军队力量、经
济供给均受到影响，军民生计及军事斗争一度陷入困境。

首先，经济封锁影响了根据地民众的日常生活。毛泽东指出，"因为
敌人的严密封锁"，红白"两区几乎完全断绝贸易，食盐、布匹、药材等
项日常必需品的缺乏和昂贵，木材、茶油等农产品不能输出，农民断绝进

---

① 相关成果主要包括杨帆《井冈山革命根据地群众工作研究（1927.10~1930.02）》，博士
学位论文，中共中央党校，2015；王沛然、何奇松《井冈山根据地与中央苏区军事经济
动员之比较》，《党史文苑》2006年第18期；张培培《井冈山时期中国共产党的政治动
员研究》，硕士学位论文，浙江师范大学，2018；帅欢欢《增权理论视域下井冈山革命
根据地社区动员研究》，硕士学位论文，井冈山大学，2020；姚远《井冈山时期党的群
众动员工作实践策略及历史意义探析》，《世纪桥》2020年第3期；等等。
② 相关理论阐述，参见李金铮《向"新革命史"转型：中共革命史研究方法的反思与突
破》，《中共党史研究》2010年第1期；何友良《苏区史研究的视野扩展、方法运用与未
来发展》，《党史研究与教学》2010年第4期；黎志辉《地方社会变革中的中共革命——
作为视角和方法的中共地方革命史研究》，《苏区研究》2016年第4期；应星《交界·交
叉·交融——浅论史学与社会科学在"新革命史"中的结合》，《中共党史研究》2019
年第11期；等等。
③ 毛泽东：《井冈山的斗争》（1928年11月25日），载《毛泽东选集》（第一卷），人民出
版社，1991，第57页。

款，影响及于一般人民"。① 特派员杜修经在呈递给中共湖南省委的报告中亦称"割据区域内，与外间消息隔绝，油盐布匹药材等不能输入，农产品不能输出，农民感到困难，不能耐久奋斗"②。时任湘赣边界特委书记的杨克敏（即杨开明）在针对湘赣边苏区的综合报告中，更为详细地论述了敌人的经济封锁对根据地造成的危机，他说：

> 反动派又厉行经济封锁政策，货物金融彼此不能流通，生息困难，生（坐）之待毙，需用缺乏，供不应求。年年农民的丝、木、茶油、米粒、花生、鸦片等生产品不能运出卖钱，而需用食盐、棉花、布匹等日用必须物品，亦无法取得……因此生活程度，加速度的高涨。生活程度最高处如大小五井，肉要1元钱4斤；鸡要一串200钱1斤；小菜如萝卜、冬（瓜）、南瓜、青菜之类，要100钱1斤；米比较便宜，也要8元大洋余1石；盐1元钱只买得4斤或2斤不等；茶油1元钱6斤多；布匹、棉花及日用必须品有由小贩自鄢县偷贩过来者，因为供不应求之故，价值的昂贵，等于上海的物价。③

其次，经济封锁同样影响了革命队伍的战斗力。毛泽东在《井冈山的斗争》中写道："湖南省委要我们注意士兵的物质生活，至少要比普通工农的生活好些。现在则相反，除粮食外，每天每人只有五分大洋的油盐柴菜钱，还是难乎为继。仅仅发油盐柴菜钱，每月也需现洋万元以上，全靠打土豪供给。现在全军五千人的冬衣，有了棉花，还缺少布。这样冷了，许多士兵还是穿两层单衣。"④

面对经济封锁带来的革命困境，红军只能依靠节衣缩食，以及在军队内部实行民主主义、倡导官兵平等等办法，使军队斗志得以暂时维持。有

---

① 毛泽东：《井冈山的斗争》（1928年11月25日），载《毛泽东选集》（第一卷），人民出版社，1991，第70页。
② 《杜修经向中共湖南省委的报告》（1928年），载井冈山革命根据地党史资料征集编研协作小组等编《井冈山革命根据地》（上），中共党史资料出版社，1987，第167页。
③ 《杨克敏关于湘赣边苏区情况的综合报告》（1929年2月25日），载井冈山革命根据地党史资料征集编研协作小组等编《井冈山革命根据地》（上），中共党史资料出版社，1987，第249~250页。
④ 毛泽东：《井冈山的斗争》（1928年11月25日），载《毛泽东选集》（第一卷），人民出版社，1991，第64~65页。

一副称赞红军官兵平等的联语写道："红军中官兵夫薪饷穿吃一样，军阀里将校尉起居饮食不同。"群众及敌兵俘虏初次看见大名鼎鼎的红四军军长"芒鞋草履，十分褴褛，莫不诧异"，"若不介绍，至多只能估量他是一个伙夫头"。[1] 毛泽东亦称：

> 红军的物质生活如此菲薄，战斗如此频繁，仍能维持不敝，除党的作用外，就是靠实行军队内的民主主义。官长不打士兵，官兵待遇平等，士兵有开会说话的自由，废除烦琐的礼节，经济公开。士兵管理伙食，仍能从每日五分的油盐柴菜钱中节余一点作零用，名曰"伙食尾子"，每人每日约得六七十文。这些办法，士兵很满意。尤其是新来的俘虏兵，他们感觉国民党军队和我们军队是两个世界。他们虽然感觉红军的物质生活不如白军，但是精神得到了解放。[2]

节省用度、精神感化等方式固然是应对经济封锁的可行办法，但终究只是权宜之计，治标不治本。况且部分军需用品缺乏的问题依旧难以解决，例如"作战一次，就有一批伤兵，由于营养不足、受冻和其他原因，官兵病的很多"，然而医院内中西药品都十分缺乏，[3] 伤病员"在床褥呻吟，辗转不安，十分痛苦"。[4]

更为关键的是，严密的经济封锁导致根据地军民产生了恐慌。毛泽东指出：

> 在白色势力的四面包围中，军民日用必需品和现金的缺乏，成了极大的问题。一年以来，边界政权割据的地区，因为敌人的严密封锁，食盐、布匹、药材等日用必需品，无时不在十分缺乏和十分昂贵

---

[1] 《关于朱毛军的历史及其状况的报告》（1929年9月1日），载中共江西省委党史研究室等编《中央革命根据地历史资料文库·军事系统9》，中央文献出版社、江西人民出版社，2011，第76页。

[2] 毛泽东：《井冈山的斗争》（1928年11月25日），载《毛泽东选集》（第一卷），人民出版社，1991，第65页。

[3] 毛泽东：《井冈山的斗争》（1928年11月25日），载《毛泽东选集》（第一卷），人民出版社，1991，第65页。

[4] 杨至诚：《艰苦的岁月》，载井冈山革命根据地党史资料征集研协作小组等编《井冈山革命根据地》（下），中共党史资料出版社，1987，第544页。

之中，因此引起工农小资产阶级群众和红军士兵群众的生活的不安，有时真是到了极度。①

　　日常生活压迫，影响中间阶级反水……贫农阶级比较尚能忍受此苦痛，中等阶级到忍不住时，就投降豪绅阶级。中国豪绅军阀的分裂和战争若不是继续进行的，全国革命形势若不是向前发展的，则小块地区的红色割据，在经济上将受到极大的压迫，割据的长期存在将成问题。因为这种经济压迫，不但中等阶级忍不住，工人、贫农和红军亦恐将有耐不住之时。②

杨克敏亦指出："经济如此的崩溃，经济恐慌到了如此程度，一般民众感觉得非常痛苦，而找不到出路，所以富中农多反水，中农动摇，贫农不安……这个经济恐慌的危机，是边界割据的致命伤。"③ 总之，国民党的经济封锁，使得根据地物资匮乏，物价飞涨，经济濒临崩溃，军民生计艰难。因此，打破敌人的经济封锁成为井冈山革命根据地的重要任务。毛泽东强调，如不能对经济问题采取适当办法，则在敌人势力长期稳定的情况下，割据局面将难以为继。④

二　革命动员与打破封锁

　　红军的物资、钱粮主要来源于两个方面：一是"打土豪"，但是土豪的数量终归有限，到了1928年底，根据地"附近各县如宁冈、永新、茶陵、酃县、遂川土豪都打尽了"⑤；二是向农民征收土地税，但仍不足以承

① 毛泽东：《中国的红色政权为什么能够存在》（1928年10月5日），载《毛泽东选集》（第一卷），人民出版社，1991，第53页。

② 毛泽东：《井冈山的斗争》（1928年11月25日），载《毛泽东选集》（第一卷），人民出版社，1991，第70页。

③ 《杨克敏关于湘赣边苏区情况的综合报告》（1929年2月25日），载井冈山革命根据地党史资料征集编研协作小组等编《井冈山革命根据地》（上），中共党史资料出版社，1987，第250页。

④ 毛泽东：《中国的红色政权为什么能够存在》（1928年10月5日），载《毛泽东选集》（第一卷），人民出版社，1991，第53页。

⑤ 《杨克敏关于湘赣边苏区情况的综合报告》（1929年2月25日），载井冈山革命根据地党史资料征集编研协作小组等编《井冈山革命根据地》（上），中共党史资料出版社，1987，第265页。

担军队的大量开支，而且部分地区如"遂川、酃县、永新，各一部在割据区域内，都是山地，农民太苦，不好收税"①。因此，为了打破国民党对根据地的经济封锁，红军在毛泽东等革命者的领导下，以各种方式在根据地内外开展广泛的革命动员。

（一）实行分田运动

农民是中共革命最为依靠的社会阶层，欲打破经济封锁必须动员广大农民群众参与到根据地建设之中。分田运动即是中共调动农民积极性、发展农业生产的重要革命政策。1928年2月，毛泽东派遣毛泽覃在宁冈大陇乔林村进行土地革命试点。3月，工农革命军在酃县中村、桂东沙田等地进行了分田尝试，为边界普遍开展土地革命积累了宝贵经验。5月20日，湘赣边界党的第一次代表大会正式制定"深入割据地区的土地革命"政策，5月底，湘赣边界工农兵苏维埃政府成立，将土地革命列入重要议事日程。此后，在边界工农兵政府的领导下，根据地的分田运动得到深入开展。② 12月，边区政府总结分田运动的经验颁布了《井冈山土地法》，第一次用法律的形式确立了农民分配土地的权利，标志着封建土地法制在中国局部地区的废除。③

在旧的土地制度下，生产者与生产资料严重脱离，造成农村经济长期停滞不前。井冈山的分田运动，把没收的土地平均分配给无地少地的农民，激发出广大农民积极生产、改善生活的热情，为根据地的经济发展开辟了广阔前景，为打破敌人的经济封锁提供了物质基础。同时，分田运动使农民清楚地认识到，只有革命战争取得胜利，保证苏维埃政权屹立不倒，才能真正翻身解放。④ 因此，根据地的广大农民全力支持革命，不断为红军输送军需物资，积极地为打破经济封锁贡献力量。

---

① 毛泽东：《井冈山的斗争》（1928年11月25日），载《毛泽东选集》（第一卷），人民出版社，1991，第71页。
② 余伯流、陈钢：《井冈山革命根据地史》，江西人民出版社，2014，第188~192页。
③ 马于强：《论〈井冈山土地法〉的内容及其历史意义》，《井冈山师范学院学报》（哲学社会科学版）2002年第1期。
④ 张泰城、刘家桂：《井冈山革命根据地经济建设史》，江西人民出版社，2007，第112~113页。

（二）发动工人阶级

除广大农民之外，工人阶层亦是红军发动和团结的主要对象，对于根据地建设和打破经济封锁同样重要。早在 1927 年 9 月，《中央致江西省委信》中即强调发动工人的重要性，指出"应利用小报，标语，粉笔，壁报，或口头的方法加紧宣传鼓动的工作"[1]。1928 年 6 月，湖南省委通过《湘南工作决议案》亦指出"工人运动是我党的基础工作，湘南特委须特别注意衡阳兵工厂，水口山以及各县矿工（耒阳、资兴）的组织，领导日常的经济斗争，并扩大工农联合暴动的宣传"[2]。水口山的工人此后参加了革命，成为红军的重要部分。[3] 同年 10 月，《湘赣边界各县党第二次代表大会决议案》针对工人问题同样指出，"农村手工业工人及城市工人，我们党须用大的力量去组织工会，领导工人由零碎经济斗争进而武装暴动"[4]。

手工业工人同样为打破经济封锁作出了重要贡献。1927 年底，毛泽东委任余贲民等人于宁冈桃寮张家祠成立被服厂，招募裁缝，以在遂川、永新等地缴获的布匹为材料，为红军制作军衣。缝工人数逐渐增加至一百三十余人，生产技术由以往的手工缝纫发展到机器操作。在工人们的努力之下，许多红军战士穿上了被服厂缝制的冬衣，得以顺利度过两个寒冬。[5]为了繁荣根据地经济，促进边界物资交流，1928 年 5 月，上井村牛路坑开办红军造币厂，聘请工匠谢荣光等人为师傅，以打土豪得到的银器首饰为

---

① 《中央致江西省委信》（1927 年 9 月 5 日），载中共江西省委党史研究室等编《中央革命根据地历史资料文库·党的系统 1》，中央文献出版社、江西人民出版社，2011，第37 页。

② 《湘南工作决议案》（1928 年 6 月 7 日通过），载井冈山革命根据地党史资料征集编研协作小组等编《井冈山革命根据地》（上），中共党史资料出版社，1987，第 125 页。

③ 毛泽东：《井冈山的斗争》（1928 年 11 月 25 日），载《毛泽东选集》（第一卷），人民出版社，1991，第 63 页。

④ 《湘赣边界各县党第二次代表大会决议案》（1928 年 10 月 5 日），载井冈山革命根据地党史资料征集编研协作小组等编《井冈山革命根据地》（上），中共党史资料出版社，1987，第 191 页。

⑤ 陈钢整理《桃寮红军被服厂》，载宁冈县政协文史资料委员会等编《宁冈：井冈山革命根据地的中心（续编）》，内部资料，第 204~205 页；《访问原桃寮被服厂工人朱凤莲记录》（1968 年 8 月 21 日），载黄仲芳、罗庆宏主编《井冈山斗争口述史》（上），江苏人民出版社，2015，第 424~425 页。

原料制造银元，在根据地发行流通后深受军民欢迎。① 另外，榨油、造纸、石灰、樟脑、制碱（用茶籽壳熬制）等手工业，也逐渐恢复发展起来。更为重要的是，广大手工业者和农民群众生产的草鞋、斗笠、草席、草纸和铁、木、竹器等产品，既可以在圩场自由买卖，又可以通过秘密渠道运往白区，换回根据地不能生产的必需品，对发展红色区域的市场经济，解决井冈山的给养困难，粉碎敌人的经济封锁，起到了关键作用。②

（三）团结中小商人

井冈山斗争时期，红军对中小商人加以维护，动员其参与革命，为打破经济封锁贡献力量。1928年6月，中央在来信中指示，在割据区域内"必须保护小商人的贸易，以维持城市与乡村及各区各县之间的经济的和必需品的流通"③。同年11月，红四军第六次党代表大会上有代表曾提议"保护中小商人利益"，但因大会提前闭幕未及详细讨论。④ 1929年，红四军党部发布《告商人及知识分子》，向中小商人发起动员，并喊出口号："商人要使商业发展只有赞助土地革命增加农民的生产力和购买力！商人要使商业发展只有打倒帝国主义断绝洋货的来源！商人要使商业发展只有推翻国民党政府拥护工农兵政府！商人只要赞助革命，共产党就不没收他们的财产，并保护他们营业自由！"⑤

根据地内广泛执行保护工商业、保护中小商人等一系列正确的革命政策，充分调动了赤、白区中小商人的贸易积极性。国民党对根据地的经济封锁，既禁止红区的物资运往白区销售，更严禁白区的物资流入红区，白区商人和群众来到红区做生意，存在很大危险。但是红区的工商业政策吸引着白区的工商业者和群众，他们不顾危险，带着白区的物产，尤其是红区紧缺的物资，想方设法来到红区草林圩场、大陇圩场进行贸易，从中获

---

① 李小三主编《井冈山革命根据地和中央苏区大事纪实》，江西人民出版社，2006，第39页。
② 张泰城、刘家桂：《井冈山革命根据地经济建设史》，江西人民出版社，2007，第155页。
③ 《中央给前敌委员会的信》（1928年6月4日），载中央档案馆编《中共中央文件选集》（第四册·1928），中共中央党校出版社，1983，第144页。
④ 《红军第四军第六次党代表大会决议案》（1928年11月），载井冈山革命根据地党史资料征集编研协作小组等编《井冈山革命根据地》（上），中共党史资料出版社，1987，第203~204页。
⑤ 《告商人及知识分子》（1929年），载福建、江西、湖南省工商行政管理局史料编写小组编《中华苏维埃共和国的工商行政管理》，工商出版社，1987，第9页。

取商业利润，同时从苏区购回白区民众需要的物资。大陇红色圩场开辟后，白区商贩和人民群众一致反映"我们来到红色大陇圩场做生意，感到什么都比白区新鲜，心情格外舒畅，红区和白区真是两重天，红军和白军完全不一样，白区和红区人民亲如一家，我们那（哪）怕冒着生命危险，也要到根据地来做生意，支援根据地人民的斗争"①。

为了不被国民党的哨卡发觉，白区与红区的经济交易渐渐由公开转入秘密，双方预先商量好交易的地点和方法，白区的商贩带着食盐、药品、棉花、布匹和日用品，红区的民众也带着手工业产品和土特产，到宁冈和酃县、宁冈和茶陵交界的偏僻山沟里进行秘密交易。② 1928 年底，边界工农兵苏维埃政府为了扩大红区对白区的贸易，成立了边界政府直接领导下的竹木委员会，有计划地组织人力，通过各种渠道向白区输出根据地盛产的竹、木、油、茶、香菇、笋干等，为红色政权换回了大量资金，购买了大批紧缺物资。赤白贸易的不断展开，促进了红白区之间的物资交流，为活跃井冈山革命根据地的经济，改善军民生活条件，支援革命战争，巩固红色政权，均起到了重要的作用。③

（四）改造绿林武装

绿林武装在创建初期的红军中占有不小的比重，对革命起到了不可忽视的作用，甚至红军的一些游击战术也直接来源于绿林武装多年积累的生存经验。早在八七会议上，毛泽东即明确提出"土匪问题是非常大的问题""会党土匪非常之多，我们应有策略"，认为土地革命一定能赢得绿林武装的支持，需对其以诚相待，"当他们是我们自己的兄弟"。④

对袁文才、王佐部队的收编改造是红军动员绿林武装的成功案例。袁、王二人是大革命前夕雄踞井冈山的两支重要绿林武装的首领，大革命失败后，他们相继接受共产党的主张，成为湘赣边界农民武装力量的首

---

① 赖春风：《毛委员领导我们建立红色圩场》，载井冈山革命根据地党史资料征集编研协作小组等编《井冈山革命根据地》（下），中共党史资料出版社，1987，第 509 页。

② 赖春风：《毛委员领导我们建立红色圩场》，载井冈山革命根据地党史资料征集编研协作小组等编《井冈山革命根据地》（下），中共党史资料出版社，1987，第 508~509 页。

③ 张泰城、刘家桂：《井冈山革命根据地经济建设史》，江西人民出版社，2007，第 202 页。

④ 张永：《红军与中央苏区创建初期土匪问题研究》，《近代史研究》2010 年第 4 期。

领，井冈山上的"双雄"。① 袁、王二人对于红军度过经济危机亦作出了重要贡献。在红军抵达井冈山之初，袁文才拿出七八百元予以接济，并答应在茅坪设立一个留守处、一个后方医院，其后又与王佐一起承担了红军的粮食供给，使部队得到休整，顺利渡过难关。②

1929年，红四军继续贯彻团结绿林武装的政策，发布《告绿林弟兄书》，动员根据地附近的绿林武装加入革命，布告写道："共产党与红军并不以为你们可恶，土匪这个名字不过是土豪劣绅给你们起的罪名，但这有什么要紧，因为你们与我们都是无田耕无工做无衣穿无饭吃无屋住的穷朋友。我们痛苦的来源就由于受土豪劣绅贪官污吏军阀的压迫，我们打土豪劣绅反抗军阀实在是名正言顺，用不着客气。"布告肯定了绿林武装打击土豪劣绅、对抗反动军阀的正义性，拉近了双方的距离，最后则喊出"欢迎绿林弟兄加入红军""欢迎绿林弟兄加入土地革命""绿林弟兄加入土地革命万岁"等口号，再次对其加以动员。③

（五）募集军需物资

除了广泛发动根据地各阶层进行农业、手工业生产之外，红军也会动员民众，尤其是富农和商人，捐资捐物，帮助红军解决军需问题。1928年5月，毛泽东在给中共江西省委的信中即称，部队在永新"筹了些款子④"。同年10月，红军在遂川地区进行游击战时，亦"筹得万余元，可用一时⑤"。1929年2月，红四军又于宁都县发出筹饷布告："红军是为工农谋利的军队，对于商人极力保护，纪律森严，毫无侵犯，现因军粮拮

---

① 关于袁文才、王佐绿林武装的收编改造问题，可参见陈钢整理《袁王部队的历史及其被改造的经过》，载宁冈县政协文史资料委员会等编《宁冈：井冈山革命根据地的中心（续编）》，内部资料；余伯流、陈钢《井冈山革命根据地史》第一章第四节"改造袁、王部队"，江西人民出版社，2014。

② 《杜修经给湖南省委的报告》（1928年6月15日），载宁冈县政协文史资料委员会等编《宁冈：井冈山革命根据地的中心（续编）》，内部资料，第67页；《访问地质部何长工的谈话》（1960年3月），载黄仲芳、罗庆宏主编《井冈山斗争口述史》（上），江苏人民出版社，2015，第49页。

③ 《告绿林弟兄书》（1929年），载井冈山革命根据地党史资料征集编研协作小组等编《井冈山革命根据地》（上），中共党史资料出版社，1987，第216~219页。

④ 《中共江西省委转来毛泽东的信》（1928年5月19日），载宁冈县政协文史资料委员会等编《宁冈：井冈山革命根据地的中心（续编）》，内部资料，第58页。

⑤ 毛泽东：《井冈山的斗争》（1928年11月25日），载《毛泽东选集》（第一卷），人民出版社，1991，第71页。

据，特函前来，请代筹军饷大洋五千元，军鞋袜子各七千双，白布三百匹，夫子二百名。务本日下午八时以前送来本部，即希查照办理，切勿玩延。"次日即收到"宁都招待处交来军款大洋伍仟伍佰元"，并开出收据。①

红四军的筹款行动得到了中共中央的肯定，其来信称，"筹款标准，主要的是不要侵犯工农及小有产者的一般利益，这一点，四军执行得很好，可应用到其他游击队伍中去"。同时指出"募捐亦是红军筹款的一个办法，四军要应用这个办法，可以在群众中组织募捐委员会，特别要向富农及中小商人募捐"，"并要防止其反动"，"对于需用品可渐次做到由群众路线去找出路，红军自己办固然好，但同时要由群众供给与募集才能建立红军与群众的更密切联系"。② 向根据地群众募捐筹款，能够直接获得红军需要的物资钱粮，对于打破经济封锁同样至关重要。

（六）加强红色宣传

对工农红军及革命政策进行大力宣传是发动群众的前提条件，1928年10月《湘赣边界各县党第二次代表大会决议案》即指出："共产党是要在左手拿宣传单，右手拿枪弹，才可以打倒敌人的。"③ 红军通过传唱歌曲、张贴布告、书写标语等方式，积极宣传革命政策，动员百姓参加革命。1928年8月，红四军在湘南传唱《前敌委员会告各县工农士兵群众歌》发动广大工农，歌谣唱道："工农们来士兵们，豪绅压迫记在心。穷人只有一条路，土地革命第一程。大家努力向前干，本党誓作领导人。努力努力复努力，最后胜利归我们。"④ 1929年1月，红四军司令部同样张贴布告宣传革命政策，其中针对农民写道"地主田地，农民收种；债不要还，租不要送"，针对工人写道"增加工钱，老板担任；八时工作，恰好相称"，针

---

① 《红四军在宁都筹款通知》（1929年2月13日），载中共江西省委党史研究室等编《中央革命根据地历史资料文库·军事系统9》，中央文献出版社、江西人民出版社，2011，第3页。

② 《中共中央给红军第四军前委的指示信》（1929年9月28日），载井冈山革命博物馆编《井冈山斗争史料选编》，中央文献出版社，2010，第151~152页。

③ 《湘赣边界各县党第二次代表大会决议案》（1928年10月5日），载井冈山革命根据地党史资料征集编研协作小组等编《井冈山革命根据地》（上），中共党史资料出版社，1987，第192页。

④ 《中国共产党红军第四军前敌委员会告湘南各县工农士兵群众歌》（1928年8月），载曹敬庄主编《湘赣边区革命文化史料汇编》，湖南出版社，1996，第15页。

对商人写道"城市商人，积铢累寸；只要服从，余皆不论"。①

遂川县城的发展及草林圩场的开辟是红军依靠红色宣传成功动员群众的典型案例，对于打破经济封锁发挥了重要作用。1928 年 1 月初，工农革命军打下遂川县城，由于敌人战前造谣，诬蔑工农革命军，不少市民上当受骗，纷纷闭门不出，城内一片萧条。为此，毛泽东命令部队以班排为单位，发动群众，打开局面。到 1 月 10 日，由于革命军宣传得力，逃跑的市民逐渐返回城里，产业界也重新开始生产，各行业工会则组建了遂川县工人赤卫大队，县城秩序得以恢复。做好遂川县城的工作后，红军分兵到于田、草林、大坑等农村继续发动群众。

草林是遂川通往井冈山方向的重镇，商业发达。但是草林圩的商人受敌人蒙蔽，大多不敢开业，偶尔见到的几个老乡对红军也是半信半疑。九连连长曾士峨和党代表罗荣桓等人，组织起多个宣传小分队，打着红布小旗，深入草林圩镇的各个角落，耐心动员群众，并在草林圩的大街小巷和周围村落贴满红色标语，诸如"打倒土豪劣绅""打倒贪官污吏""保护中小商人"等，老百姓逐渐开始与红军产生接触。1 月 11 日，红军在草林万寿宫组织召开群众大会，毛泽东向群众发表演说，承诺对中小商人进行保护。1 月 16 日草林圩得以重新开业，各地赶来的群众开始安心地进行交易，整个圩场秩序井然。② 草林圩场的开辟对粉碎敌人的经济封锁具有重要意义，毛泽东自信地说道："草林圩上逢圩（日中为市，三天一次），到圩两万人，为从来所未有。这件事，证明我们的政策是正确的了。"③

综上分析，中共的革命动员对于打破国民党对井冈山革命根据地的经济封锁具有重要作用，主要体现于三个方面：第一，向根据地民众筹款募捐，或收编绿林武装，直接获得经费物资；第二，广泛发动社会各阶层从事农业、手工业生产，为革命斗争提供物质基础；第三，鼓励引导中小商人、工农群众开展赤白贸易，活跃根据地经济，扩大物资来源。

---

① 《红军第四军司令部布告》（1929 年 1 月），载曹敬庄主编《湘赣边区革命文化史料汇编》，湖南出版社，1996，第 16 页。

② 熊彤主编《井冈山的红色标语》，江西人民出版社，2016，第 5~6 页。

③ 毛泽东：《井冈山的斗争》（1928 年 11 月 25 日），载《毛泽东选集》（第一卷），人民出版社，1991，第 78 页。

三　革命动员与地域社会变革

以打破经济封锁为中心的一系列革命动员，使井冈山革命根据地在一定程度上摆脱了经济危机，军民生计有所缓解，亦为此后的苏区革命提供了宝贵经验。同时，我们也需认识到，这些政策的制定与湘赣边界的社会状况有着复杂的关系，其执行对于区域社会、经济、文化亦具有重要影响，主要体现于以下几个方面。

（一）阶级地位的变动

土地革命之前，湘赣边界农村人口的层级结构，是一个典型的"金字塔型结构"，它以绝大多数农民缺乏土地资源为基础，确保了极少数地主、富农对土地资源的垄断。① 大体说来，土地的百分之六十以上在地主手里，百分之四十以下在农民手里。江西方面，遂川的土地最集中，约百分之八十是地主的。永新次之，约百分之七十是地主的。万安、宁冈、莲花自耕农较多，但地主的土地仍占多数，约百分之六十，农民只占百分之四十。湖南方面，茶陵、酃县两县均有约百分之七十的土地在地主手中。②

然而原来势力强大的地主阶级在井冈山革命时期成为众矢之的。为了获得军需物资，红军提出"打土豪，筹款子"的口号和政策，为了动员广大农民，红军在根据地内开展分田运动，将地主原有的大量土地一律没收，平均分配给根据地民众，这些政策使地主豪绅的势力受到沉重打击。1929 年 3 月，湘赣边界临时特委在汇报信中指出：

> 边界豪绅地主阶级在过去一年来红色割据之下，已是受了红军及工农群众不少的打击，无日不在恐慌与动摇之中，他们的经济基础亦在这一年来转来转去的斗争当中而根本破产了。要想恢复他们一年前的元气，实非易事。同时边界豪绅各县间之不能一致联络，各县间派

---

① 万振凡：《弹性结构与传统乡村社会变迁——以 1927~1937 年江西农村革命与改良冲击为例》，经济日报出版社，2008，第 66 页。
② 毛泽东：《井冈山的斗争》（1928 年 11 月 25 日），载《毛泽东选集》（第一卷），人民出版社，1991，第 68~69 页。

别冲突，充分表现边界统治阶级力量的薄弱与动摇。①

1929年5月的《中共湘赣边界特委报告》中也指出，"边界豪绅地主阶级的经济，已经是完全破产，挨户团靖卫团保安队的经济，几无法维持"。② 同时，地主阶级在根据地内的政治地位明显下降，1927年颁布的《苏维埃临时组织法》即规定，资本阶级、地主、土豪劣绅"均剥夺其选举及被选举权"。③

农民和工人阶级是革命依靠的主要对象，在一系列动员过程中，其社会地位得到大幅提升，不仅通过分田运动获得了土地，同时其以往所受到的剥削亦被废除，例如《江西省苏维埃临时政纲》规定，工农平民过去一切欠债欠租欠税欠捐，一律免除偿还与缴纳义务；工农平民过去一切卖契典契借契等一律废除。④ 更为重要的是，他们享有了前所未有的政治权利。1928年1月颁布的《遂川工农县政府临时政纲》即以法令的形式明确规定了工农的特殊权利，例如"凡从（事）劳动及不剥削他人以为生活的男人和女人，如工人、农民、士兵和其他贫民，都有参与政治的权利"，"凡工农兵平民有集会、结社、言论、出版、居住、罢工的绝对自由"，"制定真正能够保障工人阶级利益的劳动法和劳动保险法，实行八小时工作制，星期例假休息照给工钱"⑤ 等。工人阶级更被认为是革命的领导阶级。1928年6月，中共中央在给井冈山前敌委员会的来信中指出，各区乡苏维埃应"尽量的有急进的工人分子当选"，"应在一切斗争中间充分增进工人的领导力量"。⑥ 1928年10月发布的《湘赣边界各县党第二次代表大会决议案》同样指出，"工人是各种劳动群众之先锋，是各种劳动群众的领导

---

① 《中共湘赣边界临时特委信》（1929年3月17日），载江西省档案馆编《湘赣革命根据地史料选编》（上），江西人民出版社，1984，第2页。

② 《中共湘赣边界特委报告》（1929年5月20日），载江西省档案馆编《湘赣革命根据地史料选编》（上），江西人民出版社，1984，第12页。

③ 《苏维埃临时组织法》（1927年11月），载井冈山革命博物馆编《井冈山斗争史料选编》，中央文献出版社，2010，第15页。

④ 《江西省苏维埃临时政纲》（1927年11月），载井冈山革命博物馆编《井冈山斗争史料选编》，中央文献出版社，2010，第17页。

⑤ 《遂川工农县政府临时政纲》（1928年1月），载张泰城等选编《井冈山的红色文献》，江西人民出版社，2016，第59~60页。

⑥ 《中央给前敌委员会的信》（1928年6月4日），载中央档案馆编《中共中央文件选集》（第四册·1928），中共中央党校出版社，1983，第144页。

者"，"各级党部各级苏维埃，应极力提拔工人，使之能站在领导地位，领导斗争"。①

中小商人对于活跃根据地经济具有重要作用，因此中共极力维护其合法利益。1929 年 9 月，湘赣边特委在总结工作时指出，应当"提倡并保护中小商人自由营业"，以此打破敌人的经济封锁。② 1929 年，红四军发布的告示中明确表示对中小商人予以维护，指出共产党的政策是"取消苛捐杂税，保护商人贸易"，反动分子、土豪劣绅的财物一律予以没收，而"普通商人及一般小资产阶级的财物，一概不没收"。即便需向其筹款也会酌量而行，且不会派到小商人身上。③ 可见，红军已将商人与反动分子、土豪劣绅区别对待。

（二）土客矛盾的弱化

湘赣边区的土客矛盾由来已久，清代至民国时期，土客双方围绕政治、经济、文化等各方面资源进行了旷日持久的激烈争夺。④ 井冈山斗争时期，土客矛盾亦影响了革命动员的开展。因土客矛盾，宁冈的分田运动受到影响，"田分了三次还没有分好"，最初"以乡为单位分了一次"，后来因为第四区居住山地的客籍农民不满意，"所以又分了一次，以区为单位"，但土籍农民中"有瞒田不报的，无法查出"，于是重新又分配一次，"终以土客籍的纷争很难解决"告终。⑤ 何长工亦回忆道，"土客籍的关系问题，是当时的一个严重问题"，"解决这个问题成了当时的中心工作之一。为了争取和发动群众，必须解决这个问题"。⑥

---

① 《湘赣边界各县党第二次代表大会决议案》（1928 年 10 月 5 日），载井冈山革命根据地党史资料征集编研协作小组等编《井冈山革命根据地》（上），中共党史资料出版社，1987，第 190~191 页。

② 《湘赣边界目前工作任务决议案——一九二九年九月六日湘委通过》，载江西省档案馆编《湘赣革命根据地史料选编》（上），江西人民出版社，1984，第 47 页。

③ 《告商人及知识分子》（1929 年），载福建、江西、湖南省工商行政管理局史料编写小组编《中华苏维埃共和国的工商行政管理》，工商出版社，1987，第 8 页。

④ 参见谢宏维《斯土斯民：湘赣边区移民、土著与区域社会变迁（1600~1949）》，人民出版社，2019。

⑤ 《杨克敏关于湘赣边苏区情况的综合报告》（1929 年 2 月 25 日），载井冈山革命根据地党史资料征集编研协作小组等编《井冈山革命根据地》（上），中共党史资料出版社，1987，第 275 页。

⑥ 《访问地质部何长工的谈话》（1960 年 3 月），载黄仲芳、罗庆宏主编《井冈山斗争口述史》（上），江苏人民出版社，2015，第 49 页。

为了使土客双方捐弃前嫌，齐心协力参与根据地建设，中共对其加以引导和动员，在一定程度上弱化了边界激烈的土客矛盾。针对土客籍党员，毛泽东、谭震林、宛希先等人多次在边界党的代表大会和特委举办的党团训练班上，告诫两籍党员干部，土客籍矛盾是封建主义的产物，我们是共产主义者，要用阶级的观点去反对封建的土客籍争端。毛泽东经常找袁文才、龙超清等人谈话，就土客籍争端对他们进行思想教育。另外，在使用干部上不分土客籍，只要能力胜任，一视同仁地任用，促进两籍干部的交流与和解。① 针对土客籍百姓，毛泽东"强调土客籍在政治上、经济上、社会地位上平等"，"如分田时，不能分坏田给客籍农民"。② 面对土客籍百姓之间爆发的矛盾冲突，中共则加强政策宣传，积极安抚，尽力控制事态的扩大。"例如边界'八月失败'，土籍豪绅带领反动军队回宁冈，宣传客籍将要杀土籍，土籍农民大部分反水，挂起白带子，带领白军烧屋搜山。十月、十一月红军打败白军，土籍农民跟着反动派逃走，客籍农民又去没收土籍农民的财物"。针对这些情况，红军"一面宣传'不杀反水农民'，'反水农民回来一样得田地'，使他们脱离豪绅的影响，安心回家；一面由县政府责令客籍农民将没收的财物退还原主，并出布告保护土籍农民"。③ 在毛泽东等人的引导和动员之下，土客籍民众能够团结在"工农武装割据"的旗帜之下，结成革命统一战线，由来已久的土客籍矛盾得到控制和弱化。

（三）区域经济的发展

在红军到来之前，湘赣边界以小农经济为主，"自耕农甚多，日常生活程度颇低"，"有些地方更还是杵臼时代"，且区域相对封闭，"受资本经济的侵蚀颇迟，洋货业在市场不甚发达，有些地方的交易还是'日中而市'的逢圩办法"。④ 为了打破敌人的经济封锁，红军广泛发动根据地群众

---

① 姜文：《中共对湘赣边界土客籍矛盾化解的考察》，《党史文苑》2015年第14期。
② 陈正人：《创立湘赣边界"工农武装割据"的斗争》，载井冈山革命根据地党史资料征集编研协作小组等编《井冈山革命根据地》（下），中共党史资料出版社，1987，第34页。
③ 毛泽东：《井冈山的斗争》（1928年11月25日），载《毛泽东选集》（第一卷），人民出版社，1991，第75页。
④ 《杨克敏关于湘赣边苏区情况的综合报告》（1929年2月25日），载井冈山革命根据地党史资料征集编研协作小组等编《井冈山革命根据地》（上），中共党史资料出版社，1987，第248~249页。

从事农业、工业生产，并大力发展商业贸易，使得湘赣边界的经济得到一定程度的开发。分田运动调动了农民积极性，促进了根据地的农业生产，出现了"赤色区米价一元一斗，白色区一元只能买到四五升"的情况。1928 年秋天，根据地粮食普遍获得大丰收，宁冈全县粮食总产量比 1927 年增产百分之二十，茶油生产更是获得十几年未有的丰收，永新、莲花、遂川等地亦出现空前的好收成。农业生产的发展，既改善了人民的生活，也有力地支援了革命斗争。①

井冈山革命根据地建立前，湘赣边界的工业生产较为落后，仅仅停留在家庭手工业的水平。根据地建立后，为了粉碎敌人的经济封锁，红军发动军民自力更生，进行生产建设，兴办了军事斗争所必不可少的军需工业。除在宁冈桃寮创办红军被服厂，在上井村牛路坑开办红军造币厂之外，还在茨坪创办了红军军械处，在茅坪象山庵开办红军印刷厂，并于根据地内普遍兴办硝盐厂，开展群众性的熬硝盐运动。② 井冈山的邮政业，亦是为适应军事斗争的需要，由根据地军民艰苦奋斗逐步建立起来。红军医院的创办，不仅在军事上具有重要作用，在经济建设中的意义同样不可低估。③

根据地严格执行保护中小商人的政策，使得湘赣边界的商业得到发展。另外，红军还大力开辟红色圩场，促进根据地的物资交流。除了改造遂川草林圩外，1928 年 5 月下旬，宁冈县委在大陇筹办红色圩场，开辟赤白贸易线，经过一个多月的努力，终于在 7 月 15 日开圩。根据地人民群众说，毛委员真英明，大陇圩场开设得好，不仅打破了敌人的经济封锁，渡过了难关，而且促进了根据地的工农业生产和经济建设的发展。④ 此外，公卖处、公营商店、竹木委员会的设立，亦对商业发展起到了推动作用。1928 年 5 月，新遂边陲特别区工农兵苏维埃政府成立后，毛泽东及边界党委指示在茨坪办起公卖处，用打土豪筹得的一部分款子，买回一批东西放在公卖处出售，同时还在大陇圩场创办公营商店，直接为群众排忧解难。

---

① 张泰城、刘家桂：《井冈山革命根据地经济建设史》，江西人民出版社，2007，第 113 页。

② 李小三主编《井冈山革命根据地和中央苏区大事纪实》，江西人民出版社，2006，第 61 页。

③ 张泰城、刘家桂：《井冈山革命根据地经济建设史》，江西人民出版社，2007，第 143 页。

④ 赖春风：《毛委员领导我们建立红色圩场》，载井冈山革命根据地党史资料征集编研协作小组等编《井冈山革命根据地》（下），中共党史资料出版社，1987，第 509 页。

1928年底，边界工农兵政府设立的竹木委员会，有计划地组织人力进行赤白贸易，使根据地经济得以活跃。①

总之，红军的一系列革命动员和经济建设措施，有力地活跃了根据地的物资生产和商业贸易，缓解了经济危机，同时亦使湘赣边界的经济有所发展。

（四） 民众思想的转变——以对革命的态度为中心

根据地创建之初，受到国民党负面宣传的影响，以及红军宣传、动员的不足，许多百姓未能了解红军是一支怎样的队伍，对其革命政策亦没有清晰的认知。杨克敏在报告中指出，"因为我们对民众的宣传甚少，宣传工作没有深入，以此群众对革命的认识，还有许多是模糊的"，"以此革命的情绪，自然不甚热烈"②。部分群众则是担心土豪劣绅的报复，因而心存顾虑，老红军范树德回忆道，"我们部队每到一地，经过政治机关派出的宣传队，到处向人民群众宣传。但是人民群众最初对我（们）的态度是观望的，因为地主豪绅阶级在各地镇压革命群众，他们是不会在工农革命军一到后立即接近我们的"，"他们历代住在这里，生怕红军走了以后，他们的家乡不安全，生命有危险，因而开始他们存有顾虑"。③

红军的一系列革命动员，使得根据地民众对红军有了清楚的认知，对地主土豪也不再畏惧，对革命的态度发生了重要转变。1928年3月30日，红军进抵桂东县沙田圩，由于恶霸造谣，当地民众均躲进了深山。为了打破敌人的谣言，毛泽东命令部队开展群众工作，写标语，出告示，进山喊话，躲藏的百姓很快便返回家中。31日，正值沙田赶集逢圩，毛泽东亲自到圩场召开群众大会，并发表演说，宣传红军的革命宗旨和性质，号召贫苦工农打土豪分田地，当地百姓纷纷表示拥护红军的革命主张。④ 同样由于宣传工作的到位，遂川县城和市镇上的商人不再畏惧红军，"颇有说红

① 余伯流、陈钢：《井冈山革命根据地史》，江西人民出版社，2014，第339页。
② 《杨克敏关于湘赣边苏区情况的综合报告》（1929年2月25日），载井冈山革命根据地党史资料征集编研协作小组等编《井冈山革命根据地》（上），中共党史资料出版社，1987，第243~244页。
③ 《范树德谈井冈山斗争时期红军的后勤工作》，载黄仲芳、罗庆宏主编《井冈山斗争口述史》（上），江苏人民出版社，2015，第340页。
④ 肖云岭、陈钢：《井冈山革命根据地文化建设史》，江西人民出版社，2007，第82~83页。

军的好话的"①。1928年过旧历新年时，遂川群众都唱着："过新年，过新年，今年不比往常年，共产党军来到了，土豪劣绅哭涟涟。过新年，过新年，今年不比往常年，共产党军来到了，你分谷子我分田。过新年，过新年，今年不比往常年，共产党军来到了，打死肖家璧，活捉罗普权。"②

在逐渐受到革命的熏陶后，有的群众与地主豪绅有冤仇，主动来找红军反映情况，"比如他们父母被谁杀害过，谁给反动统治者关押过，谁家是大地主，每年收租多少"，"土豪劣绅有罪恶，存血债的或者逼债逼租子的，都有人民来告状的"，有时人民群众还会投信给红军，汇报某个土豪的动向。③ 尤其是实行分田运动，加强红色宣传之后，根据地民众对红军的态度有了很大的转变，对革命亦充满热情。1928年8月中央针对当时的国内暴动形势说道："在江西，这几个月中，赣西赣南赣东赣东北，农民暴动继续不断的起来，特别是赣西之宁岗（冈）永兴（新），土地已经分配过了，万（安）县群众又已起来"，"群众的基础更比以前扩大了"。④ 1929年5月的《中共湘赣边界特委报告》中亦指出"'分田'这一口号在边界，可以说已经深入了人心，尤其是一般无田及少田的贫农"⑤。

为了广泛动员根据地民众参与革命，红军把群众思想工作摆在首位，在红色割据区域内大力开展识字、读报、演讲、戏剧、演唱、墙报等文化活动，对广大群众进行政治宣传和文化教育，使其思想觉悟不断提升，因而积极开展土地革命，配合红军作战，保卫红色政权。⑥ 同时，红色歌谣在根据地内广为传唱，充分表现出广大工农群众对红军的拥护与支持。例如，井冈山地区流行的《欢迎红军歌》唱道："鼓声咚咚，红旗飘扬，战士们好英勇，我们在这里立正敬礼，唱歌来欢送。祝你们前方去，消灭敌

① 毛泽东：《井冈山的斗争》（1928年11月25日），载《毛泽东选集》（第一卷），人民出版社，1991，第78页。
② 《熊寿祺谈秋收起义和井冈山的革命斗争》（1959年5月15日），载黄仲芳、罗庆宏主编《井冈山斗争口述史》（下），江苏人民出版社，2015，第561~562页。
③ 《范树德谈井冈山斗争时期红军的后勤工作》，载黄仲芳、罗庆宏主编《井冈山斗争口述史》（上），江苏人民出版社，2015，第340~341页。
④ 《中央通告第六十一号——目前政治情形和我们的责任》（1928年8月1日），载中共江西省委党史研究室等编《中央革命根据地历史资料文库·党的系统1》，中央文献出版社、江西人民出版社，2011，第454页。
⑤ 《中共湘赣边界特委报告》（1929年5月20日），载江西省档案馆编《湘赣革命根据地史料选编》（上），江西人民出版社，1984，第16页。
⑥ 肖云岭、陈钢：《井冈山革命根据地文化建设史》，江西人民出版社，2007，第81页。

人大逞威风。"①《红军百姓一家人》唱道："一棵大树万条根，红军百姓一家人，红军就是鱼呀百姓就是水，鱼水时刻不分离呀不分离，军民团结杀敌人，革命胜利属于我们。"②

结　语

国民党对井冈山革命根据地实行严密的经济封锁，对根据地军民生计造成影响，使革命斗争陷入困境。作为回应，中共通过实行分田运动、发动工人阶级、团结中小商人、改造绿林武装、募集军需物资、加强红色宣传等方式开展革命动员，广泛发动军民参与根据地建设，对于打破经济封锁发挥了重要作用，主要体现在以下三个方面：第一，向民众筹款募捐或收编绿林武装，直接获得经费物资；第二，广泛发动社会各阶层从事农业、手工业生产，为革命斗争提供物质基础；第三，鼓励引导中小商人、工农群众开展赤白贸易，活跃根据地经济，扩大物资来源。

同时，革命动员与地域社会之间存在着密切关联。一方面，革命动员必须充分把握和利用地方固有的社会矛盾，制定正确合理的动员方针，趋利避害。井冈山斗争时期，毛泽东等领导人即合理利用湘赣边区的阶级矛盾，充分发挥广大农工的生产积极性，并尽力规避由来已久的土客矛盾，保持革命根据地的内部团结。另一方面，革命动员必将打破旧有的社会秩序与权力格局，对地域社会产生重要影响。井冈山斗争时期，以打破经济封锁为中心的一系列动员政策，引发了湘赣边界的社会变革，主要体现在阶级地位的变化、土客矛盾的弱化、区域经济的发展以及民众思想的转变等方面。革命动员是中共开展革命斗争和根据地建设的重要方式，运用中共革命史与区域社会史相结合的视角对革命动员进行综合分析，将有助于我们进一步认识和理解苏区革命与地域社会之间的密切关联。

---

① 张泰城主编《井冈山的红色歌曲》，江西人民出版社，2016，第34页。
② 张泰城主编《井冈山的红色歌曲》，江西人民出版社，2016，第38页。

Revolutionary Mobilization in Jinggangshan Revolutionary Period and Social Change in Hunan-Jiangxi Border Area: From the Perspective of Breaking the Economic Blockade

Qin Haoxiang

Abstract: During the Jinggangshan Revolution, the Kuomintang imposed a strict economic blockade on the revolutionary base area, which affected the livelihood of the army and the people, and the revolution fell into trouble. The Communist Party of China carried out revolutionary mobilization through the field division movement, mobilizing the working class, uniting medium and weak businessmen, reforming the armed forces of bandits, collecting military supplies, and strengthening political propaganda, and extensively mobilized the masses to participate in the construction of base areas, which played an important role in breaking the economic blockade. At the same time, the implementation of a series of mobilization policies led to social changes in the border area of Hunan and Jiangxi, which were mainly reflected in the changes of class status, the weakening of the contradiction between immigrants and natives, the development of regional economy, and the transformation of people's thoughts.

Keywords: Jinggangshan Revolution; Revolutionary Mobilization; Economic Blockade; Hunan-Jiangxi Border Region; Social Change

稿　约

中国经济史学会会刊《中国经济史评论》由中国经济史学会、河北师范大学历史文化学院、《河北师范大学学报》编辑部共同主办。主编为魏明孔、戴建兵，执行主编为隋福民。刊物为南京大学中文社会科学引文索引（CSSCI）来源集刊、中国社会科学院中国人文社会科学期刊综合评价（AMI）核心集刊和创新工程资助集刊。刊物以马克思历史唯物主义为指导，坚持正确的政治方向和学术导向，目标在于推动中国经济史学科的发展，培养人才，为中国特色经济史学科体系、学术体系、话语体系的构建贡献力量。本刊遵守学术规范以及编辑出版规范，主要刊登中国古代经济史、中国近代经济史、中国现代经济史以及世界经济史等方面的研究文章，同时欢迎书评、综述、学术反思、名家访谈等方面的佳作！本刊聚焦经济史学前沿问题，提倡新问题、新方法、新材料和新观点。

具体事项告知如下。

一、本刊主要发表经济史研究方面的学术论文。同时兼顾学术综述、述评等。注重学术性、理论性、专业性和知识性。

二、来稿篇幅尽量控制在 2 万字以内。来稿须提供中英文摘要 200~300 字，关键词 3~5 个。

三、作者简介务必简洁，主要包括姓名、学历学位、工作学习单位、职务职称、主要研究方向等，并在文末附以联系电话与电子邮件地址。

四、注释格式如下：

中文文献

（1）专著

标注格式：×××（作者）：《×××》（书名）××（卷册），××××（出版社），×××（年份），第×页。

示例：

侯欣一：《从司法为民到人民司法——陕甘宁边区大众化司法制度研究》，中国政法大学出版社，2007，第 24~27 页。

（2）析出文献

①集刊、论文集、作品集及其他编辑作品

标注格式：×××（作者）：《×××》（篇名），载×××（作者）《×××》（书名），×××（出版社），×××（年份），第×页。

示例：

黄源盛：《民初大理院民事审判法源问题再探》，载李贵连主编《近代法研究》第 1 辑，北京大学出版社，2007，第 5 页。

②期刊

标注格式：×××（作者）：《×××》（文章名），《×××》（期刊名）×××年第×期。

示例：

林建成：《试论陕甘宁边区的历史地位及其作用》，《民国档案》1997年第 3 期。

③报纸

标注格式：×××（作者）：《×××》（文章名），《×××》（报纸名）×××年×月×日，第×版。

示例：

鲁佛民：《对边区司法工作的几点意见》，《解放日报》1941 年 11 月15 日，第 3 版。

＊同名期刊、报纸应注明出版地。

（3）转引文献

无法直接引用的文献，转引自他人著作时，须标明。

标注格式：×××（作者）：《×××》（书名或文章名），转引自×××（作者）《×××》（书名或文章名）××（卷册），×××（出版社），×××（年份），第×页。

示例：

章太炎：《在长沙晨光学校演说》（1925 年 10 月），转引自汤志钧《章太炎年谱长编》下册，中华书局，1979，第 823 页。

（4）未刊文献

①学位论文

标注格式：×××（作者）：《×××》（论文名），××（博士或硕士学位论文），××××（作者单位），×××（年份），第×页。

示例：

陈默：《抗战时期国军的战区——集团军体系研究》，博士学位论文，北京大学历史学系，2012，第 134 页。

②会议论文

标注格式：×××（作者）：《×××》（论文名），××（会议名称），××××（会议地点），××年×月（召开时间），第×页。

示例：

马勇：《王爷纷争：观察义和团战争起源的一个视角》，政治精英与近代中国国际学术研讨会会议论文，杭州，2012，第 9 页。

③档案文献

标注格式：《×××》（档案名称）（×××）（档案形成时间），×××（藏所），卷宗号或编号：×××。

示例：

雷经天：《关于边区司法工作检查情形》（1943 年 9 月 3 日），陕西省档案馆藏陕甘宁边区高等法院档案，档案号：15/149。

④网上文章

转载网上文章应注明出处，需要标示责任者、文章名称、原刊载网址。

（5）古籍

①刻本

标注格式：×××（作者）编等《×××》（书名）××（卷册），×××（版本），第×页。

示例：

张金吾编《金文最》卷一一，光绪十七年江苏书局刻本，第 18 页 b。

②点校本、整理本

标注格式：×××（作者）编（辑，等）《×××》（书名）××（卷册）《×××》（卷册名），×××（点校、整理者）点校、整理，×××（出版社），×××（出版时间），第×页。

示例：

苏天爵辑《元朝名臣事略》卷一三《廉访使杨文宪公》，姚景安点校，中华书局，1996，第257~258页。

③影印本

标注格式：×××（作者）：《×××》（书名）××（卷册）《×××》（卷册名），×××（出版社），×××（出版时间），第×页。

示例：

杨钟羲：《雪桥诗话续集》卷五上册，辽沈书社，1991年影印本，第461页下栏。

④地方志

唐宋时期的地方志多系私人著作，可标注作者；明清以后的地方志一般不标注作者，书名前冠以修纂成书时的年代（年号）。

示例：

民国《上海县续志》卷一《疆域》，第10页b。

同治《酃县志》卷四《炎陵》，收入《中国地方志集成·湖南府县志辑》第18册，江苏古籍出版社，2002年影印本，第405页。

⑤常用基本典籍、官修大型典籍以及书名中含有作者姓名的文集可不标注作者，如有现代整理版的，也可标现代整理版的出版时间、页码。如《论语》、二十四史、《资治通鉴》、《全唐文》、《册府元龟》、《清实录》、《四库全书总目提要》、《陶渊明集》等。

⑥编年体典籍，可注出文字所属之年月甲子（日）。

示例：

《清太祖高皇帝实录》卷一，天命十一年正月己酉，中华书局，1986年影印本。

＊卷次可用阿拉伯数字标示。

译著

标准格式：〔国籍〕×××（作者）著/编等《×××》（书名），×××（译者），×××（出版社），×××（年份），第×页。

示例：

〔德〕迪特·海因茨希：《中苏走向联盟的艰难历程》，张文武等译，新华出版社，2001，第76页。

英文文献

征引外文文献，原则上使用该语种通行的征引标注方式。

兹列举英文文献标注方式如下。

（1）专著

标注项目：作者，书名（斜体），出版地点：出版社，出版时间，页码.

示例：

Stewart Banner, *How the Indians Lost Their Land: Law and Power on the Frontier*, Cambridge: Harvard University Press, 2005, p. 89.

引用三位以上作者合著作品时，通常只列出第一作者的姓名，其后以"et al."省略其他著者姓名。

示例：

Randolph Quirk et al. , *A Comprehensive Grammar of the English Language*, New York: Longman Inc. , 1985, p. 1143.

＊注意标点为半角符号。

（2）译著

标注项目：作者，书名，译者，出版地点：出版者，出版时间，页码.

示例：

M. Polo, *The Travels of Marco Polo*, trans. by William Marsden, Hertfordshire: Cumberland House, 1997, pp. 55, 88.

（3）析出文献

①论文集、作品集

标注项目：作者，文章名，编者，文集题名，出版地点：出版者，出版时间，页码.

示例：

R. S. Schfield, "The Impact of Scarcity and Plenty on Population Change in England, "in R. I. Rotberg and T. K. Rabb, eds. , *Hunger and History: The Impact of Changing Food Production and Consumption Pattern on Society*, Cambridge, Mass: Cambridge University Press, 1983, p. 79.

同一页两个相邻引文出处一致时，第二个引文的注释可用"Ibid."代替。

②期刊

标注项目：作者，文章名，期刊名（斜体）卷册（出版时间）：页码.

示例：

Douglas D. Heckathorn, "Collective Sanctions and Compliance Norms: A Formal Theory of Group Mediate Social Control, "*American Sociological Review* 55 (1990)：370.

＊文章名加引号。

（4）未刊文献

①学位论文

标注项目：责任者,论文标题, Ph. D. diss. /master's thesis, 提交论文的学校,提交时间,页码.

示例：

Adelaide Heyde, The Relationship between Self-esteem and the Oral Production of a Second Language, Ph. D. diss. , University of Michigan, 1979, pp. 32－37.

②会议论文

标注项目：作者,论文标题,会议名称,地点,时间,页码.

示例：

C. R. Graham, Beyond Integrative Motivation: The Development and Inflfluence of Assimilative Motivation, paper represented at the TESOL Convention, Houston, TX, March 1984, pp. 17－19.

③档案资料

标注项目：文献标题,文献形成时间,卷宗号或其他编号,藏所.

示例：

Borough of Worthing: Plan Showing Consecration of Burial Ground for a Cemetery, 1906－1919, H045/10473/B35137, National Archives.

日文文献

日文文献

日文文献标注方式如下。

天皇纪年的年月日，明治 6 年以前使用中文数字，如庆应二年五月；明治 6 年以后可使用阿拉伯数字。

注释中的资料出处部分和参考文献，具体信息无需翻译成中文（包括作者名、书名等），标点符号统一使用以下格式（参照东京大学出版会体例）。

（1）专著

a. 单作者：××××（编）『日文书名』出版社、出版时间、页码。

b. 多作者：××××・××××『日文书名』出版社、出版时间、页码。

c. 翻译书：××××（外文原名）著、××××訳『日文书名』出版社、出版时间、页码。

示例：氣賀澤保規『則天武后』講談社、2016、36 頁。

（2）论文

a 出自书：××××「日文文章名」××××编『日文书名』出版社、出版时间、页码。

b 出自刊：××××「日文文章名」『刊物名』第×卷第×号、×年×月。

示例：遠山茂樹「日清戦争と福沢諭吉」『福沢研究』第 6 号、1951 年 11 月。

（3）若有以上未涉及的要素，请按原书注释格式处理。

（4）当原文出现"前揭"时，如"前揭「中国問題検討会」"，应将其补充完整，改为"××××「中国問題検討会」"。

五、本刊采用电子投稿，投稿信箱为：zgjjspl@ 126. com。

《中国经济史评论》编辑部

图书在版编目（CIP）数据

中国经济史评论 . 2024 年 . 第 2 辑：总第 24 辑／魏
明孔，戴建兵主编；隋福民执行主编 . --北京：社会
科学文献出版社，2024.6（2025.3 重印）. --（中国经济史学会会刊）.
ISBN 978-7-5228-3955-4

Ⅰ . F129-53

中国国家版本馆 CIP 数据核字第 2024GB8809 号

中国经济史学会会刊

中国经济史评论 2024 年第 2 辑（总第 24 辑）

主 编／魏明孔 戴建兵
执行主编／隋福民

出 版 人／冀祥德
组稿编辑／周 丽
责任编辑／刘如东
责任印制／岳 阳

出 版／社会科学文献出版社·生态文明分社（010）59367143
地址：北京市北三环中路甲 29 号院华龙大厦 邮编：100029
网址：www.ssap.com.cn
发 行／社会科学文献出版社（010）59367028
印 装／唐山玺诚印务有限公司

规 格／开 本：787mm×1092mm 1/16
印 张：18.5 字 数：313 千字
版 次／2024 年 6 月第 1 版 2025 年 3 月第 2 次印刷
书 号／ISBN 978-7-5228-3955-4
定 价／98.00 元

读者服务电话：4008918866